Histoire de l'ordre du Temple

Une marque du groupe éditorial PIKTOS
Z.I. de Bogues, rue Gutenberg - 31750 Escalquens
Bureau parisien : 6, rue Régis - 75006 Paris

www.piktos.fr

Imprimé en France

I.S.B.N. 978-2-84197-557-0

Marie Delclos et Jean-Luc Caradeau

Histoire de l'ordre du Temple

Des racines carolingiennes à l'exécution de Jacques de Molay

Éditions TrajectoirE

Introduction

Quels auteurs n'ont pas rêvé d'écrire un ouvrage traitant du Temple ? Qu'il s'agisse d'un roman, d'une histoire richement documentée ou plus couramment d'un ouvrage de vulgarisation... Les bibliothèques publiques et privées, les librairies, regorgent de ces différentes sortes d'ouvrages. Ce qui reste cependant à écrire, c'est un ouvrage qui relie l'histoire à la légende, parce que l'une naît de l'autre et réciproquement. Par ailleurs, il existe deux sortes de légendes : les élogieuses qui magnifient l'image d'une personne ou d'un ordre et les calomnieuses qui le traînent dans la boue.

Or ceux qui bénéficient des premières échappent rarement aux secondes. De fait, l'une et l'autre catégorie de légende grandissent parallèlement, parce que la louange de l'un provoque immanquablement la jalousie de l'autre.

Ces deux catégories de légendes s'appliquent aux organismes et aux personnes vivantes pourvu que les uns ou les autres dépassent un certain stade de notoriété. Mais si la notoriété des personnes ou des organisations survit à leur existence historique, alors s'y ajoutent les légendes posthumes qui évidemment iront plus loin dans la louange, mais aussi souvent plus loin dans la calomnie...

Évidemment, le Temple, qui fut non pas un « État dans l'État » comme certains l'ont écrit (certainement par amour du lieu commun) mais la **première organisation militaire internationale indépendante des États,** tant par son histoire que par ses œuvres ou par sa fin tragique, est le sujet idéal des légendes.

Que n'a-t-on écrit à propos de cet ordre ! Certains décrivent les « saints ascètes guerriers », quand d'autres évoquent le fait de « boire comme un Templier » ; les uns louent la spiritualité templière quand d'autres, encore aujourd'hui, dénoncent « l'hérésie templière ».

Sept siècles après sa disparition, l'ordre du Temple, défiant les faits historiques, reste fièrement vivant dans tous les cœurs et toutes les têtes, qu'il soit aimé ou détesté.

Ce n'est pas gratuitement que Ben Laden traita plusieurs fois les Américains de « Templiers ». L'image n'est pas originale chez les intégristes islamiques, et c'est l'une des plus propres à provoquer la colère des foules musulmanes.

Ce n'est pas un hasard si, en Occident, ceux qui se préoccupent de vie spirituelle se réclament souvent de l'ordre du Temple.

Ce n'est pas un hasard non plus si, depuis Philippe le Bel, certains n'ont jamais cessé de chercher le fameux « trésor des Templiers ».

Ce qui est sûr, c'est qu'entre ces légendes, l'amour immodéré que certains portent au Temple, la haine que d'autres lui vouent encore aujourd'hui, le procès inquisitorial et truqué qui provoqua sa chute et les légendes contemporaines ou posthumes, la tâche de l'historien est fort difficile.

Celle que nous entreprenons en écrivant ce livre, bien que notre travail ne soit pas un travail d'historien, ne l'est pas moins. En effet, si nous voulons relier histoire et légende, c'est parce que, de la légende au mythe, et du mythe à la naissance d'une nouvelle histoire, le pas est souvent franchi quand il s'agit de l'ordre du Temple.

Mais une nouvelle histoire entraîne de nouvelles légendes, qui elles-mêmes donneront lieu à une nouvelle histoire.

Par ailleurs, parmi les « légendes templières », il en est qui sont porteuses d'enseignements ésotériques et qui relèvent de la hiéro-histoire, ce qui ne signifie pas pour autant qu'elles ne soient pas parfois basées sur une trame de faits réels même si ceux-ci sont « documentairement » improuvables.

En un mot, les cendres de Jacques de Molay et de ses compagnons sont loin d'être entièrement refroidies et les passions à propos de l'ordre du Temple flambent toujours avec le même éclat.

Néanmoins, c'est avec conscience et courage que nous nous attachons à cette tâche en faisant nôtre la sainte devise du Temple :

« Non pour nous Seigneur, non pour nous, mais pour la Gloire de ton Nom. »

Avertissements divers :

Pour respecter le caractère fluctuant du vocabulaire médiéval, nous n'avons pas procédé à certaines unifications orthographiques, ainsi le mot « Baucéan » a été écrit parfois « Baussant » ou « Bauçant ».

De même en ce qui concerne les transcriptions phonétiques de l'arabe, nous utilisons généralement la transcription en français courant. Par exemple nous avons utilisé généralement « Saladin » plutôt que « Salah al-Din ». Cependant dans les citations, nous avons respecté les transcriptions des auteurs, on trouvera donc parfois « Salah ad-Din » au lieu de Saladin ou « Nur ad-Din » au lieu de « Nour al-Din ».

UNE VISION DE L'HISTOIRE.

Comme le dit la sagesse populaire, *Paris ne s'est pas bâti en un jour*.

Il faut bien comprendre qu'il en est de même pour l'ordre du Temple. Il serait vain de croire que cet ordre qui joua un rôle de premier plan en son temps naquit de la « crise mystique » d'une poignée de chevaliers francs !

Cette idée ne pouvait naître en leur esprit qu'en raison d'un long passé d'une histoire qui avait conduit à la naissance de la chevalerie, à la puissance du monarchisme catholique romain, puis finalement à la première croisade. Il faut bien le comprendre, la façon dont vit, pense et réagit un homme d'une époque quelconque, fusse-t-il un chevalier du XIe siècle, est le produit de plusieurs siècles d'histoire. Oh ! Nous ne prétendons pas que Hugues de Payen et ses compagnons n'auraient pas pu à n'importe quelle époque avoir l'idée de créer un ordre de « moines soldats », mais en revanche, nous affirmons que, si le concept n'avait pas été en accord avec la situation géopolitique du temps ou avait heurté la sensibilité des hommes de l'époque, le projet n'eût pas abouti. De fait, et c'est ce que nous allons montrer en premier, les croisades furent l'aboutissement d'un conflit qui durait depuis plusieurs siècles, et le Temple naquit des croisades, tout comme il mourut de leur abandon.

Chapitre I
Les racines carolingiennes

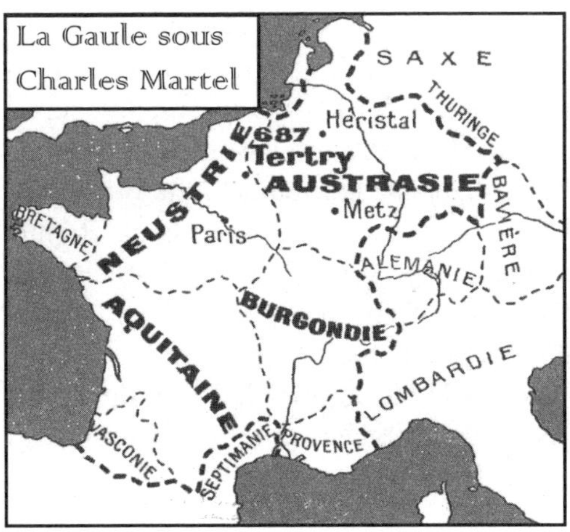

La Gaule sous Charles Martel

Il est une évidence qu'on ne peut remettre en cause : si en 732, Charles Martel stoppe l'avance des Maures à Poitiers, c'est parce que ceux-ci, qui ont conquis l'Espagne chrétienne sur les Wisigoths (711-714), mènent des expéditions de pillage (des razzias) et même des tentatives de conquête dans toutes les provinces des royaumes francs [1].

Les Islamistes à la conquête de la chrétienté

Les Maures menèrent d'ailleurs par la suite de nombreuses autres expéditions de pillage mais ne purent se maintenir nulle part, sauf en Septimanie (une ancienne dépendance du royaume des Wisigoths).

Cette conquête de l'Espagne par les musulmans fut un grand moment de l'épopée guerrière islamique.

Le gouverneur Mussa Ibn Nûssaïr [2] vient à peine de terminer la conquête de l'Afrique du Nord, qu'il envoie 7000 guerriers berbères à la conquête de l'Espagne. Ceux-ci traversent le détroit de Gibraltar et débarquent en Espagne en 711 (92 de l'hégire). Ils perdent la première bataille et leur chef Tariq ibn Ziyad (dont vient le nom du détroit) met le feu aux navires pour empêcher ses soldats de reculer à nouveau. Ceux-ci s'empareront en avril de Cordoue et d'Algésiras.

C'est ainsi que commence le récit de la conquête de l'Espagne dans les livres d'histoire utilisés par les pays à majorité musulmane… On y apprend aussi que cette conquête fut pour l'Islam l'une des plus coûteuses en vies humaines. Mais bientôt vient la victoire inespérée de Guadaletes (remportée sur le roi Rodrigue le 11 juillet) qui marque le vrai début de la conquête de l'Espagne. Conquête qui prendra une nouvelle ampleur à la bataille de Xérès (qui en réalité eut lieu au sud de Cadix).

Deux ans plus tard, Mussa, qui a rejoint Tariq, a dépassé Saragosse et détruit Tarragone. En 719 il est à Barcelone. Ses successeurs conquerront la Septimanie d'où ils lanceront de nombreuses razzias vers le nord [3].

En 732, soucieux de venger leurs revers en Gaule (*cf.* note 3), les musulmans rassemblent une puissante armée dont ils confient le commandement à un grand chef arabe nommé Abdérame [4]. Il envahit l'Aquitaine, met en déroute l'armée du roi Eude sur les rives de la Gironde et incendie Bordeaux. La tentative de conquête islamique est une menace pour toute la chrétienté. Charles Martel rassemble son armée et se dirige vers la Loire. Informé de ce mouvement de l'armée franque, Abd-el-Rahman rappelle ses avant-gardes de razzieurs qui avaient déjà atteint la Champagne. Il concentre l'ensemble de ses troupes sur la Charente et projette d'aller détruire la basilique Saint-Martin de Tours. Il apprend l'approche de Charles Martel et se replie sur Poitiers où il incendie la basilique Saint-Hilaire [5].

Chronologie résumée de la conquête, de la colonisation et de la reconquête de l'Espagne :

711 : débarquement de Tariq ibn Ziyad, victoire de Guadalquivir, victoire de Xérès.

719 : prise de Barcelone.

732 : Bataille de Poitiers;

740 : Révolte des peuples berbères en Afrique du Nord et en Espagne.

751 : Reconnaissance de Pépin le Bref comme roi de France.

754 : Sacre de Pépin le Bref.

756 : Émirat indépendant de Cordoue : **Abderrahman Ier premier émir omeyyade.**

759 : Reprise de Narbonne (capitale de la Septimanie) par Pépin le Bref *.

771 : Charlemagne succède à Pépin comme roi des Francs.

799 : Charlemagne déclaré empereur d'Occident par le pape Léon III.

800 : Sacre impérial de Charlemagne à Rome (le 25 décembre) acclamé comme « empereur des Romains.

812 : Reconnaissance de Charlemagne comme empereur d'Occident par Byzance.

801 : Reprise de Barcelone par Charlemagne.

822 : Accession à l'émirat de **Abderrahman II.**

850 : Révolte des mozarabes (chrétiens) de Cordoue menée par le clerc Euloge (saint Euloge de Cordoue, martyr décapité en 859 pour avoir converti une musulmane au christianisme).

852 : **Muhammad Ier** accède à l'émirat.

854 : Muhammad Ier mate une révolte des mozarabes de Tolède.

929 : L'émir Abderrahman III adopte les titres de « Calife » et de « Prince des Croyants » et se proclame : « Nasir al Din Allah » (défenseur de la religion d'Allah).

(*) Reconquête que la légende attribue à Charlemagne. Elle est contée dans la geste de Guillaume d'Orange : c'est le preu Aimeri – appelé par les chansons de geste Aimeri de Narbonne – qui prit la ville.

La croisade pour la reconquête de l'Espagne commence en 711, et elle durera sept siècles.

Néanmoins, dès le IXe siècle, l'état musulman d'Espagne a perdu une grande partie de sa puissance. Elle trouve son apogée sous le règne d'Alphonse IV de Castille (c'est sous son règne que s'illustra le Cid) avec la reconquête de Tolède. En 1328, l'Espagne musulmane se trouvait réduite au petit royaume de Grenade.

Avant d'en terminer avec la « conquête de l'Espagne », il faut rétablir une vérité importante. On nous présente les Espagnols de l'époque comme des gens barbares et incultes. L'invasion de l'Islam aurait apporté dans ce pays la culture classique et le progrès technique. C'est là donner une bien piètre image des Wisigoths dont le nom signifie « les Goths savants » par opposition aux Ostrogoths (les autres Goths). Les Wisigoths sont en effet romanisés depuis longtemps, nombreux sont ceux qui lisent le latin, et les plus cultivés d'entre eux connaissent le grec. À l'époque de la décadence romaine, l'Espagne fut le centre culturel de l'empire romain, et comme cette région fut relativement peu touchée par les invasions barbares, la culture et la science continuèrent de s'y développer. Ainsi leur dernière reine Egilona, qui épousa Mussa Ibn Nûssaïr, perdant ainsi son titre de reine pour devenir une princesse arabe, parlait et lisait le grec et le latin. En revanche, leur État était fort mal structuré et fragilisé par les nombreuses querelles et rivalités entre les grands du royaume, presque tous candidats à la royauté puisque cette fonction était élective.

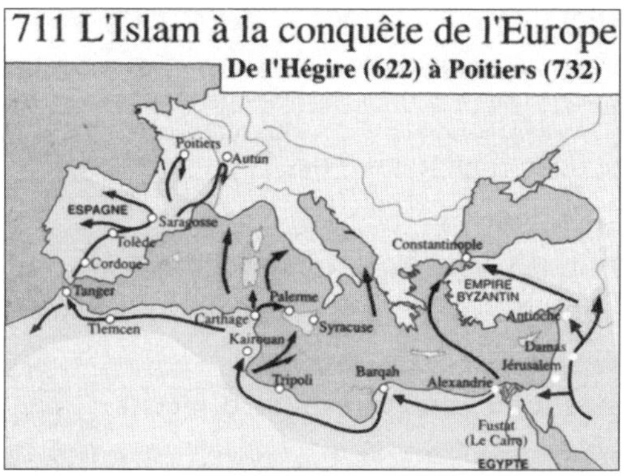

La bataille décisive de Poitiers

Pendant six jours, les deux armées restent face à face. Enfin, à l'aube du septième jour, les Maures chargent au cri de « Allah Akbar ». Ils chargeront vingt fois de suite, et vingt fois l'armée franque les repoussera. Le jour tire à sa fin et l'issue de la bataille est encore incertaine. Le roi Eude, avec ce qui reste de son armée d'Aquitains, contourne l'armée des Maures et envahit le camp d'Abd-el-Rahman. L'armée islamique est prise « entre deux feux [6] ». La cavalerie franque se décide alors à charger et écrase tout sur son passage. C'est à cet épisode que Charles doit son surnom de Martel. Abd-el-Rahman est tué pendant la bataille et le lendemain les Francs constatent que les survivants de son armée se sont enfuis.

Ce fut la dernière offensive d'envergure menée par les Maures en direction de la Gaule ; d'ailleurs, le califat allait avoir bientôt d'autres chats à fouetter.

Ces razzias et les offensives contre la Gaule cesseront vers 740, d'une part en raison des violentes ripostes des Francs, d'autre part en raison d'une révolte des Berbères en Afrique du Nord.

On a coutume de nos jours de donner de la conquête de l'Espagne et de la colonisation qui en résulta une image plutôt idéalisée ! De fait, elle ne fut certainement pas aussi politiquement correcte que certains voudraient nous le faire croire (source : Francehistoire.com)…

La bataille de Poitiers selon l'Anonyme de Cordoue

Texte mis en ligne le samedi 21 février 2004, **par Laurent Albaret.**

Source : *L'Anonyme de Cordoue*, poème latin de la seconde moitié du VIIIe siècle. Édition : J. Taillan, Paris, 1885, p. 38-40.

« Abd-el-Rahman, voyant la terre pleine de la multitude de son armée, franchit les montagnes des Basques et, foulant les cols comme les plaines, s'enfonça en pillant à l'intérieur des terres des Francs ; et déjà, en y pénétrant, il frappe du glaive à tel point qu'Eude, s'étant préparé au combat de l'autre côté du fleuve appelé Garonne ou Dordogne, est mis en fuite ; Dieu seul connaît le nombre de morts et de mourants. Alors Abd-el-Rhaman en poursuivant le susdit duc Eude décide d'aller piller l'église de Tours en détruisant sur son chemin les palais et en brûlant les églises. Lorsque le maire du palais d'Austrasie en France intérieure, nommé Charles, homme belliqueux depuis son jeune âge et expert dans l'art militaire, prévenu par Eude, lui fait front. À ce moment, pendant sept jours, les deux adversaires se harcèlent pour choisir le lieu de la bataille, puis enfin se préparent au combat, mais, pendant qu'ils combattent avec violence, les gens du nord demeurant à première vue immobiles comme un mur restent serrés les uns contre les autres, tels une zone de froid glacial, et massacrent les Arabes à coups d'épée. Mais lorsque les gens d'Austrasie, supérieurs par la masse de leurs membres et plus ardents par leur main armée de fer, en frappant au cœur, eurent trouvé le roi, ils le tuent ; dès qu'il fait nuit le combat prend fin, et ils élèvent en l'air leurs épées avec mépris. Puis le jour suivant, voyant le

camp immense des Arabes, ils s'apprêtent au combat. Tirant l'épée du fourreau, au point du jour, les Européens observent les tentes des Arabes rangées en ordre comme les camps de tentes avaient été disposés. Ils ne savent pas qu'elles sont toutes vides ; ils pensent qu'à l'intérieur se trouvent les phalanges de Sarrasins prêtes au combat ; ils envoient des éclaireurs qui découvrirent que les colonnes d'ismaélites s'étaient enfuies. Tous, en silence, pendant la nuit, s'étaient éloignés en ordre strict en direction de leur patrie. Les Européens, cependant, craignent qu'en se cachant le long des sentiers, les Sarrasins ne leur tendent des embuscades. Aussi, quelle surprise lorsqu'ils se retrouvent entre eux après avoir fait vainement le tour du camp. Et comme ces peuples susdits ne se soucient nullement de la poursuite, ayant partagé entre eux les dépouilles et le butin, ils retournent joyeux dans leurs patries. »

La bataille de Poitiers selon l'Anonyme de Cordoue

Texte trouvé sur le web : www.clionautes.org.

Nous avons cité ce texte remarquable, parce qu'il y est employé probablement pour la première fois dans l'histoire le terme « Européens » pour qualifier les armées franques. L'emploi de ce terme montre quelle conscience pouvait avoir le moine de Cordoue du danger que représentait l'armée islamique.

La conquête d'Al Andalus vue par les musulmans

À la suite de la bataille de Xérès en 711, de nombreux Espagnols refusèrent de se soumettre à la domination musulmane.

Ils trouvèrent refuge derrière les Pyrénées asturiques (montagnes cantabro-asturiques, comté de la Liébana en Espagne). Une étroite bande de terre entre montagnes et mer. C'est de là que ne tarderont pas à sortir les chrétiens pour commencer cette croisade, cette guerre de libération, qui dura huit siècles mais dont les artisans les plus efficaces furent incontestablement pendant trois siècles les chevaliers du Temple.

Selon certains dignitaires de l'Islam dont Dhalil Boubaker (recteur de la mosquée de Paris, dans un article qu'il a publié sur le net), c'est à la demande des juifs persécutés par les Wisigoths que les musulmans intervinrent en Espagne. C'était une opération humanitaire en quelque sorte…

Il est vrai que peu avant l'invasion de l'Espagne par les soldats de l'Islam, il y eut en Espagne une violente persécution des juifs.

Le concile de Tolède en 694 accusa les juifs *« d'intriguer auprès des Sarrasins pour s'emparer du pouvoir »*. Ils furent exclus des charges publiques, ils n'eurent plus le droit d'employer de domestiques chrétiens, ni de se livrer à la traite des esclaves. On finit par leur interdire le mariage et leurs biens devinrent l'objet de confiscations. Nul ne doute que, dans ces conditions, les juifs accueillirent les Sarrasins en libérateurs. Cependant il est douteux que, pour autant, les Séfarades d'Espagne aient oublié le sort que le prophète avait fait subir aux juifs de Médine cent ans plus tôt pour des raisons identiques à celles qui avaient déclenché la persécution des Wisigoths [7].

Ici une observation doit être faite : les peuples islamiques n'ont toujours pas accepté la reconquête de l'Espagne qui est pour eux la « terre des martyrs ». Ce nom lui étant donné en raison du grand nombre de musulmans qui sacrifièrent leur vie pour la conquérir.

Par ailleurs, selon la charia, là où un jour un croyant a bâti une mosquée, là est Dar al Islam (la terre d'Islam) jusqu'à la fin des temps.

Vision contemporaine de l'Andalousie : texte trouvé sur http://www.bladi.net/

« Le portail de la diaspora marocaine ». Nous reproduisons des extraits de ce texte en respectant les fautes d'orthographe et de français.

« As Salaam Aleykom

Huit siècles de l'histoire de notre cher terre Al-Andalus nous émerveillent et nous attirent à un tel point qu'ont doit lui rendre hommage en relatant dans ces pages la gloire de cette terre musulmane.

L'histoire de l'Andalousie est une continuité de l'épopée de la transmission de la lumière de l'Islam, commencée par le prophète Mohammed (SAWS) et puis ses compagnons qui était des hommes hors pairs qui ont consacrés toute leur vie a la noble transmission du message de l'Islam dans le monde entier. »

Autrement dit, et pour résumer en quelques mots : la conquête de l'Espagne fut un grand moment du jihad lancé par Mohamed et poursuivi ensuite par les califes.

« Mussa organisa une armée de soldat composée seulement de 9000 hommes sous le haut commandement d'un célèbre chef berbère nommé Tarek Ibn Zayed [coupure] *»*

Tarek remporte une première victoire sur le gouverneur de Gibraltar. Il apprend que le roi Rodrigue marche vers lui avec une armée de « 100 000 » hommes – pour le septième siècle c'est vraiment beaucoup – et demande des renforts à Mussa.

« Mussa envoya 5000 homme a Tarek pour combattre le Roi Rodriguais qui sont devenus maintenant 12 000 Hommes devant une armée de 100 000 Hommes. »

La bataille commença le 28e jour du ramadan et dura 8 jours *« et que les musulmans vont passer la fête du Ramadan dans le combat de la bataille. »*

« Et c'est dans cette bataille que Tarek va ordonner de brûler les bateaux sur laquelle ils ont traversé, et il a prononcer son discoure qui va rester a jamais le plus beau discours qu'un commandant d'une armée ai fait, en disant a ces soldat que la mer est derrière vous et l'adversaire est devant vous et que vous n'avez le choix que entre la mort ou la victoire. »

Il semble inutile de citer la suite de ce texte, on y apprend que sur les 12 000 musulmans, 3000 moururent au combat mais que presque tous les Wisigoths (les 100 000) furent tués ou jetés dans la rivière. Enfin, pendant que Tarek continue la conquête de l'Espagne, Mussa débarque en Espagne, se rend à Tolède et y construit la mosquée « Masjid Arrayate » (*la mosquée des drapeaux*).

Al Andalus terre de tolérance

Il est fréquent que soit mise en avant la tolérance des autorités musulmanes d'Espagne, et plus particulièrement celle du califat omeyyade de Cordoue. Cependant, comme le font remarquer de nombreux spécialistes, le mot *tolérance* n'est employé que pour des raisons pratiques... De fait, la situation n'est pas une situation de tolérance, mais une situation de « statut religieux ». La présence de chrétiens et de « communautés chrétiennes » ainsi que celle de juifs et de « communautés juives » sont prévues dans le droit islamique... C'est bien évident, puisque la conquête menée par Mohamed et les premiers califes s'accomplit sur des terres occupées majoritairement par des juifs et des chrétiens. De fait, les chrétiens restés vivre en *al-Andalus* jouissent du statut particulier de « protégés » (dhimmis).

« Ils sont soumis aux maîtres arabes, vivent à côté des maîtres et des masses sujettes musulmanes. Ce sont des chrétiens à qui le Pacte d'Omar (*), dans tout l'Islam, laisse vie dans la tolérance du maître, dans la seule volonté du prince. Les dhimmis paient une lourde capitation, en plus de l'impôt foncier dont sont dispensés les croyants astreints à la seule aumône. Ils portent sur leurs habits un signe distinctif (**), ne peuvent chevaucher de monture noble ni occuper des postes de gouvernement sur les musulmans (***). »

(*) Voyez l'alinéa suivant « La situation en Orient ».

(**) Il en était de même dans certains pays chrétiens qui imposaient aux juifs le port de la rouelle.

(***) Ils n'ont pas accès aux postes de fonctionnaire, ou, plus exactement ils ne peuvent occuper aucun poste qui les amènerait à donner des ordres à un musulman.

De fait, on est en présence non d'une société de tolérance, mais d'une société pluricommunautaire dirigée par une communauté dominante et où le statut ou la survie des communautés dominées ne sont garantis que par la seule volonté du chef de la communauté dominante. Cette situation est en Espagne musulmane celle des juifs comme celle des chrétiens qui se partagent d'ailleurs l'appellation de « mozarabes » (le mot vient de musta'rib : « arabisés »).

En principe, et selon la loi islamique, au moment de la conquête, tous les nouveaux sujets des vainqueurs ont, à leur choix, soit adopté l'Islam, soit continué à pratiquer la religion dans laquelle ils avaient été élevés. Cependant, la conversion à l'islam permet d'accéder à un statut bien plus avantageux, ce qui explique les nombreuses conversions dans tous les pays conquis par les musulmans.

L'émir désigne un « comte des mozarabes » et un « juge des chrétiens », il reprend les responsabilités des rois wisigoths, nommant les évêques et convoquant les conciles. Autrement dit, l'Église se retrouve à peu de choses près dans la situation de l'Église orthodoxe russe sous le régime communiste, c'est une Église d'État chrétienne au service d'un État islamique, tout comme l'Église orthodoxe était une Église au service d'un État athée. Si la structure cléricale semble assez bien s'accommoder de ce genre de situation, elle est en général moins bien supportée par les fidèles.

Al Andalus ne fut donc pas pour ces fidèles une véritable terre de tolérance. De plus, les persécutions religieuses enrichirent considérablement le martyrologue romain :

Au Xe siècle à Cordoue : Jean le Confesseur, le moine Isaac, le diacre Paul, les vierges Flore et Marie, sans oublier saint Euloge (déjà cité) et d'autres… Ce sont au total une cinquantaine de chrétiens qui subiront le martyre de la part des musulmans à l'occasion de cette seule persécution.

Quant à al-Mansour qui, à la fin du Xe siècle, se rend maître de Compostelle, symbole chrétien s'il en est, il fait emporter par des esclaves chrétiens les portes et les cloches de la ville…

D'ailleurs, comme nous l'avons précédemment affirmé, l'emploi du mot *tolérance* est excessif, d'abord parce que les « poussées épisodiques du jihad » ramènent à de sanglantes réalités, ensuite parce que *« la soumission totale des mozarabes à leurs vainqueurs contredit l'angélisme d'une convivialité sereine entre les trois religions »* (Thérèse Jerphagnon in *Islam-chrétienté* http://www.historia.presse.fr/data/thematique/), enfin parce que dans ce cadre la liberté religieuse est sévèrement limitée. Par exemple, tout prosélytisme est interdit et convertir un musulman à une autre religion est un crime, de même d'ailleurs qu'un musulman qui se convertit à une autre religion est considéré comme « relaps » et passible de la peine de mort. Dans ces conditions, toute religion autre que l'Islam est vouée à long terme au dépérissement, voire à la disparition.

Si cela est représentatif d'une société de tolérance, alors les rois d'Aragon et de Castille de la Reconquête créèrent également une société tolérante en se déclarant « rois des trois religions ».

La situation en Orient

En 636, Jérusalem est prise par le calife Omar Ibn-al-Khattab, second successeur du prophète Mohamed. C'est le patriarche chrétien Sophronius qui négocia la reddition de la ville alors peuplée exclusivement de chrétiens. Les chrétiens avaient bravement résisté, puisque Jérusalem ne tomba qu'après quatre mois de siège.

La capitulation de Jérusalem rapportée par al-Tabari

d'après Al-Tabarî, extrait de A. Fattal, *Le Statut légal des non-musulmans en pays d'Islam*, Beyrouth, 1995, pp. 45-46. Texte trouvé sur le web : www.clionautes.org. Texte mis en ligne le 6 mars 2004 par Laurent Albaret.

« Au nom d'Allâh, le bienfaiteur miséricordieux. Ceci est la sauvegarde accordée aux habitants d'*Aelia* par le serviteur de Dieu, Umar, commandeur des croyants.

Il leur octroie la sauvegarde pour leurs personnes, leurs biens, leurs églises, leurs croix – que celles-ci soient en bon ou en mauvais état – et leur culte en général. Leurs églises ne seront ni affectées à l'habitation, ni détruites ; elles et leurs dépendances ne subiront aucun dommage et il en sera de même de leurs croix et de leurs biens. Aucune contrainte ne sera exercée contre eux en matière de religion et l'on ne nuira à personne d'entre eux. Aucun juif ne sera autorisé à habiter *Aelia* avec eux. Les habitants d'*Aelia* devront acquitter la *djizya* (*) de la même manière que les habitants des autres villes. Il leur appartient d'expulser de la cité les Rums (**) et les larrons. Ceux d'entre ces derniers qui sortiront auront un sauf-conduit. Ceux qui voudront rester y seront autorisés, à condition de payer la même *djizya* que les habitants d'*Aelia*. Ceux d'entre les habitants d'*Aelia* qui voudront partir avec les Rums, emporter leurs biens, délaisser leurs églises et leurs croix, auront également une sauvegarde pour eux, leurs églises et leurs croix. Les campagnards qui se trouvaient dans la même ville avant le meurtre d'un tel pourront rester et payer la *djizya* au même titre que les habitants d'*Aelia* ou, s'ils le préfèrent, partir avec les Rums ou retourner dans leurs familles. Il ne sera rien perçu d'eux jusqu'à ce qu'ils aient récolté leur moisson.

Cet écrit est placé sous la garantie d'Allâh et la *dhimma* du Prophète, des califes et des croyants, à condition que les habitants d'Aelia acquittent de la djizya qui leur incombe. Témoins Khâlid ibn al-Walid, Amr ibn al-Asî, Abd al-Rahmân ibn Awf. Mu'âwiya ibn Abî Sufyân, lequel a écrit ces présentes sur place en l'an 15. »

(*) Un tribut imposé seulement aux non-musulmans.

(**) Les populations européennes et les voleurs.

Si au début les musulmans et les chrétiens firent bon ménage, il semble que les choses ne durèrent pas.

Certes, la conquête de la Palestine par Omar (638) apporta quelques entraves aux pèlerinages des chrétiens. Cependant, la domination des premiers khalifes resta assez tolérante pour permettre aux chrétiens d'Europe que n'effrayait pas la longueur de la route d'accomplir le pèlerinage. Au VIIe siècle Arculfe (premier évêque franc à visiter la Terre sainte) [(8)], au VIIIe siècle Willibald [(9)], parcourent librement la Judée et la Syrie.

Néanmoins, Charlemagne devra profiter de ses relations amicales avec Haroun-al-Raschid pour améliorer la situation devenue précaire des églises de Jérusalem.

Il semble que ses héritiers aient suivi son exemple et que, dès le IXe siècle, les princes francs exerçaient sur les lieux saints une sorte de protectorat, d'après www.cosmovisions.com/ChronoCroisades.htm. Malgré cela, la situation continua de se dégrader progressivement pour les chrétiens de Palestine et pour les pèlerins, ce qui s'explique naturellement par le simple fait que les chrétiens étaient de plus en plus minoritaires, non seulement à Jérusalem, mais aussi dans toute la Palestine. Bientôt, les pèlerins, à leur retour de Terre sainte, relatèrent les vexations et les sacrilèges dont ils avaient été témoins ou victimes. Ils rapportaient que la population chrétienne de Judée était réduite en servitude, frappée d'un lourd tribut (la djizya), bannie de ses temples transformés en mosquées, obligée de cacher et de faire disparaître les emblèmes extérieurs de son culte.

Entre 1009 et 1012, le pape Sergius IV aurait adressé une lettre au clergé et aux princes pour les engager à secourir leurs frères d'Orient (10).

Quelques années auparavant, en 1002, Silvestre II (11) se serait écrié : « *Soldats du Christ, levez-vous ! Il faut combattre pour lui.* » On voyait déjà poindre là la première idée des croisades. Une expédition composée de Pisans, de Génois et de sujets d'un roi d'Arles prit la mer et alla débarquer sur les côtes syriennes. Elle y causa quelques dommages, mais sans véritablement s'avancer dans ce pays.

Nous ne savons pas si ces anecdotes papales sont des faits ou relèvent de légendes forgées au XIe siècle, voire plus tardivement. Nous n'avons même pas trouvé d'informations convergentes à propos de l'expédition de Pisans, de Génois et d'Arlésiens qui aurait eu lieu au début du XIe siècle. Ce qui en revanche reste certain, c'est que, indépendamment du souci permanent de conquête du monde (le jihad selon le Coran), compte tenu de la législation islamique, se succèdent au gré des changements de chef des périodes de tolérance et de fanatisme.

La mosaïque chrétienne face à l'Islam

Déjà à cette époque, le christianisme oriental est divisé en une multitude de petites Églises. Si certaines s'entendent fort bien avec le patriarcat byzantin qui n'est pas encore séparé de Rome, ce n'est pas le cas de toutes. Les Églises monophysites : copte, éthiopienne, arménienne, jacobite, syrienne occidentale, syriaque orthodoxe et nestorienne comme l'Église assyrienne d'orient (Églises schismatiques à partir du concile d'Ephèse) sont plutôt mal acceptées par le pouvoir byzantin, et certains empereurs se livreront à leur égard à des persécutions violentes.

Certains de ceux-là, surtout les hiérarchies ecclésiastiques, trouveront un sort meilleur sous la domination des musulmans que sous celle des Byzantins. Le fait est que, même si les musulmans seront assez rapidement majoritaires dans l'ensemble des terres qu'ils ont conquises, ils le sont très faiblement dans certaines régions et, dans d'autres, ils sont minoritaires. Il faut comprendre que la loi islamique prévoit une gestion communautariste de la société sous l'autorité dominante de la communauté musulmane et de son chef le calife.

La conquête par l'Islam, malgré les contraintes et limites qu'elle impose aux autres religions, se traduit donc souvent pour le chef d'une communauté religieuse par un accroissement de son pouvoir sur les fidèles. Il ne manque pas d'ailleurs d'exemples de chrétiens qui accumulent des fortunes considérables et exercent dans l'entourage d'un calife des fonctions très importantes.

Par ailleurs, à la tolérance toute relative des califes s'oppose le sectarisme d'une partie du peuple musulman, toujours prompt à accuser les chrétiens (ou les juifs) de tous les maux et à organiser un massacre. Pour l'exemple, référons-nous à l'ouvrage *La Palestine des croisés* (Philippe Aziz, éditions Famot, 1977).

Par exemple, l'affaire qui se passe en 996, rapportée par l'historien arabe Jaouda. Le peuple du Caire soupçonne les chrétiens d'Almafi (des marchands) d'avoir mis le feu aux navires. Je cite : *« La populace et les maghrébins se ruèrent sur eux et en massacrèrent 160. »* Au passage, ils pillent la maison d'un certain Manak qui regorge de grandes richesses appartenant à des chrétiens ainsi que l'église Saint-Michel appartenant aux melkites... La suite du récit présente peu d'intérêt. Un responsable du nom de Ibn Nethouros fait cesser le pillage et le massacre. Il ordonne à la population de rapporter les objets volés et capture 63 pillards. Al-Aziz-Billah (calife fatimide 975-996) ordonne qu'un tiers des pillards soit remis en liberté, qu'un tiers soit bastonné, et que le dernier tiers soit exécuté. On organise donc une sorte de loterie, où chaque prisonnier tire un papier indiquant quel sera son sort.

L'histoire est exemplaire à plus d'un titre.

Ibn Nesthouros était un chrétien très influent qui fut précepteur du calife et qui – contrairement aux préceptes de la loi islamique – assuma des responsabilités qui l'amenaient à commander des musulmans. C'est donc une exception dans l'histoire du christianisme en terre d'Islam.

Quant aux ordres donnés par le calife, ils se traduisent par le fait que 160 vies chrétiennes sont vengées par l'exécution de 21 musulmans – soit un musulman pour huit chrétiens. Certes, notre comptabilité est sordide, mais dans une région du monde où encore aujourd'hui il est toujours question du « prix du sang », les nombres parlent d'eux-mêmes ! Pourtant, l'affaire se passe à une période particulièrement favorable aux communautés chrétiennes.

En revanche, les fidèles des Églises non chalcédoniennes gardèrent un fort mauvais souvenir de la reconquête byzantine (fin du Xe siècle - début du XIe). Sur ce sujet, les chroniques de Mathieu d'Edesse sont on ne peut plus édifiantes et Michel le Syrien (patriarche jacobite d'Antioche 1166-1199), auteur d'une histoire générale de la Syrie, abonde dans le même sens. Il faut dire que l'empereur

Diogène (Romain IV dit Diogène, 1067-1071) se livra à des persécutions dignes des pires califes. Pour l'exemple, l'Église maronite (qui pourtant est chalcédonienne) eut autant à souffrir (à l'époque) des persécutions des Byzantins que de celles des musulmans, ce qui entraîna son émigration des bords de l'Oronte au Mont Liban : *« Pour éviter le processus d'implantation et de transplantation pratiqué sans cesse par les Byzantins et les Arabes et particulièrement récurrent et intense entre le Xe et le XIe siècle, les maronites préférèrent se réfugier au Mont Liban auprès de leurs confrères que d'être déportés ailleurs.* » (Source : P. Karam Rizk, Directeur de l'Institut d'histoire Université Saint-Esprit de Kaslik (Liban), //mouka.chez.tiscali.fr/maronite_rizk.htm)

De fait, même s'ils se plaignent des vexations et des injustices, même si certains d'entre eux émigrent pour cette raison, même si des révoltes coptes furent noyées dans le sang par les autorités musulmanes, en dépit des persécutions violentes de quelques califes dont le célèbre Hakim, les chrétiens qui vivent en terre d'Islam vivent la plupart du temps en bonne intelligence avec les musulmans. Ces conditions de vie sont même parfois meilleures que celles qu'ils connaissaient sous l'autorité byzantine. Dans l'ensemble, ils sont résignés à leur sort et les hiérarchies ecclésiales ne souhaitent certainement pas pour la plupart de changement. On ne sait guère ce que pensaient les simples fidèles, car les chroniqueurs chrétiens sont en général des prélats de haut rang ou des proches de la cour des califes. Cependant, les croisés auront souvent le soutien actif des populations chrétiennes locales.

Reste l'Empire byzantin et l'Église grecque, qui au fond forment une seule entité. L'empire a beaucoup souffert de la conquête musulmane mais pour lui la « reconquête des lieux saints » n'est certainement pas une priorité. Par ailleurs, et malgré les guerres de frontière, les empereurs entretiennent avec l'Islam des relations diplomatiques, souhaitant pour les plus modérés d'entre eux une sorte de partage du monde entre l'Empire et l'Islam. Ajoutons qu'il semble qu'ils craignent plus les « barbares francs chrétiens » que les armées de l'Islam.

L'Europe occidentale après la reconquête de la Septimanie

Le pape Léon III en 799 avait longuement hésité, fallait-il faire de Charlemagne l'empereur d'Occident ou l'empereur de tous les chrétiens ? La seconde option eût présenté pour l'Église de Rome d'énormes avantages, mais Charles se révélait assez réticent, il semblait n'avoir aucune envie de compter parmi ses sujets le peuple d'une Rome qui avait perdu beaucoup de son prestige. Probablement aussi, en grand stratège qu'il était, craignait-il que l'immense territoire sur lequel l'Église de Rome lui enjoignait de régner comme une sorte de « super roi » [(12)] ne soit difficile à défendre en raison même de son étendue. N'est-ce pas son étendue même qui avait fini par faire crouler l'empire romain ? Enfin, au titre « d'empereur d'Occident » étaient associées de lourdes charges, elles auraient été plus lourdes encore pour un « empereur de la chrétienté ».

De fait, le « contrat » proposé par l'Église (représentée par le pape Léon III) à Charlemagne et, à travers lui à la dynastie capétienne était simple : à vous l'empire d'Occident, à vous de le rétablir dans ses frontières romaines !... Ne nous y trompons pas, les termes de ce contrat tiennent en une phrase : « Le 25 décembre de l'an 800 Charlemagne est sacré empereur d'Occident. » Il n'est pas besoin d'en dire plus pour savoir que les obligations de l'empereur d'Occident étaient également de porter, si nécessaire, aide et assistance à l'empire d'Orient. Autrement dit, en sacrant un empereur d'Occident, Léon III met en place un projet de reconquête de l'Espagne (de la Corse, de la Sardaigne), et peut-être même à plus long terme de rétablissement de l'empire d'Orient dans ses frontières d'avant la conquête musulmane. Projets auxquels s'ajoute probablement la perspective d'une réunification du christianisme sous l'autorité papale (l'église d'Orient n'est pas encore séparée de l'église d'Occident, mais bénéficie d'une large autonomie).

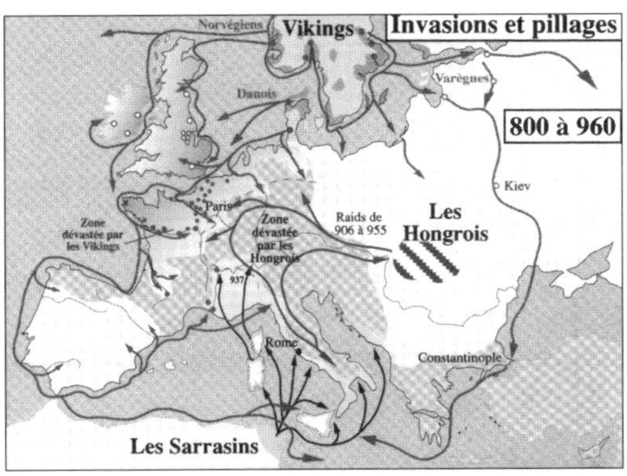

Vaste dessein qui aurait pu certainement aboutir si Charlemagne avait vécu quelques années de plus et si l'empire d'Occident ne s'était pas retrouvé « coincé » entre plusieurs feux : celui des envahisseurs normands venus du Nord, celui des Hongrois venus de l'Est et, bien entendu, au Sud, celui de la conquête musulmane d'une part et des pirates ifriqiyens [(13)] qui apparurent en Corse vers 806, et d'autre part des musulmans d'Espagne qui reprennent leur offensive.

Les ifriqiyens entreprirent la conquête de la Sicile à partir de 827. Palerme tombe entre leurs mains en 831, Messine en 843, Enna en 859.

De Sicile, ils s'élancent vers la péninsule italienne, soit pour se livrer à des razzias [(14)], soit pour établir des têtes de pont comme Tarente ou Bari d'où l'empereur byzantin Basile Ier ne les délogera qu'en 880. En 846, ils pillent Saint-Pierre de Rome.

Parallèlement, les musulmans d'Espagne mènent des attaques contre la Provence, la Ligurie et la Toscane. Là aussi une tête de pont est établie à Fraxinetum près de Saint-Tropez.

Relevons que du point de vue stratégique, l'établissement de têtes de pont prouve que les razzias ne sont que le prélude à un projet de guerre de conquête.

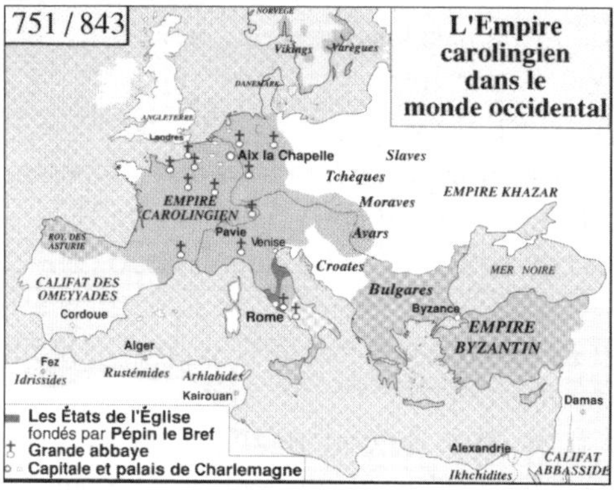

Charlemagne est mort en 814. Comme tout roi franc, il a respecté la coutume du partage entre ses trois fils lors de l'ordinatio [(15)] de Thionville en 806. Cependant, deux de ses fils, Pépin et Charles, précédèrent l'empereur dans la mort. Louis se retrouva donc seul héritier de l'empire et de la couronne impériale. Bernard, neveu de Charles Magne qui avait reçu de lui le royaume d'Italie, vint prêter serment d'allégeance au nouvel empereur Louis le Pieux à Aix-la-Chapelle.

C'est avec ce dernier que commence le morcellement de l'empire. Dès 817 il tente de régler le problème de sa succession par une ordinatio. Il partage son royaume entre ses trois fils. Il assure la prééminence de l'aîné Lothaire en lui léguant la couronne impériale, mais tardivement naît Charles, quatrième fils de Louis le Pieux. Louis veut donner à cet enfant une part de son royaume. Il remet donc en cause l'ordinatio de 817.

À partir de ce moment, l'empire est la proie de grands troubles intérieurs. Les fils de Louis non seulement se rebellent contre leur père, mais de plus se combattent entre eux !

Charles (le Chauve) hérite de l'Ouest, Louis (le Germanique) hérite de l'Est, Lothaire 1er hérite d'un long couloir de la mer du nord à la Méditerranée comprenant Aix-la-Chapelle, la capitale de l'empire. En 870, Charles le Chauve et Louis le Germanique se partagent la Lotharingic, nc laissant à Louis II, fils de Lothaire 1er et empereur en titre, que le royaume d'Italie…

Telle sera la dynastie des Carolingiens ! Ils ont régné sur toute l'Europe, mais plusieurs fois par génération, au hasard des décès et des meurtres de souverains, les frontières changeront, ce qui engendrera une certaine confusion et rendra l'empire difficile à défendre et à administrer…

Ces partages vont marquer la fin du rêve du pape Léon. L'Europe s'organise progressivement en nations. La Franconie orientale qui deviendra la France se soude progressivement à l'Aquitaine qui pourtant a hérité d'une civilisation et d'une langue différentes.

L'évolution sociale et économique sous les Carolingiens

Malgré les invasions, l'empire s'organise ! Charlemagne, comptant souder l'empire par un phénomène de reconnaissance personnelle, fait de grandes distributions de terres à des personnages dont il veut s'assurer la fidélité en échange d'un serment de vassalité. Mieux, il encourage ses vassaux à distribuer eux-mêmes des terres et à faire prêter serment de vassalité aux bénéficiaires de ces dons.

Les historiens ont beaucoup critiqué cette action de Charles Magne dont le résultat fut l'établissement de la société féodale où tout sujet est lié au souverain par des liens directs ou indirects de vassalité. Cependant, l'objectivité veut que l'on reconnaisse que le système était adapté à la situation ; d'ailleurs les invasions accélérèrent considérablement cette structuration en incitant les plus faibles à prêter serment de vassalité aux plus forts pour s'assurer leur protection. Ainsi se constitue une société qui est un « assemblage d'alliances pyramidal » puisque les vassaux doivent assistance militaire à leur suzerain et que lui leur doit protection. Cependant, lui-même est vassal du souverain…

Cet aspect militaire qui conduira à utiliser indifféremment le terme *miles* (soldat, chevalier) et celui de *vassus* (vassal) est, il faut bien le reconnaître, parfaitement adapté à un empire agressé de toutes part par des expéditions de pillage.

C'est une mutation profonde de la société. Chaque homme dépend désormais de son seigneur et ce lien est la base du droit. Le pouvoir politique, administratif, économique est désormais lié à la position de suzerain et la vertu civique se résume pour l'essentiel au respect de la foi jurée.

Par ailleurs, poursuivant l'impulsion déjà donnée par Charles Martel, Charles Magne a entrepris l'unification des rites chrétiens d'Europe et impose à toutes les Églises de l'empire le rite romain. De même, il pousse l'ensemble des monastères de l'empire à adopter la règle de saint Benoît, celle que justement deux siècles plus tard suivront les Templiers.

Conclusion à propos des origines carolingiennes

Que faut-il donc retenir de l'époque carolingienne pour comprendre l'histoire des croisades et celle du Temple ?

Le premier aspect important, c'est la permanence des incursions islamistes et des tentatives d'invasion de toutes sortes, lesquelles permettront aux preux de s'illustrer et donneront au Xe et XIe siècle (peut-être avant) naissance aux chansons de geste. Ce sont de longs poèmes épiques qui content les exploits de Charlemagne, d'Aymon de Narbonne, de Rolland et de nombreux autres guerriers de l'époque carolingienne.

Les combats menés contre les musulmans d'Espagne tiennent dans ces poèmes une large place. Cela est d'autant plus frappant que, au XIe siècle, les seuls envahisseurs qui restent présents et menaçants sont les musulmans d'Espagne. Les autres barbares se sont fondus dans les populations locales ou ont été repoussés.

Le second aspect, c'est l'échec du grand projet de Léon III. Il reste bien un empereur d'Occident, mais son empire est morcelé en États indépendants et son autorité souvent contestée.

Il y aura même plus tard une « exception culturelle française » : le roi de France sera empereur en son royaume. Il ne se considérera pas comme un vassal de l'empereur d'Occident.

Le troisième aspect à retenir, c'est que cette période fut une époque de grand trouble pour l'Occident où l'on ne construisit guère en pierre, non en raison de la « perte du savoir des Romains », mais par manque de main d'œuvre et manque de temps. D'ailleurs, la chapelle d'Aix-la-Chapelle témoigne de la maîtrise de l'art de construire dont étaient capables les hommes du neuvième siècle. Mais pourquoi reconstruire un pont en pierre quand on sait qu'il sera peut-être nécessaire de le détruire dans quelques mois pour retarder la progression d'un envahisseur ?

Il reste un quatrième point : ces invasions ont soudé les nations. À la fin de l'époque carolingienne, l'Europe est certes morcelée, mais elle se compose d'États incomparablement plus forts et plus militarisés que ceux qui existaient sous la période mérovingienne. C'est donc une Europe puissante qui est prête à tenter de réaliser les rêves de reconquête que Léon III avait exprimés en couronnant Charlemagne empereur.

Notes du chapitre

(1) Les Sarrasins menèrent des razzias jusqu'en Champagne et dans les Vosges, mais furent toujours repoussés par les armées franques et ne purent se maintenir dans aucune province franque.

(2) Son père Nûçaïr était chrétien : « Il lisait tranquillement le Nouveau Testament dans la petite église de Ayn al-Tamr lorsque les troupes de Khalid Ibn al Walid firent irruption et l'emmenèrent prisonnier. » Source : http://www.rafikdarragi.com, extrait d'un article de Mounira Aouadi, *La Presse de Tunisie* du 18/11/02.

(3) En 719, l'année où Charles Martel s'empare de la Neustrie, ils prennent Narbonne (capitale de la Septimanie), envahissent l'Aquitaine et passent par Autun pour atteindre les Vosges, ravageant tout sur leur passage. Ils se replient ensuite sur la Provence, mais les Provençaux les chasseront de leurs terres avec l'aide du roi d'Aquitaine.

(4) Ne pas confondre avec son homonyme Jusif Abdérame, gouverneur de Septimanie qui fera une incursion jusqu'en Avignon et en Arles en 736 (Dom Vaissette, *Histoire générale du Languedoc*, 1730, cité par nemausensis.chez.tiscali.fr//.). Les deux personnages s'appellent en réalité : Abd-el-Rahman.

(5) Écrits du second continuateur de Frédégaire (texte écrit sous l'inspiration de Childebrand), *Monumenta Germaniae Historica* (MGH). Texte trouvé sur le web : www.clionautes.org Édition : A. Boretius, Hanovre, 1881. Ce document fait par ailleurs du duc Eude (appelé par d'autres documents roi d'Aquitaine) un allié des Sarrasins.

(6) C'est la meilleure expression que nous ayons trouvé bien que le combat se soit déroulé à l'arme blanche et qu'il eût été préférable de dire « entre deux fronts ».

(7) Fuyant les persécutions de la Mecque, le prophète Mohamed s'installe à Médine. Là il est rejoint par de nombreux musulmans qui ont fui la Mecque en abandonnant leurs biens et leurs moyens d'existence. C'est à ce moment qu'il décidera que la razzia est un « moyen légitime d'existence pour les musulmans si elle s'effectue aux dépens d'ennemis de l'Islam ». À partir de ce moment les musulmans de Médine s'enrichiront rapidement grâce aux razzias menées contre les caravanes de la Mecque.

Médine est à l'origine une cité à majorité juive et chrétienne, mais les musulmans ne tardent pas à prendre le pouvoir. Bientôt le prophète apprend par révélation divine que l'une des trois communautés de juifs de la ville complote avec les gens de la Mecque pour tenter de renverser le pouvoir islamique. Cette communauté sera priée de vendre ses biens et de quitter la ville avec armes et bagages. Après une nouvelle grande bataille contre les Mecquois, le prophète porte la même accusation contre la seconde communauté. Cette fois-ci, on confisquera les biens des juifs avant de les expulser. Le même scénario d'accusation de trahison se déroulera une troisième fois. Là Mohamed réunira le conseil des musulmans et demandera à l'un des conseillers quel sort mérite la communauté des traîtres. Le conseiller répondra : « La mort », et le prophète ajoutera : « Qu'il en soit fait selon ton jugement. » Toute la population de cette dernière communauté juive, hommes, femmes, enfants, sera exécutée au bord d'une énorme fosse commune. Ce massacre qui impressionnera tout l'Orient contribuera certainement à faciliter sa conquête en inspirant aux populations une certaine terreur des armées de l'Islam.

(8) Arculfe témoigne d'ailleurs du fait que la tolérance musulmane est toute relative puisque, explique-t-il à propos de l'église de l'annonciation, elle « dut être rachetée plusieurs fois par les chrétiens pour empêcher qu'elle ne soit livrée à une démolition certaine ». Source : www.mariedenazareth.com/

(9) Willibald. Fils de saint Richard, roi d'Angleterre, nous avons de lui le récit de son pèlerinage aux Lieux saints. Ce qui fait de saint Willibald (Guillebaud) le premier pèlerin anglais que nous connaissons en Terre sainte. Vers 738, il rejoignit son cousin saint Boniface en Allemagne, lequel l'ordonna prêtre et lui conféra l'épiscopat pour la charge de l'église d'Eichstadt en Bavière. Source web : nominis.cef.fr/.

(10) Les historiens modernes pensent que cette bulle n'a jamais existé, ou plutôt qu'elle fut « inventée » pour justifier le prêche de la première croisade.

(11) Gerber d'Aurillac. Rappelons que la dynastie carolingienne perd le pouvoir au profit des Capétiens en 987, soit 15 ans avant l'exclamation de Sylvestre II.

(12) Un roi au-dessus des autres rois ou un « roi des rois » comme l'était il y a encore quelques décennies l'empereur d'Éthiopie.

(13) Ainsi appelés du nom de la province romaine d'Afrique du Nord dont le territoire correspondait approximativement à la Tunisie à laquelle s'ajoute l'Algérie orientale et tripolitaine – Ifriquiya ou Afrique.

La dynastie arabe des émirs Aghlabides (qui gouvernèrent ce territoire 875 à 909) les avait rendu pratiquement indépendants du Khalifa.

(14) Rappelons que le prophète Mohamed déclara après l'installation à Médine que la razzia était un moyen légitime de s'enrichir pour le musulman à partir du moment où celle-ci était dirigée vers des ennemis de l'Islam – voyez la note 7.

(15) Ordonnance.

Source des illustrations

La Gaule sous Charles Martel : Encyclopédie autodidactique Quillet (EAQ).

711 L'Islam à la conquête de l'Europe : *L'Europe de l'Antiquité à nos jours,* Maurice Griffe, Éditions T.S.H. (MG.EAJ).

Invasion et pillages de 800 à 960 : (MG.EAJ)

L'Empire carolingien : (MG.EAJ).

Bibliographie (ouvrages et sites web non cités au fil du texte)

Encyclopédie autodidactique Quillet.

La Civilisation de l'Occident médiéval, Jacques Le Goff, Éditions Arthaud.

Chapitre 2
La chevalerie et la paix de Dieu

L'avènement de la dynastie saxonne (dite aussi othonienne) chez les empereurs (avec Henri l'Oiseleur 919) et celle des Capétiens en France (988) ne changeront guère le monde médiéval. Simplement, les empereurs et les rois de France renforceront leur autorité sur leurs vassaux. En 962, Othon Ie, dit le Grand, profite de ce qu'il est appelé en Italie par le pape Jean XII pour se faire couronner roi des Lombards à Milan et empereur à Rome.

Il reconstitue ainsi en partie l'Empire de Charlemagne en assurant la domination de l'Empire sur l'Italie. Celui-ci s'appellera désormais « l'empire romain germanique ».

Au contraire de ce qui s'était produit au IXe siècle, le changement ne vient pas des souverains, il est le fait de l'Église appuyée par le peuple.

La révolution de « l'an mil »

En revanche, en 990 [1], le concile du Puy instituera la « paix de Dieu ». C'est une révolution ! Ce sera le premier des « conciles de la paix » et le mouvement se répandra dans toute l'Europe chrétienne pendant 40 ans. Il aboutira à la définition par l'Église « des devoirs du chevalier chrétien ». Ce n'est pas comme certains voudraient le croire « la création de la chevalerie par l'Église », mais c'est, pour le moins, la prise de contrôle de la chevalerie par les autorités ecclésiastiques. C'est sur cette tendance que débute le XIe siècle, et elle va permettre un développement économique et agricole sans précédent. Non seulement on constate cet effort agricole, mais de plus l'Europe se couvre d'églises nouvelles ou d'églises anciennes que l'on reconstruit. On les reconstruit bien que la plupart soient fort bien construites et n'en aient nul besoin, c'est une véritable émulation entre communautés. C'est à qui construira la plus belle et la plus grande église. Ce mouvement qui a commencé au Xe siècle s'amplifie et durera jusqu'au XIVe siècle.

Mais on ne construit pas seulement des églises, ce sont aussi des ponts que l'on reconstruit en bonnes pierres, des maisons luxueuses, d'innombrables bâtiments à usage économique : des granges, des halles...

La paix de Dieu en apaisant considérablement les guerres locales ainsi que la fin des grands mouvements d'invasion laissent le temps à l'Europe de découvrir les joies du développement démographique et économique.

Le chroniqueur bourguignon Raoul Glabert explique ce changement rapide par « la terreur des calamités de l'époque précédente » et ajoute que tous étaient « tenaillés par la crainte de se voir arracher les douceurs de l'abondance ».

De fait la paix laisse aux souverains, au ducs, aux comtes et à leurs vassaux le loisir de se préoccuper d'autre chose que de la défense du territoire. Les prises de guerre n'étant plus une source de revenu, ce sont les terres qui vont les fournir, d'où l'essor de l'agriculture. L'aristocratie guerrière devient une aristocratie de grands propriétaires fonciers...

L'Europe militarisée

Il faut néanmoins tempérer cette analyse très « économiste ». La paix de « l'an mil » est une paix armée. Chaque seigneur, chaque vassal, parallèlement à la mise en valeur de ses bénéfices (ses terres), renforce son château, ses fortifications, l'organisation de son ost... Le paysan, de son côté, défriche et améliore ses méthodes de culture pour vivre mieux et payer l'impôt.

Autrement dit, cette paix toute relative du XIe siècle, en permettant le démarrage de l'économie permet également le renforcement du quadrillage militaire de l'Europe et des structures de défense du territoire.

L'Europe reprend vie, et certains envahisseurs d'hier tels les Normands seront le fer de lance de cette nouvelle vitalité.

Parallèlement au « lancement de la paix de Dieu », les conciles de la paix vont fixer les devoirs du chevalier chrétien et organiser la chevalerie. Car le titre de chevalier est ancien.

« Le titre de chevalier existait dans toute la Grèce, dans toute la Celtie, dans tout l'empire romain. On ne voit pas pourquoi les barbares francs qui adoptèrent tant de traits de la société gallo-romaine n'auraient pas adopté celui-là.

Le chevalier était un combattant professionnel propriétaire de son cheval et de ses armes ; et le chevalier errant, un soldat de fortune, un mercenaire qui recherchait un maître.

L'institution et le titre remontent donc à la plus haute antiquité » (3).

Or, si le chevalier existait, ce que l'on appellera plus tard « l'ordre de la chevalerie » en général et « les ordres de chevalerie » en particulier existait forcément aussi (4). L'Église va donc à travers les conciles de la paix non seulement assurer une certaine sécurité dans la société chrétienne, mais aussi unifier les divers courants chevaleresques sous la bannière chrétienne et même sous la bannière catholique romaine.

Tous les nobles qui portent épée seront faits chevaliers, de l'empereur ou du roi au plus petit vassal, ce qui leur accordera des droits et des devoirs.

De fait, le statut du chevalier est double. D'une part, il est vassal et doit obéissance totale à son suzerain qui est lui-même chevalier, d'autre part, son titre de chevalier chrétien lui vaut le devoir de défendre la veuve et l'orphelin et de protéger l'Église.

Toute la subtilité de la chevalerie réside en ce double statut : le chevalier doit obéissance à son suzerain en tant que guerrier et il doit obéissance à l'Église en tant que membre d'un ordre religieux laïque, puisque c'est toujours dans une église ou une chapelle qu'il recevra l'adoubement.

Là encore, la prise de pouvoir de l'Église est lourde de conséquences. Il existe désormais deux sortes d'hommes de guerre : les chevaliers et ceux qui sont à leur service, et les autres qui sont considérés comme des brigands.

Il ne manquera pas de puissants de l'époque pour s'opposer à l'éthique chevaleresque voulue par l'Église ! Ils seront nombreux, mais ils perdront tout de même la bataille et, de bonne ou de mauvaise grâce, finiront par se faire armer chevaliers sous la protection de l'Église, si bien qu'au moment de la première croisade, en 1095, l'éthique de la chevalerie chrétienne est unanimement acceptée par les puissants et les chevaliers qui sont leurs vassaux même si, concrètement, elle n'est pas toujours respectée (5).

Il est une chose qui paraît avec le recul évidente : si l'Église, en s'appuyant sur le peuple, a pu imposer l'éthique chevaleresque, c'est parce qu'elle a été suivie par la grande majorité des gens qui exerçaient le métier des armes, par les chevaliers... Mais qu'est un roi ou un duc si ses chevaliers l'abandonnent ? Rien d'autre qu'un proscrit à qui l'un de ses héritiers peut quand il le veut ravir sa couronne.

La chose est d'importance, parce que les croisades seront le fait d'abord de la grande masse des chevaliers.

La paix n'exclut pas la conquête ou la reconquête

Pour tout bon stratège, la paix n'est que la période idéale pour préparer la prochaine guerre. Aussi, c'est avec des guerriers bien armés et bien formés que certains aristocrates se lancent dans des guerres de conquête ou de reconquête. Dès le début du XIe siècle, des principautés normandes naissent en Italie du Sud. Robert Guiscard (Cuistre) se révèle un habile conquérant.

Certes, l'opération ne fut pas un coup de tête. De 1016 à 1030, les Normands servent dans les armées byzantines comme mercenaires. Serge de Naples charge leur chef Rainulf de tenir la forteresse d'Aversa en 1030. C'est à partir de ce nid d'aigle que les Normands entreprennent de conquérir des « morceaux d'Italie » pour leur compte propre. Ils s'allient pour cela aux comtes lombards qui justement se révoltent contre l'autorité de l'Empire byzantin. Les Normands en profitent donc pour s'attaquer aux possessions des Byzantins en Italie et pour écorner au passage les territoires du pape.

En 1030 arrivent Guillaume Bras-de-Fer et Drogo, les deux fils aînés de Tancrède de Hauteville. C'est à eux que revient l'honneur des premières conquêtes. Ils prennent l'Ouest de l'Apulie aux Byzantins. Humphrey, leur frère cadet, se joint à eux en 1044, puis c'est le tour du benjamin Robert (Robert Guiscard) en 1046. Les Lombards s'allient au pape Léon IX pour chasser ces conquérants turbulents, mais leur armée est défaite en 1053 à Civitate. Cette aventure normande en Calabre se termine par une alliance avec la papauté et en 1059, Robert, au concile de Melfi, se déclare vassal du Saint-Siège qui en contrepartie lui accorde le titre de duc et la reconnaissance de ses conquêtes d'Apulie, de Calabre et de Sicile. Il prend alors Reggio en 1060, Brindisi (1062), entreprend en 1068 le siège de Bari, capitale de l'Italie byzantine, qui tombe après un siège de trois ans, le 16 avril 1071. Par la suite, la prise de Palerme laisse les Normands maîtres de toute la Sicile. En revanche, le projet de Guiscard de conquérir l'empire d'Orient n'aboutit pas.

Les Normands fondent le royaume des Deux-Siciles qui fut l'une des créations les plus originales du Moyen Âge. Le voyageur arabe Ibn Jobaïr (XIIe siècle) fut émerveillé par sa visite à la cour de Palerme où se côtoyaient Normands, Siciliens, Byzantins et musulmans. La chancellerie de ce royaume pratiquait d'ailleurs trois langues officielles : le latin, le grec et l'arabe. Ce royaume devient un grand centre de traduction et de brassage culturel comme en témoignent les églises de Céfalu, de Palerme, de Montreale qui combinent en une synthèse harmonieuse les solutions architecturales romano-gothiques avec les styles byzantins et musulmans.

Ajoutons que les Normands, dans cette région, ne se conduisent pas seulement en conquérants. En 1074, trois ans seulement après la conquête de sa capitale italienne, l'empereur d'Orient conclut un traité d'alliance avec Robert Guiscard. Celui-ci ne vise pas seulement à écarter la menace d'une possible invasion normande. Son véritable objectif est d'acheter par l'octroi de dignités et de pensions les services éventuels des combattants normands.

Les Normands se tournent également vers l'Ouest, mais nous pensons qu'il n'est pas utile d'insister sur la conquête de l'Angleterre par Guillaume le Conquérant en 1066.

Il a fallu presque un siècle à l'Europe occidentale pour qu'elle se remette des grandes invasions, c'est beaucoup comparé à la durée de vie d'un homme, mais c'est très rapide compte tenu du fait que les invasions ont duré quatre siècles.

L'Europe va mieux et l'Orient, lui, va mal. Il est ravagé par les Seldjoukides, une tribu d'origine turque venue des steppes du Turkestan. Ces conquérants s'emparent successivement d'Ispahan en 1055, de Bagdad en 1060, de la Géorgie, de l'Arménie en 1064 et de la Syrie en 1070. Cette conquête turque affaiblit les deux grandes puissances d'Orient, à savoir le pouvoir islamique et l'Empire byzantin, tout comme les invasions barbares et sarrasines avaient affaibli l'Europe occidentale.

Les querelles du pape et de l'empereur

Évidemment, l'Europe occidentale n'est pas pour autant devenue un paradis ! C'est dès les premières années de l'Empire romain d'Occident que commence la célèbre querelle des Investitures, bientôt suivie de celle des Guelfes et des Gibelins ; une querelle qui durera un siècle !

1 La querelle des Investitures

Les causes de cette querelle sont simples, il s'agit de la rivalité entre l'empereur qui exerce un pouvoir temporel et accessoirement un pouvoir spirituel et le pape qui exerce un pouvoir spirituel et accessoirement un pouvoir temporel. L'un soutenu par ses féodaux, l'autre soutenu par son Église veulent avec la même intransigeance dominer le monde.

En 999, Othon III avait fait élire pape le moine philosophe mathématicien Gerbert d'Aurillac qui régna sous le nom de Sylvestre II.

Pendant son court règne de quatre ans, le pape Sylvestre sut relever la puissance du Saint-Siège, adapter aux États pontificaux, qui l'ignoraient, le système féodal français et doter ainsi ses États d'une puissance militaire.

C'est l'action du pape Sylvestre qui donna à l'Église la puissance nécessaire pour imposer la paix de Dieu et l'éthique chevaleresque, et c'est cette même puissance qui provoquera 72 ans après sa mort la querelle des Guelfes et des Gibelins.

En 1075, le pape Grégoire VII interdit sous peine d'excommunication aux seigneurs laïques de donner l'investiture des bénéfices ecclésiastiques. Le futur empereur Henri IV [(6)], refusant de se soumettre à cette décision, convoqua le concile de Worms (1076) qui déposa le pape. En représailles, Grégoire VII l'excommunia. Sous la pression des princes qui menaçaient de le déposer, il se rendit en Italie pour sauver son trône. En 1077, du 25 au 26 janvier, il reste debout pieds nus dans la neige devant le pont-levis du château de Canossa pour obtenir une audience du pape et son absolution…

L'affaire ne fut pas pour autant réglée.

Fin juin, 1080 à Brixen, Henri IV réunit une assemblée épiscopale qui nomme l'évêque Guibert ou Wuibert de Raven [(7)] comme antipape et reçoit son hommage.

Quelque temps plus tard, dans le but d'imposer « son pape », Henri IV vient assiéger le pape dans Rome. Il prend la ville en 1083. Grégoire VII se réfugie au château Saint-Ange et appelle les Normands de Sicile à son secours, ce qui oblige Guiscard à abandonner sa conquête de l'Empire byzantin. Henri IV profite de cette prise de Rome pour faire introniser Guibert comme pape sous le nom de Clément III en l'église Saint-Jean-de-Latran, 24 mars.

Le 31 mars, il se fait couronner empereur par Clément III à la cathédrale Saint-Pierre (il n'était encore que roi des Romains, voyez la note 6).

Les successeurs de Grégoire VII reprirent la lutte contre Henri IV et soulevèrent ses deux fils contre lui. Ceux-ci le dépouillèrent de sa couronne en 1105 et il mourut en 1106. La lutte ne se termina que sous son successeur Henri V en 1125 par la conclusion du concordat de Worms qui institua que la papauté accordait l'investiture spirituelle par la crosse et l'anneau et que l'empereur accordait l'investiture temporelle ou féodale par le sceptre et l'épée. Autrement dit, le pape nommait les évêques de l'Empire romain germanique, mais ceux-ci étaient vassaux de l'empereur.

2 La querelle des Guelfes et des Gibelins

La paix établie par le concordat de Worms dura trente ans. Puis, lors de l'accession au trône de Conrad III (chef de la maison de Weiblingen – que l'on déforme en Gibelins), le favori de l'empereur précédent fut évincé. Il s'appelait Henri le Fier ou Henri le Superbe (chef de la maison de Welf – que l'on déforme en Guelfes). Cet incident divisa l'Allemagne puis l'Empire tout entier (et donc l'Italie) en deux partis irréconciliables.

En effet, les Gibelins étaient partisans d'une domination totale du pouvoir impérial, tandis que les Guelfes soutenaient la papauté et prônaient l'indépendance de l'Italie.

À chaque succession impériale, ces deux partis eurent leur candidat et se déchirèrent à belles dents aussi bien en Allemagne qu'en Italie, à la cour du pape comme à celle de l'empereur. L'Église finit par remporter le conflit, évitant ainsi ce qui était le projet des Gibelins : la séparation de l'Église et de l'État, en excommuniant l'empereur Frédéric II.

Conclusions à propos de la situation avant les croisades

L'Europe entame une période d'expansion et, malgré de violentes querelles entre la papauté et les empereurs de « l'Empire romain germanique », le pouvoir des États s'accroît ainsi que l'autorité morale du pape et de l'Église.

À l'inverse, le Proche et le Moyen-Orient sont en phase de stagnation et, comme ils sont victimes d'invasions, le pouvoir de l'État islamique tend à se réduire. Grégoire VII meurt en 1085. Victor III lui succède.

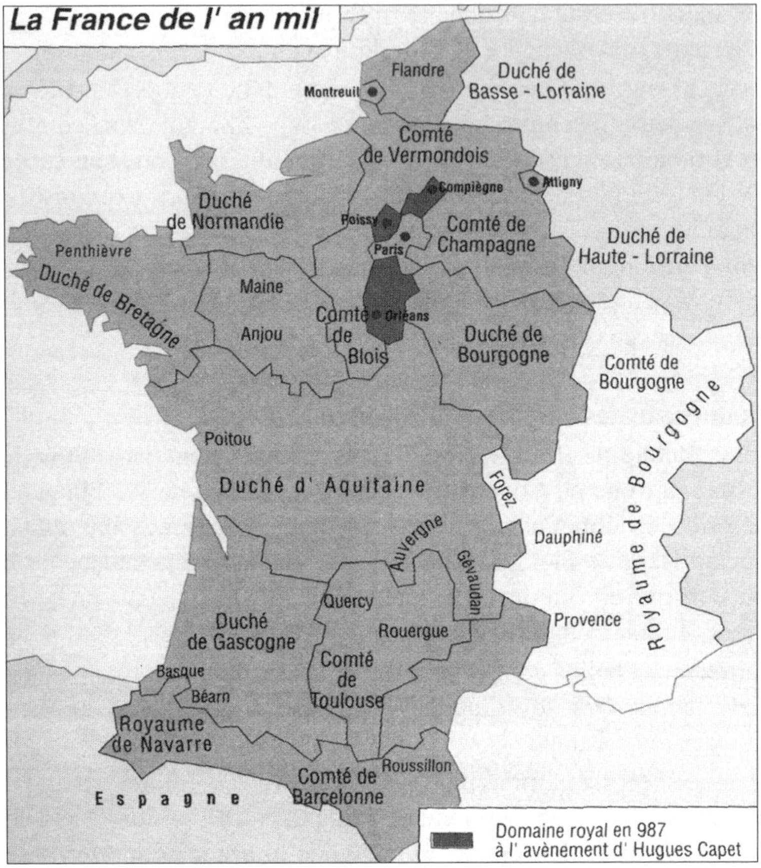

En 1088, en pleine querelle des investitures, Urbain II accède au trône de Saint-Pierre ! C'est lui qui s'assurera le soutien des fils de Henri IV et résoudra ainsi momentanément ce problème.

Les querelles avec l'empereur avaient affaibli et allaient encore dans l'avenir affaiblir les possibilités d'action de la papauté.

Par ailleurs, l'Église s'était assuré le soutien spirituel de la chevalerie, mais les chevaliers étaient directement ou indirectement vassaux soit du roi de France, soit de l'empereur germanique. Quand, en juin 1083, l'empereur

Henri IV assiège Rome et que Guiscard vient délivrer le pape, les forces vives des deux armées qui s'affrontent sont des chevaliers chrétiens ! Des frères d'armes qui tous ont prêté le même serment de chevalier, qui tous ont juré de défendre l'Église, qui tous ont juré fidélité à leur souverain... Seulement pour les uns le souverain est le pape, pour les autres, c'est l'empereur !

Imaginons ce qui se serait passé si le roi de France s'était mêlé de cette querelle ! L'Europe eut sans nul doute été mise à feu et à sang...

Alors que fait le pape Urbain II ? En août 1095, il se rend au Puy. La cathédrale du Puy est à l'époque un lieu de pèlerinage aussi important que peut l'être Lourdes aujourd'hui. Urbain II célébrera la messe en cette cathédrale dédiée à la Vierge le 15 août 1095. C'est au Puy que va être conçu le concile de Clermont où Urbain II prêchera la croisade.

On sait qu'il s'entretint longuement avec l'évêque du Puy, Adhémar de Monteil, fils du comte de Valentinois qui tient le château de Montélimard. C'est un saint prélat qui a toute la confiance du pape, mais c'est aussi un ancien chevalier et donc un homme qui dispose des connaissances stratégiques et tactiques que suppose ce titre, un guerrier expérimenté. C'est du Puy que dans les jours suivants de nombreux messagers, clercs ou laïques, mais tous au service de l'évêque, partent, porteurs de lettres pontificales qui convoquent à un concile général les évêques et abbés fidèles au pape légitime. Le concile se tiendrait à Clermont le 18 novembre, jour de la Saint-Martin. Entre sa messe de l'Assomption au Puy et le concile, le pape va « faire les couloirs », ce qui pour lui signifie rencontrer les évêques et les abbés les plus influents

Le 18 novembre, c'est donc « plus de 250 crosses épiscopales » qui entreront en procession dans la cathédrale de Clermont au son du « Veni Creator ». C'est une grande victoire pour Urbain II. Il est en désaccord avec l'empereur, mais de nombreux évêques dont le diocèse est sur les terres impériales sont venus au concile, et il en est de même des prélats et abbés du domaine royal de France et de ceux d'Angleterre, bien que le pape soit également en conflit avec ces deux souverains.

Là, en présence de cette foule, sur cette terre de France qui l'a vu naître puis prononcer ses vœux à Cluny, Urbain va affirmer la puissance de l'Église et se poser en souverain des souverains. Les débats s'engageront avec une grande solennité, le concile va d'abord réaffirmer les différents aspects de la réforme de Grégoire VII, régler quelques problèmes de droit canon. Ensuite, il va réaffirmer le droit d'asile, à l'occasion il ajoute aux lieux d'asile (églises, monastères et tout lieu saint) les croix érigées aux carrefours ou au bord des chemins. Il réaffirme aussi et renforce la trêve de Dieu : aucun chrétien n'a le droit de se battre pendant la durée du Carême, ni du début de l'Avent à l'octave de l'Épiphanie (soit du quatrième dimanche avant Noël au 13 janvier), à toutes les fêtes de Notre Seigneur, de la Vierge et des apôtres, ni enfin du mercredi soir au lundi matin durant toute l'année (ce qui laisse moins de 150 jours par an pour s'entretuer)...

On imagine la stupeur de nombreux féodaux en prenant connaissance de telles décisions ! Mais le pape ira plus loin, il assignera à comparaître devant son tribunal le roi de France Philippe Ier pour s'être publiquement rendu coupable d'adultère. Comme le roi ne se présentera pas devant le concile, le pape prononcera son excommunication…

Le 27 novembre doit être le jour de la cérémonie de clôture du concile. Ce jour-là, non seulement le clergé sera présent, mais les laïques sont invités. La cathédrale est bien trop petite et la cérémonie aura lieu en plein air au lieu dit « le Champ-herm ». C'est là, sur une estrade dressée en plein air, qu'Urbain II va prêcher la croisade et la prêcher aux Français en priorité ! Son sermon commence ainsi : « Hommes français, hommes d'au-delà des montagnes… »

Le plus stupéfiant, c'est qu'après avoir annoncé toutes ces mesures certainement très impopulaires chez les nobles, après avoir excommunié le roi de France, Urbain II fait un « succès d'enfer ». Son discours est accueilli par la foule au cri de « Dieu le veut » !

Qu'invoque-t-il à l'appui de son appel ?

Il dit que lui sont parvenus (« de Constantinople et de Jérusalem ») de tristes récits, que les Persans ont envahis en Orient (« ces contrées ») les terres des chrétiens et qu'ils s'y livrent à des exactions. Il appelle les chevaliers français, mais aussi tous ceux qui sont en âge et en état physique de combattre à participer à la reconquête non seulement des Lieux saints, mais aussi de l'empire d'Orient !

On ne peut, à la lecture de ce sermon, ne penser que deux choses. D'abord, ce pape veut réveiller le grand rêve de Léon III, ensuite, il est suprêmement habile.

Qu'il veuille réaliser le grand rêve de Léon III, la réunification des Églises d'Orient et d'Occident, son discours en témoigne puisqu'il fait état de l'impuissance de Constantinople face à l'invasion des Seldjoukides (qu'il confond avec des Persans, alors qu'ils sont Turcs). Impuissance qui semble d'ailleurs être partagée par le pouvoir du calife qui, rappelons-le, avait perdu la Syrie en 1070…

C'est là que les historiens modernes font remarquer finement qu'entre 1070 et 1095, vingt-cinq années se sont écoulées, et que justement, Urbain II prêche la croisade au moment où les choses se calment en Orient, où l'empire d'Orient est à peu près tranquille et où la pression sur les pèlerins a diminué. C'est parler de conjoncture, juger l'histoire à l'aune contemporaine ! Urbain II et les hommes qui l'écoutent ne réfléchissent pas sur le cours d'une vie humaine. La preuve : qui le pape évoque-t-il comme modèle pour les croisés ? Il en appelle aux vertus de Charlemagne et de son fils Louis, à leurs victoires contre les Sarrasins, vertus et victoires dont leurs descendants doivent se montrer dignes ! En ce qui concerne les informations venues d'Orient, le pape ne se base pas évidemment sur une lettre précise, il s'appuie sur des récits de pèlerins, des rapports de prêtres, des documents archivés par ses prédécesseurs et par lui-même. Il s'appuie également sur les informations qui sont venues depuis des siècles par l'intermédiaire des mozarabes. De fait, depuis quatre cents ans, les archives du Vatican et celles des monastères le montrent forcément : les périodes de « tolérance relative » et celles de « persécutions violentes » se succèdent de façon aléatoire puisqu'elles dépendent uniquement de la décision d'un chef qui est toujours dans le monde musulman à la fois chef spirituel, chef de guerre et souverain. Nous ne pouvons savoir si Urbain II connaissait la situation exacte au moment du concile de Clermont ; en revanche, ce que l'on comprend en lisant son sermon, c'est qu'il ne traite pas d'une situation ponctuelle dans le temps ou dans l'espace. Il n'organise pas une expédition de représailles, mais le rétablissement de l'Empire romain d'Orient : *« Éteignez donc entre vous toute haine, que les querelles se taisent, que les guerres s'apaisent, et que toute l'aigreur de vos dissensions s'assoupisse. Prenez la route du Saint-Sépulcre, arrachez ce pays des mains de ces peuples abominables, et soumettez-le à votre puissance. Dieu a donné à Israël* [(8)] *en propriété cette terre dont l'Écriture dit 'qu'il y coule du lait et du miel' ».*

Certes, à l'époque où il s'exprime, Jérusalem n'est plus la capitale d'une province romaine, mais, au temps du Christ, c'était le cas.

La suprême habileté du pape, c'est de confier cette mission aux Français et, à travers eux, au roi de France.

Ce sermon est en effet simultanément un camouflet pour l'empereur du Saint Empire romain germanique, une reconnaissance de la puissance du roi de France et un ordre de mobilisation obligatoire de l'Empire.

Il faut s'en souvenir, il existe, depuis le morcellement de l'empire de Charlemagne une grande querelle entre la France et l'Allemagne, les souverains de ces deux nations revendiquent le titre de successeurs du grand empereur.

Or, là encore, le pape est habile, il fait son discours au concile de Clermont, lequel a un caractère régional, et se déroule dans un diocèse de langue d'oc au royaume de France. Aucune ambiguïté n'est donc possible, le pape invite les rois de France à soumettre à leur autorité les terres conquises par les musulmans sur les chrétiens d'Orient. Autrement dit, il leur offre l'empire d'Orient.

Dire aux chevaliers français qu'ils sont les héritiers de Charlemagne, c'est infliger un second camouflet à l'empereur, presque le déclarer illégitime !

Quant à inviter la France à conquérir un empire en Orient pour la défense des chrétiens et avec la bénédiction de l'Église, c'est forcer la main à l'empereur, parce que, que l'opération se solde par un échec ou par un succès, il ne peut en laisser la gloire au seul roi de France. Il ne pourra donc que lui proposer son aide et celle de ses chevaliers pour la croisade, et il en est de même évidemment des autres souverains d'Europe.

En dehors de cela, les persécutions contre les pèlerins sont une réalité, qu'elles soient le fait des agents de l'État Islamique ou d'éléments incontrôlés, et même parfois de certaines troupes byzantines.

On connaît par exemple l'histoire de Gunther, évêque de Bamberg (9), qui décida d'accomplir un pèlerinage à Jérusalem. Douze mille fidèles de son diocèse et des diocèses voisins décident de l'accompagner : des barons, des princes, des riches et des pauvres. Cette foule considérable chemine au printemps 1065 sur les chemins de Palestine. Ils sont épuisés, mais l'idée de célébrer la très proche fête de Pâques à Jérusalem leur fait oublier la fatigue. Le Vendredi saint, ils ne sont plus qu'à deux jours de marche de la ville, quelque part entre Césarée et Ramla. Soudain une grêle de flèches s'abat sur la foule exténuée. Les pèlerins disposent les chariots transportant femmes, enfants et malades en barricade et tentent de s'abriter derrière ce rempart dérisoire. Certains, rapporte la chronique, seront contraints de combattre, d'autres pousseront l'esprit de pèlerinage jusqu'à refuser de se défendre et accepter le martyre. De toutes façons, la plupart d'entre eux voyagent sans arme. Un prêtre prend l'initiative de demander à tous de déposer les armes et de se mettre en prière. Ensuite, il décide de solliciter une trêve auprès du chef des Bédouins... Néanmoins, le massacre des pèlerins va continuer. Il durera jusqu'à Pâques... Cet exemple est resté célèbre, sans doute en raison du grand nombre de victimes, mais il est loin d'être le seul qui soit parvenu jusqu'à nous. Régine Pernoud cite le cas de Liebert, évêque de Cambrais, et de ses compagnons, qui furent tellement rançonnés à Chypre qu'il durent interrompre leur pèlerinage à Laodicée. Là il rencontrent Hélinand, évêque de Laon qui revient de Terre sainte. Celui-ci leur fait un tel tableau des difficultés qu'il a rencontrées à Jérusalem que Liebert et ses compagnons décident de rebrousser chemin... C'est Géraud, abbé de Saint-Florent-lès-Saumurs, qui est capturé par les Sarrasins aux abords de Jérusalem, torturé et mis à mort, sort à peine plus cruel que celui de nombreux autres pèlerins qui alimentèrent les marchés aux esclaves d'Égypte ou de Syrie...

Outre les exactions habituelles dont étaient victimes les pèlerins, l'histoire avait montré que pèlerins et chrétiens d'Orient étaient à la merci d'un changement de chef chez les musulmans ou du caprice d'un calife comme le calife Hakim. En 1009, il décida de pourchasser chrétiens et juifs et fit raser toutes les églises et tous les monastères de Palestine dont l'église du Saint-Sépulcre [(10)]. Les chroniques racontent que ce calife obligea les chrétiens à porter au cou une croix de cuivre de 10 livres (environ 5 kg) et les juifs à charrier un billot de bois en forme de tête de veau...

Il n'est pas besoin de la lettre de l'empereur d'Orient (qui serait un faux), ni de celle de Dieu adressée à Pierre l'Ermite, pour inciter le pape à prêcher la croisade, les chroniques ordinaires de l'époque justifient largement cette prédication. Comme l'écrit Régine Pernoud : « *Les récits des pélerins, tels que les rescapés de l'expédition de l'évêque Gunther, n'étaient pas fait, pour rassurer sur l'état de la Terre sainte et sur les risques que les chrétiens y couraient [...] mais on pouvait prévoir le temps où une chrétienté consciente d'elle-même et se sentant plus forte vis-à-vis des musulmans se poserait la question de savoir jusqu'où devait être poussée la non-violence, et si, au pèlerinage tout pacifique, elle n'allait pas substituer une action plus efficace pour reconquérir une terre dont elle ne pouvait accepter la perte comme irrémédiable.* »

Le sermon d'Urbain II

Texte intégral (une des versions), source : www.udenap.org/

Clermont, le 27 novembre 1095.

« *Hommes français, hommes d'au-delà des montagnes, nations, ainsi qu'on le voit briller dans vos œuvres, choisies et chéries de Dieu, et séparées des autres peuples de l'univers, tant par la situation de votre territoire que par la foi catholique et l'honneur que vous rendez à la sainte Église, c'est à vous que nous adressons nos paroles, c'est vers vous que se dirigent nos exhortations : nous voulons vous faire connaître quelle cause douloureuse nous a amenés dans vos pays, comment nous y avons été attirés par vos besoins et ceux de tous les fidèles. Des confins de Jérusalem et de la ville de Constantinople nous sont parvenus de tristes récits : souvent déjà nos oreilles en avaient été frappées ; des peuples du royaume des Persans, nation maudite, nation entièrement étrangère à Dieu, race qui n'a point confié son esprit au Seigneur, a envahi en ces contrées les terres des chrétiens, les a dévastées par le fer, le pillage, l'incendie, a emmené une partie d'entre eux captifs dans son pays, en a mis d'autres misérablement à mort, a renversé de fond en comble les églises de Dieu, ou les a fait servir aux cérémonies de son culte ; ces hommes renversent les autels après les avoir souillés de leurs impuretés ; ils circoncisent les chrétiens, et font couler le sang des circoncis ou sur les autels, ou dans les vases baptismaux; ceux qu'ils veulent faire périr d'une mort honteuse, ils leur percent le nombril, en font sortir l'extrémité des intestins, la lient à un pieu ; puis, à coups de fouet, les obligent de courir autour jusqu'à ce que, leurs entrailles sortant de leur corps, ils tombent à terre, privés de vie. D'autres, attachés à un poteau, sont percés de flèches ; à quelques autres, ils font tendre le cou, et, se jetant sur eux, le glaive à la main, s'exercent à le trancher d'un seul coup. Que dirai-je de l'abominable pollution des femmes? Il serait plus fâcheux d'en parler que de s'en taire. Ils ont démembré l'empire grec, et en ont soumis à leur domination un espace qu'on ne pourrait traverser en deux mois de voyage. À qui donc appartient-il de les punir et de leur arracher ce qu'ils ont envahi, si ce n'est à vous, à qui le Seigneur a accordé par-dessus toutes les autres nations l'insigne gloire des armes, la grandeur de l'âme, l'agilité du corps et la force d'abaisser la tête de ceux qui vous résistent ?*

Que vos cœurs s'émeuvent et que vos âmes s'excitent au courage par les faits de vos ancêtres, la vertu et la grandeur du roi Charlemagne et de son fils Louis, et de vos autres rois, qui ont détruit la domination des Turcs et étendu dans leur pays l'empire de la sainte Église. Soyez touchés surtout en faveur du Saint-Sépulcre de Jésus-Christ, notre sauveur, possédé par des peuples immondes, et des saints lieux qu'ils déshonorent et souillent avec irrévérence de leurs impuretés. Ô très courageux chevaliers, postérité sortie de pères invincibles, ne dégénérez point, mais rappelez-vous les vertus de vos ancêtres; que si vous vous sentez retenus par le cher amour de vos enfants, de vos parents, de vos femmes, remettez-vous en mémoire ce que dit le Seigneur dans son Évangile : 'Qui aime son père et sa mère plus que moi, n'est pas digne de moi. Quiconque abandonnera pour mon nom sa maison, ou ses frères, ou ses sœurs, ou son père, ou sa mère, sa femme, ou ses enfants, ou ses terres, en recevra le centuple, et aura pour héritage la vie éternelle.' Ne vous laissez retenir par aucun souci pour vos propriétés et les affaires de votre famille, car cette terre que vous habitez, renfermée entre les eaux de la mer et les hauteurs des montagnes, tient à l'étroit votre nombreuse population ; elle n'abonde pas en richesses, et fournit à peine à la nourriture de ceux qui la cultivent : de là vient que vous vous déchirez et dévorez à l'envie, que vous élevez des guerres, et que plusieurs périssent par de mutuelles blessures. Éteignez donc entre vous toute haine, que les querelles se taisent, que les guerres s'apaisent, et que toute l'aigreur de vos dissensions s'assoupisse. Prenez la route du Saint-Sépulcre, arrachez ce pays des mains de ces peuples abominables, et soumettez-le à votre puissance. Dieu a donné à Israël en propriété cette terre dont l'Écriture dit 'qu'il y coule du lait et du miel'.

Jérusalem en est le centre, son territoire, fertile par-dessus tous les autres, offre pour ainsi dire les délices d'un autre paradis: le Rédempteur du genre humain l'a illustré par sa venue, honoré de sa résidence, consacré par sa Passion, racheté par sa mort, signalé par sa sépulture. Cette cité royale, située au milieu du monde, maintenant tenue captive par ses ennemis, est réduite en la servitude de nations ignorantes de la loi de Dieu ; elle vous demande donc et souhaite sa délivrance, et ne cesse de vous implorer pour que vous veniez à son secours. C'est de vous surtout qu'elle attend de l'aide, parce qu'ainsi que nous vous l'avons dit Dieu vous a accordé, par-dessus toutes les nations, l'insigne gloire des armes : prenez donc cette route, en rémission de vos péchés, et partez assurés de la gloire impérissable qui vous attend dans le royaume des cieux. »

Le pape Urbain II, ayant prononcé ce discours plein d'urbanité et plusieurs autres du même genre, unit en un même sentiment tous ceux qui se trouvaient présents, tellement qu'ils s'écrièrent tous : Dieu le veut ! Dieu le veut ! Ce qu'ayant entendu, le vénérable pontife de Rome rendit grâces à Dieu, les yeux élevés au ciel, et, de la main demandant le silence, dit :

« Très chers frères, aujourd'hui se manifeste en vous ce que le Seigneur a dit dans son Évangile : ' Lorsque deux ou trois seront assemblés en mon nom, je serai au milieu d'eux.' Car si le Seigneur Dieu n'eût point été dans vos âmes, vous n'eussiez pas tous prononcé une même parole : et en effet, quoique cette parole soit partie d'un grand nombre de bouches, elle n'a eu qu'un même principe ; c'est pourquoi je dis que Dieu même l'a prononcée par vous, car c'est lui qui l'avait mise dans votre sein. Qu'elle soit donc dans les combats votre cri de guerre, car cette parole est issue de Dieu : lorsque vous vous élancerez avec une belliqueuse impétuosité contre vos

ennemis, que dans l'armée du Seigneur se fasse entendre généralement ce seul cri : Dieu le veut ! Dieu le veut ! Nous n'ordonnons ni ne conseillons ce voyage aux vieillards, ni aux faibles, ni à ceux qui ne sont pas propres aux armes; que cette route ne soit point prise par les femmes sans leurs maris ou sans leurs frères, ou sans leurs garants légitimes, car de telles personnes sont un embarras plutôt qu'un secours, et deviennent plus à charge qu'utiles. Que les riches aident les pauvres, et emmènent avec eux, à leurs frais, des hommes propres à la guerre ; il n'est permis ni aux prêtres ni aux clercs, quel que puisse être leur ordre, de partir sans le congé de leur évêque, car s'ils y allaient sans ce congé, le voyage leur serait inutile ; aucun laïc ne devra sagement se mettre en route, si ce n'est avec la bénédiction de son pasteur; quiconque aura donc volonté d'entreprendre ce saint pèlerinage en prendra l'engagement envers Dieu, et se dévouera en sacrifice comme une hostie vivante, sainte et agréable à Dieu ; qu'il porte le signe de la croix du Seigneur sur son front ou sur sa poitrine ; que celui qui, en accomplissement de son vœu, voudra se mettre en marche, la place derrière lui entre ses épaules; il accomplira par cette double action le précepte du Seigneur, qui a enseigné dans son Évangile : ' Celui qui ne prend pas sa croix et ne me suit pas, n'est pas digne de moi.' »

Nous devons à l'objectivité de préciser ici que, parmi les versions dont nous disposions du texte d'Urbain II, nous avons choisi celle qui nous a parut la plus complète, celle qui évoquait le plus de motivations différentes. Par exemple, dans la version du discours qui fut rapportée par Foucher de Chartres (qui était présent au concile), il n'est nullement question des richesses de la Terre sainte ni d'autres questions matérielles d'ailleurs. Les Lieux saints n'y sont même pas cités. Il est seulement demandé de venir en aide aux chrétiens d'Orient confrontés à l'expansion de l'Islam et des richesses spirituelles que les combattants en retireront.

En revanche, Foucher de Chartres donne une version plus lyrique de l'appel au combat :

« *Que ceux qui étaient auparavant habitués à combattre méchamment, en guerre privée, contre les fidèles, se battent contre les infidèles, et mènent à une fin victorieuse la guerre qui aurait dû être commencée depuis longtemps déjà ; que ceux qui jusqu'ici ont été brigands deviennent soldats ; que ceux qui ont autrefois combattu leurs frères et leurs parents se battent comme ils doivent contre les barbares ; que ceux qui ont été autrefois mercenaires pour des gages sordides gagnent à présent les récompenses éternelles ; que ceux qui se sont épuisés au détriment à la fois de leur corps et de leur âme s'efforcent à présent pour une double récompense. Qu'ajouterai-je ? D'un côté seront les misérables, de l'autre les riches ; ici les ennemis de Dieu, là ses amis. Engagez-vous sans tarder ; que les guerriers arrangent leurs affaires et réunissent ce qui est nécessaire pour pourvoir à leurs dépenses ; quand l'hiver finira et que viendra le printemps, qu'ils s'ébranlent allégrement pour prendre la route sous la conduite du Seigneur.* » (Foucher de Chartre, *Histoire des croisades,* p. 9).

Le réveil de l'empire d'Orient

À cet épisode, les historiens contemporains refusent l'appellation de « croisade », parce que cette expédition est orchestrée par un empereur d'Orient qui commande son armée et n'entraîne pas un grand mouvement populaire comme ce sera le cas de la première croisade. Toujours est-il que l'empereur Jean Ier, plus connu sous le nom de Zimiscès ou Jean Zimiscès [(11)], entreprit à la fin du Xe siècle la reconquête des terres perdues de l'Empire byzantin. Bien que cette expédition n'ait pas ce caractère de « grand mouvement de foi » que présentent les croisades occidentales, l'empereur fait peindre sur sa bannière l'image de la Vierge. Il lui attribue également le succès de son expédition, puisque, à son retour, c'est à elle (la statue de la Vierge) qu'il accorde les honneurs du triomphe.

Il n'est pas douteux que le succès de cette opération byzantine qui, bien entendu, fut connue en Occident, ainsi que la rapide reconquête islamique qui suivit contribuèrent largement à motiver les pèlerins qui partirent presque un siècle plus tard à la reconquête de la Terre sainte.

Il faut relever que, si cette « reconquête » byzantine trouva l'appui des fidèles de l'Église byzantine, elle fut pour les chrétiens « non alignés » une catastrophe. Ils connurent à cette occasion une situation de persécution et de discrimination pire que celle qu'ils connaissaient sous le régime islamique.

Cette expédition explique donc également la méfiance de certaines populations chrétiennes d'Orient vis-à-vis des croisés. En effet, elles ne pouvaient qu'attendre pire encore des « barbares francs » que de la part des très civilisés Byzantins…

Les causes et les raisons de la première croisade

Ne négligeons pas de le rappeler au lecteur, le Moyen Âge n'est pas le XIXe siècle ! L'idée que les chevaliers et les grands féodaux d'Europe sont partis en croisade pour conquérir les richesses de l'Orient ne colle guère avec la « mentalité de l'époque ». Certes, les grands féodaux sont riches et rendent témoignage de l'avidité naturelle de l'être humain pour les biens de ce monde, mais ils n'ont pas besoin d'aller en Orient pour assouvir leur soif de conquête ! Ce n'est pas en Orient par exemple que Guiscard se tailla à la pointe de l'épée le royaume des Deux-Siciles !

Par ailleurs, en partant ou en laissant partir leurs vassaux pour plusieurs années, ils affaiblissaient les défenses de leurs fiefs. Ajoutons que le coût de l'opération étant fort élevé, ils affaiblissaient également l'économie de leurs domaines. Certains même s'endetteront lourdement pour partir en croisade ! D'ailleurs, nombreux sont ceux qui en 1095, surtout parmi les chevaliers français, étaient déjà allés combattre les Maures dans le cadre de la reconquête de l'Espagne qui, vers le milieu du siècle, avait pris de plus en plus l'aspect d'une guerre religieuse.

Certes, Urbain II (selon la version de son sermon que nous avons citée) leur fait bien flamboyer les richesses de l'Orient et de la Palestine (la terre où coule le lait et le miel), mais cela ne peut tenter que des chevaliers sans ou peu dotés de terres, et ceux-ci ne sauraient partir en croisade sans l'autorisation et probablement même sans l'aide financière de leur suzerain. D'ailleurs, dans le sermon d'Urbain II, la question est traitée en trois lignes : « *Prenez la route du Saint-Sépulcre, arrachez ce pays des mains de ces peuples abominables, et soumettez-le à votre puissance. Dieu a donné à Israël en propriété cette terre dont l'Écriture dit* ***qu'il y coule du lait et du miel***. »

C'est bien peu quand le corps principal du discours fait 53 lignes (soit moins de 6% du corps principal du discours). En revanche, il s'inquiète grandement d'éventuelles résistances :

« *Ne vous laissez retenir par aucun souci pour vos propriétés et les affaires de votre famille, car cette terre que vous habitez, renfermée entre les eaux de la mer et les hauteurs des montagnes, tient à l'étroit votre nombreuse population ; elle n'abonde pas en richesses, et fournit à peine à la nourriture de ceux qui la cultivent : de là vient que vous vous déchirez et dévorez à l'envie, que vous élevez des guerres, et que plusieurs périssent par de mutuelles blessures.* »

Si l'on en croit ce texte, l'Europe du XIe siècle est victime à la fois d'une explosion démographique et d'une quasi-pénurie de denrées alimentaires…

À ce propos, il ne faut pas oublier les écrits du chroniqueur Glabert : tous étaient « *tenaillés par la crainte de se voir arracher les douceurs de l'abondance* », qui contredisent quelque peu le discours du pape. Évidemment, ces soucis existent, et si Urbain II en tient compte dans son discours, c'est qu'il sait qu'en tenant ces propos, il fera mouche sur un certain nombre d'auditeurs, mais le peu de place qu'ils tiennent dans ce discours montre qu'ils ne sont pas la motivation essentielle ni du pape ni de ses auditeurs, sauf peut-être en ce qui concerne le dernier point :

« *De là vient que vous vous déchirez et dévorez à l'envie, que vous élevez des guerres, et que plusieurs périssent par de mutuelles blessures.* »

En effet, avec cette phrase on rejoint la grande préoccupation de la trêve de Dieu, une trêve qui n'est pas toujours respectée. On rejoint le souci de l'Église d'empêcher les « guerres privées », une distraction dont les grands seigneurs et leurs vassaux semblent avoir du mal à se priver ! Oui, le pape a, outre le rêve de Léon III, une préoccupation importante : offrir un terrain d'opération digne d'elles aux puissantes armées d'Europe, offrir un ennemi commun aux chevaliers et aux féodaux afin qu'ils combattent ensemble au lieu de se combattre entre eux.

Quant au reste, au principal du discours, c'est un appel à la foi, au salut de l'âme, à l'héroïsme, au désir légitime qu'a tout guerrier de se couvrir de gloire, de devenir comme Aymon ou Rolland le héros d'une chanson de geste. Là encore, cette « motivation psychologique » est certainement plus importante qu'on ne le pense, même chez les souverains qui, ne l'oublions pas, sont gens d'épée. Bien évidemment, tous espèrent, avec l'aide de Dieu, obtenir la victoire, et avec elle le salaire de la guerre (les fiefs et les prises de guerre), mais tous savent également que beaucoup d'entre eux la paieront de leur vie.

Cependant, dans son sermon, le pape leur a dit que la croisade est un pèlerinage : « *Quiconque aura donc volonté d'entreprendre ce saint pèlerinage, en prendra l'engagement envers Dieu, et se dévouera en sacrifice comme une hostie vivante, sainte et agréable à Dieu...* »

Le chevalier qui part en croisade se « *dévoue en sacrifice comme une hostie vivante* » et un peu plus loin le pape lui ordonne de porter une croix dans son dos entre les épaules. Cela revient à dire que partir en croisade, c'est imiter le Christ jusque dans son sacrifice et par conséquent, quels que soient les péchés passés, mourir à la croisade, c'est obtenir la vie éternelle. L'actualité ne nous permet pas de douter qu'un grand nombre de chevaliers chrétiens sont partis en croisade pour expier leurs péchés.

Voilà le décor planté ! Tout est prêt pour le départ en croisade !

Il y a guerre sainte et guerre sainte.

Il ne faut pas confondre le pèlerinage armé prêché par Urbain II et la guerre sainte islamique (le djihad).

Le djihad est une guerre offensive destinée à soumettre les infidèles jusqu'à ce qu'ils reconnaissent la loi de l'Islam. Il est un devoir pour tous les musulmans.

À l'inverse, la guerre sainte **catholique** ne peut être que défense et libération des chrétiens opprimés et de la Terre sainte.

Du point de vue de l'orthodoxie (du christianisme oriental), Byzance n'a jamais compris qu'une religion puisse être animée d'un esprit de guerre sainte. Pour eux, l'expression en elle-même est un défi à la religion et à la raison, et ces deux termes s'excluent mutuellement. Les seules guerres concevables sont défensives, donc politiques, mais sans impérialisme.

Les guerres défensives sont de nobles guerres, qui ne valent aux combattants aucun privilège spirituel. De plus, tout sang qui coule est une souillure ; la souillure implique une purification, même si la guerre était juste.

Ces divergences spirituelles entre Rome et Byzance (Constantinople) expliquent en partie les malentendus entre les chefs croisés et l'empereur de Byzance Alexis Comnène.

D'après :

http://www.eleves.ens.fr/home/robin/histoire/medievale/croisades/quoi1.html

Sans le savoir, ce jour-là le pape a largement contribué à l'enrichissement des armateurs et des banquiers de certaines villes italiennes et en particulier de Gênes et de Venise, car ils sont à peu près les seuls que les croisades enrichiront. Non seulement ils prêteront aux rois (à intérêt), mais c'est à eux que les rois et les grands féodaux loueront des bateaux pour emmener leurs troupes en croisade.

Notes du chapitre

(1) D'autres pensent que le premier concile de la paix fut en réalité un synode (une réunion d'évêques) tenu à Charroux en 989, mais peu importe, l'important, c'est ce qui en résulta (http://perso.wanadoo.fr/marxiens/politic/989.htm).

(2) Après la période de troubles qu'avait représentées les invasions barbares, il ne devait subsister que des écoles de guerriers disparates ; et c'est certainement à partir de ces « écoles de guerriers » que se sont structurés les premiers ordres de chevalerie. Évidemment, il n'existe pas de preuve d'un tel phénomène, mais la logique veut que ces écoles aient existées, parce que l'usage des armes blanches ne s'enseigne ni ne s'apprend en un jour. Or il semble que le titre de chevalier dans le métier des armes corresponde à celui de maître dans d'autres corporations.

(3) Jean-Luc Caradeau in *L'Aventure spirituelle des sociétés initiatiques.*

(4) Ils existaient, officieusement ou fonctionnellement, probablement avec leurs règles propres, reliant entre eux des chevaliers issus d'une même « école d'armes » ; les membres de ces différents ordres se reconnaissant tous dans une appartenance commune à un « méta-ordre » appelé la chevalerie. En effet, il faut bien que cette reconnaissance ait existé pour que l'Église ait pu en moins d'un siècle imposer des règles à l'ensemble de la chevalerie.

(5) En ce sens, l'éthique chevaleresque ne fut pas plus efficace (ou performante) que certaines conventions signées à Genève, peut-être même le furent-elles moins, mais cependant elles eurent sur les modes de vie une influence considérable car la guerre à l'époque était un phénomène fréquent.

(6) Roi des Romains en 1056, empereur de 1084 à 1105.

(7) Il prendra lors de sa consécration le nom de Clément III et règnera du 24 mars 1084 au 8 septembre 1100.

(8) Dans la bouche d'un pape au Moyen Âge « Israël » désigne l'ensemble de la chrétienté, les chrétiens étant considéré comme les héritiers de Jésus de Nazareth, roi d'Israël.

(9) D'après le livre de Régine Pernoud, *Les Hommes de la croisade*, Fayard/ Tallandier.

(10) Idem ci-dessus. Une note de l'auteur citant Couasnon, *The Church of the Holly Sepulcre,* précise que le chroniqueur arabe qui fournit la date du 18 octobre 1009 pour la destruction du Saint-Sépulcre précise que le calife avait donné l'ordre « d'effacer toute trace de la sainte tombe ».

(11) Jean-Zimiscès, empereur en 969.

Chapitre 3
La première croisade et le royaume franc de Jérusalem

Peu avant le concile de Clermont, il y eut le pèlerinage de Pierre l'Ermite en Terre sainte (en 1095). Il en serait revenu avec une lettre de Dieu ordonnant aux chrétiens de venir au secours de leurs coreligionnaires d'Orient. Il aurait alors rencontré le pape Urbain II et commencé à prêcher le pèlerinage en Terre sainte avant le concile de Clermont.

(Source : classes.bnf.fr/idrisi/pedago/croisades/lermite.htm).

Cependant, quand le pape s'adresse en priorité aux hommes de guerre, Pierre l'Ermite s'adresse à tous !

La croisade des gueux

Des gens de toutes sortes suivront Pierre l'Ermite : des chevaliers, des nobles de haut rang, des paysans et des gueux...

C'est que le terme de « croisade » qui nous paraît si naturel aujourd'hui n'existait pas à l'époque. Il s'agissait pour les gens du XIe siècle « d'un pèlerinage armé », et l'expression « prendre la croix » qu'ils ont utilisée ne désignait que le fait de se conformer à la parole de l'Évangile : *« Celui qui ne prend pas sa croix et ne me suit pas, n'est pas digne de moi. »* Il s'agissait d'exprimer le vœu de se rendre en Terre sainte en découpant une petite croix de tissu et en se la fixant sur l'épaule – et cela se fit pour la première fois au concile de Clermont. C'était l'expression d'un vœu de pèlerinage, comme l'était la coquille des pèlerins de Saint-Jacques. Il s'agissait d'aller en Terre sainte « *par pitié, non pour l'honneur ou le gain, mais pour libérer l'Église de Dieu* » (Urbain II in Régine Pernoud, op. cit.).

Le pape tenta bien d'enrayer le mouvement par trop populaire initié par Pierre l'Ermite, mais il n'y parvint pas.

Après avoir écumé le Berry, son point de départ, Pierre l'Ermite passe par Étampes (au sud de Paris) puis Poissy (à l'ouest de Paris) où plusieurs chevaliers se joignent à lui, dont Gautier Sans Avoir. En avril 1096, il prêche en Lorraine, à Trêves et quelques jours plus tard à Cologne.

Il est suivi d'une troupe considérable, car sa méthode est de rassembler son armée au fur et à mesure de ses prédications.

Gautier Sans Avoir se sépare de cette troupe de plus en plus disparate et se dirige immédiatement vers Jérusalem accompagné d'une troupe de Français. C'est un chef militaire compétent. Finalement, il installera sa troupe près des remparts de Constantinople vers le 20 juillet où cette première vague de croisés attendra Pierre l'Ermite et le « gros des troupes ».

Pierre l'Ermite, en revanche, n'a rien d'un chef militaire. Certes, des hommes de guerre expérimentés l'accompagnent, mais ils sont minoritaires et il est le chef charismatique de cette croisade. C'est lui qui a suscité l'enthousiasme religieux chez les nobles, chez les chevaliers, chez les pauvres qui le suivent !

À peine parvenue à la frontière de la Hongrie et de l'Empire byzantin, sa troupe est désorganisée et des faits de pillage se produisent... Bien peu de ceux qui accompagnent Pierre l'Ermite parviendront jusqu'aux remparts de Constantinople. Le 1er août 1096, après un peu plus de trois mois de voyage, Pierre l'Ermite est sous les murs de la ville. Le voyage ne s'était pas déroulé sans incidents. Les chroniqueurs disent que les pauvres étaient 60000 et qu'ils avaient embarqué avec eux dans des chariots les femmes et les enfants. Les historiens modernes réduisent ce nombre à 20000, ce qui est déjà beaucoup. De toute façon, comment aurait-on pu discipliner et contrôler une troupe hétéroclite de 20000 personnes ?

De fait, le groupe qui suivait Gautier, tout comme celui qui suivait Pierre provoqua en cours de route plusieurs incidents graves qui suscitèrent la méfiance des autorités byzantines.

Anne Commène, la fille de l'empereur byzantin, a raconté dans ses écrits comment l'empereur agissait vis-à-vis des croisés avec bienveillance mais non sans méfiance. Il envoya à leur rencontre des généraux auxquels il ordonna de veiller à l'approvisionnement des croisés, mais aussi au maintien de l'ordre, au besoin par la force. C'est à la fois la preuve que l'empereur byzantin avait compris les difficultés des chefs croisés à se ravitailler et à contrôler leurs troupes et celle du fait qu'il n'ait pas été réellement scandalisé par les débordements de celles-ci en cours de route.

Le 5 août, les croisés traversent le détroit du Bosphore sur les vaisseaux de la flotte impériale.

On ne sait s'ils agirent sur le conseil de l'empereur (comme l'écrit Albert d'Aix) ou si au contraire (comme l'écrit Anne Commène) celui-ci leur a conseillé d'attendre la croisade des barons (celle que les hommes de guerre préparent avec soin à la suite du concile de Clermont).

Les deux d'ailleurs sont possibles ! Ce n'est pas parce que l'empereur leur aurait conseillé d'attendre que, cédant à leur empressement, il ne leur aurait pas, par la suite, conseillé une date favorable. Pierre l'Ermite n'ignorait certainement pas que le départ de la croisade des barons avait été fixé par Urbain II au 15 août 1096, ce qui aurait obligé ses troupes à plus de six mois d'oisiveté forcée.

Une fois passé le Bosphore, la « croisade des gueux » ira de défaite en défaite, pour finir par être prise en embuscade dans la vallée du Dracon.

Là, le camp des croisés est pris d'assaut par les troupes turques qui massacrent tout le monde, hommes, femmes et enfants. Périt entre autres ce jour-là Gautier Sans Avoir qui était l'un des chefs de la croisade. Voici la description que donnait Anne Commène du lieu de la bataille : « *Je ne dis pas un immense tas, ni même un tertre, ni même une colline, mais comme une haute montagne d'une superficie considérable, tant était grand l'amoncellement des ossements.* »

C'est cette montagne d'ossements que Foucher de Chartres, suivant les armées régulières, contemplera six mois plus tard en longeant le golfe de Nicomédie. Dès le début du XIIe siècle ces martyrs du christianisme seront parmi les héros de la chanson de geste : ***Le Chevalier au Cygne,*** et plus particulièrement des parties intitulées « La chanson des Chétifs » [1], « La chanson d'Antioche « [2] et « La conquête de Jérusalem ».

« *Quand le corps à corps s'engage, les Francs sont déjà en en déroute. Ceux qui étaient à l'arrière sont revenus en courant vers le camp où* **les non-combattants** *sont à peine réveillés : un vieux prêtre célèbre une messe matinale, quelques femmes préparent à manger. L'arrivée des fugitifs avec les Turcs à leurs trousses jette l'effroi. Les Francs fuient dans toutes les directions. Certains, qui ont tenté d'atteindre les bois voisins, sont vite rattrapés. D'autres, mieux inspirés, se barricadent dans une forteresse désaffectée qui présente l'avantage d'être adossée à la mer. Ne voulant pas prendre de risques inutiles, le sultan renonce à les assiéger : la flotte byzantine, rapidement prévenue, viendra les récupérer. Deux à trois mille hommes s'échapperont ainsi. Pierre l'Ermite, qui se trouve depuis quelques jours à Constantinople, a de ce fait, lui aussi, la vie sauve. Mais ses partisans ont moins de chance. Les femmes les plus jeunes ont été enlevées par les cavaliers du sultan pour être distribuées aux émirs ou vendues sur les marchés aux esclaves, quelques jeunes garçons connaissent le même sort. Les autres Francs, près de vingt mille sans doute, sont exterminés.*»

Amin Maalouf, *Les Croisades vues par les Arabes,* J'ai lu, 1992, chapitre premier, page 23. C'est nous qui avons souligné le terme *« non-combattants »*.

Ainsi toute une littérature épique naquit presque immédiatement de la mésaventure de Pierre l'Ermite et de ses compagnons. Il faut remarquer que, au moment du massacre, Pierre l'Ermite était à Constantinople pour négocier un convoi de vivres. Il échappa donc au massacre. Cet hommage est rendu à travers lui aux petits, à la piétaille, aux pauvres car la croisade dut beaucoup aux pauvres, ce qui fit dire à un baron franc anonyme s'adressant à l'empereur Frédéric II : « *Quand cette terre a été conquise, ce n'a pas été par un Seigneur, mais par le peuple entier...* »

Le pèlerinage des pauvres fut un échec sur le plan militaire, mais ce fut comme on le dirait aujourd'hui un immense succès médiatique. Dans l'esprit des hommes de l'époque, le rôle joué par le pape est complètement éclipsé par la prédication de Pierre l'Ermite et par le sacrifice des pauvres qui partirent avec lui (rappelons qu'il n'y avait pas que des pauvres).

D'ailleurs nombre de pauvres, de laboureurs, se joignirent à la croisade des chevaliers parce que le pape l'avait dit : « *Que les riches aident les pauvres, et emmènent avec eux, à leurs frais, des hommes propres à la guerre...* »

Cependant l'expédition ou plutôt les expéditions des chevaliers sont bien mieux préparées.

La croisade des barons

En effet, quatre armées s'organisent. L'une part de Lorraine et regroupe les combattants de la Wallonie et du Brabançon, sujets de l'empereur. Elle est conduite par Godefroy de Bouillon (qui a vendu ses domaines pour financer la croisade).

Godefroy de Bouillon ne fut pas le seul à vendre ses biens

Ce fut alors que Godefroi, duc de Lorraine, engagea le château de Bouillon avec toutes ses dépendances à l'évêque de Liége, son seigneur, et reçut de lui sept mille marcs d'argent. C'est ainsi que plusieurs autres, tant riches que pauvres, vendirent leurs biens et leurs revenus, et se procurèrent de l'argent pour entreprendre le voyage de Jérusalem. Robert II, duc des Normands, qu'en plaisantant on avait nommé Courte-Botte, remit tout son duché pour cinq ans au roi Guillaume son frère, et reçut de lui dix mille marcs d'argent pour accomplir le pèlerinage qu'il voulait entreprendre. Orderic Vital, *Histoire de Normandie.*

Un second groupe, conduit par Robert de Flandre, Étienne de Blois et Hugues de Vermandois (le frère du Roi de France), part de Paris.

Une troisième armée, avec à sa tête le comte de Toulouse Raymond de Saint-Gilles (âgé de 55 ans environ) et le légat du pape, Adhémar de Monteil (évêque de Clermont au moment du concile), part de Toulouse.

Une quatrième armée s'ébranle du sud de l'Italie avec à sa tête Bohémond de Tarente (fils illégitime de Robert Guiscard) et son neveu Tancrède.

De la France à Byzance

Les quatre armées prendront des chemins différents. Celle conduite par Godefroy de Bouillon suit le lit du Danube et passe par la Hongrie, la Bulgarie, Belgrade, Nish, Sofia, Phiollipopoli et Seylimbrie pour atteindre Constantinople vers la Noël 1096. Celle partie de Paris passe par l'Italie et s'embarque à Bari pour Dyrrachium puis passe par Egnatia pour atteindre Constantinople le 14 mai 1097.

L'armée du sud de la France conduite par Raymond de Toulouse passe par la Dalmatie puis par l'Albanie pour suivre l'antique voie romaine (la via Egnatia) qui passe par Salonique, Roussa, Rodosto pour arriver enfin à Constantinople le 27 avril 1097.

L'armée normande venue du sud de l'Italie traverse l'Adriatique et atteint Constantinople le 16 avril 1097.

La structure et le fonctionnement des armées

Il faut absolument, pour comprendre le rôle que joua le Temple par la suite, se faire une idée à peu près exacte de ce que pouvaient être ces armées. À l'époque, une armée en campagne ou en déplacement voyage avec ses provisions. C'est un véritable déménagement. Outre le matériel de campement on emporte d'énormes quantités de vivres et de boissons, il faut une quantité plus importante encore de fourrage pour les bêtes de somme et les chevaux... Cependant, il est impossible d'emporter des vivres pour toute la durée d'une aussi longue route. Les quatre armées vont donc prendre le départ au mois d'août. C'est le moment où partout les récoltes ont été rentrées, et les armées pourront pourvoir à leurs besoins en achetant ce qui leur est nécessaire sur les marchés locaux. Par ailleurs, là où les vivres sont abondants, ils prolongent légèrement l'étape pour permettre aux bêtes et aux hommes de se reposer et de se refaire une santé. Fonctionnement remarquable, d'autant que ces quatre armées n'ont rien à voir avec les armées modernes. Chaque seigneur est suivi de son ost, son armée privée composée de chevaliers, d'écuyers, de piétaille et de valets qui n'obéissent qu'à lui. Cette armée emporte avec elle toute sa logistique, ses vivres, mais aussi probablement des outils et des artisans ou des ouvriers pour s'en servir, des biens divers indispensables, y compris une bonne partie du trésor du chef, car c'est lui qui devra subvenir aux besoins de la troupe en cours de route. Chaque vassal devant entretenir un certain nombre d'hommes qui constituent son ost, l'armée est composée comme un ensemble de poupées gigognes. À cela s'ajoutent des chevaliers indépendants, des sans-terre qui ont rejoint la croisade et qui ont dû souvent s'intégrer plus ou moins à un groupe, soit dès le départ, soit en cours de route parce qu'ils avaient épuisé leurs ressources.

Outre les gens de guerre (les féodaux, leurs chevaliers, leurs écuyers et certains de leurs hommes d'armes), se sont certainement joints à cette croisade un certain nombre de gens de sac et de corde puisque le pape avait dit : *« Que ceux qui jusqu'ici ont été brigands deviennent soldats »*, et cela est d'autant plus probable que, la croisade les lavant de tout péché, elle les lavait certainement également de tous les crimes commis auparavant.

Dans l'ensemble, le trajet de la France à Constantinople fut un voyage sans histoire. Les convois parcouraient environ 25 miles par jour, soit près de 32 kilomètres, ce qui est une bonne étape pour des convois aussi lourds, comportant femmes et enfants. D'autant qu'il faut tenir compte de la nécessité de dresser un camp à l'étape, ce qui ne devait pas se faire en un instant. Même en supposant qu'on se soit contenté certains jours d'une « sorte de bivouac », on ne fait pas bivouaquer un convoi aussi important comme un groupe d'une dizaine de combattants. D'ailleurs, comme les troupes s'ébranlent au mois d'août vers le jour de l'Assomption, elles affronteront toutes plus tard les rigueurs de l'hiver, le froid et le gel, l'humidité. Ce sont là des conditions climatiques qui ne sont pas favorables à de simples bivouacs, sauf si l'on veut « épuiser les troupes ».

Il faut relever que les armées s'étaient conformées à l'usage établi par les groupes importants de pèlerins depuis longtemps : un détachement de messagers partaient en avant-garde et informaient les autorités de leur passage, arrivant certainement plusieurs jours à l'avance dans les lieux d'étape, ne serait-ce que pour repérer le lieu du campement.

C'est cette précaution, cette remarquable organisation, qui permit que les faits de pillage ne soient que des incidents isolés.

Des faits de pillage et du pillage comme moyen de représailles ou de pression

Il faut bien entendu considérer séparément les faits de pur brigandage menés par les troupes que commandaient Volkmar, Gottschalk et le chevalier-brigand Emich de Leisingen (allemands comme leur nom l'indique). Dès le départ d'Allemagne, malgré les protestations des évêques, ils avaient organisé des pogroms pour *« venger la mort du Christ* [3]» et en avaient profité pour se livrer au pillage. En fait, ceux-là étaient à part, ils se livrèrent au pillage pendant le voyage, tout comme ils s'y étaient livrés au départ. Là aussi, ce qui étonne, c'est qu'il n'y ait eu que « quatre chefs de bande » parmi tous ceux qui partirent...

En dehors donc de ces actes de brigandage caractérisés, il n'y eut réellement de pillage qu'à Belgrade, lors du passage de Gautier Sans Avoir, puis à Bela Pelanka (Semlin), par les troupes de Pierre l'Ermite.

Il faut préciser, à la décharge des troupes de Gautier Sans Avoir, que le gouverneur de Belgrade, n'ayant pas reçu d'instruction, refusa aux croisés l'accès aux marchés locaux... Voici ce qu'en rapporte Guillaume de Tyr (*Histoire des croisades*, livre I) : *« Gautier, ayant fait demander au duc des Bulgares qui commandait dans ce lieu la permission de faire des achats, et n'ayant pu l'obtenir, établit son camp devant la ville, et ne pouvant contenir son armée qui souffrait beaucoup du manque de vivres, il se trouva bientôt exposé aux plus graves dangers. Voyant que les Bulgares ne voulaient consentir à vendre aucune denrée, quelque prix qu'on leur en offrît, l'armée sortit de son camp pour chercher à se procurer des aliments par un moyen quelconque... »*

Loin de nous évidemment l'idée d'excuser ces actes de pillage, mais on peut comprendre qu'une armée affamée devienne pour ses chefs difficilement contrôlable...

En ce qui concerne l'affaire de Semlin, les choses sont quelque peu différentes. Quelques groupes de l'expédition de Gautier Sans Avoir étaient restés en arrière, probablement pour se livrer au pillage.

La population de Semlin les captura et, quand l'armée de Pierre l'Ermite arriva sous les murs de la ville : *« On voyait encore leurs dépouilles et leurs armes suspendues aux murailles de la ville, en guise de trophées »* (Guillaume de Tyr). On comprend que les pèlerins, voyant les corps de leurs compagnons, aient mal réagi, mais il faut remarquer que, là encore, les chefs du pèlerinage furent dépassés par les événements, la foule cria « aux armes » et prit la ville, c'est du moins ainsi que Guillaume de Tyr raconte cet épisode.

Restent les incidents de Castoria. Ils sont dus au fait que Bohémond était le fils de Guiscard qui, avec ses Normands, avait attaqué l'Empire quelques années plus tôt. Pour cette raison les autorités refusèrent à l'armée l'autorisation d'acheter des vivres. C'était l'hiver (aux environ de Noël), les troupes avaient froid et faim. Bohémond fut contraint de leur permettre de se procurer des vivres par le pillage. Il faut observer que, dans une telle situation, le chef d'une armée médiévale ne pouvait qu'autoriser le pillage ou affronter une mutinerie qui, après l'avoir éliminé ainsi que ceux qui lui étaient restés fidèles, aurait pillé pareillement. Il l'autorisa donc, mais à contrecœur car il redoutait de s'aliéner les populations. Il y eut alors plusieurs escarmouches avec des détachements de l'armée impériale. Aussitôt les conditions d'approvisionnement revenues à la normale, Bohémond fit cesser les pillages et ordonna même de rendre le bétail qui avait été volé aux habitants. Selon Régine Pernoud, ceux-ci formèrent un cortège solennel pour venir l'en remercier. Ce détail montre à l'évidence qu'en l'occurrence, la conduite de Bohémond fut d'une correction inattendue pour l'époque.

Reste le cas des troupes du comte de Toulouse, Raymond de Saint-Gilles. Le comte de Toulouse a payé de ses propres deniers l'équipement de nombreux pèlerins pauvres et subvient à leurs besoins pendant le voyage. Son armée est la plus nombreuse et celle qui comporte le plus grand nombre de non-combattants. Ils font mauvaise route en Serbie et ne peuvent s'y approvisionner parce qu'il n'y a rien à vendre sur les marchés. Quand ils arrivent en terre byzantine, la situation n'est guère meilleure. Les Normands de Bohémond et les Flamands sont passés avant eux. Il n'y a plus grand-chose à vendre !

L'armée du comte voit même son arrière-garde attaquée par des brigands locaux pour tuer et voler les traînards, qui évidemment étaient en général des non-combattants. Adhémar de Monteil (le légat du pape) est volé et blessé par des mercenaires byzantins. On comprend, dans ces conditions, que le comte de Toulouse ait eu des difficultés à tenir ses troupes. En avril 1097, ils arrivent à Thessalonique, puis passent à Roussa où l'armée pille la ville. Il y a également des accrochages à Rodosto. Ces Provençaux héritent donc d'une réputation de pillards, mais ces pillages ne furent peut-être dus qu'aux difficultés d'approvisionnement.

Les autres pillages sont de nature différente. Il s'agit d'une opération de représailles ordonnée par Godefroy de Bouillon à Seylimbrie (actuelle Silivri, à l'ouest d'Istanbul) lorsqu'il apprend que Hugues de Vermandois (frère du roi de France commandant l'armée partie de Paris) est retenu prisonnier. De même, il ordonnera par la suite des pillages à Constantinople pour faire pression sur l'empereur.

De fait, il semble que ce soit là l'un des nombreux malentendus des croisades. La liberté de Hugues de Vermandois est effectivement limitée mais il a fait serment d'allégeance à l'empereur byzantin Alexis Commène. Deux émissaires francs au service de l'empereur donneront à Godefroy de

Bouillon des explications satisfaisantes puisqu'il ira planter son camp au pied des murailles de Constantinople où Hugues le rencontre et lui demande de se rendre au palais pour y prêter le serment d'allégeance.

L'allégeance à l'empereur d'Orient.

Godefroy s'y refusa, préférant attendre l'arrivée des autres barons. C'est alors qu'Alexis Commène, probablement dans le but d'accélérer les réflexions de Godefroy de Bouillon, coupa les vivres à ses troupes. La réaction ne se fit pas attendre, Godefroy de Bouillon ordonna le pillage des faubourgs de Constantinople et menaça de piller la ville elle-même. Il rapporta presque immédiatement son ordre, le Basileus ayant rapporté le sien. Cependant Alexis tenait à ce serment d'allégeance. Il coupa à nouveau les vivres à l'armée de Godefroy en fin mars 1097. Godefroy ordonna une nouvelle razzia de représailles. L'empereur envoya alors des troupes importantes qui mirent en déroute l'armée de Godefroy et de ses vassaux. Godefroy accepta finalement de prêter serment le dimanche de Pâques.

Les réticences des barons.

Il est logique et légitime que les barons francs aient hésité à prêter serment d'allégeance à l'empereur d'Orient.

Le contrat féodal est un accord entre deux nobles, l'un suzerain, l'autre vassal. Le vassal prête le « serment d'allégeance » à son futur suzerain. Il jure de s'acquitter d'un certain nombre d'obligations envers ce dernier, à savoir :

- effectuer le service militaire (normalement limité à 40 jours par an) ;
- entretenir un ost pour la défense de son fief et pour l'armée de son suzerain et lui reverser une partie de ses revenus ;
- le conseiller ;
- attaché à son fief comme le serf l'est à son champ, il n'a pas le droit de le vendre. Il ne peut le quitter plus d'un an et un jour sans l'autorisation de son suzerain.

Le suzerain, en retour :

- lui fait don d'un fief parfois appelé bénéfice. C'est généralement un domaine terrien, mais ce peut être également une charge de collecteur d'impôts, ou tout autre office générant des revenus suffisants. Le vassal gère le fief et verse à son suzerain une partie des revenus de ce fief en numéraire ou en nature. C'est, de ce point de vue, une sorte de « grand métayer » ;
- s'engage à protéger le vassal en lui accordant son assistance militaire.

La puissance d'un seigneur est donc directement liée au nombre de ses vassaux et à la richesse de leurs fiefs. Ils sont à la fois la source de revenus et l'encadrement de son armée.

Le contrat féodal lie les deux hommes pour la vie. Le suzerain peut reprendre un fief si le vassal manque à ses obligations.

C'est un contrat d'homme à homme passé pour la vie. Dans son principe, le contrat féodal est rompu de fait par un manquement grave, que celui-ci soit le fait d'un vassal ou de son suzerain.

Lors qu'un suzerain prête le serment féodal et devient lui-même vassal d'un seigneur plus puissant, il s'engage personnellement, et son engagement engage tous ses vassaux.

En pratique, la plupart des nobles étaient à la fois suzerain et vassal, trouvant leur place entre le roi ou l'empereur et le chevalier sans terres.

Il était possible d'être vassal de plusieurs seigneurs, mais cette situation pouvait amener au parjure si un conflit d'intérêt surgissait entre les suzerains ou s'ils demandaient le même service en même temps. En principe, c'est le suzerain lige (le plus élevé dans la hiérarchie féodale) qui a la priorité.

On comprend les hésitations de Godefroy de Bouillon. Il est duc, et donc vassal de l'empereur d'Occident, et l'empereur d'Orient exige de lui un serment féodal. Que fera-t-il demain si un conflit éclate entre Byzance et le Saint Empire romain germanique, comment pourrait-il dans ce cas ne pas être parjure ?

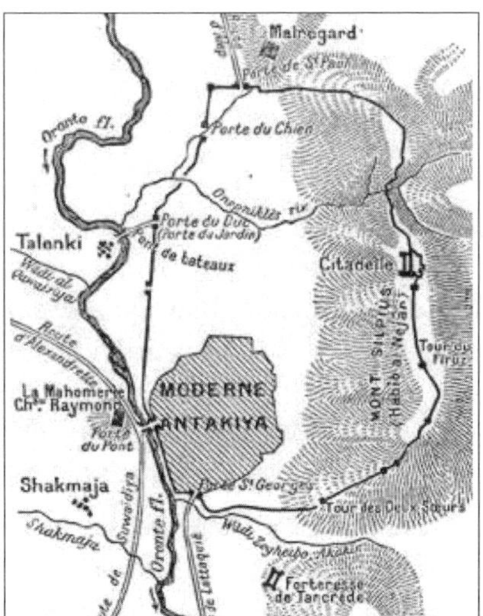

Par ce serment que prêtèrent tous ceux qui s'étaient faits croisés, les barons s'engageaient à restituer à l'Empire les terres récemment perdues et à reconnaître le Basileus comme suzerain pour leurs conquêtes futures. Ils furent récompensés par des sommes d'argent et l'armée fut transportée de l'autre côté du Bosphore.

Ce serment faisait donc d'Alexis Commène le **suzerain des croisés**. Un tel serment était un véritable contrat et si le vassal a des devoirs envers son suzerain, les devoirs du suzerain envers ses vassaux ne sont pas moins impératifs. En particulier, le suzerain doit à ses vassaux l'assistance militaire, surtout quand ils combattent pour son compte. Or, comme tous les barons ont prêté serment d'allégeance, **ils mènent maintenant la croisade au nom du Basileus**.

Donc, l'empereur est dès cet instant le « maître d'ouvrage » de la croisade et les armées croisées sont un corps expéditionnaire, un corps de mercenaires à son service, d'ailleurs il leur promet autant d'or qu'ils en voudront.

Ici il faut bien se demander si l'empereur avait compris les engagements qu'il prenait en acceptant les serments d'allégeance.

Il est douteux en particulier qu'il ait eu réellement conscience de leur caractère de réciprocité et on peut penser qu'il crut s'en dégager en distribuant or et joyaux en grande quantité à tous les barons qui lui avaient prêté serment (4).

La marine de l'empereur transporta les armées croisées en Orient, et le pèlerinage armé commença. Les croisés étaient maintenant en territoire ennemi. Ils volèrent de succès en succès. Ils prirent Nicée et la remirent aux Byzantins ainsi que d'autres places fortes d'Asie Mineure.

La prise d'Antioche

Les croisés bousculent l'armée turque à Dorylée, arrivent en Syrie, occupent Édesse, assiègent Antioche. Au même moment une armée de secours envoyée par le sultan Sejoukide est sur le point d'arriver. Le siège d'Antioche va être difficile.

L'armée des croisés n'est pas assez importante pour pouvoir entièrement encercler la ville, elle ignore l'approche de l'armée turque, bien qu'elle ait le soutien actif des populations chrétiennes locales (5). Les croisés arrivent sur place le 20 octobre 1097 et le 23 décembre, la ville n'est pas encore tombée. Les vivres manquent, les troupes souffrent de l'humidité et du froid. On estime que pendant ce siège un croisé sur sept meurt de faim ou de froid (6).

Au cours d'une expédition de pillage sur l'autre rive de l'Oronte, les croisés ont leurs premiers contacts avec l'armée turque. Cette expédition revient au camp vers le premier janvier 1098 avec moins de vivres que prévu et la nouvelle de l'approche de l'armée turque. La situation des croisés semble désespérée, on évalue qu'à ce moment il ne reste dans le camp que 700 chevaux. Les désertions sont nombreuses, dont celle d'un croisé illustre, Pierre l'Ermite, mais il est loin d'être le seul ! Ne jetons pas la pierre aux déserteurs, avant de nous être demandé si, dans les mêmes circonstances, nous n'aurions pas été parmi eux ! La situation était vraiment très difficile, voire désespérée. D'ailleurs, au début du mois de février, c'est Tatikios, le commandant des forces byzantines, qui déserte.

Discours de Tatikios aux croisés selon un anonyme de l'époque :
« *Seigneurs et hommes très prudents, voyez dans quelle grande nécessité nous sommes; et nous ne voyons venir de secours d'aucune part. Laissez-moi donc regagner ma patrie, la Romanie (*), et, n'en doutez pas, je ferai venir ici par mer des navires chargés de blé, de vin, d'orge, de viande, de farine et de fromages et de tout ce qui nous est nécessaire; je vous enverrai des chevaux à vendre et le ravitaillement arrivera ici à travers la terre qui est dans la fidélité de l'empereur. Et de tout ceci je vous le jurerai fidèlement et j'attendrai. Les gens de ma maison (**) et ma tente sont encore au camp et, croyez-le fermement, je reviendrai le plus tôt possible.* »

Histoire anonyme de la première croisade, Paris, Éditions Les Belles Lettres, 1964 (1924), pp. 79-81, cité par :

http://www.callisto.si.usherb.ca/~croisade/Antioche.htm

(*) Désigne l'ensemble de l'Empire byzantin.

(**) Désigne la « maison civile et militaire » de ce haut dignitaire, en gros ses domestiques et son état-major, voire ses soldats.

Il faudra, pour que les croisés puissent prendre Antioche, attendre le 3 juin 1098. À cette date, les provisions et les secours promis par Tatikios ne sont pas parvenus (il est parti depuis quatre mois). Soit il est parjure, soit c'est son maître l'empereur Alexis qui refuse les secours aux soldats du Christ, et dans ce cas, il manque à ses devoirs de suzerain !

Enfin, le 3 juin l'armée du Christ escalade les murs d'Antioche et prend la ville.

L'action débuta vers 4 heures du matin (au lever du soleil) [7]. L'opération est dirigée par Bohémond (qui avait su obtenir l'aide d'un certain Pirrus qui commandait la garde d'un certain nombre de tours), et menée par ses seules troupes… Il semble cependant que cette aide ait eu surtout une action d'ordre psychologique, car l'échelle qui permettait aux Normands d'entrer se brisa assez rapidement. Le gros des troupes de Bohémond pénètre dans la ville par une porte secondaire de la ville qu'il brise. À ce moment se fait dans la ville une grande clameur qui éveille les Francs qui dorment encore dans leurs tentes. Ils se ruent immédiatement à l'assaut par les portes que les soldats de Bohémond viennent d'ouvrir. Il se fait ce jour-là, conformément aux habitudes de l'époque, un grand massacre de musulmans : « *Toutes les places de la ville étaient encombrées de cadavres, au point que nul ne pouvait y séjourner à cause de la puanteur. On ne pouvait circuler dans les rues qu'en marchant sur les cadavres des morts.* »

Source : http://www.callisto.si.usherb.ca/~croisade/Antioche.htm

Nous avons trouvé sur le même site deux autres récits de la prise d'Antioche par des chroniqueurs musulmans. Leur récit ne diffère pas sensiblement de celui rapporté par « l'anonyme » qui fut certainement écrit par un croisé. Cependant, les sources musulmanes situent la prise d'Antioche en avril-mai [8] et par le récit d'Ibn Al Athir, on apprend que Yaghi Siyân, le gouverneur d'Antioche, apporta bien involontairement son aide aux croisés : « *Quand ils furent plus de cinq cents (les Francs), ils se mirent à sonner de la trompette à l'aube, alors que les défenseurs étaient épuisés par la longue veille et par la garde. Yaghi Siyân s'éveilla et demanda ce qui se passait : on lui répondit que le son des trompettes venait de la forteresse, qui certainement avait été prise, alors qu'en réalité il provenait non de la forteresse, mais de la tour. Saisi de panique, il ouvrit la porte de la ville et s'enfuit follement avec une escorte de trente pages.*

Son lieutenant, qui arrivait, demanda où il était passé ; on lui dit qu'il s'était enfui, et lui-même s'enfuit à son tour par une autre porte, ce qui aida grandement les Francs, car s'il avait tenu bon une heure de plus, ils auraient été anéantis. »

Le 7 juin, ils sont assiégés dans Antioche par l'armée de Kerbogha et affrontent à nouveau la famine. Le 27, Kherboga refuse de parlementer et exige une reddition sans conditions. Le 28, sur la foi d'une prévision astrologique du « précepteur d'Arnoul », ainsi que l'appelle Raoul de Caen, les Francs tentent une sortie, brisent l'étau de l'armée musulmane et en massacrent les combattants.

La prise d'Antioche marque un tournant important dans l'histoire des croisades. En effet, les croisés savent maintenant qu'ils ne peuvent pas quand ils sont en difficulté « compter sur Byzance ». Bohémond, avec son tempérament de conquérant normand, en tire parti immédiatement en s'adjugeant Antioche comme fief personnel. C'est la première ville qui ne soit pas remise aux Byzantins.

On peut, comme certains historiens l'ont fait, mettre en doute le désintéressement de Bohémond. Le passé de sa famille et en particulier celui de son père Guiscard ne plaide pas en sa faveur.

Cela dit, Bohémond n'est pas seul. S'il s'attribue ce fief en pleine souveraineté, c'est forcément avec l'accord des autres chefs des armées qui, eux aussi, ont prêté serment d'allégeance à l'empereur. S'ils donnent leur accord, c'est qu'ils s'estiment déliés de ce serment par la conduite de l'empereur (ou de son représentant).

Il ne faut pas sous-estimer en effet le caractère sacré du serment au Moyen Âge. N'oublions pas que c'est sur cet acte que repose tout le fonctionnement de la société.

En effet, si Bohémond est parjure, alors, en ne le combattant pas, les autres chefs de la croisade, Godefroy de Bouillon, Hugues de Vermandois et Raymond de Saint-Gilles (9) le sont également, ainsi que leurs vassaux. Tous sont coupables de félonie ! **Tous sont donc bien convaincus d'avoir été trahis par leur suzerain**. C'est d'ailleurs l'explication qu'en donne Raoul de Caen dans son *Histoire de Tancrède*.

Antioche est également un tournant parce que cette place forte est le dernier verrou avant Jérusalem ! Que le lecteur en juge par lui-même : les croisés prennent Antioche le 3 juin 1098 ; il leur faudra presque un an pour arriver à Jérusalem. Ils sont en vue de Jérusalem, le but de leur pèlerinage, le 7 juin 1099.

La prise de Maarra

Maarra, comme l'écrit Amin Maalouf, ou Marrah*, comme l'écrit Raoul de Caen, est le second grand siège des croisades. Probablement prévenus de l'arrivée des Francs, les habitants avaient rentré toutes les récoltes et tout le bétail des pays avoisinants dans la ville et comblé les puits de la banlieue. Sans doute pensaient-ils que la famine et la soif combattraient pour eux. En effet, au bout de cinq semaines, la famine s'abat sur les dix mille Francs qui assiègent Marrah. Elle est terrible, si terrible que pour survivre Albert d'Aix écrit : *« Et, chose horrible à dire et à entendre raconter ! on en vint dans tout le pays à un tel excès de détresse, que les chrétiens n'eurent pas horreur non seulement de manger les Turcs ou les Sarrasins morts, mais encore de dévorer les chiens qu'ils pouvaient saisir. »* Ces faits se produisirent donc durant le siège et non, comme le rapporte Amin Maalouf, après la prise de la ville.

* in *Les Croisades vues par les Arabes*, op. cit.

Il y a là une malhonnêteté fondamentale qui transforme l'héroïsme des Francs qui ne levèrent pas le siège malgré la famine en une manifestation de barbarie après la prise de la ville.

Cela dit, il est vrai que le chroniqueur Albert d'Aix qui fut un compagnon de Tancrède, et donc un témoin « presque oculaire » du siège, se laissa aller dans sa description des faits à une poésie d'un goût douteux. Analysons donc le texte de Raoul de Caen en nous souvenant que ce qu'il rapporte est censé s'être passé pendant le siège de la ville.

« J'ai honte de rapporter ce que j'ai entendu dire et que j'ai appris de ceux-là même qui excitent en moi ce sentiment de honte. J'ai donc entendu dire à des hommes que, poussés à bout par le défaut de vivres, ils en étaient venus à manger de la chair humaine ; qu'ils avaient jeté dans des marmites de jeunes gentils, qu'ils avaient embroché des enfants et les avaient dévorés [...] Ils en seraient même venus à se dévorer entre eux quand les étrangers leur auraient manqué, si l'excès de cette disette n'eût été enfin tempéré ou par la prise de la ville ou par l'arrivée de grains venus du dehors. »

Analysons donc cette phrase : l'auteur a entendu dire par des soldats qu'ils en étaient venus à manger de la chair humaine. Rappelons que les choses se passent sous les remparts de la ville et que donc les précisions qui sont données s'appliquent à des défenseurs qui sont tombés des remparts et donc à des cadavres. Quant aux « enfants embrochés », la chose ne peut être vraie que si les assiégés faisaient combattre les enfants en première ligne ou si ceux-ci étaient autorisés à jouer autour des remparts, ce qui est assez rare durant un siège. De toute évidence, Albert d'Aix se sert ici d'un « ouï-dire » pour peindre la dureté de la famine subie par l'armée franque et utilise les détails vrais ou faux qu'on lui a rapportés pour donner plus de force à son affirmation. Sa conclusion le montre bien puisque sa diatribe se termine par une supposition personnelle : *« Ils en seraient venus à se dévorer entre eux... »* Si on lit ses chroniques en entier, on voit que l'auteur use souvent de ce genre de démesure pour donner du relief à son texte.

Le cannibalisme ne fut pas une spécialité franque

« Resté seul. Ridwân tomba sous les coups d'un jeune soldat de la garde, puis des Noirs. La populace dépeça son cadavre et s'en partagea la chair: elle ne la mangeait, disaient tous ces gens, que pour devenir brave. »

Ces événements se déroulèrent au Caire vers 1148 (543 de l'hégire).

Mémoires d'Ousama, traduction de André Miquel, un prince syrien face aux croisés.

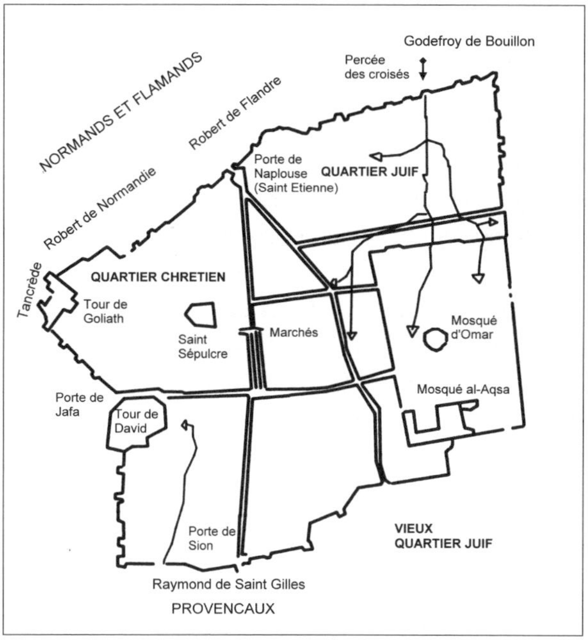

La prise miraculeuse de Jérusalem

Pour parvenir à Jérusalem, l'armée se dirige vers la côte et arrive près de Tripoli. L'émir de cette ville délivre alors trois cents prisonniers francs, donne quinze mille besants et quinze superbes chevaux. De plus, il ravitaille l'armée et fournit des guides.

Il accorde ces largesses afin d'éviter tout pillage sur son territoire. Le 19 mai, les croisés traversent la rivière du Chien (nar el Kalb), au nord de Beyrouth. Ils passent par Beyrouth où les autorités leur offrent des vivres pour s'épargner tout désagrément, par Sidon où ils repoussent une sortie de la garnison qui tentait de les arrêter, et dévastent les banlieues en représailles. Ils font halte pendant deux jours devant Tyr (Sour). Ils atteignent Acre un jour plus tard où là aussi, les autorités de la ville les ravitaillent. Ils traversent ensuite Haïfa puis Césarée (le 26 mai 1099) où ils font une halte de quatre jours. Ils passent ensuite par Arsouf et le 3 juin par Ramla qu'ils trouvent abandonnée par sa population musulmane. Ils y font halte deux jours. Ils atteignent ensuite Emmaüs où une délégation d'habitants de Bethléem leur demande de les délivrer des musulmans (la ville est entièrement chrétienne). Finalement, ils dressent le camp sous les remparts de Jérusalem le 7 juin au soir.

La ville est une forteresse réputée que la géographie même rend difficile d'accès. Elle est protégée par des remparts bien entretenus et on ne peut s'approcher des murs que par le mont Sion. Par ailleurs, la ville s'est préparée au siège. Le gouverneur dispose d'importantes troupes arabes et soudanaises, les citernes à l'intérieur de la ville sont pleines et les troupeaux ont été enfermés dans la ville. Le gouverneur a fait expulser tous les chrétiens, divisant ainsi par deux le nombre de bouches à nourrir. Il a fait également empoisonner tous les puits des environs, sauf la piscine de Siloé. De plus, il attend une armée de secours qui doit arriver d'Égypte.

Les croisés avaient souffert du froid et de la pluie à Antioche, ils vont souffrir de la chaleur, du soleil et de la sécheresse à Jérusalem. Leur premier problème, c'est donc l'approvisionnement en eau et en nourriture et leur seul espoir réside dans une prise rapide de la Ville sainte.

Ils se concentrent d'abord au nord de la ville : Robert de Normandie à l'est, devant la porte Saint-Étienne ; Robert de Flandres à sa droite ; Godefroy et Tancrède au coin nord-ouest ; puis Raimond à l'ouest, mais le terrain se révèle trop accidenté. Le comte déplaçe son camp sur la montagne de Sion, au sud. Le 12 juin, les barons se rendent en pèlerinage au mont des Oliviers. Là ils rencontrent un ermite qui leur affirme que « Dieu leur donnera la victoire s'ils attaquent le lendemain ». Mais l'assaut du 13 juin est un échec cuisant. Après avoir remporté facilement les défenses avancées, les croisés ne peuvent franchir l'enceinte principale faute d'échelles. Après plusieurs heures de combats inutiles et meurtriers, ils se retirent, ayant subi de lourdes pertes.

Les barons en concluent qu'on ne pourrait prendre la ville qu'avec d'importantes machines de siège. Au prix de moult difficultés sont donc construites deux tours d'assaut et diverses autres machines de siège.

Le 10 juillet, Godefroy de Bouillon fait transporter sa tour du côté le plus faible, complètement à l'est du mur nord, devant le quartier juif.

Raymond de Saint-Gilles installe la sienne sur le mont Sion. Une troisième tour, plus petite, est amenée en face du coin nord-ouest.

L'assaut est lancé pendant la nuit du 13-14 juillet. Le 15 juillet vers midi, quelques chevaliers flamands parviennent à pénétrer dans la ville. Bientôt les troupes normandes les suivent. Apprenant la chute de l'enceinte au nord, le gouverneur de la ville qui combattait au sud face aux troupes de Raymond de Toulouse se rend à lui en demandant une escorte pour lui-même et sa suite qui le conduit sain et sauf jusqu'à Ascalon.

C'est en cette ville de Jérusalem que les chrétiens firent le plus grand massacre de musulmans de toutes les croisades. Voici ce qu'écrit l'Anonyme à ce propos : *« Tous les défenseurs de la ville s'enfuirent des murs à travers la cité et les nôtres les suivirent et les pourchassèrent en les tuant et les sabrant jusqu'au Temple de Salomon (il s'agit de la mosquée d'Omar), où il y eut un tel carnage que les nôtres marchaient dans leur sang jusqu'aux chevilles. »* On s'est longuement interrogé sur les raisons de ce grand massacre de Jérusalem.

De fait, une certaine logique symbolique a présidé à ce massacre. Le 8 juillet, Pierre Desiderius, un prêtre provençal, a une vision, il voit l'évêque Adhémar de Monteil (le légat du pape tombé au siège d'Antioche) qui ordonne à l'armée de jeûner puis d'effectuer une procession pieds nus autour de la ville. Il ajoute que la ville tombera dans les neuf jours. La procession a lieu le 8 juillet. Du 8 au 15 juillet, il s'écoule exactement sept jours. Selon Guy Lobrichon dans un article paru dans le *Monde de la Bible*, les croisés se livreront à grand bruit au simulacre de la prise de Jéricho après *« laquelle avait autrefois été libéré définitivement au peuple élu l'accès de la terre promise »*. L'Anonyme décrit ainsi la prise de la ville : *« Le vendredi 15 juillet, de grand matin, nous donnâmes l'assaut à la ville de toutes parts sans aucun succès et nous étions saisis de stupeur et d'une angoisse intense. Mais à cette heure où notre Seigneur Jésus-Christ daigna de souffrir pour nous le supplice de la croix … »* C'est à ce moment qu'un chevalier du nom de Liétaud pénétra dans la ville. De même, Raymond d'Aguiler décrit une joyeuse procession chantant le psaume de Pâques. Il écrit : *« Ce jour-là nous avons chanté l'office de la Résurrection, car en ce jour, celui qui est ressuscité des morts par sa puissance nous a ressuscité par sa grâce. »*

Les croisés sont des soldats, mais ce que nous appelons la croisade est avant tout un pèlerinage, même si c'est un pèlerinage armé. Or un pèlerin ne peut pas ne pas remarquer ni la préparation de l'assaut durant sept jours (comme à Jéricho), ni la chute presque miraculeuse de la ville un vendredi soir à l'heure de la Crucifixion. Il ne peut pas voir là autre chose qu'un signe, autre chose que la main de Dieu combattant à la tête des siens. Déjà, à Antioche, les circonstances de la prise de la ville avaient dû rappeler à plus d'un la prise de Jéricho. Les soldats de Josué n'avaient-ils pas pénétré dans Jéricho par une fenêtre ?

Évidemment, il ne s'agit là que d'hypothèses, on peut également se contenter d'explications plus prosaïques : les pèlerins sont partis de chez eux depuis trois ans, ils ont connu la faim, la soif, risqué leur vie et vu mourir nombre de leurs compagnons. Régine Pernoud précise que *« leur exaspération fut portée à son comble par les provocations des musulmans qui, du haut des remparts, multipliaient les outrages à la croix du Christ »*. Elle ajoute : *« Que la victoire ait été marquée par cette explosion de fureur, chacun pouvait s'y attendre, elle n'en fut pas moins irrémédiablement ternie. »*

Nous pensons que l'explication religieuse donnée par Lobrichon n'exclut en aucun cas l'explication profane de Régine Pernoud. D'après nous, elles se complètent l'une l'autre.

La fondation du royaume de Jérusalem

Le 17 juillet 1099, les barons se réunissent pour un conseil de guerre. Un seul sujet est à l'ordre du jour : il faut désigner un chef capable de garder la terre conquise et de la diriger au mieux. Avant tout, il sera le gardien du Saint-Sépulcre, et cette précision montre que le but initial des croisades n'a jamais été perdu de vue (10) !

Le grand dessein d'Urbain II est accompli, il s'agit maintenant d'en assurer la survie. Ce sera là une rude tâche : les pèlerins ont conquis en Orient une étroite bande de terre en pays ennemi. La Judée n'est même pas entièrement soumise, pas plus que la Galilée. De fait, les croisés ont conquis des cités cernées par d'autres cités proches et puissantes qui restent aux mains de l'ennemi. Vers Jérusalem peut venir à tout moment une attaque de Damas ou d'Ascalon. Hormis Jaffa que les croisés vont fortifier immédiatement, toutes les villes côtières restent aux mains des musulmans. Du point de vue stratégique, les terres conquises par les croisés sont en situation précaire : elles sont pratiquement encerclées par l'ennemi, ne peuvent espérer de secours ou de ravitaillement que par la voie maritime, mais ne disposent que d'un seul port.

Les clercs auraient souhaité que la Ville sainte soit remise à un chef religieux, à un patriarche qui la recevrait en dépôt et l'administrerait pour le compte de la chrétienté, car cette terre était « bien d'Église ». La thèse était logique, mais pour tous, une nécessité évidente et urgente s'imposait : il fallait que la ville soit confiée à un chef actif, à un défenseur, à un roi capable de porter les armes, d'organiser la défense, voire la conquête des territoires voisins non encore soumis. Il fallait également une personnalité capable de s'imposer aux barons qui demeuraient en Terre sainte. Le choix fut clair, les barons ne choisirent ni le plus riche (Raymond de Saint-Gilles), ni le plus habile stratège (ce Tancrède qui était de la famille de Bohémond). Leurs **suffrages allèrent au plus pieux** : au duc d'Empire Godefroy de Bouillon qui en 1095 avait vendu son domaine pour financer son départ en croisade. Un homme dont on avait pu au cours de trois ans de chevauchée vérifier la sagesse et la bravoure. Il ne manquait pas parmi les hauts barons de meilleurs stratèges ni de plus fins politiques, mais ils choisirent celui dont les longues stations dans l'église pendant que le dîner refroidissait suscitaient parfois leur impatience, celui qu'aucun combat n'avait fait reculer. En un mot, ils font choix de celui qui était le plus proche parmi eux de ce modèle idéal qu'est le chevalier chrétien. D'ailleurs Godefroy va se montrer digne de leur choix, puisqu'il va accepter les responsabilités mais non les honneurs, suivant la formule qui n'a peut-être jamais été prononcée mais que popularisa plus tard Guibert de Nogent et que nous avons tous apprise à l'école primaire : il ne voulait *« pas porter une couronne d'or là où le Christ avait porté une couronne d'épines »*. Il ne prend donc pas le titre de roi de Jérusalem, mais celui « d'avoué du Saint-Sépulcre » et, quinze jours après son élection (le 22 juillet), il repart en campagne dans le but de stopper l'armée envoyée d'Égypte pour secourir les assiégés de Jérusalem[11].

Et ce départ en campagne est urgent, non à cause de l'avancée de l'armée égyptienne, mais parce que la majorité des croisés ont déjà plié bagages et repris la route pour l'Europe. Godefroy est obligé de rappeler les barons pour qu'ils rassemblent leurs troupes déjà dispersées sur la route du retour. Quelques jours plus tard, c'eût été impossible. L'armée égyptienne est repoussée sous les murs d'Ascalon.

Régine Pernoud fait observer à propos de cet incident que de nombreux historiens *« déplorent le manque de sens politique des croisés, de toute évidence il eût été nécessaire, en effet, d'envoyer des colons pour occuper réellement la terre et par là stabiliser la conquête »*. Certes, ces historiens ont raison et c'est ce que n'auraient pas manqué de faire les musulmans au VIIe siècle (c'est ce qu'ils ont fait en Espagne) ou les Occidentaux du XVIe ou du XIXe siècle, mais n'en déplaise aux « obsédés de l'impérialisme occidental » si quelques croisés sont venus « chercher un fief », la grande majorité d'entre eux est venue en pèlerinage. À cette occasion, ils ont libéré les Lieux saints, instauré le royaume de Jérusalem et laissent le soin à ceux qui viendront en pèlerinage après eux de continuer leur œuvre.

Après quelques mois, Godefroy se retrouve avec seulement trois cents chevaliers et deux mille piétons.

Les seuls à rester sur place sont ses vassaux, parce que pour assurer la défense de ce qui va devenir le « royaume de Jérusalem », Godefroi applique la méthode féodale (d'ailleurs il n'en connaît pas d'autre). Il distribue les terres du royaume de Jérusalem à ceux qui ont combattu à ses côtés. Il établit ainsi un royaume féodal, bien éloigné des royautés absolues des siècles suivants. L'historien américain La Monte voit dans ce royaume « la féodalité à l'état pur ». De fait, Godefroy (qui a refusé le titre de roi) a été élu. Il est certes le suzerain des barons, mais il est également leur émanation.

Ses vassaux ont le devoir de le conseiller, mais il a le devoir de prendre leur conseil. Baudouin Ier ne devra d'être reconnu comme roi qu'à la fidélité des barons lorrains. Légalement, la royauté au royaume de Jérusalem est élective comme elle l'était sous les Mérovingiens et sous les premiers

Carolingiens. Ce n'est que la fidélité des barons à une famille qui permet une transmission héréditaire d'un royaume. Passons sur ces histoires compliquées de succession, l'important est de savoir et de comprendre que les décisions des rois de Jérusalem sont de par la loi soumises à l'approbation des barons. L'idée d'un roi absolu est inacceptable pour le chrétien du XIIe siècle, ce sont les juristes qui la redécouvriront plus tard dans le droit romain et finiront par en imposer l'idée en Europe…

Par ailleurs, qu'il n'ait que le titre « d'avoué du Saint-Sépulcre » (comme Godefroy) ou qu'il se fasse couronner roi (comme son frère Baudouin), le maître du royaume de Jérusalem est directement vassal du pape dont le représentant direct en Terre sainte est le patriarche de Jérusalem.

Le 18 juillet 1100, Godefroy succombe, sans que l'on connaisse les causes de sa mort. Son frère Baudouin, comte d'Édesse, vient alors à Jérusalem et se fait acclamer par la foule [(12)]. Il sera couronné à Bethléem le 25 décembre de l'an 1100 par le patriarche de Jérusalem. Pendant son règne il subira plusieurs attaques de la part des islamistes, car les califes fatimides espèrent reprendre Jérusalem. Stratège habile, voire génial [(13)], non seulement il résista à leurs attaques mais sut aussi en profiter pour agrandir le territoire du royaume. Il reconquit Arsuf, Jaffa, Césarée, Tripoli, Saint-Jean-d'Acre, Beyrouth et Sidon, améliorant ainsi grandement la situation stratégique du royaume de Jérusalem. À la fin de son règne, il ne restait que deux émirats sur la côte de Méditerranée : Ascalon et Tyr. En 1117 il est blessé d'un coup de lance. Il finira par succomber des suites de cette blessure le 2 avril 1118. C'est Baudouin du Bourg, comte d'Edesse (son cousin), qui sera sacré roi le 14 avril. Il devient Baudouin II. C'est sous son règne que sera fondé l'ordre du Temple.

Conclusion à propos de la première croisade

Il ressort à l'étude des différentes sources que si les croisés ne se sont pas entendus avec l'empereur byzantin, ils ont eu, au cours de leur avancée en Orient, le soutien des populations chrétiennes qui les ont considérés comme des libérateurs. Le petit nombre de chevaliers qui sont restés en Terre sainte (après quelques mois, Godefroy se retrouve avec seulement trois cents chevaliers et deux mille piétons) montre que la croisade ne fut pas une « opération de conquête ». Il montre également l'intérêt que pouvait présenter pour le royaume de Jérusalem et donc pour la chrétienté en son entier l'existence d'ordres chevaleresques qui se voueraient à assurer la sécurité des routes menant à la Terre sainte et la défense des États francs de Terre sainte (royaume de Jérusalem, comté d'Édesse, principauté d'Antioche, comté de Tripoli).

Le royaume de Jérusalem n'avait qu'un « fantôme d'armée ».

Le Temple sera l'armée du pape et, entre autres missions, assurera sa protection.

Notes du chapitre

(1) Cette partie de la chanson est entièrement fabuleuse. C'est le récit des aventures supposées de Harpin, comte de Bourges, rescapé avec six chevaliers du massacre de Nicée. Prisonniers des Turcs, ils recouvrent leur liberté par la victoire que l'un d'eux remporte sur un champion mahométan. Les Chétifs soutiennent ensuite une série de combats contre des animaux monstrueux; enfin ils rejoignent les croisés sous les murs de Jérusalem (source : http://www.cosmovisions.com/textChetifs.htm). La chanson aurait été composée à la cour d'Antioche, sous Raymond de Poitiers, avant 1149.

(2) *La Chanson d'Antioche* est une chanson de geste en 9000 alexandrins qui relate la croisade malheureuse de Pierre l'Ermite, jusqu'à la prise d'Antioche en 1098. Le troubadour Graindor mêle au récit l'aventure romanesque de cinq chevaliers captifs (les Chétifs) et la prise de Jérusalem aboutissant au couronnement de Godefroy de Bouillon en 1099 (Conquête de Jérusalem). On pourra se reporter à : *La Chanson d'Antioche, Étude historique et littéraire*, L.A. Sumberg, Éditions Picard, 1968.

(3) Selon les Évangiles, c'est bien au sanhédrin que Juda vend le Christ pour 30 deniers, et c'est bien la milice du Temple (au service du Grand Prêtre) et non les troupes de l'occupant romain qui l'arrêtent, d'où la conception chez certains chrétiens d'une « responsabilité du peuple juif dans la mort du Christ ». Outre qu'il paraît difficile de reprocher à un juif du XIe siècle les actes de juifs qui étaient contemporains du Christ, la théologie du « sacrifice volontaire du Christ venu racheter les péchés de l'humanité » est, même au Moyen Âge, un des arguments opposés à ce genre de position.

(4) Le Basileus est un souverain de droit romain, et non un souverain féodal. Habituellement, dans le cadre du droit romain, ceux qui lui prêtent serment ont des obligations par rapport à lui, mais tant que lui-même n'a rien promis, il ne s'engage à rien en acceptant un serment.

(5) À l'approche des armées des croisés, dans de nombreux villages proches d'Antioche tel Artah (Reyhanli), au sud-est d'Antioche, la population chrétienne s'était révoltée et avait massacré la garnison turque.

(6) Plus exactement d'une maladie provoquée par le froid. Il faut savoir qu'en hiver, au Moyen-Orient, il pleut tous les jours et que les pluies y sont très violentes.

« Plusieurs de nos Français auraient trouvé la mort dans les horreurs de la faim, si la clémence divine et notre propre bourse ne fussent venues à leur secours. Pendant tout l'hiver, nous avons souffert pour l'amour du Christ, au-devant de la ville d'Antioche, les froids les plus rigoureux et les pluies les plus excessives. On dit que, dans toute l'étendue de la Syrie, on peut à peine supporter les ardeurs du soleil. Cela est faux, car leur hiver est semblable à nos hivers de l'Occident. » Lettre d'Étienne de Blois à sa femme, Adèle de Normandie, sur le siège d'Antioche – source : http://www.callisto.si.usherb.ca/~croisade/Antioche.htm

(7) C'est probablement la nécessité d'entrer discrètement dans la ville qui imposa le choix d'une heure aussi matinale pour l'attaque et, par voie de conséquence, ce fut probablement cet horaire qui permit que, pour les défenseurs turcs, la surprise soit totale.

(8) Le texte dit : « les mois de jumada ».

(9) Il sera le seul à s'opposer à la revendication de Bohémond mais finira par se laisser convaincre.

(10) Quelles qu'aient pu être les ambitions de chacun, que celles-ci se soient manifestées avant le départ ou qu'elles soient nées en cours de route, tous ont conservé précieusement le vœu initial de la croisade : c'est pour rendre le Saint-Sépulcre à la chrétienté que ces hommes ont abandonné leurs terres (quand ils ne les ont pas vendues), risqué leur vie et enduré de grandes souffrances.

(11) Cette armée arriverait bien entendu trop tard, mais personne ne pensait que Jérusalem tomberait aussi vite. En revanche, elle aurait peut-être pu reprendre la ville si elle avait eu quelques jours de retard de plus. En effet, bien peu de croisés envisageaient de rester à Jérusalem. Dans leur esprit, l'aventure était terminée. Ils sont venus en pèlerinage à Jérusalem, ils ont prié au Saint-Sépulcre, leur vœu est accompli et ils peuvent rentrer chez eux. Alain Demurger, citant Riley Smith (*The First Crusader*,1095-1131, Cambridge University Press) dans son livre *Les Templiers,* écrit que sur 791 croisés identifiés, 104 sont restés en Terre sainte, ce qui ne fait même pas un septième. Encore peut-on se poser des questions quant à la représentativité de cet échantillon.

(12) Le « royaume de Jérusalem » aurait dû en principe revenir au patriarche de Jérusalem, cependant les vassaux de Godefroy sont des croisés, ils savent à quel point la situation de Jérusalem est fragile, ils veulent donc un roi capable de porter les armes.

(13) Les armées du royaume de Jérusalem sont bien peu nombreuses.

Références :

http://www.newadvent.org/cathen/ encyclopédie catholique en ligne.

http://www.kobayat.org/data/documents/crusades/guillaume_de_tyr/livre1.htm

Histoire des faits et gestes dans les régions d'Outre-Mer, depuis le temps des successeurs de Mahomet jusqu'à l'an 1184 de Jésus-Christ, par Guillaume de Tyr, extrait de : *Collection des mémoires relatives à l'histoire de France depuis la fondation de la monarchie française jusqu'au XIII*[e] *siècle* ; avec une introduction, des suppléments, des notices et des notes par M. Guizot, professeur d'histoire moderne à l'Académie de Paris, chez J.-L.-J. Brière, libraire, rue Saint-André-des-Arts, No. 68, Imprimerie de A. Belin, 1824

http://www.callisto.si.usherb.ca/~croisade/Nicee.htm#nicee3

http://www.chez.com/lachevalerie/chap6crz.htm

Chapitre 4
Neuf chevaliers

La croisade a habitué les peuples d'Europe à l'idée qu'un prêtre ou un moine puisse porter l'épée comme l'a fait Adhémar de Monteil, évêque du Puy et légat du pape durant la première croisade. Il ne fut pas d'ailleurs le seul prélat à participer à ce pèlerinage armé.

« Dans le cours de la même année (1118), quelques chevaliers, hommes dévoués à Dieu et animés de sentiments religieux, se consacrèrent au service du Christ et firent profession entre les mains du patriarche de vivre à jamais, ainsi que les chanoines réguliers, dans la chasteté, l'obéissance et la pauvreté. Les premiers et les plus distingués d'entre eux furent deux hommes vénérables, Hugues de Payens et Godefroy de Saint-Aldemar. Comme ils n'avaient ni église ni résidence fixe, le roi leur concéda pour un certain temps un logement dans son palais situé auprès du Temple du Seigneur [Templum Domini, la coupole du Rocher] du côté du midi. Les chanoines de ce temple leur concédèrent aussi à de certaines conditions et comme champ d'exercice la place qui leur appartenait tout près du palais. » Guillaume de Tyr, *Histoire des croisades*, livre 12. Voilà comment Guillaume de Tyr (1130 – 1186), que nous avons

souvent cité dans nos premiers chapitres, commence son récit de la fondation du Temple. Au XIIIe siècle, le chroniqueur Jacques de Vitry conte la fondation du Temple à peu près dans les mêmes termes. Un troisième texte décrit cette fondation dans des termes fort proches, c'est celui de Michel le Syrien, un chrétien jacobite qui écrivait vers la fin du XIIe siècle. Une seule différence : il prétend que Hugues de Payens était accompagné de 30 cavaliers.

Les certitudes et incertitudes quant aux fondateurs et à la fondation de l'Ordre

Toutes les sources s'accordent pour affirmer que :

1. L'Ordre est né du désir de renoncement de quelques chevaliers qui avaient décidé de s'établir à Jérusalem.

2. L'initiative de sa fondation revient aux chevaliers Hugues de Payens et Godefroy de Saint-Omer.

3. Hugues de Payens est le premier maître de l'Ordre.

4. Cet ordre s'est d'abord, pourrait-on dire, abrité sous l'aile des chanoines réguliers de saint Augustin, et Guillaume de Tyr précise qu'il s'agit des « chanoines de ce temple » (du Temple du Seigneur, et non de ceux du Saint-Sépulcre). Jacques de Vitry parle également « des chanoines réguliers du Temple du Seigneur » et dit que ceux-ci mettent à la disposition de ce groupe de chevaliers qui n'est pas encore l'ordre du Temple un terrain non loin du palais.

5. Ils sont logés dans le palais même du roi Baudouin II, lequel est près du Temple du Seigneur.

6. La création de l'ordre correspond à la fois aux vœux de l'Église et aux besoins des États francs de Palestine.

Les faits avérés :

1. Hugues de Payens et Godefroy de Saint-Omer (aucun lien familial connu avec les châtelains de cette ville) ont bien joué le rôle de leaders que leur attribue Guillaume de Tyr, il n'y a aucune raison d'en douter car aucun document connu ne vient contredire ces propos.

2. On est certain que Hugues de Payens vivait dans l'entourage du comte de Champagne et fréquentait sa cour au moment où il décida de partir pour la Terre sainte. C'est donc un vassal important.

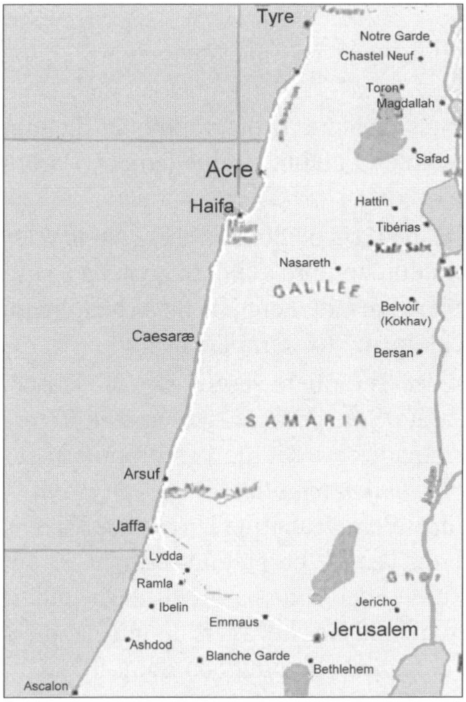

Route suivie par la première croisade. La route des pèlerins va de Jaffa à Jérusalem, la distance est de 80 km.

3. Ni Hugues de Champagne, ni Hugues de Payens n'ont participé à la première croisade (des actes passés par le premier et dont le second fut témoin attestent de leur présence à Troyes pendant la croisade).

4. Ils partent tous deux pour la Terre sainte en 1104 et en reviennent en 1107.

5. Hugues de Payens se marie à son retour avec Elizabeth de Chappes[1]. Le couple aura trois enfants entre 1108 et 1114.

6. En 1114, Hugues, comte de Champagne, effectue un second voyage en Terre sainte. Cette fois, Hugues de Payens qui l'accompagne restera sur place[2].

7. Les futurs Templiers seront logés dans l'enceinte du palais de Baudouin II, près du Temple (seul Michel le Syrien dit que c'est le Temple lui-même qui leur fut assigné comme résidence).

8. Ils serviront en tant que « donats » auprès de chanoines réguliers de saint Augustin rattachés au Temple du Seigneur (Templum Domini ou Église Saint-Jacques-le-Mineur). Ils mèneront donc la vie religieuse sans prononcer de vœux et en conservant l'habit séculier.

9. Dès 1120, le comte Foulque d'Anjou, futur roi de Jérusalem, vient comme pèlerin en Palestine et s'associe aux Templiers. Il loge dans leurs locaux et leur fait un don de 30 livres de sous angevins. En 1125, c'est le comte de Champagne lui-même qui revient en Palestine et se fait Templier. Dans l'une de ses lettres, saint Bernard regrette qu'il n'ait pas préféré entrer à Clairvaux.

Ces faits engendrent deux certitudes : l'initiative de Hugues de Payens est connue des grands seigneurs et l'Ordre dans sa forme primitive fonctionne en 1120 (la date de sa fondation est incertaine, les historiens ne savent pas s'il s'agit de 1118 ou 1119, voire 1120).

Les incertitudes

1. Certains auteurs ont fait de Hugues de Payens un membre d'une branche cadette de la famille comtale. La chose est vraisemblable, mais reste invérifiable, car en raison des nombreuses variantes orthographiques du nom Payens en Champagne, il est impossible d'établir formellement l'arbre généalogique du fondateur du Temple.

2. Hugues de Payens est accompagné de 9 ou de 30 chevaliers suivant les textes. Il semble que *« 9 chevaliers »* soit un nombre qui correspond à ce qui fut la hiéro-histoire du Temple et s'intègre parfaitement à la hiéro histoire de nombreux ordres qui se rattachent idéalement aux Templiers.

3. D'après les historiens modernes, les Templiers seront mis au service, *« chanoines du Saint-Sépulcre »*. Il s'agit d'une période *« proto templière »* qui précède la fondation de l'Ordre, laquelle est décrite par Ernoul en ses chroniques dans un chapitre intitulé *« Comment templier viendre en avant »*. Il s'agit donc de ce qui s'est passé à Jérusalem avant que Hugues de Payens et 9 ou 30 chevaliers ne créent l'ordre du Temple en prêtant serment devant le patriarche de Jérusalem. Nous classons cet épisode parmi les incertitudes, parce que le texte d'Ernoul laisse entendre que les chevaliers dont il est question ici étaient des donats auprès des chanoines réguliers du Saint-Sépulcre et ne combattaient pas. Cependant, il affirme que les Templiers portent encore une partie de l'enseigne (des armes) de l'habit du sépulcre, ajoutant, *« l'enseigne de l'habit du sépulcre est une croix de vermeille à deux bras telle que la portent les Hospitaliers. Et ceux du Temple la portent toute simple vermeille […] »*. Nous plaçons cet épisode dans les incertitudes, d'abord parce que Ernoul est le seul à en faire état, ensuite parce qu'elle concerne la « proto histoire du Temple », puisque l'histoire commence avec la démarche de Hugues de Payens et l'établissement de liens avec les chanoines réguliers du Temple du Seigneur.

Le début du texte d'Ernoul (traduction Delclos et Caradeau) :

Quand les chrétiens eurent conquis Jérusalem, alors de nombreux chevaliers de toutes terres (de toutes nationalités) se rendirent au temple du Sépulcre. Et [ces chevaliers] étaient obéissants au prieur du Sépulcre. Il y eut de bons chevaliers rendus (donats) ; ils prirent conseil entre eux et dirent : « Nous avons quitté nos terres et nos amis, et sommes venus ici pour la loi de Dieu et pour nous élever et exalter. Pourquoi sommes-nous ici arrêtés si c'est pour boire et pour manger et pour dépenser sans œuvrer ; et nous obéissons à un prêtre, mais ne faisons pas œuvre d'arme. Prenons conseil et faisons maître l'un d'entre nous, élisons-le, qu'il nous conduise en bataille quand il le faudra. » À cette époque le roi était Baudouin. Ils vinrent à lui et dirent : « Sire, nous avons pris conseil de Dieu, ainsi nous avons décidé de faire maître l'un de nous afin qu'il nous conduise en bataille pour le secours de la terre (le royaume ou la Terre sainte). » [...] Alors le roi manda le patriarche et les archevêques et les évêques et les barons de la terre pour prendre conseil. Alors ils se réunirent en conseil, et s'accordèrent sur ce qu'il était bon de faire. Il advint que le roi leur donna châteaux et villes. Et là le roi et ses conseillers demandèrent au prieur du Sépulcre de les affranchir de l'obéissance.

4. Les historiens pensent que les Templiers ont, entre 1118 et 1127, assuré des fonctions de police sur la route des pèlerins qui va de Jaffa à Jérusalem.

Les futurs Templiers n'ont certainement pas pu assumer seuls des fonctions de police sur la route des pèlerins, qu'ils soient neuf ou trente, ils ne sont pas assez nombreux, et même s'ils étaient puissamment armés, ils se seraient faits massacrer par la première tribu de pillards venue. Il y a 80 kilomètres de routes à sécuriser dont une bonne partie de route de montagne. Par ailleurs, selon certains auteurs, les Templiers se consacrent uniquement à l'endroit le plus dangereux : le défilé d'Athlit, plus tard connu sous le nom de « château Pèlerin ». Cependant, le défilé d'Athlit longe la côte entre Acre et Haïfa. Cette zone se trouve à au moins 200 km (il y a 81 km de Jérusalem à Jaffa) de Jérusalem. Il paraît donc difficile que des chevaliers hébergés à Jérusalem et aussi peu nombreux (de 9 à 30) aient pu aller sécuriser un passage aussi dangereux situé si loin de leurs bases arrières... Si on l'admettait, il faudrait penser qu'ils se sont installés à Saint-Jean-d'Acre.

Évidemment, si l'on associe les proto templiers à un groupe préexistant de « *miles christi* » [(3)] rattachés aux chanoines du Saint-Sépulcre, on peut supposer à ce moment qu'ils sont beaucoup plus nombreux, et dans ce cas, la mission de protection de la route des pèlerins peut être assurée.

Reste la question du « Temple du Seigneur » et de ses chanoines. Ce que les hommes du Moyen Âge appellent ainsi, c'est « le Dôme du Rocher », autrement dit la mosquée d'Omar que les croisés, dès leur arrivée, ont transformée en église. Donc, au moment où Hugues de Payens et ses compagnons prennent contact avec le roi Baudouin, s'il existe effectivement une institution des « chanoines du Temple du Seigneur », cette institution date seulement de quelques années, et elle disparaîtra avec la prise de Jérusalem (1187), par Saladin [(4)]. Certains auteurs assimilent ces chanoines au mystérieux « prieuré de Sion » sur lequel nous aurons à revenir.

D'autres points de vue

Ce qui est certain, c'est que par-delà le discours des historiens officiels, il existe des auteurs qui s'estiment bien mieux renseignés et donnent d'autres détails.

Des chevaliers accompagnaient Godefroy et Hugues, comme André de Montbard [(5)].

Cependant, sa participation à la fondation de l'Ordre est contestée, raison pour laquelle la plupart des historiens officiels la taisent.

Il serait le frère d'Aleth de Montbard qui était la mère de saint Bernard, de la famille des comtes de Bar.

Il semble qu'en 1129, il ait ratifié une charte en faveur de l'abbaye de Molesne et que sur cette charte il ne soit pas précisé qu'il est *« Fr. Templi ou miles Templi »* comme cela eût été normal – ce qui plaide contre son appartenance à l'Ordre à cette époque.

Par ailleurs, on se demande ce qu'il ferait alors en France s'il est Templier depuis la fondation de l'Ordre. À cette assertion, il faut objecter que justement, entre 1127 et 1130, Hugues de Payens est en France accompagné de plusieurs chevaliers et entre autres probablement d'André de Montbard...

D'autre part, en 1141, saint Bernard adresse une lettre demandant au pape une bénédiction pour un parent allant à Jérusalem faire son apprentissage de Templier *« sur ses sollicitations, votre serviteur nous demande, afin qu'il réussisse dans la bonne entreprise qu'il a commencée, de vouloir bien lui accorder vos encouragements, votre protection, vos prières, votre bénédiction. Il est mon parent, et, selon l'avis du prophète, je n'ai pas dû mépriser mon propre sang »* (http://www.inSaladinte.asso.fr/plateforme/OT-014.htm). Cependant, rien ne prouve qu'il s'agisse d'André de Montbard.

En revanche, il est certain que de 1148 à 1154 il fut sénéchal de l'Ordre et qu'il fut maître de l'Ordre de 1154 à 1156. Reste qu'il est bien difficile de départager les deux écoles.

En effet, Bernard de Clairvaux naît en 1090. Sa mère Aleth de Montbard naît en 1070. Elle a donc 20 ans lors de la naissance de saint Bernard (1090). En 1118, date supposée de la fondation de l'ordre du Temple, il a 28 ans et sa mère 48. Si, comme certains actes de la famille de Montbard le laisse penser, André a 23 ans en 1126, alors il a 33 ans de moins que sa sœur (et 13 de moins que son neveu), sœur qui, à cette date, est âgée de 56 ans... Peu probable au XIIe siècle...

De fait, comme le dit la sagesse populaire, il y a plus d'un âne qui s'appelle Martin, et il peut bien y avoir eu plus d'un Montbard qui s'appelle André.

Mais résumons :

Si André de Montbard participe à la fondation du Temple en 1118 à l'âge de 15 ans, il accède à la fonction de sénéchal du Temple à 45 ans et à celle de grand maître à 51 ans pour mourir à 54 ans…

C'est raisonnable pour l'époque, et cela plaiderait en faveur de ceux qui ne le comptent pas au nombre des fondateurs de l'Ordre (en raison de sa grande jeunesse à l'époque) mais cela ne résout pas le problème de sa surprenante différence d'âge avec sa sœur.

Ajoutons que André de Montbard ne figure pas sur toutes les listes des grands maîtres du Temple !

Pour ce qui est des six autres fondateurs présumés : Gondemare, Roral ou Rossal, Godefroy, Bissol, Archambaud de Saint-Aignan (parfois écrit Saint Amant) et Payens de Montdésir (dit aussi de Montdidier). On ne dispose d'aucun renseignement en dehors de leur nom. D'ailleurs, à notre connaissance, aucun texte ancien ne fournit cette liste.

Reste également l'adhésion à l'Ordre de Hugues de Champagne, qui se mettait par cet acte aux ordres de l'un de ses anciens vassaux, le maître de l'Ordre Hugues de Payens. La chose s'accomplit en 1125 ou 1126, et donc avant même que l'Ordre ait obtenu sa règle de l'Église.

Conclusion à propos du séjour des proto templiers en Terre sainte

L'honnêteté veut que l'on sache qu'ils étaient peut-être trente. Elle veut également que l'on admette que l'on ne sait pas grand-chose de cette période, qu'hormis deux personnages dont l'identité est certaine, l'identité des sept autres chevaliers reste mystérieuse même si l'on admet souvent que trois d'entre eux étaient flamands comme le roi Baudouin.

Il faut admettre qu'ils sont venus pour « garder les routes publiques » du royaume de Jérusalem, mais il est peu probable qu'ils aient rempli cette mission, et encore moins qu'ils aient gardé, comme certains l'ont prétendu, le défilé d'Athlit, bien trop éloigné de Jérusalem. D'ailleurs, s'ils avaient accompli de telles missions, nous aurions certainement connaissance du décès au combat d'un certain nombre d'entre eux.

Il semble donc logique d'en conclure qu'ils n'ont pas combattu durant cette période. Mais s'ils n'ont pas combattu, ils ne se sont certainement pas non plus contentés de prier et d'offrir une hôtellerie à quelques pèlerins prestigieux comme Foulque d'Anjou ; de même, le comte de Champagne n'aurait certainement pas rejoint le futur ordre du Temple si ses activités avaient été simplement hôtelières ! De là à en conclure qu'il se livrèrent à de mystérieuses activités, il n'y a qu'un pas que franchissent d'ailleurs beaucoup d'auteurs.

C'est cette conclusion logique, sinon exacte qui, depuis longtemps déjà, a ouvert la porte aux spéculations les plus diverses et aux hypothèses les plus audacieuses. De fait, ces neuf ans sont le point de départ de tous les **mystères du Temple.**

Notes du chapitre :

(1) Les auteurs du livre *la Clé d'Hiram* écrivent que Hugues de Payens était marié avec Catherine Sinclair. La parenté de cette assertion reviendrait au « prince » Michel d'Albany.

(2) C'est probablement entre le retour de Terre sainte de Hugues et la fondation du Temple (en 1120) que certains historiens pensent que Hugues de Payens fut logé à l'Hôpital et se mit au service des chanoines réguliers du Saint-Sépulcre. Nous traitons de cette question dans le sous-chapitre intitulé « Les incertitudes ».

(3) Établissement charitable tenu par l'ordre des Hospitaliers. Les donats des chanoines auraient été nourris et logés par les Hospitaliers qui existaient déjà avant les croisades : *« La naissance de l'Ordre remonte aux environs de 1050. Selon les chroniqueurs, des marchands de l'ancienne république d'Amalfi ont obtenu du calife d'Égypte l'autorisation de construire à Jérusalem une église, un couvent et un hôpital destinés à soigner les pèlerins malades, sans distinction de race ou de religion. Les Hospitaliers de St-Jean de Jérusalem - la communauté monastique qui administrait l'hôpital pour les pèlerins en Terre sainte - deviennent un ordre religieux, indépendant, sous la conduite du bienheureux Gérard. En effet, par une bulle papale promulguée le 15 février 1113, le pape Pascal II consacra la fondation de l'ordre et le plaça sous la protection du Saint-Siège, lui assurant le droit d'élire ses chefs sans l'intervention d'aucune autre autorité ecclésiastique ou laïque. En vertu de cette bulle papale, l'hôpital devint un ordre religieux exempt de l'Église.»* Source : http://www.orderofmalta.org/ , site officiel de l'ordre de Malte. D'après les historiens, il existait deux monastères d'Hospitaliers à Jérusalem, l'un d'hommes, appelé-Sainte-Marie-Latine, l'autre de femmes, appelé Sainte-Marie-Madeleine, desservis tous deux par des bénédictins.

(4) Salah al'Din al Ayyubi, 1171-1193.

(5) Oncle de saint Bernard, il fut sénéchal de l'Ordre de 1148 à 1151, selon les cartulaires du Saint-Sépulcre et de saint Lazare. Il figure pour la première fois comme maître du Temple, le 27 mai 1155, dans un acte de Baudouin III, roi de Jérusalem, et dans un acte identique daté du 27 juin 1155 concernant une confirmation d'échange avec la reine Mélisande. Le 3 juillet de la même année, il est cité dans un acte d'Amaury, comte d'Ascalon.

L'obituaire de Bonlieu date sa mort du 17 octobre. L'année ne peut être que 1156 puisqu'à la fin de cette année son successeur apparaît déjà.

Source : http://www.templiers.net/Temple/montbard.php.

Chapitre 5
Le voyage en France de Hugues de Payens

En 1127, Hugues de Payens embarque pour la France avec cinq autres chevaliers du Temple. Il est temps d'obtenir pour l'Ordre un statut accordé par l'Église.

On retrouve parmi eux certains des fondateurs : Godefroy de Saint-Omer, Payens de Montdidier (que certains historiens pensent d'origine picarde), Archambaud de Saint-Amant (certains pensent qu'il est originaire de la Drôme), Geoffroy Bissol et un certain Rolland (peut-être le Bernard Rolland qui fut chargé de l'organisation de l'Ordre en Provence) (1).

On doit penser que la maison du Temple comprend donc, au moment où Hugues de Payens part pour la France, plus de neuf personnes, même si, comme l'écrit Guillaume de Tyr : *« Depuis neuf ans qu'ils avaient fait leur première profession, ils n'étaient encore que neuf »* (Histoire des Croisades - livre XII) ; d'ailleurs, d'autres sources rapportent que quatorze Templiers ont participé au concile de Troyes. Ils ont donc probablement recruté, mais ce recrutement a été suffisamment peu important pour que l'assertion de Guillaume de Tyr ne paraisse pas ridicule. Par ailleurs, les fondateurs ont prêté serment – même s'ils n'ont pas prononcé de vœux – devant le patriarche de Jérusalem. Il est fort possible que ceux qui les ont rejoints par la suite n'aient pas prêté ce serment et ne soient donc pas « officiellement intégrés au groupe des fondateurs ».

Hugues de Payens vient en France pour tenter d'atteindre deux objectifs :

1. Faire reconnaître le Temple en tant qu'ordre religieux et le doter d'une règle,

2. Recueillir des dons et recruter pour l'Ordre.

Il vient en France probablement porteur d'une lettre du roi Baudouin adressée à Bernard de Clairvaux, lettre dans laquelle le roi demande au puissant abbé d'aider les Templiers à obtenir une règle.

La lettre de Baudoin II à l'abbé Bernard (*).

« Baudouin, par la miséricorde de Jésus-Christ, roi de Jérusalem, prince d'Antioche, au vénérable père Bernard, vivant au royaume de France, digne de tout respect, abbé du monastère de Clairvaux, hommage de bonne volonté à sa disposition.

Les frères du Temple, que le Seigneur a suscités pour la défense de cette province et qu'il a conservés d'une façon admirable, désirent d'obtenir la confirmation apostolique et de posséder une règle de vie précise; à cause de cela nous vous envoyons Andréas et Gondemar (**), hommes illustres pour leurs activités guerrières et par l'origine de leur race, pour obtenir du [souverain] pontife l'approbation de leur ordre, et pour incliner son esprit à nous accorder des subsides et de l'aide contre les ennemis de la foi, qui tous, unanimement et d'un égal accord, s'insurgent pour supplanter et renverser notre royauté. Et parce qu'il ne m'échappe pas de quel poids est votre intercession tant auprès de Dieu qu'auprès de son vicaire, et auprès des autres princes de l'Europe qui sont dans la vraie foi, nous avons estimé devoir confier à votre prudence l'une et l'autre de ces affaires, dont la réalisation nous contentera grandement. Établissez les constitutions des Templiers de telle sorte qu'ils ne s'écartent pas du vacarme et du tumulte de la guerre et qu'ils défendent utilement les princes chrétiens. Faites en sorte que nous puissions voir de notre vivant l'heureuse fin de cette affaire. Exprimez à Dieu des prières pour nous. Portez-vous bien.»

Aux origines de l'ordre du Temple, Pierre Girard-Augry, Éditions Opera.

(*) La datation exacte de ce texte n'est pas connue. Certains le datent de 1126, d'autres, plus prudents, le situent entre 1119 et 1126. Il semble que cette lettre soit parvenue à Bernard de Clairvaux avant le voyage en France de Hugues de Payens. Cependant, tout ici n'est qu'hypothèse.

(**) Plusieurs auteurs pensent qu'il s'agit des deux membres fondateurs Gondemar et André de Montbard. Pour d'autres, Gondemar n'est autre que Godefroy de Saint-Omer.

Hugues de Payens arrive donc en Occident à l'automne 1127 accompagné de quelques membres de son Ordre. Certains auteurs supposent qu'il a fait un crochet par Rome pour rencontrer le pape. La démarche eût été logique car le saint père s'intéressait de très près aux difficultés des États latins d'Orient, mais aucun témoignage ne l'atteste. C'est donc une pure hypothèse et, en réalité, on ignore ce qu'il fait entre l'automne et le printemps. Hugues de Payens passe quelque temps à Provins, sur les terres du comte de Champagne, puis se rend en Anjou (en avril-mai) auprès du comte Foulque V que, rappelons-le, il a connu à Jérusalem.

Outre la mission de reconnaissance et de recrutement pour l'Ordre qu'il s'est assignée, Hugues est également un envoyé de Baudouin II chargé de recruter des « croisés laïques » pour une expédition que projette le roi en direction de Damas. Foulque prendra la croix au Mans le 31 mai 1128. L'un de ses vassaux les plus importants, Hugues d'Amboise, prendra la croix également.

Comme on peut le constater, tout est bien calculé. La double mission de Hugues de Payens lui fournit une bonne raison de faire la « tournée ». Il passe en Poitou, puis en Normandie où il rencontre le duc de Normandie (et roi d'Angleterre) qui l'accueille avec chaleur et l'invite à poursuivre sa mission outre-Manche. Il ira jusqu'en Écosse, où il rencontrera le roi David Ier (qui régna de 1124 à 1153) [(2)].

Là se situe un épisode important pour les sujets qui nous intéressent dans ce livre. Johannes de Fordun dans ses *Chronica gentes scottorum* nous apprend que : « *Le roi s'en remit lui-même au conseil d'hommes religieux de toutes sortes et s'entourant lui-même de frères très honorables de l'Illustre chevalerie du Temple de Jérusalem en fit les gardiens de sa foi, de jour comme de nuit.* » Le sens de cette phrase élogieuse nous échappe quelque peu, mais on peut au moins comprendre que David Ier accorda une place importante aux Templiers.

Hugues recueille également des donations importantes. En septembre 1128 il est de retour sur le continent, en Flandres, à Cassel, et assiste à la signature d'un acte de donation du comte Thierry en faveur du Temple. Enfin, il rejoint la Champagne et Troyes en vue du concile qui est convoqué pour janvier 1129.

Pendant un an, Hugues de Payens est donc allé de seigneurie en seigneurie pour recruter des croisés en vue de l'expédition projetée par Baudouin II. Il en a profité évidemment pour « promotionner » l'ordre du Temple, comme on dirait aujourd'hui. Il est certain que cette vaste opération de communication a porté ses fruits, et que cette première partie du voyage de Hugues a conforté les effectifs et la situation financière de l'Ordre, non seulement dans le présent, mais aussi pour l'avenir.

Le concile de Troyes

Le 13 janvier 1129 s'ouvre le concile de Troyes. Ce n'est pas un lieu neutre, loin de là, puisque c'est la capitale du comté de Champagne. Thibaud, le comte actuel, est le neveu de Hugues de Champagne, le Templier. Est-ce un concile régional comme il y en eut tant à l'époque ? Les conciles régionaux en effet se multiplient dans le but de faire le point sur la réforme de l'Église après le concordat de Worms signé en 1123, qui met un point final à la querelle des Investitures [3].

En dehors des conciles œcuméniques, il semble que l'Église considère deux autres sortes de conciles, à savoir les conciles généraux [4] et les conciles régionaux. Ces notions restent ambiguës, car l'Église n'a jamais publié de liste des conciles généraux. Il apparaît cependant que Troyes est un concile général et non un simple concile régional.

La discussion de la règle de l'ordre du Temple dépasse en effet largement les attributions d'un concile régional puisque l'ordre n'est pas implanté en Champagne ni même en Europe. Cette règle concerne l'ensemble de la chrétienté. De ce fait, elle échappe aux qualifications d'un concile régional, même si sur d'autres points les débats du concile de Troyes ressembleront fort à ceux d'un tel concile.

Il faut observer au passage que l'ordre du Temple est **le premier et le seul ordre religieux** dont la règle ait été examinée par un concile. D'ailleurs, l'assemblée des pères conciliaires est particulièrement brillante, composée de gens importants et qualifiés.

Outre Bernard, l'abbé de Clairvaux dont l'influence sur le clergé en général et la papauté en particulier n'est plus à démontrer, le concile est présidé par Mathieu d'Albano, le légat du pape en France. Sont également présents les abbés de Cîteaux, Pontigny et Trois-Fontaines (pour les cisterciens). Les clunisiens sont représentés par les abbés de Molesme et de Vézelay. À ces puissants abbés s'ajoutent deux archevêques (Reims et Sens) accompagnés de dix de leurs évêques. Des laïques participent au concile, comme c'est souvent le cas au Moyen Âge : Thibaud II, le comte de Champagne, est présent accompagné de son sénéchal André de Baudement comme Guillaume II, comte de Nevers, qui participa à la première croisade. En un mot, les princes de l'Église sont réunis en présence de quelques représentants de la classe chevaleresque, et ce n'est certainement pas un hasard si un suzerain majeur comme l'est le comte de Champagne à l'époque est entouré de son sénéchal (que nous appellerions aujourd'hui commandant en chef des armées) et d'un ancien croisé. Assistent également au concile deux chanoines, deux maîtres et un secrétaire.

Le prologue de la règle du Temple nous apprend que le concile a eu « *le bonheur d'entendre de la bouche du dit maître Hugues la règle et l'observance de l'ordre de chevalerie chapitre par chapitre. Nous avons approuvé ce qui nous a semblé bon, selon le peu d'étendue de nos lumières. Mais pour ce qui nous paraissait absurde et qui ne pouvait se réciter ni se représenter dans la présente assemblée sans trop de complaisance, nous l'avons remis à l'examen exact de notre père Honoré (le pape), de même qu'aux lumières sûres du très illustre Étienne, patriarche de Jérusalem qui a pleine connaissance de la religion orientale et des Pauvres Chevaliers de Jésus-Christ ; après quoi, nous l'avons reçue du consentement unanime de l'assemblée.* »

Ce texte et celui de la règle qui suit furent rédigés par un clerc du nom de Jean de Saint Michel et non par saint Bernard comme beaucoup l'ont écrit. Cela dit, il semble que Bernard eut une influence importante puisque le prologue à la règle se conclue ainsi : « *[...] Afin de mettre par écrit ce qui me serait ordonné par le concile et par le vénérable abbé de Clairvaux à qui le soin de dresser ces présents statuts a été commis* ».

Ainsi, si Bernard ne fut pas le rédacteur de la règle, il fut, et c'est sûrement plus important, le maître d'œuvre et le superviseur de cette rédaction. Par ailleurs, ce prologue témoigne du fait que depuis sa fondation l'ordre ne s'est pas ou peu développé : « *Or le maître Hugues, avec les mêmes disciples présenta aux susdits pères, autant que sa mémoire put le lui fournir, la règle et l'observance de son ordre de chevalerie encore très petit dans ce commencement...* »

Comme on le voit, le prologue de la règle approuvée par le concile de Troyes est riche d'enseignements.

On y apprend d'abord qu'il existe « une règle » et « une observance » de l'Ordre. Le concile et donc saint Bernard n'ont fait qu'approuver et éventuellement modifier des articles d'une règle existante préalablement conçue par Hugues de Payens. Il en résulte que ce chevalier ou l'un de ses collaborateurs s'est inspiré de la règle de saint Benoit.

On apprend également que le texte obtint l'approbation unanime de l'assemblée.

Les raisons du concile

De fait, on a réuni un concile pour créer cet ordre parce qu'il est quelque chose de totalement nouveau dans l'Église romaine et même dans le christianisme : un ordre de chevaliers (de combattants) qui sont en même temps des religieux. Un ordre dans lequel le combat est une ascèse spirituelle. C'est une nouveauté que le prêche de la croisade par Urbain II pouvait laisser pressentir, mais c'est tout de même une nouveauté, et elle n'est pas approuvée par tous les ordres religieux.

Les réticences chrétiennes

Certains manifestèrent de grandes réticences. Il nous faut d'abord noter celles de Guigne, prieur de la Chartreuse (ordre fondé en 1084). Il écrit avant le concile, dans une lettre adressée à Hugues de Payens : *« Nous ne saurions en vérité vous exhorter aux guerres matérielles… »* et exhorte les Templiers à entreprendre une guerre spirituelle toute intérieure : *« Il est vain en effet d'attaquer les ennemis extérieurs, si l'on ne domine pas d'abord ceux de l'intérieur.[…] Purifions nos âmes de leurs vices, et nous pourrons ensuite purger la terre des barbares. »*

L'ordre nouveau suscite donc, dès avant le concile, la méfiance de certains religieux qui, probablement, comme plus tard Gautier Map (sous Henry II d'Angleterre), mettent en cause le fondement même de leur mission : *« Ils ne sont pauvres qu'à Jérusalem. Là ils prennent le glaive pour défendre la chrétienté, action qui fut défendue à Pierre pour défendre le Christ. »* Les critiques de Gautier Map ne s'adressent pas d'ailleurs aux seuls Templiers, il vise tous les ordres religieux combattants. Dans son « De nugis curialum »

(Contes pour les gens de cours), il écrit : « *Ils prennent le glaive et ils périssent par le glaive. Mais ils disent : Toutes les lois et tous les codes donnent le droit de repousser la violence par la violence.* »

Certes, ces réticences furent minoritaires, même chez les clercs, mais c'est sur elles que s'appuieront des récriminations moins désintéressées : celles des clercs séculiers et des évêques qui mirent en cause les privilèges – jugés exorbitants – des ordres religieux militaires. Les critiques des évêques ne mirent pas en cause l'existence du Temple, et il y a à cela deux raisons majeures :

1. Le Temple répond à un besoin réel des États francs de Terre sainte.

2. Les laïcs, non seulement approuvent la création de cette chevalerie nouvelle, mais de plus la soutiennent par des dons importants.

Il serait donc très maladroit de s'opposer ouvertement à la création d'un ordre qui semble emporter presque tous les suffrages.

Néanmoins, il faut bien comprendre que ces « Pauvres Chevaliers du Christ » sont une nouveauté à plusieurs niveaux.

Ils sont une nouveauté « administrative », parce que des religieux qui combattent auront, outre leurs fonctions religieuses, un rôle important à jouer dans le monde.

Ils sont une nouveauté sur le plan militaire parce qu'ils sont les premiers et les seuls **« chevaliers de métier »** de l'époque médiévale (les autres ne doivent au suzerain que 40 jours de service).

Ils sont enfin une nouveauté sur le plan doctrinal parce qu'ils officialisent de fait la doctrine prônée par le pape Étienne qui faisait du combat aux croisades une ascèse.

Pour faire admettre quelque chose d'aussi nouveau, pour officialiser cet ordre, il faut bien un concile. Les Templiers furent le premier et le dernier ordre institué par un concile, mais il faut bien dire également qu'ils furent le premier et le dernier ordre religieux dont les statuts originaux définissent la fonction militaire.

Le rôle de saint Bernard

Les auteurs, tant les historiens officiels que les spécialistes de l'ésotérisme templier, ont longuement épilogué sur le rôle mystérieux de saint Bernard dans la fondation de l'ordre du Temple. De fait, comme nous pouvons le constater à partir des éléments déjà exposés, Bernard ne fut pas aussi impliqué dans la fondation de l'ordre que certains aujourd'hui le souhaiteraient, ni aussi enthousiaste d'ailleurs, du moins dans un premier temps.

Rappelons les faits. Bernard naît en 1090. Après avoir fait ses études à Châtillon-sur-Seine, il entre en religion à l'abbaye de Cîteaux à l'âge de 21 ans en 1111. Comme il a un tempérament de leader, il entraîne avec lui trente de ses amis et parents. Cependant, Bernard est animé d'une soif de rigueur et d'absolu. Il trouve Cîteaux trop splendide et trop riche. À peine quatre ans après son entrée à Cîteaux, et juste après son ordination sacerdotale, il fonde le monastère de Clairvaux dans la vallée d'Absinthe et en devient le premier abbé. Il se livre alors à une ascèse si rigoureuse que sa santé en est menacée et qu'il faut pour un an l'écarter de son monastère. L'évêque de Chalons lui sauve probablement la vie en le contraignant pour un temps à vivre dans une cabane où il reçoit les soins d'un rebouteux.

La leçon est dure pour le jeune abbé Bernard, mais, et c'est l'une de ses grandes qualités, il sait tirer profit des leçons qu'il reçoit. En reprenant ses responsabilités d'abbé, il impose à ses moines un genre de vie moins inhumain, une ascèse moins rude. À partir de ce moment, il fustigera souvent dans ses sermons « ceux qui passent la mesure ». Quant à lui, il ne se remettra jamais totalement de ses excès d'ascétisme, et il avouera plus d'une fois que ses forces l'abandonnent au point qu'il est contraint d'interrompre un sermon. Cette santé chancelante ne l'empêchera pas de parcourir toute l'Europe malgré les conditions de voyage harassantes de son époque. Elle ne l'empêchera pas non plus de devenir l'un des personnages, sinon le personnage le plus influent de son temps. Soyons clair, avec le soutien de Bernard de Clairvaux, l'ordre du Temple pouvait être créé. À l'inverse, si Bernard avait pris la tête d'une croisade contre l'Ordre, ou même seulement ne l'avait pas soutenu, celui-ci n'aurait pu exister.

Il est difficile aujourd'hui de se représenter l'influence et le pouvoir d'un Bernard de Clairvaux.

Qu'il l'ait voulu ou non, avant d'avoir 40 ans, il est déjà devenu l'autorité morale de l'Europe. De fait, Bernard de Clairvaux a été canonisé de son vivant, non par l'Église mais par les clercs et les laïques de son temps.

Ainsi, lors du schisme de 1130 où le cardinal Pierre de Léon fut proclamé pape par un groupe de cardinaux sous le nom d'Anaclet II, alors que le cardinal Guy de Saint-Ange venait d'être élu sous le nom d'Innocent II, pour choisir entre l'un et l'autre, l'Église s'en remit à Bernard. Celui-ci imposa Innocent II au concile d'Étampes. Ce fut également Bernard qui accompagna Innocent II dans ses voyages en Angleterre et en Italie et qui l'imposa comme pape légitime dans ces deux pays. Comme l'écrit Jules Michelet dans son histoire de France à propos de saint Bernard : *« Prenant le pape par la main, il le mena par toutes les villes d'Italie, qui le reçurent à genoux. On s'étouffait pour toucher le saint, on s'arrachait un fil de sa robe ; toute sa route était tracée par des miracles. »*

Clairvaux a été fondé sur les terres de Hugues de Champagne, qui jusqu'à son entrée dans le futur ordre du Temple a témoigné par de riches donations de sa bienveillance et de son intérêt pour le monastère. Il en est de même de son successeur, son neveu Thibaud.

Par ailleurs, parmi les chevaliers du Temple sont deux proches de Bernard : Hugues de Champagne et André de Montbard. André est son oncle [(5)], Hugues lui est un ami très cher comme en témoigne la lettre qu'il lui écrit en 1125.

Sur le plan profane, Bernard a donc dès 1125 toutes les raisons de soutenir la création de l'ordre du Temple. Pourtant, le saint abbé n'est pas

> Lettre de Bernard à Hugues, comte de Champagne qui s'est fait Templier (1125)
>
> *« Si c'est pour Dieu que de comte vous vous êtes fait simple soldat, et pauvre, de riche que vous étiez, je vous en félicite de tout mon cœur, et j'en rends gloire à Dieu, parce que je suis convaincu que ce changement est l'œuvre de la droite du Très-Haut. Je suis pourtant contraint de vous avouer que je ne puis facilement prendre mon parti d'être privé, par un ordre secret de Dieu, de votre aimable présence, et de ne plus jamais vous voir, vous avec qui j'aurais voulu passer ma vie entière, si cela eût été possible. Pourrais-je en effet oublier votre ancienne amitié, et les bienfaits dont vous avez si largement comblé notre maison ? Je prie Dieu, dont l'amour vous a inspiré tant de munificences pour nous, de vous en tenir un compte fidèle.*
>
> *Pour moi, j'en conserverai une reconnaissance éternelle, je voudrais pouvoir vous en donner des preuves, Ah , s'il m'avait été donné de vivre avec vous, avec quel empressement aurais-je pourvu aux nécessités de votre corps et aux besoins de votre âme. Mais puisque cela n'est pas possible, il ne me reste plus qu'à vous assurer que, malgré votre éloignement, vous ne cesserez d'être présent à mon esprit au milieu de mes prières. »*

vraiment enthousiaste, le prologue à son « éloge d'une nouvelle milice » qu'il écrira en 1130 en témoigne. « *Ce n'est pas une, mais deux, mais trois fois, si je ne me trompe, mon cher Hugues, que vous m'avez prié de vous écrire, à vous et à vos compagnons d'armes, quelques paroles d'encouragement, et de tourner ma plume, à défaut de lance, contre notre tyrannique ennemi, en m'assurant que je vous rendrais un grand service si j'excitais par mes paroles ceux que je ne puis exciter les armes à la main. Si j'ai tardé quelque temps à me rendre à vos désirs, ce n'est pas que je crusse qu'on ne devait en tenir aucun compte, mais je craignais qu'on ne pût me reprocher de m'y être légèrement et trop vite rendu et d'avoir, malgré mon inhabileté, osé entreprendre quelque chose qu'un autre plus capable que moi aurait pu mener à meilleure fin, et d'avoir empêché peut-être ainsi que tout le bien possible se fît. Mais en voyant que ma longue attente ne m'a servi à rien, je me suis enfin décidé à faire ce que j'ai pu ; le lecteur jugera si j'ai réussi, afin de vous prouver que ma résistance ne venait point de mauvais vouloir de ma part, mais du sentiment de mon incapacité. Mais après tout, comme ce n'est que pour vous plaire que j'ai fait tout ce dont je suis capable, je me mets fort peu en peine que mon livre ne plaise que médiocrement ou même paraisse insuffisant à ceux qui le liront.* »

Ce texte est assez important pour mériter une analyse. Dès la première phrase, il témoigne des hésitations de Bernard. Hésitations dont il s'explique dans le second paragraphe quand il fait allusion à son « *inhabileté* ». Cette crise de fausse modestie est évidemment une figure de style. Bernard est évidemment sûr de lui-même, sûr de son talent de prêcheur, d'orateur, d'écrivain qu'il a déjà maintes fois prouvé. Si donc il doute de sa capacité à écrire cet éloge, c'est qu'il doute, comme il l'explique, d'être celui de qui il faut solliciter une telle tâche. Bernard est entré à vingt ans dans les ordres, il n'a jamais été chevalier, et, même s'il apporte son soutien moral aux États de Terre sainte, il attache certainement plus d'importance à la Jérusalem céleste ou spirituelle qu'à celle de Terre sainte. Il préférerait, et faute de le dire, il le laisse entendre, avoir à écrire l'éloge d'une démarche purement spirituelle : « *après tout, comme ce n'est que pour vous plaire que j'ai fait tout ce dont je suis capable...* » C'est bien là la formule d'un homme à qui l'on a quelque peu forcé la main.

On peut comprendre que pour un abbé cistercien la position de Bernard est difficile. En tant que moine, disciple d'Étienne Harding qui fonda Cîteaux parce qu'il trouvait Cluny trop impliqué dans le siècle, en tant que Bernard qui fonda Clairvaux qui se veut un Cîteaux encore épuré, encore plus détaché du siècle, faire l'éloge de religieux qui combattent pour une ville terrestre n'est certainement pas confortable.

Seulement, sa notoriété contraint l'abbé Bernard à être dans le siècle. Comme nous l'avons montré, il est la « conscience », l'autorité morale de l'Europe, son influence est supérieure à celle d'un pape, d'ailleurs c'est lui qui plus tard choisira entre deux papes. Il est objectivement certain que tout ce que fait ou ne fait pas l'abbé Bernard « est politique » et que, quels que soient ses sentiments, il est contraint de tenir compte de cette réalité.

Il a évidemment conscience du fait que, malgré le soutien des maisons d'Anjou et de Champagne, malgré les décisions du concile de Troyes, il ne manque pas, parmi les moines et les prêtres, de théologiens capables de critiquer la fondation de l'ordre du Temple. De même il sait qu'une telle critique pourrait être un bon « cheval de bataille » par exemple pour renverser la papauté... Le Temple est aux yeux de certains théologiens chrétiens une anomalie et, en dépit du soutien de Bernard, certains théologiens ne se gêneront pas pour exprimer leur désapprobation. Nous avons cité la lettre de Guigne, nous pourrions citer celle d'Isaac de Stella, plus radicale encore que celle de Guigne et qui accuse pratiquement le pape, saint Bernard et les Templiers d'hérésie.

« *Du même genre et presque au même moment est apparu ce monstre nouveau : une nouvelle chevalerie, dont l'observance, comme quelqu'un le dit spirituellement ' relève du cinquième Évangile ' : à coup de lances forcer les incroyants à la foi ; ceux qui ne portent pas le nom du Christ, les piller licitement et les trucider religieusement ; quant à ceux qui, de ce fait, tomberaient dans le brigandage, les proclamer martyrs du Christ.* » Non seulement c'est une critique, mais c'est une « caricature militante », un portrait digne d'un pamphlétaire soixante-huitard ! La mission des Templiers a toujours été bien précise : « *défendre Jérusalem et sécuriser la route des pèlerins* », rien de plus ! C'est l'essence de la mission du Temple, et d'ailleurs, lors de son procès, il lui sera reproché de s'y être tenu, « *de n'avoir rien fait pour convertir les infidèles* ». On ne sait pas à quelle date précise fut écrit ce texte, mais Isaac de Stella devint abbé du couvent de l'Étoile en Poitou en 1145. On suppose que ce texte est en quelque sorte une réponse à la bulle *Omne Datum Optimum* émise en 1139 par Innocent II, laquelle accorde au Temple de grands privilèges. Des privilèges accordés par le pape qui irritent les évêques, les souverains et même les moines...

Il est vrai que certains pensent que cette critique est plus tardive encore et vise l'ordre de Calatrava... Ce serait bien étonnant, car l'ordre de Calatrava n'est pas, contrairement au Temple, un ordre souverain, il est (comme les ordres d'Alcantara et d'Avis), affilié à l'ordre cistercien et placé sous la tutelle de l'abbaye de Morimond.

Par ailleurs, Calatrava fut fondé en 1158 par Raimundo Serrat, abbé du monastère cistercien de Fitero, soit trente ans après le concile de Troyes.

C'est bien tard pour protester !

Cependant peu importe, ce qui nous intéresse ici, c'est le rôle de saint Bernard, et il apparaît que, bien qu'il ne soit pas enthousiaste, il a jugé qu'il fallait soutenir l'initiative de Hugues de Payens et offrir aux Templiers une voie spirituelle.

Il a jugé sans doute également que cette nouvelle forme de chevalerie était indispensable à la survie du royaume de Jérusalem, tout comme il a dû penser que des chevaliers soumis à une règle religieuse seraient un modèle pour les chevaliers laïques. Toutes ces considérations ont dû contribuer à sa réflexion, mais ce qu'il faut retenir, c'est que sans son soutien l'ordre du Temple n'aurait probablement pas été créé, pas plus que les autres ordres religieux chevaleresques.

La règle de l'Ordre

La règle de l'Ordre est exposée à Troyes aux pères conciliaires par Hugues de Payens. Cela suppose que les Templiers ont lu ou se sont fait lire cette règle et en ont évalué et discuté les articles. C'est donc une règle déjà élaborée que discutent article par article les pères conciliaires. De fait, on ne sait ce que fut la règle présentée de mémoire par Hugues de Payens, et par voie de conséquence on ignore quels aménagements lui apportèrent les pères conciliaires. En revanche, et c'est la règle même qui en témoigne, la tâche fut loin d'être facile. Il fallut concilier la règle d'un ordre religieux avec les impératifs de la vie militaire, prendre conseil auprès des chevaliers laïques expérimentés tels que Thibaud de Champagne et son sénéchal. Dans l'ensemble, les règles monastiques se ressemblent. La majorité des pères conciliaires connaissaient bien la règle bénédictine, sans doute se sont-ils simplifié la vie en s'inspirant de ce texte pour procéder à la rédaction définitive des différents articles. L'article premier commence ainsi : *« Vous, qui renoncez à vos propres volontés pour être les serviteurs du souverain roi, par les chevaux et par les armes, pour le salut de vos âmes et cela à jamais, vous devez toujours, avec un pur désir, entendre les matines et l'office divin en entier, selon les observances canoniales et les us des maîtres réguliers de la Sainte Cité de Jérusalem. »* Les Templiers ont donc le devoir d'aller écouter l'office du matin des chanoines réguliers de Jérusalem. Il n'est pas précisé ici s'il s'agit de ceux du Temple du Seigneur ou de ceux du Saint-Sépulcre. Par ailleurs, cette obligation s'applique également aux chevaliers qui, sans avoir été reçus Templiers, servent avec eux pour un temps, comme le fit Foulque d'Anjou. Cependant, vie militaire oblige, le chapitre II dispense de cette obligation les chevaliers qui étant *« éloignés pour les affaires de la chrétienté »* ne peuvent entendre l'office divin. En lieu et place, ils diront treize fois l'oraison dominicale, sept fois pour chaque heure et neuf fois pour les vêpres [6]. Il en est de même des frères qui seront occupés à un travail salutaire, ils remplaceront l'office par des prières.

De même, parce que le chevalier doit être en forme, le concile leur interdit d'assister à la messe debout. La règle leur accorde de la viande trois fois par semaine ainsi qu'à Noël, à Pâques et aux fêtes de la Sainte Vierge et des apôtres.

Par ailleurs, s'ils en sont privés un mardi parce que c'est un jour de jeûne, il faudra leur en donner en abondance le lendemain.

De même, ils auront deux plats de viande le dimanche.

La règle leur ordonne également de manger deux par deux – probablement dans la même écuelle, car la pratique est courante au Moyen Âge. La raison qu'en donnent les pères du concile est qu'il faut que les frères se surveillent mutuellement afin d'éviter que certains ne tombent dans des excès d'austérité. Nous verrons que ce danger ne fut pas toujours évité ! Remarquons d'ailleurs que le fait de manger seul est prévu pour le frère qui a commis une faute grave (alinéa 63 de la règle en latin et chapitre LXVII de la règle en français).

Quant aux traits proprement inspirés de la règle de saint Benoît, on relève le silence pendant les repas ainsi que des complies au coucher.

Cette dernière disposition fait évidemment l'objet d'un aménagement, mais s'il peut être nécessaire de transmettre une information, en revanche les paroles inutiles sont strictement interdites.

Cependant, avec le Temple, rien n'est simple ! Dans un premier temps, les Templiers utilisèrent une règle rédigée en latin, celle qui avait été adoptée par le concile, puis Robert de Craon (qui succéda comme maître de l'Ordre à Hugues de Payens) fit traduire la règle en français. Cette traduction est en réalité une adaptation, une évolution de la règle vers plus de cohérence. C'est aussi certainement une adaptation aux conditions de l'ordre du Temple. Mais plutôt que de périphraser longuement ces deux règles, mieux vaut les comparer, ce qui du même coup nous donnera un aperçu du mode de vie d'un Templier.

Pour permettre la comparaison, le texte de la règle latine est sur la partie gauche des pages et celui de la règle française sur la partie droite.

Règle en latin adoptée par le concile de Troyes. Traduction de M. de Curzon d'après le livre de Laurent Daillez : *Les Templiers et les Règles de l'ordre du Temple.*

Le prologue

Les paragraphes de la règle latine sont numérotés alors que la règle en français est divisée en chapitres.

« 1. Nous parlons tout d'abord à tous ceux qui méprisent secrètement leur propre volonté et qui désirent servir avec courage la chevalerie du souverain roi et à ceux qui veulent accomplir et qui accomplissent, avec assiduité, la très noble vertu d'obéissance. Nous vous avertissons, vous, qui avez mené jusqu'ici la chevalerie séculière, en laquelle Jésus-Christ ne fut pas mis en témoignage, mais que vous avez embrassée par faveur humaine, que vous serez parmi ceux que Dieu a élus de la masse de perdition et qu'il a choisis, par son agréable pitié, pour défendre la sainte Église afin que vous vous hâtiez de vous ajouter à eux perpétuellement.

2. Avant toute chose, que ceux qui sont chevaliers du Christ choisissent une sainte conversion dans leur profession, à laquelle il convient d'ajouter une grande diligence et une persévérance ferme, digne, saine et spirituelle,

Traduction française de Robert de Craon, in *Aux origines de l'ordre du Temple*, Pierre Girard-Augry, Éditions Opera.

Le prologue

Ici commence le prologue de la règle des Pauvres Chevaliers de Jésus-Christ et du Temple de Salomon

« Nous adressons d'abord ce discours à tous ceux qui ont la générosité de renoncer à leur propre volonté et qui désirent s'enrôler avec une pure intention dans la milice du véritable et du souverain Roi, pour les encourager dans le désir qu'ils ont de se munir de la belle armure de l'obéissance, pour l'observer avec grande attention et l'accomplir jusques à la fin avec persévérance. Vous donc, qui avez suivi jusques ici, non pour servir Jésus-Christ, mais pour vos intérêts particuliers, la milice séculière, nous vous exhortons avec toute l'humanité possible de vous joindre promptement à ceux que le Seigneur a élus de la masse de perdition, et qu'il a ramassés ensemble par sa grâce, pour la défense de la sainte Église. Ainsi, qui que vous soyez, ô chevaliers de Jésus-Christ, qui choisissez cette sainte société, vous devez apporter un zèle pur et une persévérance sans relâche à votre

car il est reconnu que si elle est gardée avec pureté et durée, ils peuvent mériter d'avoir une place parmi les martyrs qui donnèrent leur âme pour Jésus-Christ. Dans cette religion, l'ordre de la chevalerie refleurit et ressuscite. Cet ordre méprisait naguère l'amour de la justice, ce qui cependant appartenait à son action, et ne faisait pas ce qui lui incombait, qui est de défendre les pauvres, les veuves, les orphelins et les églises. Au contraire, il s'efforçait de harceler, de dépouiller et de tuer. Le Seigneur Dieu nous adoptera, ainsi que notre sauveur Jésus-Christ qui a envoyé ses amis dans les Marches de France et de Bourgogne depuis la sainte cité de Jérusalem, qui ne cessent d'offrir leurs âmes à Dieu pour notre salut et pour que se répande la vraie Foi, ce qui est un plaisant sacrifice.

3. C'est ainsi qu'en toute joie et toute fraternité, nous nous assemblâmes à Troyes, grâce aux prières de maître Hugues de Payens par qui ladite chevalerie commença, avec la grâce du Saint-Esprit, pour la fête de monseigneur saint Hilaire, en l'an de l'incarnation de Jésus-Christ mil cent vingt-huit, la neuvième année depuis le commencement de ladite chevalerie. Ensemble, nous entendîmes, de la bouche même de frère Hugues de Payens, comment fut établi cet ordre de chevalerie et, selon notre jugement, nous louâmes ce qui nous sembla profitable ; tout ce qui nous sembla superflu, nous le supprimâmes.

profession, que Dieu a distinguée par des marques si nobles, si saintes et si élevées ; en sorte que si elle est observée purement et avec fermeté vous mériterez d'obtenir le même bonheur des chevaliers qui ont donné leurs vies pour Jésus-Christ. C'est elle qui a fait refleurir et revivre l'ordre militaire entre ceux qui, sans aucun égard pour la justice, ne cherchaient pas à défendre les pauvres et les églises, comme il était de leur devoir, mais à faire des violences, du butin et des meurtres. C'est donc pour nous une grande faveur que Notre-Seigneur nous ait conduits de la sainte Cité sur les confins de France et de Bourgogne, nous, ses amis, qui pour notre salut et pour la propagation de la vraie foi ne cessons d'offrir à Dieu nos âmes comme des hosties agréables à ses yeux. Nous donc, l'an de l'Incarnation du Fils de Dieu 1128, le jour de la fondation de la susdite chevalerie, à la fête de saint Hilaire (1), par le mouvement du Saint-Esprit et sous la conduite de Dieu, étant venus de divers endroits de la province ultra-montaine, avec une affabilité et une piété fraternelles, par les prières de maître Hugues, qui a donné commencement à la susdite milice, et nous étant assemblés à Troyes, où nous avons eu le bonheur d'entendre de la bouche dudit maître Hugues la règle et l'observance de l'ordre de la chevalerie, chapitre par chapitre, nous avons approuvé ce qui nous a semblé bon, selon le peu d'étendue de nos lumières.

4. Et tout ce qui, dans cette réunion, ne put être dit ou raconté, ou oublié, nous le laissâmes, avec sagesse, à la discrétion de notre honorable père, sire Honorius et du noble patriarche de Jérusalem, Étienne de la Ferté, qui connaissait le mieux les besoins de la terre d'Orient et des Pauvres Chevaliers du Christ. Tout cela, ensemble, nous l'avons approuvé. Maintenant, et parce qu'un grand nombre de pères s'assemblèrent dans ce concile et approuvèrent ce que nous avons dit, nous ne devons pas passer sous silence les véritables sentences qu'ils dirent et jugèrent.

5. Donc, moi, Jean Michel, par la grâce de Dieu, je méritais d'être l'humble écrivain de la présente règle, comme me le demanda le concile et le vénérable père Bernard, abbé de Clairvaux, qu'on avait chargé de ce divin travail. »

Suit la liste des noms des pères qui participèrent au concile, c'est le début du paragraphe 6 [....] .

« Il y en avait d'autres, pas plus lettrés, pour lesquels nous pouvons dire que la chose la plus profitable que nous puissions garantir est qu'ils aiment la vérité : c'est à savoir le comte Thibaud, le comte de Nevers et André Baudement. En leur qualité, ils étaient au concile et, avec un souci particulier, ils examinèrent ce qui leur semblait bien et délaissèrent ce qui leur semblait sans raison. »

Mais pour ce qui nous paraissait absurde et qui ne pouvait se réciter ni se représenter dans la présente assemblée sans trop de complaisance, nous l'avons remis à l'examen exact et au discernement de notre très vénérable père Honoré (2), de même qu'aux lumières sûres du très illustre Étienne (3), patriarche de Jérusalem, qui a une pleine connaissance de la religion orientale et des Pauvres Chevaliers de Jésus-Christ ; après quoi nous l'avons reçu du consentement unanime de l'assemblée. Tous lesquels articles doivent être réputés saints, ayant été approuvés et estimés tels par un grand nombre de pères religieux, que la providence divine a rassemblés ici. C'est de quoi je me crois obligé de rendre témoignage, moi, Jean de Saint-Michel, qui ai eu l'honneur d'être choisi par les pères ici présents pour secrétaire, afin de mettre par écrit ce qui me serait ordonné par le concile et par le vénérable abbé de Clairvaux à qui le soin de dresser ces présents statuts a été commis. »

Suit la liste des noms des pères qui participèrent au concile.

« Quant aux personnes illettrées, il nous semble à propos de les produire aussi comme témoins et amateurs de la vérité : le comte Thibaud, le comte de Nevers et André Baudement qui ont examiné avec qui était le meilleur, rejetant ce qui ne leur paraissait pas raisonnable. C'est pour cela qu'ils assistaient au concile. »

« 7. Il y avait aussi frère Hugues de Payens, maître de la chevalerie, qui avait amené avec lui quelques frères : frère Rotland, frère Godefroy, frère Geoffroy Bissot, frère Payens de Montdidier, frère Archambaud de Saint-Amand. Maître Hugues, avec ses disciples, fit savoir aux pères, après s'en être souvenu, comment prit naissance l'observance d'après ce qui est dit : Ego principium qui est loquor vobis *; c'est-à-dire : Depuis le commencement je suis la parole. »*

Mais, pour Hugues, le maître de la chevalerie, pour certain qu'il n'y manquait pas et il avait avec lui plusieurs de ses frères, par exemple le frère Godefroi, le frère Roralle, le frère Geoffroi Bisol, le frère Payens de Montdidier, Archambaud de Saint-Amand. Or, le maître Hugues, avec les mêmes disciples, présenta aux susdits pères, autant que sa mémoire le lui put fournir, la règle et l'observance de son ordre de chevalerie encore très petit dans ce commencement, lequel tire sa première origine de celui qui dit : C'est moi qui suis le Principe et qui vous parle (2).

8. Il plut au concile que les avis qui furent donnés et examinés avec diligence, suivant l'étude de la sainte Écriture, fussent mis par écrit afin qu'on ne les oublie pas, cela avec la prévoyance de monseigneur Honorius, pape de la sainte Église de Rome, du patriarche de Jérusalem et du consentement de l'assemblée et par l'approbation des Pauvres Chevaliers du Christ du Temple qui se trouve à Jérusalem. »

C'est pourquoi il a plu au concile de faire coucher par écrit tout ce qui a ainsi été approuvé et mûrement examiné sur les divines Écritures avec une exacte confrontation, sous l'autorité du pontife romain et du patriarche de Jérusalem, aussi bien qu'avec le consentement du chapitre et des Pauvres Chevaliers du Temple, qui est à Jérusalem, afin que rien n'en fût oublié, mais qu'il fût observé inviolablement, et qu'ainsi ils méritent par leurs louables actions de parvenir dans leur course directement à leur Créateur, dont la douceur surpasse si fort en excellence celle du miel que tout le reste n'est en comparaison qu'une absinthe très amère, le tout avec la grâce de Celui pour qui et par qui ils combattent, lequel soit béni à jamais. Amen. »

(1) Le 14 janvier.

(2) Honoré II pape de 1125 à1134.

(3) Patriarche de 1128 à 1130.

Les articles de la règle :

De la manière d'entendre l'office divin

« 9. Vous, qui renoncez à vos propres volontés pour être les serviteurs du souverain roi, par les chevaux et par les armes, pour le salut de vos âmes et cela à jamais, vous devez toujours, avec un pur désir, entendre les matines et l'office divin en entier, selon les observances canoniales et les us des maîtres réguliers de la sainte cité de Jérusalem. Pour cela, vénérables frères, Dieu est avec vous, car vous avez promis de mépriser le monde perpétuellement pour l'amour de Dieu et aussi les tourments de votre corps : repus de la chair divine, pleins de commandements de notre Seigneur, nous vous disons qu'après l'office divin, personne ne doit craindre d'aller à la bataille. Soyez prêts à vaincre pour la divine couronne. »

Le chapitre I ci-contre développe un peu l'article.

Chap. I De quelle manière ils doivent entendre l'office divin

« Vous qui avez renoncé aux voluptés, aussi bien que les autres qui pour le salut de leurs âmes exercent avec vous pour un temps la chevalerie au service du Seigneur avec chevaux et armes, vous devez tous être exacts à entendre d'un cœur pur et dévot les matines et tout le service entier, selon l'institution canonique, et la coutume des docteurs réguliers de la sainte Cité. C'est pourquoi, vénérables frères, puis qu'ayant méprisé la vie présente et ne faisant point de cas du tourment de vos corps vous avez fait un adieu éternel au monde, dont vous méprisez la fureur, pour l'amour de Dieu, il vous convient singulièrement, après vous être nourris et rassasiés du divin aliment, et vous être fortifiés et munis des préceptes du Seigneur après la célébration du mystère divin, de n'avoir aucune frayeur à l'approche du combat, mais plutôt d'être prêts à aller recevoir la couronne. »

« 10. Mais si, pour les besoins de la maison et pour ceux de la chrétienté d'Orient, chose qui adviendra souvent, un frère est envoyé hors de la maison et qu'il ne puisse entendre le service de Dieu, il doit dire pour matines treize patenôtres ; pour chacune des heures, sept, et pour les vêpres, neuf. Mais nous préférons qu'ils disent l'office ensemble.

Chap. II S'ils ne peuvent assister à l'office, ils doivent réciter plusieurs fois l'oraison dominicale

« Mais si quelque frère se trouve par hasard éloigné pour les affaires de la chrétienté de la partie orientale, ce que nous croyons pouvoir souvent arriver, nous tombons d'accord et consentons unanimement que ne pouvant, dans une telle absence,

Pour ceux à qui il est commandé d'aller pour ces besoins et qui ne pourront entendre les heures établies pour le service de Dieu, il est précisé qu'ils n'en sont pas dispensés pour autant et qu'ils doivent rendre la dette à Dieu. »

entendre le service divin, il fera bien de dire pour matines treize fois l'oraison dominicale, et sept fois pour chaque heure, mais neuf fois pour vêpres. Étant ainsi occupés dans un travail salutaire, ils ne peuvent assister à l'office divin à l'heure réglée; mais, s'il se peut faire, qu'ils ne laissent point passer cette heure sans avoir satisfait à leur obligation. »

Des frères morts

« *11. Lorsqu'un frère passe de vie à trépas, chose que personne ne peut éviter, nous demandons de chanter la messe pour le repos de son âme et l'office doit être fait par les prêtres qui servent le souverain prêtre, car c'est à vous qu'il appartient d'exercer la charité. Là où se trouve le corps, tous les frères qui sont présents doivent dire cent patenôtres durant les sept jours qui suivent. Et tous les frères qui sont du commandement de cette maison doivent dire les cent patenôtres, comme il est dit ci-dessus, pour implorer la pitié de Dieu. Nous prions aussi et commandons par notre autorité pastorale, qu'un pauvre soit nourri de viande et de vin jusqu'au quarantième jour en souvenir du frère mort, comme s'il était encore vivant. Toutes les autres offrandes, lesquelles sont faites sans discrétion pour la mort d'un frère, en la solennité de Pâques et aux autres fêtes, et que les pauvres chevaliers du Temple ont coutume de faire de leur propre volonté, nous les défendons expressément.* »

Chap. III Ce qu'il faut faire pour les frères défunts

« *Lorsque quelqu'un des frères de la maison payera le tribut à la mort qui n'épargne personne et qu'il est impossible d'empêcher, nous commandons aux chapelains et aux clercs servant pour un temps avec vous au souverain Prêtre, dans le même esprit de charité, d'offrir à Jésus-Christ d'un cœur pur et solennellement le sacrifice de la messe pour le repos de son âme. Mais les frères qui y assistent et qui feront des prières la nuit pour le salut du frère défunt seront obligés de dire cent fois l'oraison dominicale jusques au septième jour pour le frère décédé ; et du jour qu'ils sauront sa mort, ils accompliront le même nombre avec un amour fraternel. De plus, nous prions par un sentiment de charité et de miséricorde, et d'une autorité pastorale nous commandons qu'on donne tous les jours à quelque pauvre, jusqu'au quarantième jour, ce qui est nécessaire pour sa subsistance en boire et en manger, comme on le faisait au frère du temps qu'il vivait, et comme il se doit faire.*

Cet article correspond au chapitre III en moins développé. En revanche, le paragraphe 12 suivant correspond au chapitre VI.

Pour les autres charités qui avaient coutume de se rendre indiscrètement par ceux qui professent une pauvreté volontaire au Seigneur des Pauvres Chevaliers de Jésus-Christ, à la mort des frères, à la fête de Pâques et aux autres fêtes solennelles, nous les défendons absolument. »

Les chapitres IV, V, de la règle en français sont des ajouts. Le chapitre VI reprend des éléments du paragraphe 12 et en clarifie le sens.

Chap. IV Les chapelains doivent se contenter de la nourriture et du vêtement

« À l'égard de toutes les autres libéralités et de toutes sortes d'aumônes, de quelque manière qu'elles se fassent, nous ordonnons aux chapelains et aux autres servants pour un temps d'être soigneux de les rendre à la communauté capitulaire. Que les serviteurs donc de l'Église n'aient par autorité que la nourriture et le vêtement, et qu'ils ne prétendent pas autre chose, à moins que les Maîtres ne la leur donnent de leur gré et par charité. »

Chap. V Des chevaliers défunts, de ceux qui ne sont que pour un temps

« Il y a des chevaliers dans la maison de Dieu et le Temple de Salomon qui demeurent avec nous par miséricorde pour un temps. D'où vient que nous vous prions par les entrailles de la miséricorde divine, nous vous supplions et enfin nous vous enjoignons étroitement que, lorsque la Toute-Puissance redoutable en aura conduit quelqu'un à son dernier jour, vous donniez pour l'amour de Dieu et par une piété fraternelle la subsistance de sept jours pour l'âme du défunt à quelque pauvre.

« 12. Mais, de jour comme de nuit, avec le grand courage qui est donné par la profession, que chacun puisse se comparer avec le plus sage des prophètes qui dit : Calicem salutaris accipiam [1]*, c'est-à-dire : ' Je prendrai le calice du salut'; qui est encore : 'Je vengerai la mort de Jésus-Christ par ma mort'. Car ainsi que Jésus-Christ sacrifia son corps pour mon salut, je suis prêt de la même manière à mettre mon âme au service de mes frères. Cela est une offrande convenable ; là est le véritable sacrifice bien plaisant à Dieu. »*

(1) Psalm. CXV, 13.

Chap. VI Qu'aucun frère de la Maison ne fasse l'aumône

« Nous avons arrêté, comme il a été dit, qu'aucun frère de la Maison ne fera aucune autre aumône, mais que jour et nuit il demeure dans le devoir de sa profession afin de se conformer au plus sage des prophètes : Je prendrai le calice du salut[1] *et j'imiterai dans ma mort la mort du Seigneur, parce que comme Christ a donné sa vie pour moi, ainsi je suis prêt de donner ma vie pour mes frères. Voilà l'oblation qu'il faut faire, voilà l'hostie vivante qui est agréable à Dieu. »*

(1) Psalm. CXV, 13.

Des frères qui sont debout au moutier

« 13. Il nous a été dit, et nous l'avons entendu par de véritables garanties, que sans aucune mesure et sans tempérance, vous entendiez debout l'office divin. Cette manière, nous ne la commandons pas mais nous la délouons. Mais nous commandons, tant aux forts qu'aux faibles, afin d'éloigner le scandale, de chanter assis le psaume qui se nomme Venite, avec tout l'invitatoire et l'hymne. Que les frères disent leurs oraisons en silence, simplement, sans crier ; celui qui parle haut détourne les autres frères de leurs prières.

Chap.VII De ne point demeurer trop longtemps debout

« Nous ayant été rapporté par des témoins dignes de foi que vous assistez au service divin en restant trop longtemps debout et sans règle, nous ne vous l'ordonnons pas ainsi, au contraire nous le condamnons ; mais après que le psaume Venite, exsultemus Domino [1]*, l'invitatoire et l'hymne sont finis, nous condamnons que tant ceux qui sont forts que faibles s'asseyent pour éviter le scandale. Et lorsque vous êtes assis, vous devez vous lever de vos sièges au Gloria Patri* [2] *de chaque psaume et vous incliner vers l'autel par respect pour la sainte Trinité ; de même qu'au commencement de l'Évangile et au Te Deum laudamus* [3]*, et pendant toutes les laudes jusqu'au Benedicamus Domino* [4] *vous demeurez debout ; ce que nous vous commandons aussi d'observer aux matines de la Sainte Vierge. »*

14. À la fin des psaumes, quand on chante le Gloria Patri en l'honneur de la sainte Trinité, levez-vous et courbez-vous ; les faibles et les malades inclineront seulement la tête. Nous commandons de faire toujours de cette manière et lorsque l'évangile se lira et que le Te Deum laudamus se chantera, et jusqu'à ce que les laudes commencent et que les matines soient terminées, les frères resteront debout. De la même manière, nous commandons d'être debout aux matines et à toutes les heures de Notre-Dame. »

(1) Psalm. XCIV, 1. « Venez, crions de joie pour le Seigneur. »

(2) « Gloire au Père. »

(3) « O Dieu, nous te louons. »

(4) « Bénissons le Seigneur. »

Comment ils doivent manger

*« 15. Au palais, qu'il serait mieux de nommer réfectoire, les frères doivent manger ensemble. Mais contre l'exemple d'autres gens qui n'en ont pas coutume, il convient que vous n'ayez aucune rancune, chose qui est nécessaire pour vous tous et en privé, cela en toute humilité et révérence, car l'apôtre dit : '*Manduca panem tuum cum silentio*'[1], c'est-à-dire, 'Mange ton pain en silence'. Et le psalmiste ajoute : '*Posui ori meo custodiam*', c'est-à-dire : 'Je mets une garde à ma bouche', ce qui veut dire : 'Je pense ne pas faillir avec ma langue', ou encore : 'Je garde ma bouche afin de ne pas mal parler'. »*

Chap. VIII De la réfection conventuelle

« Nous croyons bien que vous prenez votre repas dans un seul lieu à manger, ou plutôt dans un réfectoire, où quand on aura besoin de quelque chose et qu'on ne peut pas se faire entendre par signes, il faut l'aller chercher doucement et en particulier. Si en tout temps vous devez rechercher ce qui vous est nécessaire avec beaucoup de douceur et de soumission, vous y êtes encore plus obligés à la table, puisque l'Apôtre dit : 'Mangez votre pain en silence'[1], et le Psalmiste doit vous y animer quand il dit : 'J'ai mis une garde à ma bouche[2]', c'est-à-dire : 'J'ai résolu en moi-même de ne point pécher par la langue' ou 'J'ai gardé ma bouche pour l'empêcher de parler mal à propos'. »

(1) Il Thessal. III, 12.

(2) Psalm. XXXVIII, 2.

De la lecture

« 16. En tout temps, pour le dîner et le souper du couvent, qu'il soit lu la sainte leçon, si cela peut être. Si nous aimons Dieu et toutes ses saintes paroles et ses saints commandements, nous devons la désirer et l'écouter attentivement. Le lecteur qui lit la leçon vous enseigne à garder le silence dès qu'il commence à lire. »

Chap. IX De la lecture

« Qu'on fasse une sainte lecture pendant le dîner et le souper. Si nous aimons le Seigneur, nous devons souhaiter d'entendre attentivement ses paroles et ses préceptes salutaires. Or, le lecteur en lisant vous marque qu'il faut garder le silence. »

De la viande

« 17. Trois fois par semaine, il suffit que vous mangiez de la viande. Il en est de même à la fête de la Nativité de Notre-Seigneur, à la fête de la Toussaint, aux fêtes de Notre-Dame ou à celles des douze apôtres. Car si vous avez coutume de manger de la viande, vous aurez une mauvaise corruption de votre corps. Mais s'il advient que le mardi soit un jour de jeûne, jour pendant lequel on ne doit pas manger de viande, il en sera donné le lendemain. Le dimanche, il sera donné deux plats de viande à tous les frères du Temple, aux chapelains et aux clercs, cela en l'honneur de la sainte Résurrection de Jésus-Christ. Les autres habitants de la maison, à savoir les écuyers et les sergents, se contenteront d'un plat, et que, pour cela, ils rendent grâce à Dieu. »

Chap. X Du repas de viande

« Il vous doit suffire de manger de la viande trois fois la semaine, à moins que Noël, Pâques, ou une fête de la Sainte Vierge, et celle de tous les saints n'arrivent. Un trop grand usage de viande ne fait que remplir le corps d'une corruption onéreuse ; mais si ce jour de jeûne auquel on vous prive de viande venait à un mardi, qu'on vous en donne le lendemain abondamment. Le dimanche, il a semblé bon et convenable qu'on donne à tous les chevaliers de la Maison, aussi bien qu'aux chapelains, deux plats, à cause de la Résurrection, mais pour les servants d'armes et autres serviteurs, qu'ils se contentent d'un seul avec action de grâces. »

Des écuelles et des verres

« 18. En ce qui concerne la disposition des écuelles, que les frères mangent deux à deux afin que l'un se pourvoie de l'autre, qu'ils apprécient la vie dans l'abstinence et dans le fait de manger en commun. Il nous semble juste chose que chacun des frères ait une mesure égale de ration de vin dans son verre. »

Chap. XI De quelle manière les chevaliers doivent manger

« Il faut ordinairement qu'ils mangent deux à deux, afin que l'un ait soin de l'autre, de peur que quelqu'un n'use d'une trop grande austérité et qu'il ne cache son abstinence.

Mais nous marquons ceci avec raison, savoir que chaque chevalier ou frère ait une mesure égale de vin en son particulier. »

Des mets les jours de semaine

« 19. Les autres jours de la semaine : c'est à savoir : le lundi, le mercredi et même le samedi, les frères auront deux plats ou trois, de légumes ou de soupe et nous entendons que ce soit suffisant et nous commandons que cela soit tenu, cela pour que si un frère ne mange d'un plat, il mange de l'autre. »

Chap. XII Les autres jours, deux ou trois plats de légumes doivent suffire

« Les autres jours, savoir la seconde et la quatrième férie, aussi bien que le samedi, nous estimons que deux ou trois plats de légumes ou d'autres mets, comme de ceux à la cuillère, doivent suffire à tous, et nous ordonnons qu'on en use ainsi, afin que celui qui n'en peut manger d'un se sustente de l'autre. »

Des mets du vendredi

« 20. Le vendredi, qu'il soit donné à toute la congrégation de la viande de carême, en révérence de la passion de Jésus-Christ. Nous demandons de jeûner de la fête de la Toussaint jusqu'à Pâques, sauf lorsque ce sera la fête de Noël, la fête de Notre-Dame ou la fête d'un des douze apôtres. Mais les frères faibles et malades ne sont pas tenus au jeûne. De Pâques à la Toussaint, ils peuvent manger deux fois par jour, à moins qu'il n'y ait un jeûne général. »

Chap. XIII Quelle nourriture on doit prendre la sixième férie

Nous sommes convenus que pour la sixième férie, depuis la fête de tous les saints jusques à Pâques, un seul repas de carême suffit à toute la congrégation par respect pour la Passion, à moins d'infirmité et que Noël et une fête de la Sainte Vierge ou d'apôtre n'arrivent en ce jour; mais en un autre temps, à moins d'un jeûne général, qu'on fasse deux repas. »

Des grâces à rendre

« 21. En tout temps, après le dîner et après le souper, tous les frères doivent rendre grâces à Dieu. Si l'Église est proche du palais où ils mangent, et si elle n'est pas proche, qu'ils rendent grâces à Notre Seigneur Jésus-Christ, avec humilité, car il est le souverain procureur. Les restes du pain brisé seront donnés aux pauvres et le pain entier sera gardé. Maintenant, comme le don aux pauvres est semblable au règne du ciel et pour que la foi chrétienne vous reconnaisse comme ceux qui ne doutent pas de cela, il conviendra que le dixième du pain soit donné à l'aumônier pour les pauvres. »

Chap. XIV Qu'on rende grâces après le repas

« Nous enjoignons étroitement qu'après le dîner ou le souper on rende grâces comme on doit, avec un cœur humilié, au souverain auteur de tout bien, Notre Seigneur Jésus-Christ, soit dans l'Église, s'il y en a une proche, sinon dans le même lieu. On doit distribuer, et même nous commandons de le faire, avec une charité fraternelle, les morceaux restants aux serviteurs et aux pauvres, en conservant toutefois les pains entiers. »

Le chapitre XV n'est pas un ajout, il précise les dispositions des deux dernières lignes de l'article 21 ci-dessus.

Chap. XV De donner toujours le sixième pain à l'aumônier

« Quoique le prix de la pauvreté, qui est le Royaume des Cieux, soit certainement dû aux pauvres, nous vous ordonnons cependant, selon que la foi chrétienne croit indubitablement d'eux, de donner tous les jours à votre aumônier le dixième de tous les pains. »

De la collation

« 22. Lorsque le jour s'en va et que la nuit approche, lorsque la cloche sonne ou que l'appel de la communauté est fait, ou selon l'usage de la contrée, que tous aillent aux complies. Nous demandons premièrement de prendre une collation générale, mais elle sera mise à l'arbitrage du maître. Quand un frère voudra de l'eau et quand il demandera, par miséricorde, du vin trempé, qu'il lui en soit donné raisonnablement.

Chap. XVI La collation doit être à la volonté du maître

« Lorsque le soleil quitte la partie orientale et descend à l'occidentale, après avoir entendu le signal, selon la coutume du pays, il faut que tous aillent à complies et qu'auparavant ils fassent ensemble la collation.

Mais nous la remettons à la disposition et volonté du maître afin que quand il voudra on boive de l'eau, ou un peu de vin avec de l'eau quand il aura la bonté de le

On doit en prendre avec mesure car, dit Salomon : Quia vinum facit apostatare sapientes, *c'est-à-dire : 'Le vin corrompt les sages'.* »

Tenir silence

« 23. Quand les frères sortent des complies, aucune permission ne doit être donnée pour parler publiquement, à moins d'une grande nécessité. Mais que chacun s'en aille sagement et en paix dans son lit. S'il a besoin de parler à son écuyer, qu'il lui dise ce qu'il a à lui dire bellement et en paix. Mais si, par aventure, le jour n'a pas suffi à accomplir le travail et qu'il ait besoin de parler pendant les complies, pour une grande nécessité ou pour les besoins de la chevalerie ou pour l'état de la maison, nous entendons que le maître ou une partie des frères anciens qui ont à gouverner la maison après le maître, puissent parler convenablement, et nous demandons que ce soit fait de cette manière.

24. Car il est écrit : 'In multiloquio non effugies peccatum' [1], *c'est-à-dire que trop parler incite au péché. Et en autre lieu :* 'Mors et vita in manibus lingue' [2], *ce qui veut dire : 'La mort et la vie sont au pouvoir de la langue.'*
À celui qui parle, nous défendons, en toute manière, les paroles oiseuses et les vilains éclats de rire. Et si aucune chose n'est à dire de ce qui est dit cidessus, lorsque vous viendrez dans votre lit, nous vous commandons de dire l'oraison patenôtre avec humilité et dévotion. »

commander; mais il ne faut pas le faire avec trop d'excès, mais modérément, parce que nous voyons souvent les sages passer les bornes de la modération. »

Chap. XVII Les complies finies, le silence doit commencer

« Après les complies, il faut aller se coucher. Il n'est plus permis aux frères en sortant de parler davantage ensemble, à moins que la nécessité n'y oblige. Il faut dire à voix basse à son servant d'armes ce qui est nécessaire. On ne peut pas quelquefois se dispenser, dans cet intervalle de temps qu'on est sorti de complies, pour quelque pressante nécessité, d'entretenir le maître, ou celui qui a après lui le gouvernement de la maison, et de lui parler avec d'autres frères de quelque expédition militaire ou de l'état de la maison, quand on ne croit pas que le jour suffise pour cette affaire; alors nous vous ordonnons de suivre cette règle, à cause de ce qui est écrit: Vous vous exposez immanquablement à pécher en tenant de longs discours [1] *; et ailleurs : La mort et la vie sont en la disposition de la langue* [2].

C'est pourquoi dans ces entretiens nous défendons absolument les paroles inutiles et de bouffonnerie. Lorsque vous irez vous coucher, si quelqu'un a parlé follement, nous lui ordonnons de réciter avec humilité et dévotion l'oraison dominicale. »

(1) Prov. X, 19.

(2) Prov. XVIII, 21.

Des frères souffrants

« 25. Les frères qui sont fatigués, pour avoir veillé au plus grand bien de la maison, peuvent être dispensés des matines, après avoir demandé l'assentiment et la permission du maître ou de ceux qui sont chargés de cet office. Ils doivent, cependant, dire pour les matines treize patenôtres, comme il est établi ci-dessus, afin que la parole s'accorde avec le cœur, ainsi que le dit David : Psallite sapienter, *c'est-à-dire : « Chantez avec sagesse. » Et, comme le dit ailleurs le même David :* 'In conspectu angelorum psallam tibi', *c'est-à-dire : « Je chanterai pour toi devant les anges. » Que cette chose soit faite suivant l'arbitrage du maître et de ceux qui sont nommés à cet office. »*

Chap. XVIII Ceux qui sont fatigués ne doivent point aller à matines

« Nous ne croyons pas, autant qu'il nous paraît, que les chevaliers fatigués doivent se lever pour aller à matines; mais nous consentons avec vous que du consentement du maître, ou de celui à qui il en donne le pouvoir, ils se reposent et ils chantent les treize oraisons ordonnées en sorte que leur esprit s'accorde avec leur voix, selon que dit le Prophète : « Chantez au Seigneur avec sagesse » (1) *; et ailleurs : « Je chanterai à vous en présence des anges. »* (2) *Mais cet article doit dépendre du maître. »*

(1) Psalm. XLVI,8.

(2) Psalm, CXXXVII, 1.

De la vie en commun

« 26. On lit dans la sainte Écriture : 'Dividetur singulis prout cuique opus erat', *c'est-à-dire : 'Qu'à chacun soit donné suivant ses besoins.' Pour cela, nous demandons qu'aucune personne ne soit choisie entre vous, mais que chacun soit prévoyant des malades, et que celui qui est mal à l'aise rende grâces à Dieu et ne se tourmente pas, mais s'humilie pour s'affermir et ne s'agenouille pas par pénitence. De cette manière, tous les membres seront en paix. Et nous défendons que quiconque fasse abstinence sans mesure ; mais qu'il vive fermement de la vie commune. »*

Chap. XIX Il faut garder de l'égalité entre les frères dans le manger

« La sainte Écriture nous enseigne que l'on distribuait à tous selon les besoins d'un chacun (1)*. C'est pourquoi nous ne disons pas d'avoir égard aux personnes, mais à leur infirmité. Ainsi, que celui qui a le moins de besoins en rende grâces à Dieu et qu'il ne s'en chagrine pas, et que celui qui exige humblement à cause de son infirmité n'abuse pas de la miséricorde qu'on lui fait ; et par ce moyen tous les membres seront en paix. Or, nous défendons qu'aucun n'observe une trop grande abstinence, mais il faut que tous mènent une vie commune. »*

(1) Act. IV,35.

Des robes des frères

« 27. *Nous demandons que toutes les robes des frères soient teintes d'une même couleur, à savoir blanche, noire ou de bure, et nous octroyons le manteau blanc à tous les frères chevaliers, en hiver comme en été. À nul autre, qui n'est pas chevalier du Christ, il n'est permis de porter le blanc manteau. Et que ceux qui ont abandonné la vie ténébreuse du monde, à l'exemple de ces robes blanches, puissent se reconnaître comme réconciliés avec le Créateur : ce qui signifie que la blancheur sanctionne la chasteté. La chasteté est la sûreté du courage et la santé du corps, car si un frère ne promet pas la chasteté, il ne peut venir au repos éternel, ni voir Dieu, comme le dit l'apôtre :* Pacem sectamini cum omnibus et castimoniam sine qua nemo Deum videbit, *ce qui veut dire : 'Recherchez la paix avec tous, gardez la chasteté sans laquelle personne ne peut voir Dieu.'*

28. *Par le commun conseil de tout le chapitre, nous contredisons et ordonnons que soit reconnu comme un vice familier celui qui, sans discrétion, serait dans la maison de Dieu et des chevaliers du Temple. Que les écuyers et les sergents n'aient pas de robe blanche, car ce serait grand dommage pour la maison. Il advint, dans les parties d'outre monts, que de faux frères, mariés ou autres, surgirent en disant qu'ils étaient frères du Temple alors qu'ils étaient du siècle. Ils nous procurent honte et dommage, ainsi qu'à l'ordre de la chevalerie. Que, pour cela, les écuyers ne s'enorgueillissent pas car, à cause de cette chose, ils firent naître plusieurs scandales.* »

Chap. XX De la qualité et de la façon du vêtement

Nous ordonnons que les vêtements soient toujours d'une couleur, par exemple blancs ou noirs, et d'une grosse étoffe ; et nous accordons à tous les chevaliers profès d'avoir des habits blancs en hiver comme en été, si cela se peut, afin que ceux qui ont méprisé une vie ténébreuse reconnaissent par leur vêtement blanc qu'une vie lumineuse les a réconciliés à leur Créateur. Que signifie la blancheur, sinon la chasteté et l'intégrité ? La chasteté fait la tranquillité de l'esprit et la santé du corps. À moins que chacun des chevaliers ne se conserve chaste jusques à la fin, il ne pourra jamais parvenir au repos éternel ni voir Dieu, selon le témoignage de l'apôtre saint Paul : 'Gardez la paix avec tout le monde, et la chasteté sans laquelle personne ne verra le Seigneur[1].' Mais parce que cette sorte de vêtement ne doit rien avoir d'arrogant et de superflu, nous ordonnons que tous l'aient d'une façon que chacun puisse aisément s'habiller et se déshabiller, se chausser et se déchausser tout seul.

Ceux qui ont cet office doivent bien prendre garde que l'habit ne soit ni trop long ni trop court, mais le conformer à la taille d'un chacun; qu'ils donnent aux frères la quantité qu'il faut. Lorsqu'ils en ont de neufs, qu'ils rendent sur-le-champ les vieux, pour être serrés dans la garde-robe, ou en quelque endroit que l'officier voudra, pour servir aux servants d'armes et autres serviteurs, et quelquefois aux pauvres. »

(1) Hebr. XII, 14.

Donc, qu'il leur soit donné des robes noires, qu'ils mettent, si l'on ne peut trouver d'autre toile, que l'on trouvera dans la province, des toiles qui seront données ou encore qui sera le plus vil, à savoir la bure.

29. Mais ces robes doivent être sans superflu et sans orgueil. Et si nous avons décidé qu'aucun frère n'ait de fourrure, ni de pelisse à sa robe, ni autre chose qui appartienne à l'usage du corps, ni même une couverture, nous autorisons celle d'agneau ou de mouton. De toute manière, nous ordonnons à tous que chacun ne puisse se vêtir ou se dévêtir, se chausser ou se déchausser, comme un bon lui semble. Et le drapier, ou celui qui tient sa place, se doit de pourvoir et de penser à avoir le don de Dieu en toute chose, comme il est dit : que les yeux des envieux et des mauvais ne puisse noter quelque chose sur les robes qui sont données ; qu'elles ne soient ni trop longues, ni trop courtes, mais qu'elles soient à la mesure de ceux qui doivent en user. Le drapier, ou celui qui tient sa place, doit les répartir suivant les besoins de chacun.

30. Et si un frère, par un mouvement d'orgueil ou par présomption de courage, veut avoir, comme une chose qui lui est due, la plus belle ou la meilleure robe, qu'il lui soit donné la plus vile. Ceux qui reçoivent des robes neuves doivent rendre les vieilles pour les donner aux écuyers et aux sergents, mais le plus souvent aux pauvres, selon ce qui semblera meilleur à celui qui tient cet office.

Chap. XXI Les serviteurs ne doivent point avoir d'habits, c'est-à-dire de manteaux blancs

Nous nous opposons absolument à l'usage qui se pratiquait dans la maison de Dieu et des frères chevaliers, et sans consulter ni requérir pour cela l'avis du chapitre commun, nous le retranchons tout à fait comme un abus qui s'y était glissé ; car autrefois les serviteurs et les servants d'armes avaient des habits blancs, ce qui causait un préjudice insupportable. Il s'est élevé dans les parties ultramontaines de faux frères, et mariés ; et d'autres qui se disent du Temple, quoiqu'ils fussent du monde. Ceux-là ont causé à l'ordre des chevaliers beaucoup de déshonneur et de dommages, et les serviteurs demeurant dans la Maison ont fait naître des scandales par leur superbe. Qu'ils portent donc des habits noirs, et si on ne peut pas trouver de cette couleur, qu'ils se servent de ceux qui se trouvent dans la province où ils demeurent, et de ce qu'il y aura de plus vil de chaque couleur, et de quelque étoffe grossière.

Chap. XXII Les chevaliers de la Maison doivent toujours avoir des habits blancs

Il n'est donc permis à aucun d'avoir des habits ou des manteaux blancs qu'à ceux qui sont nommés chevaliers de Jésus-Christ.

Des draps de lit

« 31. Nous demandons que chacun ait des robes et le nécessaire pour le lit, suivant la prévoyance du maître. Nous entendons que cela suffise à chacun, après le sac, le coussin et la couverture. À celui à qui il en faudra en plus, nous autorisons une carpite [1] et, en tous temps, il pourra user d'une couverture de linge, c'est-à-dire en peluche de fil.

Et, en tous temps, les frères seront vêtus de chemises et de braies, de chausses et de ceintures ; dans le lieu où ils dormiront, qu'il y ait une lumière jusqu'au matin. Le drapier doit donner aux frères des habits bien taillés afin qu'ils puissent avoir bon aspect devant et derrière. De cette manière, nous ordonnons fermement qu'ils aient la barbe et la moustache sans qu'aucune superfluité de vice ne puisse être notée en leur tenue. »

(1) sorte de couverture épaisse ou de tapis utilisé pour recouvrir un lit ou un sofa.

Le passage sur la tenue des frères, sans que le fond en ait été pour autant modifié, est entièrement réécrit et clarifié dans la règle française qui ajoute certaines prescriptions et en abandonne d'autres.

Chap. XXIII Il est ordonné de se servir de peaux d'agneau

« Nous avons résolu d'un commun avis qu'aucun frère de la Maison n'aura en hiver d'autres peaux, ou autre chose semblable à l'usage du corps, et pour couverture, que des peaux d'agneau ou de bélier. »

Chap. XXIV Les vieilles hardes doivent être partagées entre les servants d'armes

« Le procureur ou le distributeur des hardes aura soin de partager fidèlement et également les vieilles hardes entre les servants d'armes, les serviteurs et même les pauvres avec un grand soin. »

Chap. XXV Celui qui voudra avoir le meilleur aura le pire

« Si quelque frère de la Maison veut avoir, de droit ou par un esprit de superbe, ce qu'il y a de plus beau et de meilleur, il méritera à cause de sa présomption d'avoir le pire. »

Chap. XXVI La quantité et la qualité des vêtements seront observées

« Il faut observer de fournir la quantité et la largeur des habits selon la grandeur des corps : le distributeur des étoffes sera exact sur cet article. »

Des becs et des lacets de souliers

« 32. Nous défendons les becs et les lacets de souliers et nous défendons que quelqu'un en ait. Et, à tous ceux qui servent la maison à temps, nous ne l'octroyons pas non plus et nous contredisons de toute façon qu'ils aient des souliers avec des becs et des lacets, car cette chose est connue pour être abominable et réservée aux païens. Qu'ils n'aient pas non plus de choses superflues dans les cheveux et les robes ; car ceux qui servent le Souverain Créateur doivent nécessairement être nés dans et hors la garantie de Dieu qui dit : 'Estote mundi quia ego mundus sum'*, c'est-à-dire :'Sois net, comme je suis net.' »*

Chap. XXVII Le distributeur des étoffes observera surtout l'égalité

« Le procureur aura un égard fraternel à la longueur, comme il a été dit, avec une mesure égale, afin que l'œil des murmurateurs n'y trouve rien à censurer, et qu'en toutes les choses susdites il pense toujours humblement à la rétribution qu'il en recevra de Dieu. »

Chap. XXVIII De la superfluité des cheveux

« Il faut que tous les frères, surtout ceux de la Maison, aient les cheveux coupés, de manière qu'ils paraissent devant et derrière réguliers et décents. On observera inviolablement la même règle pour la barbe et la moustache, afin qu'il ne paraisse rien de superflu ni de ridicule. »

Chap. XXIX Des crocs et des pointes (1)

« Il est évident que les crocs et les pointes sont ridicules et n'appartiennent qu'aux gentils. Ainsi, puisque tout le monde les a en abomination, nous les défendons et nous opposons à ce qu'aucun en puisse avoir et porter. Nous les défendons aussi aux frères servants pour un temps, de même que toute superfluité dans les cheveux et toute longueur excessive dans les habits : car la décence intérieure et extérieure est fort nécessaire à ceux qui servent au souverain Créateur, selon le témoignage de celui qui dit : 'Soyez purs, parce queje suis pur. (1)' »

(1) Les crocs ou becs des souliers étaient des pointes en forme de « cornes de béliers ».

Des bêtes et des écuyers.

« 33. Chaque frère chevalier peut avoir trois bêtes et pas plus, à moins qu'il n'ait une permission du maître, et cela à cause de la grande pauvreté qui est actuellement dans la maison de Dieu et du Temple de Salomon. À chaque frère chevalier, nous octroyons donc d'avoir trois bêtes et un écuyer ; et si cet écuyer sert de son propre gré et pour la charité, le frère ne doit pas le battre pour quelque faute qu'il fasse. »

Chap. XXX Du nombre des chevaux et des servants d'armes

« Il est permis à chacun de vos chevaliers d'avoir trois chevaux, parce que la maison de Dieu et du Temple de Salomon ne peut pas en fournir davantage pour le présent à cause de sa pauvreté, à moins d'une permission du maître. »

Les deux dernières lignes de l'article 33 ci-dessus servirent à rédiger le chapitre XXXI ci-contre.

Chap. XXXI Personne ne doit frapper aucun servant d'armes qui sert gratis

« Nous n'accordons pour le même sujet qu'un seul servant d'armes à chaque chevalier. Mais si ce servant d'armes se donne à un chevalier gratis et par charité, il ne lui est pas permis de le frapper, ni le châtier pour quelque faute que ce soit. »

Des chevaliers séculiers qui servent à terme

« 34. Pour tous les chevaliers séculiers qui désirent, par pure volonté, servir à terme avec Jésus-Christ et avec la maison du Temple de Salomon, nous commandons d'acheter, avec loyauté, un cheval convenable, des armes et tout ce qui leur sera nécessaire pour leurs besoins. Ensuite, nous demandons aux deux parties de mettre le cheval à prix et de noter le prix par écrit pour qu'il ne soit pas oublié.

Chap. XXXII De quelle manière il faut recevoir ceux qui sont pour un temps

« Nous ordonnons d'acheter fidèlement pour tous les chevaliers qui désirent pour un temps servir dans la même maison à Jésus-Christ, avec une pure intention, des chevaux propres à ce service, des armes et tout ce qui est nécessaire. Mais ensuite nous avons jugé utile et avantageux qu'on observe de part et d'autre l'égalité en appréciant les chevaux. »

Que les choses nécessaires à la vie de l'écuyer, du chevalier et du cheval, comme les fers pour le cheval, leur soient donnés selon l'aisance de la maison et par fraternelle charité. Si d'aventure, pendant le terme, le cheval venait à mourir au service de la maison, et que la maison puisse le faire, le maître lui en donnerait un autre. Si, à la fin du terme, le chevalier désire rentrer dans son pays, la moitié du prix du cheval sera laissée par charité à la maison par le chevalier et l'autre moitié, s'il le veut, il la recevra comme aumône de la maison. »

Comment doivent aller les frères

« *35. Il est une chose convenable à tous les frères qui sont profès, que pour faire le saint service et pour avoir la gloire du souverain bien et pour éviter le feu de l'enfer, qu'ils aient une ferme obéissance à leur maître. Car aucune chose n'est plus chère à Jésus-Christ que l'obéissance. Que lorsqu'une chose sera commandée par le maître ou par celui à qui le maître en aura donné le pouvoir, qu'elle soit faite sans aucune réserve, comme si c'était Dieu qui l'avait commandée. Comme dit Jésus-Christ par la bouche de David, et c'est la vérité :* Ob auditu auris obedivit mihi, *c'est-à-dire :'Il m'a obéi dès qu'il m'a entendu.'* »

« *36. Pour cela, nous demandons à tous les frères qui ont abandonné leur propre volonté, comme à tous ceux qui servent à terme, de ne point aller dans la ville ou dans la cité sans la permission du maître ou de*

On en conservera donc le prix par écrit, de peur qu'on ne l'oublie ; et on fournira de la même Maison, avec une charité fraternelle, tout ce qui sera nécessaire au chevalier, à ses chevaux et à son servant d'armes, avec les fers des chevaux, selon le pouvoir de la Maison.

Que si le chevalier par quelque accident perd au service ses chevaux, le maître, selon que les facultés de la Maison le permettront, lui en fournira d'autres. Mais le temps de la répartition arrivant, que le chevalier pour l'amour de Dieu cède la moitié du prix; et s'il lui plaît, qu'il accepte l'autre de la part des frères en commun. »

celui qui tiendra sa place, excepté de nuit, au Sépulcre et aux lieux de prières qui se trouvent dans les murs de la cité de Jérusalem. »

Les articles 35, 36 ci-dessus et 37 ci-dessous sont pratiquement identiques aux chapitres XXXIII à XXXV.

« 37. Ainsi peuvent aller les frères et ils ne peuvent pas aller d'une autre manière, ni de jour, ni de nuit. Lorsqu'ils sont en arrêt à l'herbage, aucun frère, ni écuyer, ni aucun sergent ne doit aller au campement d'un autre pour le voir ou pour parler avec lui sans permission, comme il est dit ci-dessus. Nous commandons aussi, par le commun conseil de la maison et qui est ordonné par Dieu, qu'aucun frère ne combatte, ni ne se repose selon sa propre volonté, mais selon les commandements du maître auxquels tous doivent se soumettre. Qu'ils s'efforcent de suivre cette sentence de Jésus-Christ, qui dit 'Non veni facere voluntatem meam, sed ejus qui misi me patris'*, c'est-à-dire : 'Je ne viens pas faire ma volonté mais la volonté de mon père qui m'a envoyé.'* »

Chap. XXXIII Qu'aucun ne se mette en marche de sa propre volonté

« Il convient aux chevaliers qui n'ont rien plus à cœur que de plaire à Jésus-Christ de rendre sans cesse obéissance au maître pour le service dont ils font profession et pour la gloire de la souveraine Béatitude, ou dans la crainte de la géhenne éternelle. Ainsi ils doivent rendre cette obéissance de telle sorte, lorsque le maître aura commandé quelque chose, ou celui à qui le maître en aura donné la charge, qu'ils l'exécutent sans retardement, comme s'ils avaient un ordre exprès de Dieu. C'est de cela que la vérité même a dit : 'Son oreille n'a pas plutôt ouï qu'il m'a obéi.'[1] »

(1) Psalm. XVII, 45.

Chap. XXXIV S'il est permis d'aller par la ville sans la permission du maître

« C'est pourquoi nous prions de pareils chevaliers, qui ont renoncé à leur propre volonté, aussi bien que les autres qui servent pour un temps, et nous leur commandons fermement de ne pas aller par la ville sans la licence du maître ou de celui à qui on en a donné l'office, à moins que ce soit la nuit pour aller au Sépulcre et aux autres stations qui sont au dedans de la sainte Cité. »

Chap. XXXV S'il est permis de marcher seul

« Mais ceux qui vont ainsi, il ne leur est pas permis de se mettre en chemin, soit de nuit, soit de jour, sans un garde, c'est à dire sans un chevalier ou un frère. Et quand ils sont à l'armée et qu'ils ont leur logement, qu'aucun chevalier, écuyer ou serviteur ne se promène devant le logement des autres chevaliers, soit pour voir quelqu'un ou lui parler, sans permission, comme il a été dit ci-dessus. C'est pourquoi nous commandons tout exprès de nouveau que dans la Maison ainsi réglée selon Dieu aucun ne fasse sa volonté, soit en combattant, soit en se reposant, mais qu'il se donne tout entier à faire le commandement du maître, afin qu'il puisse imiter le Sauveur qui disait : 'Je ne suis pas venu faire ma volonté, mais celle de celui qui m'a envoyé[1]'. »

(l) Jean. VI, 38.

Que personne ne demande

« 38. Nous commandons de garder proprement cet usage et de le garder fermement entre tous les autres : qu'aucun frère ne demande le cheval d'un autre, ni ses armures. Il sera donc pratiqué de cette manière : si l'infirmité d'un frère ou la faiblesse de ses bêtes ou de ses armures sont reconnues telles que le frère ne puisse aller à la besogne de la maison sans dommage, qu'il vienne trouver le maître et qu'il lui montre son cas en pure foi, ou à celui qui tient cette place après le maître et, qu'en vraie fraternité, il demeure à la disposition du maître ou de celui qui tient sa place. »

L'article 38 ci-contre est en partie identique au chapitre XLV ci-après, mais celui-ci ne se préoccupe pas du cas de l'invalide.

Que nul frère n'ait de harnais dorés

« 39. Nous défendons totalement que les frères aient de l'or et de l'argent à leurs brides, à leurs étriers et à leurs éperons. Si cela arrivait, qu'ils les mettent de côté. Mais s'il advient qu'un vieil harnais leur soit donné par charité, que l'or et l'argent soit gratté afin que la beauté resplendissante ne soit pas vue des autres, non plus que l'orgueil qu'on en peut ressentir. Mais si c'est un harnais neuf qui est donné, c'est le maître qui le fera. »

Chap. XXXVII Des mors et des éperons

« Nous ne voulons point qu'il paraisse en aucune manière ni or ni argent, qui distinguent la richesse des particuliers, aux mors ou aux poitrails, ni aux éperons, ni aux rênes de la bride, et il ne sera permis à aucun frère demeurant d'en acheter. Que si ce sont d'anciens ornements donnés par charité, qu'on en obscurcisse l'or et l'argent, de manière que leur splendeur et leur lustre ne paraissent pas aux autres une arrogance. S'ils ont été donnés nouvellement, que le maître en dispose comme il lui plaira. »

Chapitre XXXVIII : nous ignorons précisément ce que sont ces couvertures. Nous pensons qu'il s'agit de somptueux ornements de tissu qui recouvraient la hampe de la lance et le bouclier. Ce sujet est traité dans les mêmes termes par l'article 69.

Chap. XXXVIII Que les lances et les boucliers n'aient point de couverture

« Qu'on ne se serve point de couverture pour les boucliers, ni pour les piques et les lances, parce que nous savons que cela apporte plus d'incommodité que d'avantage. »

Du maître

« 40. Le maître peut donner à qui il veut le cheval d'un autre frère ainsi que ses armures et ce qu'il voudra. Le frère à qui cette chose sera donnée, ou aura été ôtée, ne doit pas se courroucer, car sachez bien que s'il se courrouçait, il le ferait contre Dieu. »

Chap. XXXIX De la licence du maître

« C'est au maître à donner à chacun des chevaux, ou des armes, ou autres choses. »

Des serrures

« 41. Sans la permission du maître ou de celui qui est à sa place, aucun frère ne peut avoir de loquet, ni dans son sac, ni dans sa malle. À cela ne sont pas tenus les commandeurs des maisons ni des provinces, ni même le maître. Sans autorisation du maître ou de son commandeur, un frère ne doit recevoir de lettres ni de ses parents, ni d'autres personnes ; mais lorsqu'il en aura la permission, les lettres seront lues devant lui, si cela plaît au maître ou au commandeur. »

Chap. XL Du sac et de la malle

« Il n'est point permis d'avoir de sac ni de malle à clef, mais tout doit être exposé de peur qu'on n'ait quelque chose sans la licence du maître ou de celui à qui les affaires de la Maison sont confiées. Les procureurs ou ceux qui demeurent en diverses provinces ne sont point compris dans ce chapitre, et on ne parle pas non plus du maître. »

La dernière partie de l'article 41 ci-dessus est le sujet du chapitre XLI ci-contre.

Chap. XLI De l'envoi des lettres

« Il n'est jamais permis à aucun des frères de recevoir ni de se donner l'un à l'autre des lettres de leurs parents ni d'aucun homme sans la permission du maître ou du procureur. Après que le frère en aura eu licence, le maître les fera lire, s'il lui plaît, en sa présence. Et si les parents lui envoient quelque chose, qu'il ne prenne la liberté de l'accepter qu'après l'avoir déclaré au maître. Le maître cependant et le procureur ne sont pas compris dans ce chapitre. »

Que nul ne se glorifie de ses fautes

« 42. Bien que toutes les paroles oiseuses soient connues généralement pour être un péché, que devront dire ceux qui s'en glorifient, devant Jésus-Christ, le juge suprême, nous démontrons ce que dit le prophète David : 'Obmutui et silui a bonis'*, c'est-à-dire que l'on doit se garder même de bien parler et observer le silence. Ainsi, pour fuir le péché, on doit cesser et s'interdire de mal parler. »*

Chap. XLII Du récit de ses propres fautes

« Comme il est évident que toute parole oiseuse est un péché, que pourront alléguer pour leur justification, devant le Juge redoutable, ceux qui se vantent de leurs propres fautes ? C'est ce que le Prophète a certainement marqué : Si on doit quelquefois s'abstenir de bonnes paroles à cause du silence, à plus forte raison doit-on taire les mauvaises à cause de la peine due au péché (1). »

Nous défendons et contredisons fermement qu'un frère raconte à un autre frère les procès qu'il a eus dans le siècle, ce qui est une mauvaise chose en travail de chevalerie, et qu'il narre aussi les délits de chair auxquels il a pu succomber avec des femmes assujetties. Et s'il advenait qu'un frère l'entende raconter d'un autre frère, qu'il le fasse taire aussitôt ; et s'il n'y parvenait pas, qu'il abandonne aussitôt sa place et ferme les oreilles de son cœur à ce marchand d'huile [1]*. »*

(1) Expression imagée faisant référence aux marchands d'huiles miraculeuses censées guérir toutes sortes de maux.

Des dons séculiers.

« 43. Si, par grâce, une chose qui ne peut être conservée, comme la viande, est donnée à un frère par un homme du siècle, il doit aussitôt présenter ce don au maître ou au commandeur de la viande. Mais s'il advient qu'un de ses amis ou un parent ne veuille le donner qu'à lui, il ne peut le prendre sans congé du maître ou de celui qui tient sa place. À ce commandement, nous voulons que soient tenus les commandeurs et les baillis, auxquels cet office est spécialement demandé. »

Nous défendons donc hardiment à tout frère demeurant dans la Maison d'oser faire mention à son frère ni à aucun autre des folies, pour les mieux nommer, qu'il a faites si criminellement dans le monde et dans son état de chevalier, ni des plaisirs de la chair avec des femmes abandonnées; et que celui qui aura entendu quelqu'un discourir de ces choses le fasse taire, ou qu'il se retire le plus tôt qu'il pourra, en vertu de l'obéissance qui lui doit donner alors des ailes, pour ne pas prêter l'oreille de son cœur à ce débiteur de mensonges. »

(1) D'après Psalm. XXXVIII, 3 : *« Je me suis tu, sans résultat que de voir augmenter ma douleur. »*

Chap. XLIII De la quête et de l'acceptation

Lorsqu'il arrivera qu'on donne gratis quelque chose à un frère sans l'avoir mendié, il la portera au maître ou au dépensier ; mais si son ami ou son parent ne la veut donner que pour son propre usage, qu'il ne la reçoive point jusques à ce qu'il en ait eu la permission du maître ; et que celui à qui elle est donnée n'ait point de regret si on la donne à un autre.

Mais qu'il sache pour certain que s'il en est fâché, c'est contre Dieu qu'il est fâché. Cependant les administrateurs ne sont point compris dans la règle susdite. C'est à eux proprement que cette administration appartient, et ils ont la liberté du sac et de la malle. »

Des victuailles

« 44. Ce commandement, établi par nous, est une chose profitable que tous doivent garder et pour cela nous demandons fermement que rien ne soit gardé et qu'aucun frère ne possède rien, ni victuaille, ni linge, ni laine, ni autre chose, hormis son sac. »

L'article 44 fait double emploi avec le précédent puisqu'il applique à la seule nourriture ce que l'article 43 impose pour tout.

Chap. XLIV Des musettes des chevaux

« Il est fort utile que chacun pratique exactement le devoir que nous établissons ici, savoir qu'aucun frère n'entreprenne de faire des musettes de lin ou de laine, faites pour cette raison de façon princière, mais qu'il n'en ait d'autres qu'en ficelle. »

Le chapitre XLIV est un ajout à la règle primitive en latin, la musette : il ne s'agit pas du sac qui se porte en bandoulière (ce sens date du XIXe siècle) mais d'un sac qu'on suspend au museau du cheval pour le nourrir en bivouac.

Comment ils doivent changer

« 45. Sans congé du maître ou de celui qui tient sa place, aucun frère ne doit changer une chose avec une autre, ni ne doit demander si cette chose est petite ou vile. »

Chap. XLV Que personne n'ait la hardiesse d'échanger ou de mendier

« Il reste une autre chose à dire, savoir qu'aucun ne présume d'échanger les choses qu'il a de frère à frère sans la licence du maître, ni de rien mendier, si ce n'est entre les frères, à moins que la chose ne soit de petite valeur, vile et de peu d'importance. »

De la chasse

« 46. Ensemble, nous contredisons qu'un frère prenne un oiseau avec un autre oiseau[1]*. Il ne convient pas à des religieux de se procurer des plaisirs, mais d'entendre volontiers les commandements de Dieu et d'être souvent en prière, pour reconnaître chaque jour, avec Dieu, par des larmes et des pleurs, le mal qui l'aura tué. Qu'aucun frère ne cherche à accompagner spécialement un homme qui tue un oiseau avec un autre oiseau. Il est plus convenable à tout homme religieux d'aller simplement et humblement, sans rire et sans parler, raisonnablement et sans hausser le ton. Et pour cela, nous commandons spécialement à tous les frères qu'on ne les voie pas dans les bois avec des arcs et des arbalètes pour chasser les bêtes, ni avec l'homme qui chasse, à moins que ce ne soit pour le préserver des délits païens.*

Vous ne devez pas non plus aller après les chiens, ni crier, ni bavarder, ni pointer le cheval pour tenter de capturer une bête sauvage. »

(1) L'art de la fauconnerie est encore aujourd'hui un des grands plaisirs des aristocrates du Moyen-Orient.

Chap. XLVI Qu'aucun ne prenne un oiseau avec un oiseau et qu'il n'aille point avec celui qui le prend

« Nous déclarons en commun qu'aucun ne doit prendre un oiseau avec un oiseau, car il ne convient pas à la religion de s'attacher ainsi aux plaisirs mondains, mais bien plutôt d'être portés à écouter les préceptes du Seigneur, de s'adonner à la prière, de confesser à Dieu tous les jours, dans ses oraisons, ses péchés avec larmes et gémissements. Qu'aucun frère de la Maison ne présume donc, pour cette principale raison, d'accompagner celui qui fait telles choses, soit avec un faucon ou un autre oiseau. »

Chap. XLVII Qu'aucun ne blesse avec arc ou arbalète

« Comme la religion demande qu'on agisse simplement. Sans ris, avec humilité, qu'on n'use pas de beaucoup de paroles, mais qu'on parle raisonnablement et sans élever la voix. Nous enjoignons expressément et nous ordonnons à tout frère profès de ne prendre la liberté de tirer dans les bois de l'arc ni de l'arbalète, et pour cela qu'il ne continue point d'aller avec celui qui le fait, à moins que ce ne soit pour se garder du traître gentil ; qu'il n'ose pas non plus crier avec un chien, ni jargonner avec lui, et qu'il se garde aussi de piquer son cheval par l'envie de prendre une bête sauvage. »

Du lion

« 47. Il est une chose que vous devez considérer comme une dette, ainsi que le fit Jésus-Christ : défendre la terre des mécréants païens qui sont les ennemis du fils de la Vierge Marie. Cette défense de chasser, dite ci-dessus, ne s'entend pas du lion, car il tourne et cherche qui il peut dévorer, les mains levées contre tous et toutes les mains levées contre lui. »

L'article est allusif, mais il semble que le lion désigne ici les infidèles.

Chap. XLVIII Qu'il faut toujours tirer sur le lion

« Puisqu'il est certain qu'il vous a été accordé particulièrement et qu'il vous appartient de donner votre âme pour vos frères et d'exterminer de la terre les infidèles qui en veulent toujours au Fils de la Vierge, nous avons fait ce commandement du lion parce qu'il cherche toujours quelqu'un à dévorer [1]*, qu'il est contre tous et que tous sont contre lui* [2]*. »*

(1) I Petr. V, 8.

(2) Gen. XVI, 12.

Des jugements

« 48. Nous savons, pour l'avoir vu, que les persécuteurs sont sans nombre et que les gens aiment les querelles et s'efforcent de tourmenter cruellement leurs amis et les fidèles de la sainte Église. Aussi, par la claire sentence de notre concile, nous défendons d'écouter quelqu'un, dans les parties d'Orient ou en autre lieu, mais, à cause de la faiblesse des hommes et par amour de la vérité, nous commandons de juger l'affaire, si l'autre partie veut accepter. Que ce même commandement soit tenu à tout jamais pour toutes choses qui vous seront dites ou enlevées. »

Chap. XLIX De vous soumettre au jugement donné sur ce qui sera réclamé contre vous

« Nous savons fort bien que les persécuteurs de la sainte Église sont sans nombre et qu'ils s'empressent à inquiéter sans cesse et sans miséricorde ceux qui n'aiment point à contester. C'est pourquoi il a été résolu après une sérieuse considération de s'en tenir à ceci : que si quelqu'un dans quelque endroit de la religion, en la partie orientale, réclame quelque chose sur vous en quelque autre lieu que ce soit, nous vous commandons d'écouter le jugement des juges fidèles et amateurs de la vérité, et vous commandons de faire sans difficulté ce qui sera juste. »

Ni l'article 48 ni les chapitres XLIX et L ne sont clairs. Il semble qu'il soit exigé du Templier qu'il se soumette aux autorités de justice, par modestie, même s'il est rendu contre lui une sentence injuste.

Chap. L D'observer cette règle en toutes choses

« Nous vous commandons avec beaucoup d'honnêteté d'observer cette même règle pour toutes les choses qu'on vous aura enlevées injustement. »

Comment peut-on avoir des terres et des hommes

« 49. Cette manière de nouvelle religion, nous croyons qu'elle prit naissance dans la sainte terre d'Orient par la Divine Écriture et par la Divine Providence. Nous faisons savoir que cette chevalerie armée doit, sans culpabilité, tuer les ennemis de la Croix. Pour cela, nous jugeons par droit que vous soyez appelés chevaliers du Temple, avec le double mérite de beauté et de prouesse, et que vous puissiez avoir des

Chap. LI Qu'il est permis à tous les chevaliers profès d'avoir des terres et des serviteurs

« Ce nouvel institut de religion tient de vous son commencement dans les saints lieux par la permission, comme nous croyons, de la divine providence ; c'est-à-dire que vous avez fait une chevalerie religieuse et qu'ainsi la religion se sert de la voie des armes par la chevalerie et que vous pouvez en frapper sans crime. Nous jugeons donc que de droit étant appelés chevaliers du Temple, vous pouvez, à cause de votre mérite signalé et du don

terres, des hommes, des vilains, tenir des champs et les gouverner avec justice et prendre votre droit de ces choses comme cela est spécialement établi. »

Il s'agit uniquement de biens de l'Ordre évidemment.

Des frères malades

« *50. Aux frères malades, qu'il soit donné une fidèle garde et une grande bonté et qu'il soient servis selon ce que dit l'Évangile et Jésus-Christ :* 'Infirmus fui et visitatis me, *c'est-à-dire : Je fus malade et vous m'avez visité.' Que cela ne soit jamais oublié, car les frères qui sont malades doivent être traités en paix et avec soin : on gagne le règne du paradis si l'on fait un tel service avec foi. Nous commandons donc à l'infirmier qu'il se pourvoie soigneusement et fidèlement des choses qui sont nécessaires aux divers malades, comme les viandes, les chairs, les oiseaux et toutes les autres viandes qui rendent la santé, et cela selon l'aisance et le pouvoir de la maison.* »

Les chapitres LII et LIII précisent les dispositions de l'article 50 ci-dessus.

particulier de votre probité, avoir et posséder des terres, des serviteurs et des laboureurs, et les conduire avec justice, et qu'ils sont obligés de vous donner ce qui est dû par accord. »

Chap. LII Qu'on soit vigilant à prendre soin des malades

« *Il faut sur toutes choses prendre un très grand soin des frères malades, comme si on servait Jésus-Christ ; en sorte que ces paroles de l'Évangile : 'J'ai été infirme et vous m'avez visité*[(1)]*' restent bien imprimées dans la mémoire. Car on doit les supporter avec patience et les traiter avec soin, puisqu'il est certain que par ce moyen on obtient une récompense céleste.* »

(1) Matth.XXV, 36.

Chap. LIII Il faut toujours donner les choses nécessaires aux malades

« *Nous commandons avec toute sorte de considération et de précaution aux procureurs employés pour les infirmes de leur fournir fidèlement et sans délai tout ce qui est nécessaire à leur subsistance dans leurs diverses maladies, selon les moyens de la Maison, par exemple de la chair, de la volaille et autres choses, jusques à ce qu'ils soient rétablis en santé.* »

De la paix

« 51. Chaque frère se doit de ne pas inciter son frère au courroux, ni à la colère, car la grande pitié de Dieu protège le frère puissant comme le faible, et cela au nom de la charité. »

Chap. LIV Que l'on ne provoque point l'autre à la colère

« Il faut extrêmement prendre garde que personne ne soit assez hardi que de provoquer quelqu'un à la colère, parce que la souveraine Bonté a joint également des liens de la divine fraternité et parenté, tant les pauvres que les riches. »

Des frères mariés

« 52. Si des frères qui sont mariés demandent la fraternité et le bénéfice des prières de la maison, nous vous octroyons de les recevoir de la manière suivante. Qu'après leur mort ils vous donnent la part de leur bien et tout ce qui affèrera. Entre-temps, ils doivent mener une honorable vie et s'efforcer de faire du bien aux frères. Mais ils ne doivent jamais porter des robes blanches, ni les blancs manteaux ; mais si le baron meurt avant sa femme, les frères doivent prendre la part de ses biens, et l'autre part, la dame en aura jouissance pendant toute sa vie. »

Chap. LV De quelle manière on peut avoir des frères mariés

« Nous vous permettons d'avoir des frères mariés, de manière que s'ils demandent d'être participants des avantages de votre fraternité, le mari et la femme fassent donation, après la mort, à tout le corps en commun, d'une portion de leur fonds et tout ce qu'ils auront acquis de plus, pourvu cependant qu'ils mènent une vie honnête et qu'ils soient attachés aux intérêts des frères ; mais ils ne porteront point l'habit blanc. Que si le mari meurt devant, il laissera sa part aux frères, et la femme subsistera de l'autre. Car nous n'estimons pas qu'il soit juste que ces sortes de frères demeurent dans la même maison avec des frères qui ont fait vœu de chasteté. »

Des sœurs

« 53. La compagnie des femmes est une chose dangereuse. Nombreux sont ceux, que par la fréquentation des femmes, le Diable a rejetés du droit sentier du paradis. Que les dames, en qualité de sœurs, ne soient jamais reçues en la maison du Temple. Pour cela, très chers frères, comme il est dit ci-dessus, il ne convient pas de vous accoutumer de cet usage et que la fleur de chasteté apparaisse en tous temps entre vous.

Il ne semblerait pas juste aussi que de tels confrères habitassent dans une maison où les frères ont promis la chasteté à Dieu. »

Des chevaliers excommuniés

« 54. En aucune manière, un homme excommunié ne doit avoir de compagnie avec les frères du Temple. Et cela, nous vous le défendons fermement, parce que c'est pour une chose honteuse qu'il fut excommunié. Mais s'il lui est seulement interdit d'entendre le service de Dieu, on peut bien user de relations avec lui et prendre son bien par charité, suivant la permission du commandeur. »

Chap. LVI Les chevaliers n'auront point de sœurs associées

« Comme il est dangereux de s'associer des sœurs, parce que l'ancien ennemi en a détourné plusieurs du vrai chemin du Paradis par la société des femmes, c'est pourquoi, très chers frères, qu'il ne vous soit permis d'introduire cette coutume. »

Chap. LVII Que les frères du Temple n'aient aucune communication avec les excommuniés

« Mes frères, vous devez prendre garde et craindre beaucoup qu'aucun des chevaliers de Jésus-Christ n'ose communiquer en aucune manière, soit en particulier ou en public, avec un homme excommunié ou d'en rien recevoir, de peur qu'il ne devienne lui-même anathème maranatha [1]. Que si cet homme n'est qu'interdit, il pourra avoir communication avec lui et recevoir ses charités. »

(1) Apoc. XXII, 20. «Viens Seigneur Jésus !»

Comment on doit recevoir les frères

« 55. Si un chevalier séculier, ou tout autre homme, veut s'en aller de la masse de perdition et abandonner ce siècle et choisir la vie commune du Temple, ne vous pressez pas trop de le recevoir. Car ainsi le dit messire saint Paul : 'Probate spiritus si ex Deo sunt'*, c'est-à-dire : 'Éprouvez l'esprit pour voir s'il vient de Dieu.' Mais pour que la compagnie des frères lui soit donnée, que la règle soit lue devant lui et s'il veut obéir à ses commandements, s'il plaît au maître et aux frères de le recevoir, qu'il montre sa volonté et son désir aux frères assemblés en chapitre et devant tous et qu'il fasse sa demande avec courage. »*

Chap. LVIII De quelle manière les gens de guerre séculiers doivent être reçus

« Si quelque homme de guerre de la masse de perdition ou quelque autre séculier voulant renoncer au siècle fait choix de votre genre de vie et de votre société, qu'on ne le lui accorde pas d'abord ; mais selon le commandement de saint Paul : ' Eprouvez les esprits, s'ils sont de Dieu[1]*' ; et après, qu'on lui permette l'entrée. On lira donc en sa présence la Règle, et s'il consent aux préceptes de la Règle proposée, alors, s'il plaît au maître et aux frères de le recevoir, il doit marquer son désir et faire sa demande à tous les frères assemblés. Et après, le maître réglera les conditions de son temps de probation selon les preuves qu'il aura de la bonne vie de l'aspirant. »*

(1) En réalité I Joan. IV, 1.

Des frères envoyés

« 56. Les frères qui sont envoyés à travers les diverses contrées et les diverses parties du siècle doivent s'efforcer de pratiquer les commandements de la règle selon leur pouvoir, et ils devront vivre sans reprendre des viandes ou du vin ou autre chose afin qu'ils donnent un bon témoignage à ceux qui sont dehors. Qu'ils ne faillissent en rien dans le propos de l'Ordre et qu'ils donnent l'exemple des bonnes œuvres et de la sagesse. Et même chez ceux où ils séjourneront et chez celui dans la maison duquel ils hébergeront, qu'ils soient honorés de bien et de bonté.

Chap. LIX Tous les frères ne seront pas appelés au conseil privé

« Nous commandons de ne pas appeler toujours tous les frères au conseil, mais ceux que le maître y aura connus propres et capables de bien conseiller. Mais lorsqu'il voudra traiter d'affaires importantes, comme de donner une terre de la communauté, ou de l'aliéner de l'Ordre, ou de recevoir un frère, alors il est à propos, s'il plaît au maître, de convoquer toute la congrégation ; et après avoir entendu le conseil de tout le chapitre, on fera ce que le maître aura jugé le meilleur et le plus utile. »

Et si cela peut se faire, que la nuit ne soit pas sans lumière dans cette maison ou s'ils guerroient ou s'ils sont à l'herbage, afin que l'ennemi ténébreux ne leur donne raison du péché, ce dont Dieu les défende. »

L'article 56 de la règle latine est remplacé par le chapitre LXIV intitulé « Des frères qui vont en diverses provinces » ; s'y ajoute le contenu de l'article 61 traitant des frères excommuniés. Les chapitres LIX et LX n'ont pas d'équivalence dans la règle en latin.

Chap. LX De prier en silence

« *Nous commandons d'un commun consentement à tous les frères, soit qu'ils soient assis ou debout, selon leurs différentes dispositions de corps et d'esprit, de s'acquitter de ce devoir avec une grande révérence, simplement et sans bruit, en sorte que l'un ne trouble point l'autre.* »

De la confiance des sergents

« *57. Pour les écuyers et les sergents qui veulent servir à la charité du Temple, pour le salut de leur âme et à terme, venant de diverses provinces, il nous semble profitable qu'ils soient reçus en toute confiance, pour que les ennemis envieux ne les mettent en courage de se repentir, ni ne leur retirent leurs bons propos.* »

Chap. LXI De recevoir la foi des serviteurs

« *Nous avons certaine connaissance que plusieurs de diverses provinces, tant serviteurs qu'écuyers, désirent pour le salut de leur âme servir avec zèle dans notre Maison, pour un temps. Or, c'est chose profitable de recevoir leur foi de peur que l'ennemi ne leur suggère par adresse quelque chose de mauvais dans le service de Dieu, ou ne leur ôte tout à fait leur bon dessein.* »

De ne pas recevoir les enfants

« *58. Malgré que la règle des saints Pères accepte de recevoir les enfants en religion, nous ne vous conseillons pas de vous en charger. Car celui qui voudra donner pour toujours son enfant à la religion de la chevalerie doit le nourrir jusqu'à l'heure où il pourra porter les armes et arracher de la terre les ennemis de Jésus-Christ.* »

Chap. LXII Que les enfants, tant qu'ils sont petits, ne soient point reçus entre les frères du Temple

« *Quoique la règle des saints Pères permette d'avoir en congrégation des enfants, nous ne vous approuverons jamais de vous en charger. Mais que celui qui a dessein de mettre son fils ou son parent dans la religion des chevaliers et qui en fait de grandes instances, qu'il l'élève jusqu'à l'âge qu'il ait la force et le courage de porter les armes, afin d'extirper de la Terre sainte les ennemis de Jésus-Christ.* »

Mais si, auparavant, le père et la mère le conduisent à la maison et font savoir aux frères ce qu'ils veulent, il est meilleur qu'ils s'en abstiennent de le recevoir tant qu'il est enfant, car il est meilleur qu'il ne se repente pas lorsqu'il atteindra la maturité. Et dès ce moment, qu'il soit mis à l'épreuve selon la prévoyance du maître et selon l'honnêteté de celui qui demande la fraternité. »

Ensuite, que selon la Règle, le père ou les parents l'amènent au milieu des frères et qu'ils déclarent à tous son désir. Car il vaut mieux ne point se vouer dans l'enfance que de faire un crime en se rétractant après être parvenu dans un âge plus avancé. »

Des vieux frères

« *59. Nous commandons par pieux égard que les vieux frères et les faibles soient honorés et soient traités selon leur faiblesse et suivant l'autorité de la règle pour les choses qui sont nécessaires à leur corps et que rien ne leur soit retenu en aucune manière.* »

Chap. LXIII D'honorer toujours les vieillards

« *Il faut supporter et honorer les vieillards par un sentiment de piété, à cause de la faiblesse de leur âge; et ils ne doivent être obligés à aucun devoir du corps, sauf cependant l'autorité de la Règle.* »

Le chap. LXIV reprend le contenu de l'article 56 ci-dessus et celui de l'article 61 ci-dessous. D'après Alain Demurger in *Les Templiers*, la traduction de la règle latine dont nous disposons est erronée.

Il faudrait, d'après lui, lire : « *Là où vous saurez qu'il y a une réunion de chevaliers non excommuniés* » et non « *une réunion de chevaliers excommuniés* ». Bien que n'ayant pas eu entre les mains le texte latin de la règle, nous ne doutons pas que cet auteur ait raison. Cependant, en considérant le sens du texte, nous ne comprenons pas pourquoi un chevalier « *non excommunié* » aurait besoin de l'absolution de l'évêque pour demander à devenir Templier. On ne peut donc exclure que le « *non* » ait été ajouté au texte latin par erreur.

Chap. LXIV Des frères qui vont en diverses provinces

« *Les frères qui sont envoyés en diverses provinces doivent s'étudier à garder la Règle autant que leurs forces le leur permettront, tant dans le boire et le manger que dans les autres choses, et à mener une vie irréprochable, afin qu'ils aient un bon témoignage des étrangers. Qu'ils ne violent point les statuts de la religion ni de fait ni de parole, mais qu'ils donnent, surtout à tous ceux avec qui ils auront quelque société, des exemples de sagesse, accompagnés de bonnes œuvres. Que celui chez qui ils auront résolu de loger soit d'une bonne renommée ; et s'il se peut faire, qu'il n'y ait point de lumière, cette nuit-là, dans la maison de l'hôte de peur que l'ennemi ténébreux ne suscite quelque occasion que nous souhaitons ne pas arriver.*

Lorsque les chevaliers sauront où s'assemblent ceux qui ne sont pas excommuniés, nous leur recommandons d'y aller, ne considérant pas tant leur avantage temporel que le salut de leur âme. Nous approuvons les frères qui se trouveront dans les pays d'outre-mer de recevoir ceux qui leur feront des instances pour être associés à l'Ordre, à cette condition que le mari et la femme viendront ensemble en présence de l'évêque de la province qui entendra la requête du postulant. Et la requête entendue, le frère enverra le mari au maître et aux frères qui sont dans le Temple qui est à Jérusalem; et s'il est d'une vie honnête et digne d'une telle société, qu'on lui fasse la grâce de le recevoir, si le maître et les frères le trouvent bon. Si, sur ces entrefaites, il vient à mourir de travail et de fatigue, il sera participant de tous les avantages des Pauvres Chevaliers, comme un frère même. »

Du conseil

« *60. Le maître doit connaître la sagesse des frères qui sont appelés en conseil, ainsi que le profit de leur conseil ; car nous le commandons de cette manière et non pas à tous : lorsqu'il advient qu'ils aient à traiter de choses importantes, comme donner une terre de l'ordre, ou parler des affaires de la maison ou recevoir un frère, s'il plaît au maître, il est convenable de réunir toute de tout le chapitre. Ce qui semblera plus profitable et meilleur au maître, qu'il le fasse alors.* »

L'article 60 expose de fait la même chose que le chapitre LIX mais à l'envers : il peut y convoquer tous les frères.

Des chevaliers excommuniés

« 61. Là où vous saurez qu'il y a une réunion de chevaliers excommuniés nous vous commandons d'y aller. Si aucun ne veut se rendre et s'ajouter à l'ordre de chevalerie des parties d'outre-mer, songez au salut éternel de leurs âmes et non seulement au profit temporel. Nous vous commandons, par cette condition de réception, qu'il aille d'abord devant l'évêque de la province et qu'il fasse savoir son propos. Lorsque l'évêque l'aura entendu et absous, s'il l'envoie au maître et aux frères du Temple et si sa vie est honnête et digne de leur compagnie, s'il semble bien au maître et aux frères, qu'il soit reçu avec miséricorde. Mais s'il meurt entre-temps, à cause de la crainte et du travail dont il aura souffert, qu'il lui soit donné tous les bénéfices de la fraternité comme à l'un des Pauvres Chevaliers du Temple. »

Chap. LXV Que les vivres soient distribués également à tous

« Nous croyons aussi qu'on doit et qu'il est raisonnable de distribuer également à tous les frères de la Maison les vivres selon que le lieu le permet ; car il n'est pas bon de faire distinction des personnes, mais il est nécessaire d'avoir égard aux infirmités. »

Le chapitre ci-dessus est une répétition du chapitre XIX (en moins bien rédigé).

Des dîmes

« 62. Vous qui avez abandonné les délicieuses richesses de ce siècle, nous pensons que vous êtes opprimés de par bonne volonté, à vous qui vivez en communauté, nous vous conservons l'avoir des dîmes. Si les évêques du lieu où la dîme doit être rendue par le droit, veulent vous la donner par charité, avec l'assentiment du chapitre de cette même église, il peut le faire. Mais si un homme laïc retire les dîmes de son patrimoine et à son dommage, contre L'Église, et veut vous les laisser, il peut le faire par la concession du prélat et de son chapitre. Comme pour les biens et leurs revenus, il est ici uniquement question de l'Ordre. »

Chap. LXVI Les chevaliers du Temple peuvent avoir des décimes (dîmes)

« Après avoir quitté l'affluence des richesses et vous être assujettis à une pauvreté volontaire, nous croyons devoir vous montrer comment vous pouvez avoir justement des décimes pour vivre en commun. Si l'évêque de l'Église à laquelle il est dû de droit des décimes veut vous les donner du consentement de son chapitre, il doit vous donner des décimes de cette église qu'il avait alors. Que si quelque laïque veut encore les retenir de son patrimoine, à la damnation de son âme, et que s'en repentant amèrement ensuite il vous les laisse, il le peut faire du seul consentement de l'évêque, sans celui du chapitre. »

Des fautes

« 63. Si un frère fait une faute, en chevauchant ou en parlant ou en toute autre manière, il doit, de son propre gré, montrer la faute au maître et il doit le faire avec pur courage de satisfaction. S'il n'est pas coutumier de faire des fautes, il en aura une légère pénitence, mais si la faute est trop grave, qu'il se retire de la compagnie des frères, qu'il ne mange, ni ne boive à aucune table, mais seul, et qu'il soit soumis au pardon et au jugement du maître et des frères afin qu'il soit pur au jour du dernier jugement. »

Des petites fautes

« 64. Avant toute chose, nous devons prévoir qu'un frère, puissant ou non, fort ou faible, qui ne veut pas s'amender petit à petit, s'humilier ou défendre sa faute, ne demeure pas sans discipline. S'il veut s'amender, qu'il soit mis à la plus petite peine. Mais s'il refuse de se plier à de petites admonestations et si malgré les prières faites pour lui à Dieu, il ne s'amende pas et s'enorgueillit de plus en plus, qu'il soit ôté du petit troupeau suivant ce que dit l'apôtre : 'Auferte malum ex vollis'*, c'est-à-dire : 'Enlevez les mauvais parmi vous.' Il est besoin que vous enleviez la mauvaise brebis de la compagnie des frères faibles. »*

Chap. LXVII Des fautes légères et considérables

« Si un frère, soit en parlant ou en combattant ou autrement, a commis quelque légère faute, qu'il découvre lui-même son offense au maître pour lui donner satisfaction ; qu'il reçoive une légère pénitence des fautes légères, si elles ne sont pas d'habitude. Mais s'il la cache et qu'elle soit connue par quelque autre, qu'il subisse une réprimande et une correction plus grande et plus publique. Que si le délit est grand, qu'il soit séquestré de la compagnie des frères et qu'il ne mange pas avec eux à la même table, mais qu'il prenne sa réfection tout seul. Que le maître en juge et ordonne comme il lui plaira, afin que le coupable en soit libre au jour du Jugement. »

Chap. LXVIII Pour quelle peine un frère ne doit être reçu

« Il faut, avant toutes choses, faire en sorte qu'un frère, puissant ou non, fort ou faible, et qui voulant faire le suffisant et s'enorgueillir peu à peu entreprend de soutenir son offense, ne demeure pas impuni. S'il veut s'amender, qu'on lui fasse une sévère correction ; que s'il ne veut point se corriger après des avis salutaires et qu'on aura fait des prières pour lui, mais au contraire qu'il devienne superbe de plus en plus, alors que selon l'ordre de l'Apôtre il soit séparé du saint troupeau : ' Rejetez d'entre vous le méchant [1].' Il est nécessaire de tirer la brebis moribonde de la société des frères fidèles.

« 65. Mais que le maître, qui doit tenir en sa main le bâton et la verge pour soutenir les faiblesses et les forces des uns - la verge pour guérir les vices de ceux qui fauteront - par amour du droit et par conseil du patriarche, étudie ce qu'il doit faire comme le dit monseigneur saint Maxime : 'Que la bonté ne soit plus grande que la faute et qu'aucune détresse démesurée ne fasse retourner le pécheur à mal faire.' »

Des chemises

« 66. Parmi toutes les choses, nous commandons, avec miséricorde, qu'à cause de la grande chaleur qu'il y a en pays d'Orient, de Pâques à la Toussaint, par grâce et non par devoir, il soit donné à chaque frère une chemise de toile pour celui qui voudra en user. »

Du murmure

« 67. Nous vous commandons de fuir comme la peste : l'envie, le murmure et la calomnie. Ainsi donc que chacun se garde avec sagesse de ce que dit l'apôtre : 'Ne sis criminator et susurro in populo', *c'est-à-dire :'Ne fais pas de blâmes, ni ne sois médisant du peuple de Dieu.' Mais lorsqu'un frère connaîtra clairement que son frère a fauté, en paix et avec fraternelle pitié, qu'il soit corrigé entre eux deux en privé ; s'il ne veut rien entendre, il ajoute un autre frère et s'il méprise l'un et l'autre, qu'on le reprenne devant le chapitre. Car ceux qui méprisent les autres sont atteints de grande cécité et beaucoup sont remplis de malheur.*

Au reste, le maître doit avoir le bâton et la verge à la main : le bâton pour supporter les infirmités des faibles, et la verge pour punir le vice des délinquants par un zèle de la justice. C'est ce qu'il doit faire de concert avec le patriarche et après beaucoup de réflexions, de peur que, comme dit saint Maxime (2), une trop grande douceur ou une trop grande sévérité n'empêche le pécheur de se relever de sa faute. »

(1) I Corinth. V, 13.

(2) Il s'agit sans doute de saint Maxime, évêque de Turin, mort en 423, qui a laissé un grand nombre d'homélies.

L'article 57 n'a pas d'équivalent dans la règle en français.

Chap. LXXI D'éviter le murmure

« Nous vous commandons d'éviter, selon l'exhortation divine, l'envie, la jalousie, le murmure, les confidences et les médisances, comme une espèce de peste. Qu'un chacun prenne bien garde de taxer en secret son frère ou de le reprendre, mais qu'il se ressouvienne de ce que dit saint Paul : 'Ne soyez point répréhenseur ni murmurateur parmi le peuple.' (1) Quand vous connaîtrez manifestement qu'un frère a péché, corrigez-le en particulier doucement et fraternellement, selon le commandement du Seigneur ; et s'il ne vous écoute point, faites venir un autre frère ; et s'il méprise l'un et l'autre, qu'il soit repris publiquement dans le couvent devant tous.

Qu'on se garde de porter envie les uns sur les autres afin de ne pas être plongés dans la vilenie du démon. »

Ceux-là sont bien aveugles qui médisent des autres, et c'est un grand malheur pour ceux qui ne sauraient réprimer leur envie qui les plonge dans l'ancienne malice de l'ennemi rusé. »

(1) En réalité Levit.XIX, 16.

Qu'ils n'aient pas de familiarités avec les femmes

« 68. Nous croyons qu'il est une chose périlleuse à toute religion de regarder les femmes en face. Et pour cela qu'aucun d'entre vous ne présume pouvoir embrasser une femme, une veuve, une pucelle ni sa mère, ni sa soeur, ni sa tante, ni aucune autre femme. Ainsi donc, la chevalerie de Jésus-Christ doit fuir de toute manière d'embrasser les femmes par quoi les hommes ont continué maintes fois de tomber ; qu'ils puissent conserver et demeurer perpétuellement devant Dieu avec pure conscience et une vie sûre. »

Des couvertures

« 69. Qu'aucun frère n'ait de couverture, ni pour l'écu, ni pour la lance, car ce n'est d'aucun profit, ainsi nous entendons que ce soit grand dommage. »

Chap. LXXII De ne donner le baiser à aucune femme

« Nous estimons être périlleux à toute religion de faire trop d'attention au visage des femmes ; c'est pourquoi qu'aucun frère ne prenne la liberté de baiser ni veuve, ni vierge, ni sœur, ni amie, ni aucune autre femme. Il faut que les chevaliers de Jésus-Christ évitent les baisers des femmes, par lesquels les hommes ont coutume de courir de grands risques, afin qu'ils puissent toujours marcher avec une conscience pure et sans rien craindre en la présence du Seigneur. »

Des prêtres et des clercs qui servent par charité

« 70. Toutes les offrandes de toutes sortes et de quelque manière qu'elles seront faites aux chapelains et aux clercs et à ceux qui servent à terme, par l'universalité du commun concile, nous commandons de les rendre. Les serviteurs de l'Église, selon l'autorité du nom de Dieu, ont la viande et la robe et ne peuvent prétendre à autre chose à moins que le maître, de son bon gré, ne leur donne par charité. »

Selon nous, le contenu de cet article (70) est remplacé par les dispositions du chapitre IV.

Des chevaliers séculiers

« 71. Sont chevaliers de la maison de Dieu et du Temple de Salomon ceux qui servent par miséricorde et qui demeurent près de vous. Donc nous, par pitié, nous vous prions et pour la perfection, nous vous commandons fermement que si la puissance de Dieu emmena l'un d'eux pendant son temps, par charité fraternelle qu'un pauvre soit reçu et nourri sept jours pour le repos de son âme et que chaque frère qui sera dans cette maison dise trente patenôtres. »

Cet article 71 est remplacé dans la règle en français par le chapitre V.

Du baptême

« 72. Nous commandons à tous les frères qu'aucun ne lève un enfant sur les fonts baptismaux et n'ait aucune vergogne à refuser les compères et les commères et que cette vergogne anime plus la gloire que le péché. »

La question du baptême et de l'interdiction d'être parrain n'est pas traitée dans la règle en français. Il en est de même des fêtes et jeûnes que tous les frères du Temple doivent célébrer. La disparition de ces dispositions s'explique certainement soit par le fait qu'elles sont communes à tous les ordres religieux, soit par celui que Robert de Craon a estimé

« 73. Tous les commandements qui sont dits et écrits ci-dessus en cette présente règle sont à la discrétion et à l'égard du maître. »

Ce sont les fêtes et les jeûnes que tous les frères du Temple doivent célébrer

« 74. Qu'il soit connu à tous les frères du Temple présents et à venir qu'ils doivent jeûner les vigiles des douze apôtres, c'est à savoir : saint Pierre et saint Paul, saint André, saint Jacques et saint Philippe, saint Thomas, saint Barthélemy, saints Simon et Jude, saint Jacques, saint Matthieu, la vigile de saint Jean Baptiste, la vigile de l'Ascension, et les deux jours avant les rogations ; la vigile de Pentecôte, les Quatre-temps, la vigile de saint Laurent, la vigile de Notre Dame de la mi-août, la vigile de la Toussaint. Pour toutes ces fêtes nommées, ils doivent jeûner selon les commandements du pape Innocent et par le concile qui fut fait dans la cité de Pise. Et si une de ces fêtes tombait un lundi ou un samedi, ils doivent jeûner le jour avant. Si la fête de la Nativité de Notre-Seigneur tombe un jour de vendredi, les frères doivent manger de la chair en l'honneur de la fête. Mais le jour de la fête de saint Marc, ils doivent jeûner à cause des Litanies, car cela est établi par Rome pour la mortalité des hommes. Mais si la fête tombe dans les octaves de Pâques, ils ne doivent pas jeûner. »

que des impératifs militaires pouvaient amener à modifier ces dispositions ; soit enfin qu'il n'ait simplement pas jugé utile de les traduire en français, estimant que les chapelains pourraient toujours en ces matières se référer à la règle latine.

Ce sont les fêtes qui doivent être célébrées en la maison du Temple

« 75. La Nativité de Notre Seigneur, la fête de saint Étienne, saint Jean l'Évangéliste, les Innocents, les huitaines de Noël qui est le jour du Nouvel An, le baptême, sainte Marie de la Chandeleur, saint Mathias l'Apôtre, l'Annonciation de Notre Dame de mars, la Pâques et les trois jours suivants, la Saint-Georges, saint Philippe et saint Jacques, deux apôtres, l'Invention de la Sainte-Croix, l'Ascension de Notre-Seigneur, la Pentecôte et les deux jours suivants, la Saint-Jean-Baptiste, saint Pierre et saint Paul, deux apôtres, sainte Marie-Madeleine, saint Jacques l'Apôtre, saint Laurent, l'Assomption de Notre-Dame, la Nativité de Notre-Dame, l'exaltation de la Sainte-Croix, saint Matthieu l'apôtre, saint Michel, saint Simon et saint Jules, la fête de tous les saints, saint Martin hors les charrues, sainte Catherine hors les charrues, saint André, saint Nicolas hors les charrues, saint Thomas l'Apôtre.

76. Aucune autre fête plus petite ne doit être célébrée dans l'ordre du Temple. Et nous voulons et conseillons que cela soit gardé et tenu fermement. Tous les frères du Temple doivent jeûner du dimanche avant la Saint-Martin jusqu'à la Nativité de Notre-Seigneur, à moins d'une infirmité. S'il advenait que la fête de saint Martin tombât un dimanche, le dimanche avant tous les frères doivent laisser la chair. »

L'organigramme de l'Ordre :

Le siège de l'Ordre est en Terre sainte. La province cheftaine de l'Ordre est la Terre de Jérusalem. Le maître de l'Ordre est en même temps le maître de la Terre de Jérusalem. Toutes les autres provinces ont un maître provincial et un frère visiteur.

Structure hiérarchique de l'ordre du Temple

Maître de l'Ordre
(a seul pouvoir d'engager le Temple dans une opération militaire)

Grand commandeur
(trésorier de l'Ordre)

Sénéchal
Second dignitaire de l'Ordre
Remplace le maître en cas d'absence

En Terre sainte

Maréchal
Commandant militaire de l'Ordre, prend la tête de la cavalerie lourde dans les batailles

Commandeurs de la cité de Jérusalem (chargés d'organiser la protection des pèlerins de Palestine)

Commandeurs des provinces de Terre sainte (gèrent leur province au mieux)

Commandeur de la Terre et royaume de Jérusalem (trésorier de l'Ordre et gestionnaire des effectifs)

En Europe

Maîtres de province
(France, Provence et parties de l'Espagne)

Préceptories
Regroupent les commanderies d'une province.
Exemple : préceptories du Poitou ou d'Auvergne.

Commanderies ou préceptories :
Unités de base de l'ordre du Temple. C'est parfois un fort, parfois une simple ferme fortifiée.

Évidemment les forteresses de Terre sainte sont du point de vue hiérarchique l'équivalent des commanderies ou préceptories européennes bien qu'elles soient, en général, des établissements beaucoup plus importants. Il faut ajouter également les commandeurs des ports comme, en Terre sainte, le commandeur de la voûte d'Acre, qui, est en outre le chef de toute la marine templière. Par ailleurs, comme nous l'avons noté dans l'organigramme, les simples commanderies sont parfois (et même souvent) appelées « préceptories ». Nous ne détaillerons pas plus cette hiérarchie, parce qu'il semble qu'elle soit assez souple dans ses ramifications. Si les Templiers furent d'une grande rigidité quant à l'application de la règle de l'Ordre et remarquablement disciplinés sur le plan militaire, ils surent également, sur le plan administratif faire preuve de toute la souplesse nécessaire pour atteindre une efficacité optimum. Cette souplesse complique singulièrement la tâche de ceux qui voudraient examiner le fonctionnement administratif de l'Ordre dans le détail, d'autant qu'il semble que beaucoup de documents aient disparus.

Qu'ont fait les Templiers qui sont restés à Jérusalem

Hugues de Payens resta en Europe pendant près de trois ans et il semble qu'il ait été accompagné de plusieurs frères, au moins ceux qui étaient au concile de Troyes. Or on sait, au moment du concile, que les Templiers étaient peu nombreux. Qu'ils aient été neuf en tout ou une trentaine, ou même une cinquantaine de chevaliers change bien peu de choses à la question. Cela n'en fait pas une force militaire pour autant, même à l'époque. S'ils font œuvre de surveillance des routes, c'est forcément aux abords de Jérusalem ou même à l'intérieur de la ville. De fait, il n'existe aucun document, aucune chronique qui relate leurs activités durant cette période. Or, s'ils avaient accompli quelque haut fait, les chroniqueurs se seraient empressés de nous le rapporter.

Donc ils n'ont rien fait, du moins rien qui vaille la peine d'être rapporté. On doit donc en conclure que soit, n'étant pas assez nombreux pour former une unité de combat, ils se sont cantonnés dans des tâches de simple police, soit, pour les mêmes raisons, ils ont simplement rendu individuellement le service que devait tout chevalier dans la ville de Jérusalem et se sont toujours individuellement tenus à la disposition du royaume. La seconde solution nous paraît d'ailleurs la plus probable. En effet, au royaume de Jérusalem l'organisation militaire est bien différente de l'organisation européenne.

Le service militaire n'est pas limité à 40 jours par an, il peut durer toute l'année. Chaque fief noble, mais aussi beaucoup de biens ecclésiastiques sont tenus de fournir à la demande de l'avoué ou du roi un certain nombre de chevaliers et de sergents.

Nul doute qu'à Jérusalem tout lieu de culte s'adjoint un abri pour les pèlerins, et probablement un abri particulier pour ceux qui sont chevaliers.

Cela vaut pour le Saint-Sépulcre, pour la basilique Sainte-Marie (la mosquée al-Aqsa), ou pour le Dôme du Rocher (la mosquée d'Omar) qui sont convertis en églises. Il en résulte que beaucoup de ces paroisses ont forcément entretenu des liens étroits avec des chevaliers, qu'ils soient pèlerins ou installés définitivement à Jérusalem.

Le Saint-Sépulcre entretient certainement des liens étroits avec les hospitaliers dont l'Hospice et l'église (Sainte-Marie-Latine) sont tout proches. L'Ordre, qui n'est pas encore militaire, accepte des donats et certainement parmi eux des chevaliers. Il en est de même certainement des chanoines du Saint-Sépulcre, tout comme il est possible que les donats du Saint-Sépulcre aient été hébergés par les Hospitaliers.

Régine Pernoud relève que certains chevaliers ne *« possédaient pas de fief proprement dit en terre sainte »*, c'étaient des pèlerins, des chevaliers errants que le roi retenait à sa solde. C'étaient les « soudoyers ». Des fiefs leur étaient parfois attribués pour les payer.

Ces soudoyers, comme leur nom l'indique, touchent une solde. C'est probablement dans ces conditions que, nonobstant leur vocation religieuse, les Templiers ont été hébergés au palais royal, et que, en attendant d'être « organisés », ils servaient individuellement dans les armées royales. Les Templiers, à cette époque, sont des « sans fiefs » et il faut bien – même s'ils n'ont que de faibles besoins – qu'ils trouvent de l'argent pour vivre. Comme ce ne pourait être ni d'une terre ni d'un quelconque petit commerce que provenaient leurs revenus, c'était forcément d'une solde, que celle-ci soit versée à chaque membre ou à l'ordre collectivement.

Reste que tout cela n'est qu'hypothèse, et que rien ne permet d'affirmer que, pendant les trois années de voyage de Hugues de Payens en Europe et pendant les neuf années qui précèdent, les Templiers ne se sont pas livrés à un tout autre genre d'activités. En effet, leur installation dans les bâtiments de la mosquée al-Aqsa sur l'esplanade du Temple de Salomon (aujourd'hui appelée esplanade des mosquées), leurs liens attestés avec les chanoines du Templum Domini (Dôme du Rocher ou mosquée d'Omar), ont donné lieu à de nombreuses hypothèses.

Reste qu'un texte laisse entendre pourtant qu'ils exerçaient à cette époque le métier des armes. C'est le « Sermo ad Christi Militibus » conservé par la bibliothèque municipale de Nîmes. Ce texte est daté de l'époque du voyage de Hugues de Payens en France et signé Hugo Peccator (Hugo pécheur). Le texte est attribué à Hugues de Payens et daterait d'avant le concile de Troyes.

Or que dit ce texte ? Il fait état du reproche fait aux Templiers de leur « profession armée » qualifiée d'activité pernicieuse qui ne peut conduire au salut puisqu'elle les détourne de la prière. Ces reproches, explique ce texte, sont infondés, ils sont une ruse du Malin ; ils sont un signe d'orgueil et doivent être repoussés. Le Templier doit s'en tenir à ses trois devoirs d'humilité, de sincérité, de vigilance et ne pas se laisser troubler. Le but de l'Ordre, précise ce texte, est de *« combattre les ennemis de la foi et de défendre les chrétiens ».*

Compte tenu de sa date, le texte est important, car il montre que les critiques des clercs que saint Bernard repoussera par la suite dans son « Éloge de la nouvelle milice » s'étaient déjà élevées et que les frères du Temple restés en Orient en avaient eu vent. On comprend que les membres d'un ordre religieux qui, rappelons-le, n'a pas encore d'existence officielle aux yeux de l'Église, aient été troublés par ces critiques, surtout si elles émanaient de prélats influents. Sans aller jusqu'à prétendre que les Templiers ont « douté du bien – fondé de leur mission », ces critiques les ont probablement amenés à douter du jugement qu'allait porter l'Église sur leur activité militaire. Or, si cette activité était jugée illégitime, non seulement l'Ordre pouvait être dissous, mais ses membres pouvaient être accusés d'hérésie. À l'époque il y avait de quoi s'inquiéter, tant pour le salut de son âme que pour celui de son corps.

Par ailleurs, certains historiens ont douté que Hugues de Payens soit l'auteur de ce texte parce qu'il témoigne de connaissances approfondies en droit canon. Or, justement pour calmer les doutes des Templiers, il fallait que ce texte soit marqué du sceau d'un canoniste averti. Que ce canoniste ait été Hugues de Payens, c'est possible, qu'il se soit fait aider par un clerc, c'est probable. Le fait que ce texte soit adressé à des hommes de guerre présumés illettrés doit également attirer notre attention. Soit ceux-ci sont moins incultes que l'on a coutume de le penser et peuvent apprécier les arguments de droit canonique contenus dans la lettre, soit ces arguments ne sont pas destinés aux Templiers mais au clerc qui leur lira la lettre. Rien n'interdit en effet que ce texte ait été écrit pour le compte de Hugues de Payens par un clerc.

De même il n'est pas interdit de penser que ce texte a été écrit pour rassurer les chanoines réguliers du Temple du Seigneur qui « parrainent » les Templiers, car c'est probablement l'un d'eux qui le leur lira.

Cette hypothèse nous paraît d'ailleurs la plus probable, car si les Templiers ont prononcé leurs vœux de pauvreté, chasteté et obéissance, s'ils ont, comme Hugues de Champagne, abandonné leur fief pour devenir chevaliers du Christ, c'est qu'ils sont vraiment persuadés de la justesse spirituelle de cette voie.

Reconnaissons qu'il faut être sacrément motivé pour décider de vivre en ajoutant aux contraintes de la vie de guerrier celle d'une règle monastique ; ce qui revient à vivre les dangers et les fatigues du guerrier en renonçant par avance aux viols, aux pillages, aux beuveries, en un mot à tout ce qui fait le charme du métier de la guerre. C'est la chevalerie conçue comme un sacerdoce, une voie spirituelle. C'est la vie risquée chaque jour sur le champ de bataille sans rien attendre d'autre en récompense que le salut de l'âme.

Notes du chapitre :

(1) Ces considérations hypothétiques sur l'origine des divers chevaliers semblent, sauf en ce qui concerne la dernière, basées sur la toponymie des diverses régions de France.

(2) David, fils de Malcolm Canmore, devint roi d'Écosse en 1124. Il encouragea l'établissement de nombreux seigneurs anglo-normands et entreprit de réformer la propriété foncière par l'introduction de lois et privilèges féodaux comparables à ceux en vigueur en Angleterre. David mit aussi en œuvre la réforme de l'Église écossaise selon le modèle romain. Il s'allia à l'impératrice Mathilde contre le roi Étienne et revendiqua les comtés de Cumberland, Northumberland et Westmorland. Après l'invasion de l'Écosse par Étienne en 1138, David répliqua en attaquant l'Angleterre mais fut battu à la bataille de l'Étendard près de Northallerton, dans le nord du Yorkshire. David fonda les premières villes d'Écosse, y compris Edimbourg où fut établie l'abbatiale de Holyrood, fondée selon la légende pour racheter le péché d'avoir pris part à une chasse le dimanche, jour du Seigneur. Source : http://www.norman-world.com/france/ensavoirplus/biographie/David_I.htm.

(3) Voyez le chapitre 2 : les querelles du pape et de l'empereur - la querelle des Investitures.

(4) Pour les conciles généraux, les évêques sont légitimement convoqués par le souverain pontife, à qui il appartient de signaler les grandes lignes des thèmes à traiter, de présider le concile, ou de nommer un légat pour le remplacer, de confirmer et de publier les décisions prises par les pères conciliaires. Source : http://encyclo.voila.fr/

(5) En raison du problème des dates de naissance que nous avons signalé, certains ont écrit que c'est son neveu, mais tout le monde admet qu'ils sont proches parents.

(6) Les heures monastiques sont : prime, tierce, sexte, none, vêpres, complies, matines. Prime, tierce et none sont les « petites heures ».

Les Templiers sont astreints aux heures canoniales : Laudes, Vêpres, office du milieu du jour, office des lectures, complies. Un Templier empêché d'assister à l'office dira donc 43 fois l'oraison dominicale.

Bibliographie :

Outre les références citées dans le texte, nous avons utilisé : Régine Pernoud, *Les Hommes de la croisade*, Fayard/Tallandier.

Alain Demurger, *Les Templiers*, Éditions du Seuil, janvier 2004.

Chapitre 6
L'âge d'or du Temple

Le concile de Troyes s'achève à peine que commence l'âge d'or du Temple. Avant sa reconnaissance par le concile, le Temple était déjà « l'enfant chéri » des grands du monde occidental. À peine est-il reconnu que les dons mais aussi les recrues affluent. Il y a d'abord les importants dons de la noblesse d'Aragon et de Catalogne soucieuse d'engager la nouvelle milice dans la « Reconquista », mais à ceux-là s'ajoutent ceux de toute l'Europe. Tous ceux qui entrent au Temple font une donation matérielle à l'Ordre, et c'est généralement une donation importante. Tous ceux qui s'associent à lui en font de même. À ces dons s'ajoutent ceux de fidèles qui donnent des terres, de l'argent, des objets sans pour autant se lier au Temple, ils donnent parce que le Temple est désormais, malgré ses effectifs réduits, perçu comme un ordre religieux à part entière. Le roi d'Angleterre Henri II (1133-1189), par exemple, donne une maison et le bief [(1)] d'une rivière pour permettre de construire un moulin à Sainte-Vaubourg. Presque tous les rois d'Europe occidentale donneront au Temple des fiefs, des châteaux. Les grands et petits seigneurs suivront l'exemple des souverains.

Mais les donateurs viennent de toutes les catégories sociales ! Les bourgeois d'une ville donnent individuellement ou en groupe. On relève même des dons tels qu'un manteau ou des braies qui, vu leur peu d'importance, doivent être le fait de petites gens. On a recensé 15 chartes de donations avant 1130 et 55 de 1130 à 1134. Plus encore peut-être que l'Hôpital, le Temple suscite un grand élan de générosité. Parfois les dons sont partagés entre les deux ordres ou même entre ces deux ordres et le Saint-Sépulcre. Ainsi, Alphonse Ier dit « le Batailleur », roi d'Aragon, rédige son testament au siège de Bayonne en 1131. Il écrit : *« Après ma mort je fais héritier et successeurs le sépulcre du Seigneur qui est à Jérusalem et ceux qui veillent et le gardent* (2) et *servent en ce lieu Dieu ; et l'Hôpital des pauvres qui est à Jérusalem, et le Temple du Seigneur avec les chevaliers qui veillent là-bas à la défense du nom de la chrétienté. À ces trois je concède tout mon royaume [...]. En plus à la chevalerie du Temple je donne mon cheval et mes armes. »*

Le roi confirmera ce testament le 4 septembre 1134. Les historiens ont longuement épilogué sur ce don et sur les motivations d'Alphonse le Batailleur... Il reste que, quels que soient ces motifs, le legs à ces trois ordres, l'un où domine la prière, le second où domine la charité (car l'Hôpital n'est pas encore à cette époque un ordre chevaleresque), le troisième où domine la chevalerie, montre le prestige dont bénéficiaient les institutions religieuses de Terre sainte. Évidemment, ce testament est inapplicable et ne sera pas appliqué. Il restera l'expression symbolique de la volonté d'un souverain : certainement celle d'impliquer l'ordre du Temple dans la guerre de reconquête. Et sur ce dernier point il semble que tous les historiens soient d'accord.

Curieux ! L'ordre du Temple est une institution jeune, il n'a que onze ans lorsque ce testament est formulé pour la première fois, il n'est reconnu officiellement par l'Église que depuis deux ans. Cela suppose que l'Ordre a recruté d'une façon extraordinaire, qu'il s'est enrichi considérablement et représente déjà une puissance et un savoir-faire militaire impressionnant. Dix ans ne s'étaient pas écoulés depuis la confirmation de l'Ordre, qu'on le voit s'étendre prodigieusement... Les donations qu'il reçoit sont souvent importantes ; des châteaux, des fiefs, des forts, des bourgades entières avec leurs appartenances et leurs bénéfices. En moins de dix ans, le Temple est implanté partout en Europe occidentale et en Palestine. En dix ans, l'Ordre est devenu à la fois une puissance militaire, financière, économique et maritime.

Un ordre de guerriers.

L'ordre du Temple comprend deux sortes de combattants : les chevaliers et les sergents. Les chevaliers sont assistés d'écuyers qui ne combattent pas mais s'occupent des chevaux. Reste qu'il faut se faire une idée exacte de l'équipement de ces hommes.

Le chevalier

Ne tombons pas dans l'anachronisme, la lourde armure avec cuirasse, jambière et heaume à visière mobile date du XVe siècle. Au temps des croisades, le chevalier porte le haubert, la cotte de mailles souple souvent munie d'un capuchon qui enveloppe la tête, ne laissant à découvert que le visage. Par-dessus ce vêtement de fer il porte un surcot, léger vêtement de toile. Le surcot est destiné, a-t-on dit, à recouvrir la maille de façon que le chevalier ne soit pas ébloui par les reflets du soleil. Si c'était le cas, il envelopperait également les bras. Nous croyons plutôt que son utilité est de réduire le risque qu'une pointe, en frôlant le corps, accroche la maille. La tête est recouverte du heaume à nasal que portaient déjà les barons de Charlemagne. Il sera remplacé par un casque à fond plat. L'habillement peut se compléter de chausses de fer (en maille). On protège les poignets et les pieds avec des plaques de fer articulées. Par-dessus cet équipement le chevalier peut jeter un manteau qui le protège du froid. Le manteau couvre l'épaule gauche et dégage le bras droit. En Orient où le soleil est ardent, cette vêture se complète d'un volet accroché au haume, sorte de voile qui joue un rôle équivalent à celui de la chèche.

Pour le chevalier du Temple, le manteau et la cotte d'armes sont blancs. Ils seront frappés d'une croix rouge. Le pape Innocent II accorda ce privilège à l'Ordre (bulle *Omne datum optimum,* 1139). Il est possible, voire probable que la croix rouge fut portée avant la publication de cette bulle. En effet, ils peuvent bien avoir reçu lors de leur création l'autorisation de la porter, c'est ce que prétend Ernoul.

Origine de la croix rouge selon Ernoul (*Chroniques d'Ernoul,* p. 8)

« Et la fist tant li roi [...] viers (envers) le prieur dou Sépucre qu'il les quitta de l'obédience, et qu'ils s'en départirent ; fors tant que de l'ensegne de l'habit del Sépucre en portent encore une partie. L'ensegne de l'habit dou Sepucre est une croix vermelle à deux bras [tele le porte li Ospitaus] et cil del Temple le portent tout single viermelle. [Et si jeta li Ospitaus le Temple, et se li dona son reliet et l'ensegne c'on apele l'ensegne del Bauçant] »

Traduction approximative en français moderne : *« Le roi insista tant auprès du prieur du Sépulcre qu'il les délia de l'obédience et qu'ils s'en délivrèrent ; c'est pourquoi ils portent encore une partie de l'insigne du sépulcre. L'insigne de l'habit du sépulcre est une croix vermeille à deux branches [telle la portent les Hospitaliers] et ceux du Temple la portent toute simple vermeille. [Et il sépara le Temple de l'Hôpital, et il lui donna son relief et l'insigne que l'on appelle Bauçant] (dans ce cas le mot est synonyme de fief ou de revenu). »*

L'armement comprend l'épée, le bouclier long que le chevalier appelle écu et qui est décoré du blason (pour le Templier la croix rouge), la lance et la masse d'arme. Le cheval, le destrier ou cheval de bataille que l'écuyer tient à main droite est pour sa part caparaçonné de cuir et de plaques de fer, parfois de maille. Ce caparaçon recouvre le poitrail et les épaules.

Le sergent et l'écuyer

On sait surtout du sergent et de l'écuyer qu'ils portaient les manteaux noirs ou bruns frappés de la croix rouge. Pour ce qui est de l'équipement, celui-ci était différent pour le sergent à cheval (soldat de la cavalerie légère), le sergent à pied, l'archer ou l'arbalétrier. Le Temple comprenait même des sergents non combattants (si les renseignements dont nous disposons sont exacts) bien que l'appellation de « sergent » s'applique en principe à cette époque à tout soldat de métier non chevalier. Ils constituent donc aussi bien la masse des piétons (l'infanterie) que la cavalerie légère ou le corps des archers et arbalétriers. Évidemment, leur équipement diffère suivant leur affectation.

Quant à l'écuyer, bien qu'il soit toujours présent sur le champ de bataille, c'est un non-combattant. Nous dirions aujourd'hui qu'il est l'ordonnance du chevalier. Une ordonnance bien nécessaire car le chevalier dispose d'au moins trois montures. C'est donc un simple domestique qui s'occupe essentiellement des chevaux et des armes.

Les chevaliers séculiers et les frères mariés

Viennent également vivre et combattre au côté des chevaliers réguliers des chevaliers laïques qui servent dans l'Ordre pour un temps. Ils sont temporairement soumis à la règle de l'Ordre. Nous avons vu déjà que c'est ce que fit Foulque d'Anjou, le futur roi de Jérusalem. Nombreux seront les chevaliers qui, pendant trois siècles, voudront avoir l'honneur de combattre parmi les Templiers. « *Pour tous les chevaliers séculiers qui désirent, par pure volonté, servir à terme avec Jésus-Christ et avec la maison du Temple de Salomon, nous commandons d'acheter, avec loyauté, un cheval convenable, des armes et tout ce qui leur sera nécessaire pour leurs besoins. Ensuite, nous demandons aux deux parties de mettre le cheval à prix et de noter le prix par écrit pour qu'il ne soit pas oublié. Que les choses nécessaires à la vie de l'écuyer, du chevalier et du cheval, comme les fers pour le cheval, leur soient donnés selon l'aisance de la maison et par fraternelle charité. Si d'aventure, pendant le terme, le cheval venait à mourir au service de la maison, et que la maison puisse le faire, le maître lui en donnerait un autre. Si, à la fin du terme, le chevalier désire rentrer dans son pays, la moitié du prix du cheval sera laissée par charité à la maison par le chevalier et l'autre moitié, s'il le veut, il la recevra comme aumône de la maison.* » En revanche, la règle est stricte à ce sujet, ils n'ont droit ni au blanc manteau, ni à la robe blanche et ils ne vivent pas dans la maison du Temple. Il en est de même d'ailleurs des chevaliers mariés qui veulent bénéficier de la fraternité du Temple. Seuls donc vivent dans le couvent les frères qui ont prononcé des vœux de chasteté. Il faut remarquer ici que, au cours de son voyage de trois ans en Europe, Hugues de Payens recruta de nombreux chevaliers laïques qui l'accompagnèrent en Terre sainte sans que pour autant ils aient l'intention de se faire Templiers.

Le cheval comme gallon ?

Dès l'origine de l'ordre, le cheval est le principal signe de hiérarchie entre les chevaliers de l'ordre. Enfin, nous le percevons aujourd'hui comme un « signe de hiérarchie », mais le rôle qu'il remplit à l'époque était peut-être simplement fonctionnel. Ainsi, tous les dignitaires de l'Ordre ont droit à quatre bêtes quand le simple chevalier n'a droit qu'à trois chevaux. De même, le maître de l'Ordre ainsi que le maréchal ont droit à un turcoman (un cheval arabe). L'aspect hiérarchique de cette répartition des bêtes est démenti par le fait que le sénéchal, qui est le second dignitaire de l'Ordre, mais n'a pas de fonctions militaires, a droit à un palefroi en lieu et place du turcoman du maître [3]. Merveilleux sens pratique que celui de ces moines chevaliers qui donnent un palefroi à la place d'un cheval de lance (destrier) à un chevalier qui en principe ne combat pas.

De même l'Ordre accorde, comme quatrième bête, au commandeur de la cité de Jérusalem un turcoman ou un bon roncin… Autrement dit, soit un « destrier pour le combat individuel », soit un « cheval de voyage » assez proche du cheval de trait. Nous ne doutons pas que le commandeur de Jérusalem ait été assez puissant dans l'Ordre et en sa maison pour disposer de l'un ou de l'autre suivant les obligations du moment. En effet, le cheval arabe ne convient pas comme cheval de combat au chevalier franc qui combat en groupe. Il est trop léger.

En revanche, pour celui qui combat seul à l'épée et à la masse d'arme, ou pour le tournoi, il est parfait.

À l'inverse, le roncin est impropre à une charge de cavalerie, mais pour le voyage, sur une longue distance, il est la monture idéale. S'il est une chose que les chevaliers de l'époque savent, c'est que qui veut gagner le tournoi ou survivre au combat ménage son cheval de lance. Les Templiers voyagent donc sur leur roncin voire sur une mule, tandis que leur destrier, tenu par l'écuyer, voyage sans cavalier et ne sera monté que pour le combat.

Le sergent, lui, ne dispose que d'une monture. Là aussi, les choses s'expliquent aisément, même s'il combat à cheval, le sergent n'a pas d'écuyer. Comment, au cours d'un déplacement, pourrait-il gérer à lui seul deux, voire trois montures ?

Ce que nous affirmons du cheval arabe n'est pas évident à comprendre, si l'on ne sait pas que les Francs, et donc les Templiers, chargent en rang serré, presque épaule contre épaule. Dans une telle charge, il est certain que les montures doivent avoir à peu près le même poids, la même taille et galoper à la même vitesse. Les performances et la maniabilité d'un destrier arabe sont plutôt un handicap dans une telle charge collective. En revanche, pour le combattant isolé, celui qui est « hors du rang » et qui utilisera plus l'épée que la lance, cette maniabilité et cette vitesse sont des avantages importants… Évidemment, les Templiers ne « tournoient » pas, mais joutent à l'entraînement.

Par ailleurs, il semble que les « retraits » visent plus les déplacements des responsables de l'Ordre que leur vie à l'intérieur des maisons. Ainsi, le retrait du maître de l'Ordre dit : « *Il peut avoir deux garçons à pied et un turcoman qui doit être gardé dans la caravane.* » De même dans le retrait du maréchal du couvent on trouve cette phrase : « *Au lieu d'une bête mulasse, il peut avoir un bon palefroi ; s'il arrivait qu'un frère le lui demandât pour monture, s'il le veut, il peut lui donner.* » Ces phrases montrent bien que les « retraits » à ce sujet visent essentiellement « l'équipage », autrement dit la composition de la suite qui doit accompagner un dignitaire de l'Ordre en déplacement ou en campagne. Rien ne prouve, et la règle même prouve le contraire, que les quatre chevaux du maître de l'Ordre sont une propriété personnelle ni même une affectation personnelle permanente. De fait, pour des raisons pratiques évidentes, le destrier est certainement affecté à vie à un chevalier donné. En ce qui concerne les deux autres bêtes, pour lesquelles « l'entente avec le chevalier » est moins importante, il est probable que les affectations peuvent changer suivant les nécessités du service. Si, en ce qui concerne les dignitaires de l'Ordre, il est prévu deux options pour la quatrième bête, c'est évidemment parce que ces « options » sont interchangeables et que telle bête affectée à tel fonctionnaire peut bien être donnée à un autre pour lui permettre d'accomplir sa mission. D'ailleurs, comme l'écrit Laurent Daillez (*Les Templiers,* éditions Perrin, 2004), « *le Templier ne possède rien en propre, toutes les choses de la maison sont communes, même les habits [...] si un frère meurt et que l'on trouve de l'argent sur lui, on ne l'enterrera pas dans une terre bénite, les frères ne feront pas pour lui les prières prévues par la règle, et ils devront le faire enterrer comme un esclave.* » Cette sévérité extrême par rapport aux biens et aux vanités du monde montre bien que dans cet Ordre les honneurs éventuellement accordés à un dignitaire le sont certainement plus pour le monde séculier que pour la vie de l'Ordre. Certes, de nombreux historiens objecteront à cette affirmation que la règle fut souvent modifiée. Ainsi, les « retraits » que nous avons cités sont plus récents que la « règle primitive ». D'autres parties de cette règle, dont une appelée « les égards » ou « le code pénitentiel » sont plus récentes encore. Ce phénomène est normal, à l'origine d'une fondation, d'un mouvement, il existe toujours un « noyau dur » imprégné d'une idée précise. Avec le temps et l'augmentation des effectifs, cette idée se dilue, et de nombreux éléments qu'il n'était pas nécessaire d'écrire, parce qu'ils paraissaient évidents, doivent faire l'objet d'une rédaction. Celle-ci est rarement une réforme, elle témoigne plutôt du souci que l'on a de fixer par exemple une coutume dont l'usage s'est révélé bénéfique.

Le Temple : la discipline

Reste à traiter de ce qui est le plus important, de ce qui marquera le plus certainement l'histoire de l'art militaire : la discipline. (Les Templiers sont les premiers en leur temps à être de vrais soldats de métier ; soldats 24 heures sur 24 et du premier janvier au 31 décembre ; soldats du jour de leur entrée au Temple jusqu'à leur mort...) Il semble que cette discipline admirable, ils auront quelque mal à l'imposer à leurs compagnons de combat. Leur route ne sera pas, loin s'en faut, jalonnée que de succès, d'ailleurs, leur histoire militaire commence mal !

La première bataille à laquelle il est historiquement certain que les Templiers participèrent en tant que tels est le siège de Damas, auquel ont également participé les chevaliers séculiers que Hugues de Payens a recruté en Europe. Beaucoup pensent même que ce fut la première bataille des Templiers.

Ce fut un fiasco. D'abord, les « piétons », qui étaient chargés de recueillir vivres et fourrage, commirent une imprudence et se firent tailler en pièces par l'émir de Damas. Ensuite, l'armée subit une violente tempête, ce qui la força à lever le siège. Il est vrai que les chrétiens avaient mal choisi leur date pour attaquer. C'était le 5 décembre 1129 et décembre est l'une des rares périodes où le temps au Moyen-Orient est instable.

En 1133, c'est l'émir de Damas qui attaque le royaume de Jérusalem. Ils subissent de lourdes pertes. Ainsi, un chroniqueur du nom de Barthélémy Cotton écrit : *« Cette année-là sont tués tous les chevaliers du Temple »*, évidemment Cotton exagère les pertes (comme le fait remarquer Demurger). Matthieu de Paris, qui reprend sa chronique, ne dit pas que tous les Templiers ont été tués.

Encore faut-il tempérer ce jugement. Entre décembre 1129 et 1133, il s'écoule plus de trois ans. Si pendant ces trois ans il n'y eut pas de grandes batailles, les accrochages soit avec des troupes régulières musulmanes, soit avec des pillards n'ont probablement pas manqué et des Templiers ont certainement été engagés dans ces combats. Il en résulte qu'un certain nombre d'entre eux ont été faits prisonniers soit par des pillards, soit par des troupes régulières. Dans un cas comme dans l'autre, il y eut alors demande de rançon. Or, c'est la règle : **le Temple ne paye pas de rançon pour ses membres**. Un Templier fait prisonnier est donc généralement soit exécuté, soit réduit en esclavage.

Ce trait propre à la règle du Temple explique probablement l'affirmation de Cotton qui peut bien avoir voulu simplement signifier que presque tous les Templiers tombés aux mains des musulmans furent tués.

En 1137, le roi Foulque part en campagne dans le comté de Tripoli pour défendre le château Montferrand contre Imadellin Zengi, l'atabeg de Mossoul [(4)]. Orderic Vital, *Histoire de Normandie,* volume 4, livre XIII, p. 496, signale la participation des Templiers à cette opération : « *Enfin les deux armées s'approchèrent et, le combat s'étant engagé, on se battit avec acharnement de part et d'autre. Il tomba d'innombrables milliers de païens ; mais, par un jugement de Dieu, dont les décisions sont équitables et vraies, presque toute l'armée chrétienne fut anéantie et taillée en pièces, à l'exception de trente chevaliers. Le roi seul, dix chevaliers de sa maison et dix-huit chevaliers du Temple échappèrent, et s'enfuirent à un certain château que Baudouin avait bâti devant Damas, et que l'on appelle Mont-Réal.* »

En 1139, c'est face à des Bédouins du pays de Moab accompagnés de Turcs qui font une intrusion dans le royaume et s'en prennent à la localité de Thecua que les Templiers connaîtront une nouvelle défaite. Voici ce qu'en rapporte Guillaume de Tyr (*Histoire des croisades*, livre XV) : « *Précisément dans le même temps, le hasard avait amené d'Antioche à Jérusalem un homme de pieuse mémoire dans le Seigneur, chevalier illustre[...] le seigneur Robert, surnommé Bourguignon [...], maître des chevaliers du Temple. Il partit avec quelques-uns de ses frères et avec quelques chevaliers de divers ordres qui étaient demeurés à Jérusalem, pour se rendre en toute hâte vers la ville de Thecua.* » Il s'agit de Robert de Craon qui avait succédé à Hugues de Payens en juin 1136. À l'approche de Robert et de ses troupes, les musulmans feignirent de fuir. Robert se laissa-t-il prendre à cette tactique ou, parce qu'il commandait des troupes disparates, fut-il victime de l'indiscipline de certains chevaliers, nul ne le sait, mais il fut vaincu.

Mais pourquoi rappeler ces quatre défaites ? Tout simplement parce qu'elles sont riches d'enseignements. D'abord elles nous montrent que durant cette période, les Templiers ne sont pas encore assez nombreux pour constituer une véritable armée. Ils participent aux batailles comme ils participent à la garnison de Jérusalem, ils combattent mêlés aux autres ordres de chevalerie tant religieux que laïques. Pour ce qui est des ordres religieux on ne peut compter à l'époque que l'ordre des Hospitaliers et peut-être l'ordre du Saint-Sépulcre [(5)]. De fait, dans ces conditions les Templiers, lors des grandes batailles, ne sont que des combattants parmi d'autres. Même quand c'est l'un d'entre eux qui commande les troupes, ils n'ont pas une influence suffisante pour imposer la discipline qui fera plus tard leur réputation.

Il est vrai que, dès cette époque, l'ordre du Temple ne se bat pas seulement à Jérusalem. Il se bat aussi au nord de la principauté d'Antioche dans la montagne de l'Amanus qui est la frontière avec les principautés arméniennes de Cicilie. Il est, dès 1131, au royaume d'Aragon le gardien de la frontière avec les musulmans d'Espagne. Par ailleurs, et nous le verrons dans les chapitres suivants, les Templiers s'organisent en Europe où, outre qu'ils combattent en Espagne, ils maintiennent des « bases logistiques » qui mobilisent certainement des effectifs supérieurs à ceux des combattants stationnés en Terre sainte. Ces bases arrières européennes seront par la suite un des atouts majeurs du Temple.

C'est le chapitre des pénalités qui, dans la règle, nous donne une idée assez précise de la discipline militaire du Temple.

Sont sanctionnées par la « perte de la maison » qui est la sanction la plus grave les atteintes suivantes à la discipline militaire :

« La troisième chose est celui qui tue ou fait tuer un chrétien ou une chrétienne. »

« La cinquième chose est celui qui sort d'un château ou d'une maison fermée par un autre lieu hors de la porte. »

« La septième chose est celui qui laisse la maison et s'en va chez les Sarrasins. »

« La neuvième chose est si un frère laisse son gonfanon et fuit par peur des Sarrasins. »

La sanction qui suit immédiatement en gravité la perte de la maison est la perte de l'habit, entendez, pour les chevaliers, la perte de l'habit blanc.

« La première chose est si un frère refuse le commandement de la maison et se maintient dans sa folie et ne veuille faire le commandement comme on lui aura demandé, on doit lui enlever l'habit et on peut le mettre aux fers, et s'il se repent avant qu'on lui ait enlevé l'habit et qu'aucun dommage ne soit venu à la maison, l'habit est en la volonté des frères, de lui prendre ou de lui laisser. Car il est dit en notre maison que lorsqu'on commande à un frère qu'il fasse la besogne de la maison, il doit dire « de par Dieu » ; et s'il disait «je n'en ferai rien», aussitôt son commandeur doit assembler les frères et tenir le chapitre, disant aux plus âgés de la maison qu'on lui enlève l'habit pour le commandement qu'il a refusé ; car la première promesse que nous faisons est celle de l'obéissance. ». C'est cette promesse d'obéissance qui est à la base de toute la discipline templière.

« La neuvième chose est si un frère du Temple qui porte le gonfanon dans le combat, qu'il le baisse pour raison de frapper et qu'il n'advient pas des dommages, l'habit est en la volonté des frères ou de lui prendre ou de lui

laisser. Et s'il frappe et qu'il advient dommage, l'habit ne peut lui être laissé ; et on peut considérer de le mettre aux fers ; et qu'il ne porte jamais plus le gonfanon et qu'il ne soit jamais commandeur au combat. » Le gonfanon étant le signe de ralliement, il doit toujours être porté haut au-dessus de la mêlée.

« La dixième chose est si un frère qui porte le gonfanon point sans congé de celui qui peut le donner, s'il n'était dans un passage rétréci ou en lieu où il ne peut avoir le congé ainsi qu'il est dit dans les retraits… »

Notez que le terme « congé » signifie « autorisation ». Notez également que le terme « poindre », étymologiquement *percer*, *piquer*, a probablement ici pour sens « charger » et que « grever » signifie « combattre ».

« Lorsque le maréchal veut prendre le gonfanon de la part de Dieu de la main du sous-maréchal, le sous-maréchal doit aller au turcoplier si le maréchal ne le retient pas. Et puis le maréchal doit commander à cinq ou six frères chevaliers, jusqu'à dix frères de le garder, ainsi que le gonfanon ; et ces frères doivent grever les ennemis tout autour du gonfanon, du mieux qu'ils le pourront, et ils ne doivent pas partir ni s'éloigner mais ils doivent se tenir au plus près qu'ils pourront du gonfanon, afin que s'il a besoin d'être aidé, ils puissent l'aider. Et les autres frères peuvent poindre devant et derrière, à droite ou à gauche et là où ils croiront grever leurs ennemis, de telle manière que si le gonfanon a besoin d'aide, ils puissent l'aider et garder le gonfanon avec eux, si besoin en était. »

« Nul ne doit bouger de l'escadron pour plaie ou pour blessure sans congé ; et s'il est si gravement atteint qu'il ne puisse prendre congé, il doit envoyer un frère afin qu'il le prenne pour lui. »

« Et s'il advenait que la chrétienté tournât en déconfiture, ce dont Dieu l'en garde, aucun frère ne doit partir du champ pour retourner à la garnison tant que le gonfanon baussant y est ; car s'il en partait, il en perdrait la maison pour toujours. Et s'il voit qu'il n'y a aucun recours, il doit aller au premier gonfanon de l'hôpital ou des chrétiens, s'il y en a. Et quand ce gonfanon ou les autres tournent en déconfiture, de là et en avant, il peut aller à la garnison, là où Dieu le conseillera. »

Ces extraits de la règle donnent une idée de ce que pouvait être la discipline des chevaliers du Temple.

Le Temple ne trouvera vraiment son poids réel que lors de la seconde croisade, qui comme la première est un « pèlerinage armé », un pèlerinage pour lequel ils vont accomplir pleinement leur mission de « protection des pèlerins ».

Comment le Temple sauva l'armée de Louis VII

Ce sont les succès militaires de Zengi (note 1) et en particulier sa reconquête d'Édesse (24 décembre 1144) et du comté qui en dépend qui entraîneront le pape Eugène III à fulminer plusieurs bulles de croisade le premier décembre 1145. La croisade est prêchée par saint Bernard, et Louis VII (le père de Philippe Auguste) décide d'en prendre « la tête dans le but d'expier l'un de ses crimes. » [6] Bernard, outrepassant les directives du pape, obtiendra l'engagement de l'empereur Conrad III et surtout ne refusera pas les vœux de croisade d'une foule de non-combattants.

La seconde croisade

Louis VII prend la croix à Vézelay et Conrad quelque temps plus tard à Spire. L'armée impériale part de Ratisbonne en fin mai 1147. L'armée conduite par Louis VII les suivra de peu et les rejoindra à Nicée. Les impériaux emprunteront la « route de l'intérieur » et se feront tailler en pièces par l'armée des seldjoukides à Dorylée. L'armée de Louis n'en rencontrera donc que les débris. Conrad III après cette défaite regagne Constantinople et repart par mer pour Jérusalem. L'armée de Louis VII s'engage dans les montagnes d'Asie Mineure où elle est harcelée par les archers turcs. Elle sera bien près de succomber à la suite d'une imprudence de Godefroy de Rancogne, le commandant de l'avant-garde. Elle ne sera sauvée que parce que les Templiers sauront prendre en main la défense de la colonne.

Cependant, si cette croisade fut pour le Temple un épisode glorieux, elle fut également un cuisant échec pour la chrétienté.

D'abord, elle consomma la rupture entre les Occidentaux et les Byzantins ; ensuite, les dissensions entre les chefs de la croisade amenèrent celle-ci à attaquer Damas quand l'objectif stratégique était le comté d'Édesse. Ayant échoué, ils rentrèrent en Europe en 1159.

C'est au cours de cette croisade que le Temple put démontrer pour la première fois son savoir-faire. Alors que l'armée cheminait dans les montagnes de Cadmos, Geoffroy de Rancogne, avec son avant-garde, prit trop d'avance sur le gros des troupes. Belle occasion pour les archers turcs qui firent pleuvoir une grêle de flèches sur le gros de l'armée qui cheminait, encombrée de bagages et de non-combattants. La confusion s'installe, sauf dans le contingent templier qui accompagne l'armée de Louis VII depuis Paris avec à sa tête Évrard des Barres le commandeur du royaume de France. Voici ce qu'en raconte Eudes de Deuil, le chapelain du roi, qui était présent [7].

« Le maître du Temple, le seigneur Évrard des Barres, homme respectable par son caractère religieux et modèle de valeur pour les chevaliers, leur tenait tête [aux Turcs] avec l'aide de ses frères, veillant avec sagesse et courage à la défense de ce qui lui appartenait et protégeant aussi, de tout son pouvoir et avec vigueur, ce qui appartenait aux autres. Le roi, de son côté, se plaisait à les voir faire et à les imiter et voulait que toute l'armée s'appliquât à suivre leur exemple, sachant que, si la faim énerve les forces des hommes, l'unité d'intention et de courage peut seule soutenir les faibles. On résolut donc, d'un commun accord, dans cette situation périlleuse, que tous s'uniraient d'une fraternité mutuelle avec les frères du Temple, pauvres et riches s'engageant sur leur foi à ne pas abandonner le camp et à obéir en toutes choses aux maîtres qui leur seraient donnés. Ils reconnurent donc pour maître un nommé Gilbert (8)*.»*

Celui-ci organise les chevaliers par escadrons de cinquante, chaque escadron étant commandé par un Templier. Il place chaque groupe à un endroit précis de la colonne et ordre est donné de ne pas broncher sous les flèches. De même, il fait marcher les piétons de part et d'autre de la colonne écu levé. Ceux des chevaliers qui ont perdu leur monture sont dotés d'arcs et marchent à l'arrière. L'armée ainsi protégée parvient sans trop de dommage à Adalia (9). Pour la première fois dans l'histoire, mais pas pour la dernière, le Temple a eu assez de poids pour imposer sa discipline à toute une armée chrétienne.

Cet épisode est également un exemple remarquable de l'humilité templière d'Évrard des Barres : le commandeur de France, le représentant du maître de l'Ordre a confié la direction des opérations à Gilbert et, par voie de conséquence, s'est placé sous ses ordres. Est-ce parce que ce chevalier est meilleur stratège que lui, ou parce qu'il connaît mieux la route, l'histoire ne le rapporte pas. Quoi qu'il en soit, le fait vaut d'être relevé et d'être rappelé à ceux qui s'étendent à plaisir sur « l'orgueil » et la « morgue » des Templiers.

Les opinions royales et publiques

Voilà un titre qui est probablement mauvais mais qui a le mérite de nous permettre d'expliquer quelques mécanismes. Les opinions de l'époque et même des siècles suivants sont fabriquées par les « chroniqueurs », lesquels sont en général à la fois gens d'Église au service du pape et gens de cour au service d'un roi ou d'un empereur. Ils sont les médias de l'époque et ont tout comme les médias d'aujourd'hui leurs règles du « politiquement correct ».

Quand les Francs perdent une bataille, il n'y a que deux causes possibles :

Dieu les a punis en raison de leurs péchés et de leurs vies dissolues (si le chroniqueur est au service du pape) ou ils ont été victimes d'une trahison (s'il est au service d'un roi ou d'un empereur).

Ce sont les mœurs dissolues et les péchés des Francs qui serviront d'explications aux défaites de 1129, 1133, 1137 et 1139.

Le fiasco des croisés devant Damas en 1148 sera attribué à la trahison. Il va offrir à ces médias de l'époque l'occasion de se livrer à quelques beaux exercices de style. Guillaume de Tyr donnera bien involontairement une idée des motivations des chroniqueurs. Alors que les chroniqueurs allemands accusent les Templiers, l'orgueil des Hospitaliers, les Français et les « poulains » (les Francs de Palestine) de trahison, lui rend seuls responsables de cette défaite les barons de Palestine, mais se refuse à les nommer car la honte en retomberait sur leurs descendants.

Que sait-on de l'affaire ? La décision d'attaquer Damas fut prise par un conseil restreint en présence de l'empereur Conrad III. Participaient à ce conseil le roi Baudouin III alors mineur, le patriarche de Jérusalem et des représentants de l'ordre du Temple (Louis VII était encore à Antioche). La décision fut confirmée par la Haute Cour du royaume de Jérusalem qui se tint près d'Acre le 24 juin de la même année, cette fois en présence du roi de France. On ignore tout de ce qui fut dit au cours de l'une et l'autre réunion. La plupart des historiens adoptent en général l'hypothèse de la trahison. Nous serons plus prudents.

Il semble d'abord que, vu de Jérusalem à l'époque, le choix de l'objectif pouvait paraître logique. D'abord parce que Unur, le maître de Damas (officiellement allié des Francs) a conclu un traité d'alliance avec Nur al Din, le fils et successeur de Zengi, ce qui semble-t-il rend caduque son alliance avec les Francs.

Ensuite, parce que, même si stratégiquement la reconquête du comté d'Édesse est une nécessité, il n'est pas dit que les armées croisées (celle de Conrad est réduite à 10% de ses effectifs) soient assez fortes pour affronter une telle tâche. Par ailleurs, il semble que les choix tactiques faits au siège de Damas n'aient pas forcément été judicieux. Aux mois de juillet et août à Damas, la température est très élevée. Assiéger cette ville un 27 juillet, au moment le plus chaud de l'année, paraît déjà un choix délicat, voire contestable [(10)].

Le jour de leur arrivée, les croisés s'installent au sud-ouest et à l'ouest de la ville, du côté des jardins et des vergers. Le lendemain, changement de position, l'armée déménage. La nouvelle position se révèle rapidement intenable en raison de la pénurie de points d'eau. Là encore, on ignore le pourquoi de ce changement de position, d'ailleurs, on ne sait même pas qui, sur le terrain, commandait l'armée !

Cela dit, au moment de l'opération de Damas, il ne manque pas au royaume de Jérusalem de divisions internes qui puissent expliquer que, pour des raisons de politique intérieure, certains auraient pu souhaiter l'échec du siège de Damas… Cependant, entre souhaiter une défaite et organiser une trahison, il existe un pas que, faute de preuves, nous nous refusons à franchir ; même si presque tous les contemporains ont cru à une trahison.

L'idée, émise par certains auteurs, de Templiers prenant le parti de la régente Mélisende contre le roi Baudouin III et favorisant la défaite à Damas qui est dans l'intérêt de celle-ci, ne nous paraît pas réaliste, et ce pour une bonne raison : le Temple a besoin de victoires. Ce sont elles qui renforcent son prestige et par conséquent attirent les dons.

Nous en dirons autant en ce qui concerne l'Hôpital. Quant aux « poulains », si certains d'entres eux peuvent avoir des relations privilégiées avec un chef musulman ou un autre, il est certainement fort dangereux pour eux de favoriser une défaite des armées chrétiennes.

Au-delà de toutes les raisons éthiques et politiques qui pourraient être évoquées pour justifier cette affirmation, il est une raison culturelle majeure. Dans cette région du monde, on devient facilement « l'ami du fort », mais on est d'autant plus pressé « de mépriser le faible ou le vaincu ». Ce trait est présent dans toutes les couches de la société, mais il est évidemment plus marqué chez les chefs religieux et les émirs. Un baron vivant en Terre sainte ne peut pas l'ignorer : s'il est faible ou au service d'un faible, même les populations chrétiennes locales peuvent cesser de le soutenir.

Pour toutes ces raisons, nous pensons plutôt que le choix de Damas fut un pis-aller, une obligation politique. On ne pouvait pas refuser l'aide de Louis VII et d'Othon, il était impossible de les faire attendre jusqu'en octobre [(11)]. Il fallait leur proposer un objectif prestigieux tout de suite. Cela ne signifie pas pour autant que les barons du royaume de Jérusalem, les Templiers et les Hospitaliers, qui connaissaient le terrain et le climat, étaient optimistes quant aux possibilités de réussite de l'opération.

Le siège de Damas

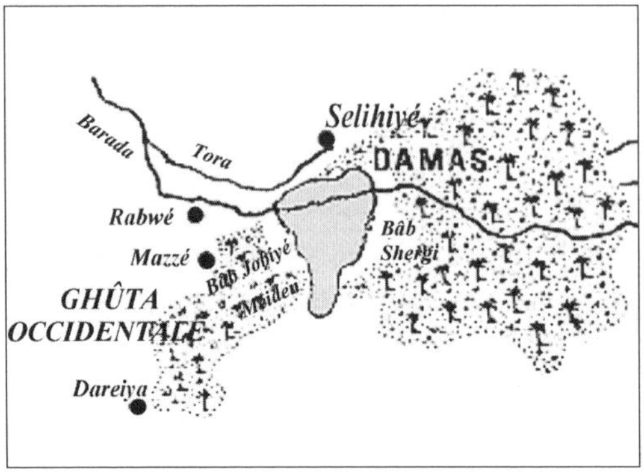

Les croisés installent leur camp près de Dareiya à l'orée de la Ghûta occidentale, qui est une oasis, une zone de jardins et de vergers. Cette zone est irriguée par de nombreux canaux. Le 24 juillet, les Francs lancent une attaque pour tenter de s'emparer de la Ghûta occidentale. C'est une série d'escarmouches meurtrières entre les Francs gênés par la végétation et les archers turcs qui tirent parti du terrain. Les Francs battent en retraite, puis entament une fouille, détruisant systématiquement tout ce qui peut servir d'abri à un archer. Cela leur permet de s'emparer d'une partie de la Ghûta et de se rapprocher de Damas. Ils occupent Rabwé, Neirab (non représenté sur la carte[*]) et Mazzé (prononcer *mezzé)*. Les Francs, malgré une résistance acharnée des défenses turques, parviennent à s'emparer d'une position sur la rivière Barada, qui commande l'irrigation de toute l'oasis. Le 25, Mu'în-al-Dîn Unur prend la tête d'une vigoureuse sortie qui cause énormément de pertes parmi les Francs.

L'armée franque n'est probablement pas assez nombreuse pour encercler complètement la ville (sinon, elle l'aurait fait). Des renforts peuvent donc parvenir aux assiégés par le nord-est.

Le 26, certains historiens expliquent que les poulains parviennent à convaincre Conrad III et Louis VII d'abandonner les positions sur la Barana et dans la Ghûta, ce qui prive les Francs de tout ravitaillement en eau et en nourriture. L'armée de Nur al-Din ayant été appelée par Damas, elle arrive à Homs. Le 28 juillet, les Francs lèvent le siège.

Remarquons que, de toutes façons, si les Francs n'avaient pas levé le siège, ils auraient été pris en tenaille entre les assiégés et l'armée de Nur al-Din. Dans ces conditions, il est peut-être logique qu'ils aient quitté la Ghûta qui était pour eux un terrain de combat peu favorable (on ne charge pas à la lance au milieu des arbres).

Au moment où les Francs lèvent le siège, approchent pour les attaquer l'armée de Nur al-Din qui vient d'Alep et celle de son frère Saif al-Din qui vient de Mossoul : si les Francs avaient attendu l'arrivée de ces deux armées,

* Carte réalisée d'après celle placée sur le site web
http://www.templiers.org/deuxiemecroisade.html

ils se seraient retrouvés dans une position stratégique intenable, pris en tenaille entre les assiégés et une importante armée musulmane.

Un autre exemple d'opinions fabriquées au XIIe siècle nous est donné par l'affaire d'Ascalon.

De 1136 à 1143, les Francs ont édifié trois châteaux autour de la place forte d'Ascalon (53 tours). Beth Gibelin qui fut confié aux Hospitaliers, Ibelin qui avait été donné à Balian et Blanchegarde. Aucune de ces forteresses ne fut confiée aux Templiers en dépit des excellentes relations que le roi Foulque entretenait avec eux. Rappelons qu'il avait séjourné dans leur maison avant même que l'Ordre soit officiellement reconnu.

En 1149, le roi Baudouin III qui a fait restaurer la citadelle de Gaza la remet aux Templiers. Cette citadelle, située au Sud, verrouille la route qui joint Ascalon à l'Égypte.

Le 27 janvier 1153, l'armée chrétienne commandée par le roi Baudouin III est sous les murs d'Ascalon. Le 16 août 1153, un assaut général est lancé. Les assiégés font pleuvoir une grêle de projectiles sur l'armée chrétienne. Une tour d'assaut prend feu, dégageant une épaisse fumée noire que le vent rabat sur la ville. À la faveur de cet incident qui facilite l'assaut, mais non la vision, les Templiers, conduits par le maître de l'ordre Bernard de Tremlay, ouvrent une brèche dans la muraille et une quarantaine d'entre eux s'engouffrent dans la ville.

Personne ne les suit. Cernés, ils sont massacrés et leurs corps sont suspendus aux remparts.

Que s'est-il passé ? Guillaume de Tyr rend les Templiers responsables de leur propre mort, prétendant qu'arrivés avant tout le monde, ils occupaient la brèche et en interdisaient l'entrée sauf aux leurs, ajoutant : *« L'on assure qu'ils agissaient ainsi afin d'obtenir un plus riche butin en entrant les premiers dans la place, et d'enlever plus de dépouilles. »* Nos lecteurs remarqueront la forme employée par Guillaume de Tyr, « L'on assure »...

Nous ne prétendons pas que les Templiers étaient des saints, mais, selon nous, l'explication de Guillaume de Tyr est militairement illogique.

Seuls quarante Templiers se sont engagés dans la brèche ! C'est ridiculement peu pour s'attaquer au pillage d'une ville, surtout d'une ville musulmane, car tout musulman est armé (12). Donc si un groupe aussi peu important s'est introduit par la brèche, c'est soit qu'il a été immédiatement coupé de ses arrières par les défenseurs de la ville, soit qu'il tentait d'atteindre rapidement l'une des portes de la ville pour permettre au gros des troupes de l'envahir. À moins évidemment que des troupes qui étaient censées les suivre aient réagi trop lentement… De toute façon, l'attitude suggérée par Guillaume de Tyr aurait été suicidaire.

On sait par Sigbert d'Hafflingen qui reprit le récit d'un témoin oculaire que l'audace des Templiers les avait conduits presque au cœur de la ville, mais qu'ils n'avaient pas été suivis et que le roi Baudouin III était furieux. Il n'en dit pas plus. On ne sait pas ce qui avait provoqué la colère du roi. Était-ce une « imprudence des Templiers » ou « la lenteur de réaction de ceux qui étaient censés les suivre » ou encore un fait que nous ignorons ? **Cela reste un mystère de l'histoire** et le restera probablement pour toujours.

En voyant les corps des quarante Templiers suspendus aux murailles, on sait en revanche que l'armée franque éprouva une grande colère et un grand désir de vengeance. Pourtant, et c'est là une surprise, quand la ville tomba le 22 août, Baudouin III donna trois jours à la population pour évacuer la ville et la fit reconduire à la frontière égyptienne sous escorte royale avec armes et bagages.

C'est surprenant, surtout après la façon dont avaient été traités les quarante chevaliers du Temple ! Nous voyons là une tentative de Baudouin III pour établir avec ses voisins musulmans des « relations civilisées », quelque chose du genre : « Laissez en paix les États francs et nous ne chercherons pas à les agrandir. »

Les divisions des Francs et les divisions du Temple

La guerre est par nature une activité politique ; et nul ne peut y participer sans jouer volontairement ou non, ou même sans paraître jouer un rôle politique.

Les États francs de Jérusalem ne sont militairement rien d'autre qu'une « tête de pont » établie par l'Occident chrétien sur les terres d'Orient. Les Templiers, les Hospitaliers et plus tard les autres ordres militaires sont des guerriers professionnels chargés de la défense de cette tête de pont.

Le royaume de Jérusalem est le cœur des États francs, et « la position à tenir ». Décrire la situation de cette façon permet d'en faire une analyse stratégique et politique.

Les États francs sont, parce que chrétiens, des alliés naturels des Byzantins, ce qui n'empêche pas ceux-ci de les considérer parfois comme des rivaux. Par ailleurs les intérêts politiques à court terme des États francs peuvent diverger de ceux des Byzantins.

Tout conflit politique au sein du royaume de Jérusalem se répercute sur les autres États francs et sur les ordres militaires, les divisant ou semblant les diviser tout comme il divise les barons de Palestine.

Nous restons prudents en ce domaine. Les ordres militaires sont des ordres souverains, et leurs biens, leurs fiefs, sont plus importants en Europe qu'en Palestine et, par ailleurs, ils sont présents dans tous les États francs de Palestine. Nul doute qu'attirer l'un ou l'autre dans son clan est, en cas de crise politique, l'objectif immédiat et évident de toute faction. Nous ne doutons pas non plus que, Templiers et Hospitaliers étant des hommes, chaque dignitaire de l'Ordre a ses opinions politiques, ses liens affectifs et relationnels. Par voie de conséquence, il est probable qu'un conflit politique au sein du royaume de Jérusalem influait forcément sur le contenu des débats des chapitres tenus à Jérusalem. De là à penser que les ordres ont pu être divisés par ces querelles comme l'ont écrit plusieurs historiens, il y a un pas que nous ne franchirons pas. Ainsi, qu'en fin 1152 André de Montbard, sénéchal de l'Ordre, ait été écarté de la succession du maître Évrard des Barres qui venait de résigner ses fonctions, c'est un fait historique, puisque les Templiers choisirent de confier les destinées de l'ordre à Bernard de Trémelay. Que ce même Bernard de Trémelay mourut au siège d'Ascalon et eut pour successeur André de Montbard, c'en est un également. Qu'André de Montbard ait eu la confiance de Mélisende (la reine régente) est encore un fait historique. En revanche, que pour cette raison le chapitre l'ait écarté de la succession d'Évrard des Barres afin de ne pas susciter la méfiance de Baudouin III nous paraît une hypothèse plus réaliste que celle d'un conflit au sein même de l'ordre, qu'il s'agisse de celui des Templiers ou de celui des Hospitaliers. En effet, ces hommes ne sont pas des saints, mais en prononçant leurs voeux ils ont renoncé à posséder quoi que ce soit. Il en résulte que si leur ambition s'exprime, elle est seulement d'accroître leur puissance dans l'Ordre et la puissance de l'Ordre lui-même, parce que ce sont les seuls objectifs qu'il leur est possible d'atteindre. En conséquence, même si leurs opinions diffèrent par rapport à un conflit politique dans un royaume (fusse-t-il celui de Jérusalem), il est probable que leurs débats sont plus objectifs que passionnés.

Reste le dernier élément du puzzle chrétien : les croisés (pèlerins armés venus d'Occident) ; et parmi eux il faut distinguer les « grands » et les « petits ». Grands ou petits, ils viennent « pour en découdre » dans un pays qu'ils ne connaissent pas, mais dont ils financent la guerre permanente à travers leurs dons au Temple, à l'Hôpital, au Saint-Sépulcre. Certes, les « petits », groupe de pèlerins conduits par un baron ou pèlerins isolés ne posent guère de problème. Ils sont encadrés par les Templiers, les Hospitaliers ou par les poulains et s'intègrent probablement sans trop de problèmes aux forces défensives du royaume de Jérusalem. En ce qui concerne les « grands », les choses sont bien différentes. On ne peut guère tenter de canaliser une croisade conduite par un Louis VII roi de France ou un Conrad III empereur. Ces gens-là ne connaissent pas le pays, mais ils ont probablement la science infuse, et si par quelque miracle ils faisaient preuve d'humilité, il se trouverait bien quelqu'un de leur suite pour les rappeler à l'ordre ; un prélat éventuellement, qui leur affirmerait que Dieu marche à la tête de la croisade.

Le royaume de Jérusalem n'est pas en position ni de les arrêter sur place pendant plusieurs mois (entre-temps, il faut les nourrir), ni de les renvoyer en Occident sans qu'ils aient combattu le Turc.

De plus, compte tenu de son faible peuplement franc, le royaume de Jérusalem est obligé d'utiliser ces armées de pèlerins avec une grande prudence, parce que même quand ils sont une formidable puissance de conquête, ils ne restent pas sur place. Conquérir une cité est une chose, la tenir et la conserver en est une autre ! Au moment où elle fut la plus nombreuse, la population franque ne dépassa pas 150000 personnes. Quant à l'armée franque locale, on en connaît les limites : 600 chevaliers pour le royaume, 600 pour les Templiers et autant pour les Hospitaliers (en moyenne) ; 300 pour les États du Nord. Au total, cela fait 2100 chevaliers environ (en mobilisant tout le monde). Si on ajoute les piétons et autres auxiliaires, cela fait une belle armée pour aller conquérir une ville, mais pour tenir un territoire qui s'étend de Gaza à Édesse c'est très insuffisant. Les Francs de Palestine le savent et en tiennent compte, ils adaptent leurs objectifs aux moyens militaires dont ils disposent en permanence.

Pour cette raison, les croisés ont souvent perçu le poulain comme un traître, ou au moins un défaitiste. Ce fut par exemple le cas au siège de Damas. La prudence dont feront parfois preuve les Templiers et les Hospitaliers leur vaudront les mêmes accusations. Par ailleurs, la guerre n'exclut pas les relations avec les musulmans, du moins avec certains d'entre eux, ni même les alliances de chefs musulmans avec les barons de Palestine.

Alliance entre Francs et musulmans rapportée par Ousâma

« En l'année 509 (1115), les Francs revinrent en force. Aux gens d'Antioche s'étaient joints les armées de Jérusalem et de Tripoli, sans parler hélas ! des autres : deux Turcs, Toughtegin, fondateur de la dynastie bouride de Damas, et l'Artouqide Ilghâzi, seigneur de Mârdin, en Haute Mésopotamie, ainsi que l'eunuque Loulou. qui régna sur Alep durant quatre ans. Il est vrai que ce n'était pas pour nous seuls que tout... »

Source : *Ousâma,* André Miquel, Fayard, 2002, page 46 (*Mémoires d'Ousâma* traduites par André Miquel).

La mosaïque islamique

Autre problème de compréhension entre croisés et Francs de Palestine, quand les premiers voient l'Islam comme un monolithe, les seconds en connaissent les divisions et les querelles intestines. Ainsi quand, cinquante ans après la mort du prophète Mohamed, un poète sunnite se glorifiait que l'Islam était désormais répandu dans « tout le monde », un poète chiite lui répondait en ironisant à propos des « 72 sectes qui divisaient l'Islam dès avant la mort du prophète »... Comme nous l'avons vu à propos de l'affaire de Damas, il peut être de l'intérêt d'un chef musulman de s'allier momentanément aux Francs pour se préserver des ambitions d'un chef musulman plus puissant. Ainsi en 1140 Unur (Mu`îneddîn Unur) de Damas s'alliait au roi Foulque pour préserver ses États de Zengi... Évidemment les retournements d'alliances de la part de ces chefs musulmans étaient fréquents. Ainsi, en avril 1147, Unur s'allie à Nur al-din (qui a succédé à Zengi comme gouverneur d'Alep), ce qui revient à rompre son alliance avec Jérusalem. Mais la même année, un chef musulman de l'Hauran (13) – probablement un Druze – offre son alliance aux Francs contre Damas.

La comparaison est probablement hors de propos, mais on verra durant les événements du Liban à la fin du vingtième siècle des alliances tout aussi surprenantes (pour un Occidental) que celle d' Unur et du roi Foulque, suivies de retournements tous aussi spectaculaires. Les poulains, les Templiers et les Hospitaliers sont probablement habitués à cette particularité du Moyen-Orient, et habitués à en tirer parti, alors qu'elles doivent surprendre les Occidentaux, surtout quand c'est celle de gens qui ont constamment le mot *djihad* à la bouche. D'ailleurs nous verrons que cette incompréhension majeure ressurgira au cours du procès des Templiers. Les Assassins et les Druzes combattirent vaillamment contre les Francs, mais ils leur apportèrent parfois aussi leur soutien. Ce phénomène est en partie lié aux fluctuations aléatoires de la tolérance en Islam. L'attitude du calife (ou du gouverneur en poste) vis-à-vis de ces minorités religieuses conditionnant bien souvent leurs choix tactiques ou stratégiques. Ainsi la mort de Zengi, le « boucher de Baalbek » (*cf.* note 4), entraîne le renversement d'alliance d'Unur qui s'allie avec Nur ad-Din, lequel épousera sa fille.

La mission de « garde des routes »

C'est à partir de la prise d'Ascalon que le Temple pourra commencer d'assumer sa mission de garde des routes des pèlerins. Deux routes empruntées par ceux-ci lui seront particulièrement confiées. La route de Jaffa à Jérusalem et celle qui mène de Jérusalem au Jourdain. Ils partagent avec d'autres ordres, en particulier les Hospitaliers qui occupent Arsuf, la route de Acre à Jaffa, car les pèlerins débarquaient de préférence à Acre dont le port était mieux abrité. Sur cette route, les Templiers disposent de Détroit (N° 16) et de Merle (N° 18) ou Dor. Les pèlerins débarqués à Acre suivent ensuite la route côtière jusqu'à Jaffa. Sur la route de Jaffa à Jérusalem, les Templiers disposent du château de Casal des Plains (Yazur, n° 22). Cette route se divise ensuite en deux, l'une passant au nord par Lydda, l'autre au sud par Ramla. Sur cette dernière, les Templiers disposent des forteresses de Latrun dite le Toron des chevaliers (26) et de Chastel Hernault (que nous n'avons trouvé sur aucune carte sauf s'il s'agit de Castel Arnald qui porte le N° 23).

De Jérusalem au Jourdain, les Templiers sont établis à Citerne Rouge (Adumin ou Maldouin – N° 27), cette citadelle se situant à mi-parcours entre Jérusalem et le Jourdain et protègeant un caravansérail [14]. Sur cette même route, ils disposent également de deux tours, celle de Bat Jubr at-Tahtani (non représentée sur la carte) et celle de la Quarantaine (N° 24).

C'est le commandeur de la cité de Jérusalem lui-même qui est chargé de l'organisation de la protection de cette route et de celle des escortes des pèlerins qui se rendent au Jourdain. Outre les garnisons permanentes des forteresses que nous avons citées, il dispose pour accomplir cette tâche d'une force d'intervention permanente de dix chevaliers qui sont bien entendu accompagnés du personnel auxiliaire habituel (sergents, écuyers, valets, archers…). Il assure également l'intendance de ces déplacements.

Cependant, l'activité de l'Ordre ne se limite pas à ces deux routes emblématiques, de même que notre carte (qui est la plus complète que nous ayons trouvée) est loin de citer toutes les places fortes. On n'y trouve pas, par exemple, le château Sainte-Marguerite qui supportait un phare guidant les bateaux qui se dirigeaient vers Acre.

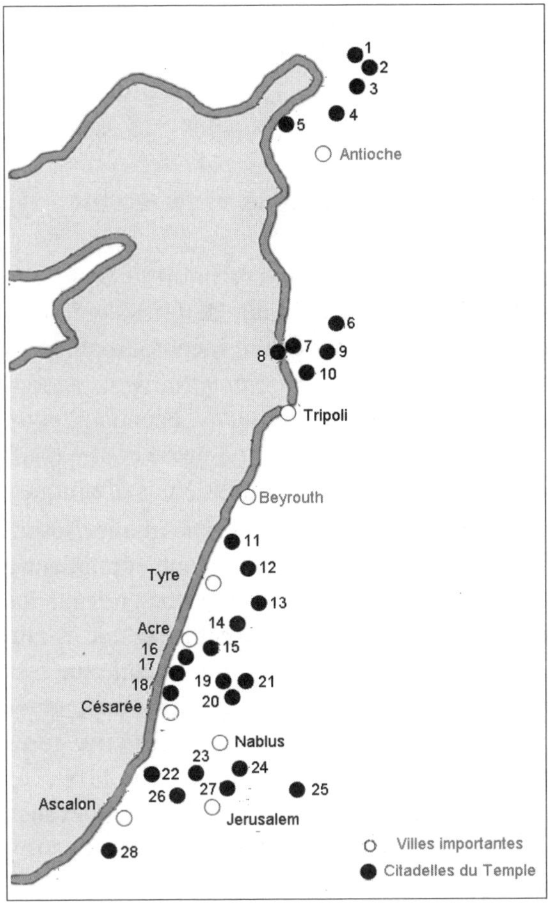

LES IMPLANTATIONS TEMPLIÈRES EN TERRE SAINTE

1. La Roche de Roussel
2. La Roche Guillaume
3. Darbsak
4. Baghras
5. Port Bonnel
6. La Colee
7. Tortosa
8. Ruad (island)
9. Chastel-Blanc
10. al-Arimah
11. Sidon
12. Beaufort
13. Chastellet (Gué de Jacob)
14. Safad
15. Saffran
16. Lc Destroit
17. 'Atlit
18. Merle (Dor)
19. La Feve
20. Le Petit Gerin
21. Caco
22. Casal des Plains
23. Castel Arnald
24. Quarantaine
25. Ahamant (Amman)
26. Toron des Chevaliers
27. Maldouin
28. Gaza

Source : http://www.allcrusades.com/castles/

C'est seulement durant cet âge d'or, des environs de 1160 à la perte définitive du royaume de Jérusalem, que le Temple pourra donner la pleine expression de sa valeur militaire. De fait, à partir de 1148, les Templiers sont de plus en plus actifs et de plus en plus présents en Palestine.

Les grandes batailles militaires et diplomatiques et la rivalité avec l'Hôpital.

À Baudouin III (mort en 1163) succède le roi Amaury (mort le 18 février 1174). Entre-temps, le Temple est devenu pour le royaume de Jérusalem, mais aussi pour la chrétienté dans son ensemble, un partenaire incontournable. Au cours des combats de l'année 1157, ils ont perdu 87 frères (tués ou prisonniers) dont Bertrand de Blanquefort, le maître de l'Ordre... Cependant, entre 1163 et 1168, la grande affaire d'Amaury est l'Égypte où il mène quatre campagnes. L'affaire est complexe et soulève de nombreux problèmes d'éthique.

Les trois premières campagnes d'Égypte menées par le roi Amaury seront pleinement soutenues par le Temple. Les Francs interviennent, répondant à l'appel d'un clan égyptien, et se heurtent à un autre clan soutenu par les Syriens, l'enjeu de l'opération étant la ville de Bilbeis (Péluse). Nur al-Din envoie d'ailleurs en Égypte ses meilleurs généraux : Sirkhuc et Saladin. Les trois fois, comme aucun combat n'est décisif, les hostilités sont suspendues à la suite d'un accord qui se résume en peu de mots : « les forces étrangères quittent le territoire moyennant le versement d'un tribut »... En 1167, les Francs semblent prendre l'avantage et un accord est négocié du côté Francs par Hugues de Césarée, assisté d'un dignitaire du Temple, Geoffroy Fouchier. Cet accord impose à l'Égypte une sorte de « protectorat franc ». En 1168, Amaury veut entreprendre une nouvelle campagne d'Égypte. Il prend le prétexte que Shawar (le chef de clan qui avait appelé les Francs à la rescousse) ne respecte pas l'accord de 1167. Le Temple qui, probablement, s'estime engagé par cet accord, refuse catégoriquement de participer à cette campagne.

L'Hôpital, l'ordre rival, va évidemment prendre la position inverse. Il se crée un « parti des partisans de l'intervention » autour du sénéchal du royaume Milon de Plancy et de Gilbert d'Assailly, le maître de l'Hôpital. Leur but est de soumettre totalement l'Égypte. D'ailleurs, les accords passés entre le roi Amaury et l'Hôpital sont clairs à ce sujet : en échange de la participation de 500 chevaliers de l'Hôpital, le roi cède à l'ordre la ville de Bilbeis et des bénéfices importants dans une dizaine d'autres villes d'Égypte.

À l'inverse, Bertrand de Blanquefort, le maître du Temple, s'oppose à ce que les Francs prennent l'initiative d'une rupture qui serait un manquement à la parole donnée et entraînerait immanquablement une intervention massive de la Syrie.

Cette affaire est un véritable tournant dans l'histoire du royaume de Jérusalem et dans celle des ordres militaires. Pour la première fois, un ordre, l'Hôpital, a pesé sur l'État pour l'entraîner dans une campagne militaire (d'ailleurs désastreuse) et a demandé des fiefs en compensation de sa participation. Pour la première fois, le Temple, pour des raisons éthiques, a refusé de prendre les armes.

Il est normal en effet que le roi prenne conseil auprès des maîtres des ordres militaires avant d'entreprendre une campagne, mais ceux-ci se limitent généralement à donner un avis technique. Ici, pour la première fois, ils ont débordé sur le politique.

Cet épisode marque peut-être le début de la rivalité entre Templiers et Hospitaliers. C'est peut-être également la première fois que s'exprime la différence de mentalité entre les deux ordres.

Il marque également une période difficile pour les chefs musulmans. Nur al-Din est en effet un obstacle à l'évolution de la carrière de Saladin… Cette histoire de la rivalité entre le calife et « celui qui veut être calife à la place du calife » va offrir aux Francs quelques années de répit. C'est Saladin en effet qui réalisera concrètement le vieux rêve de Nur al-Din, l'union de l'Égypte et de la Syrie, mais pour y parvenir, il lui faudra arracher la Syrie des griffes des héritiers de Nur al-Din. Il n'y parviendra totalement qu'en 1183 avec la soumission d'Alep.

Entre-temps se déroulent les premiers heurts entre les Latins et Saladin.

L'expédition menée par Amaury en 1168 sera un échec. Il en tentera une seconde avec l'appui de l'empereur byzantin qui doit fournir une flotte en octobre 1169, et cette fois les Templiers y participeront. On attribue généralement ce revirement du Temple au changement de maître (Bernard de Blanquefort est décédé le 2 janvier 1169 et son successeur Philippe de Naplouse [15] est proche du roi). Certains pensent même qu'Amaury aurait pu jouer un certain rôle dans son élection. C'est oublier que le maître du Temple est entouré d'un chapitre et que c'est le chapitre qui prend la plupart des grandes décisions.

Sur un plan politique, le Temple ne pouvait se permettre ni d'entrer en conflit ouvert avec la politique royale, ni de laisser le seul ordre de l'Hôpital participer à cette nouvelle campagne. À notre avis, le changement de maître n'y est pour rien. Nous pensons même, à l'inverse de la plupart des historiens, non qu'Amaury a pesé sur l'élection du maître, mais au contraire que le chapitre a élu l'un de ses proches pour rassurer le roi. En effet, même si le Temple avait politiquement et militairement raison en refusant de participer à la campagne d'Égypte, un second refus aurait probablement été regardé comme une trahison.

L'expédition d'octobre 1169 fut également un échec.

Philippe de Naplouse renonce à la maîtrise du Temple à Pâques 1170 (16).

Lui succède Eudes de Saint-Amand (connu également sous le nom de Odon de Saint-Amand) qui gouvernera le Temple jusqu'en 1179. Les grands évènements qui marquent sa maîtrise sont les suivants : la mort du roi Amaury (11 juillet 1174) et l'accession au trône de son fils Baudouin IV, le roi lépreux (couronné le 14 juillet), ainsi que celle de Nur al-Din puis la prise de contrôle de son empire par Saladin. Il s'illustra dans plusieurs faits d'armes, entre autres en rompant avec seulement 80 chevaliers Templiers les premières lignes de l'armée de Saladin (celle des Mamelouks), permettant à l'armée franque qui comprenait seulement 3000 piétons et 375 chevaliers de remporter la bataille de Montgisard (près d'Ascalon) contre l'armée du sultan, forte de 20000 hommes. Cette bataille eut lieu le 25 novembre 1177. C'est l'un des derniers échecs de Saladin face au Francs. À partir de là, fort d'une armée qui compte bien plus d'hommes que celle des États de Jérusalem, il va voler de victoire en victoire.

Saladin n'inquiéta pas que les Templiers

En août 1169, après avoir fait assassiner son vizir, Saladin fait massacrer les gardes soudanaises et arméniennes du calife fatimide (chi'ite), supprime le califat et proclame l'Égypte dépendante du califat abbasside (sunnite) de Syrie. Ce renforcement du califat sunnite inquiète évidemment les Assasi'n * (un groupe ismaélien que nous connaissons sous le nom d'Assassins ou Ismaéliens Nizarites). Selon les chroniqueurs arabes de l'époque, le « Vieux de la Montagne [le chef spirituel des assassins] proposait de se faire chrétien avec tous ses fidèles » et le roi Amaury aurait accepté sa proposition. Il s'agit là évidemment de la campagne de calomnie permanente menée par les auteurs orthodoxes contre les assassi'n et leur chef. En revanche, que le Vieux de la Montagne ait proposé une alliance militaire au royaume de Jérusalem est fort probable. Il avait autant, voire plus à craindre de Saladin que les rois francs. Les ambassadeurs des assassins repartirent donc de

Jérusalem chargés d'une lettre et de présents destinés au Vieux ** de la Montagne. L'histoire dit qu'ils furent attaqués en route et égorgés par les Templiers. À cette occasion, Eude de Saint Amant refusa de livrer à la justice du roi Amauri le frère Gauthier du Mesnil, responsable de cette opération, déclarant qu'il serait jugé en chapitre. La décision du Maître du Temple était conforme à la loi puisque le Temple était un Ordre souverain. Ses membres relevaient donc de la justice de l'Ordre. Le refus du Temple était juridiquement inattaquable, mais le roi le prit très mal. Il fit le siège de la commanderie de Sidon, s'empara du frère Gauthier et l'enferma dans les geôles de Tyr où il mourut.

* *Assassi* signifie gardien et devient au pluriel « assasi'n ». Ce groupement ayant utilisé largement le meurtre politique comme moyen d'intervention, leur nom est devenu synonyme en français de meurtrier, on a proposé également l'étymologie Hassas du verbe *Hass*, tuer, écouter aux portes et Hachichin (mangeur de haschich).

** Le mot Vieux traduit ici le terme Scheik Al Djebal (prononcer cher) qui signifie sage, prince, chef, et ancien ou vieux.

Outre son faible peuplement franc, le royaume de Jérusalem souffre d'une grave crise de succession. Baudouin IV, atteint de la lèpre, ne peut gouverner le royaume en permanence et fait appel à des régents ce qui suscite de nombreuses rivalités. En 1181 Arnaud de Torogne succède à Eudes de Saint-Amant [17] comme maître du Temple, mais il en exerce probablement les fonctions depuis 1177.

Baudouin IV, qui a accédé au pouvoir en 1174, est mineur. La régence est confiée à Raymond III, comte de Tripoli. À sa majorité, en 1176, le roi écarte Raymond de Tripoli au profit de Guy de Lusignan. À partir du 20 novembre 1183, il écarte Guy de Lusignan et fait appel à nouveau à Raymond III (décembre 1183 ou janvier 1184). À la même époque, le roi qui se sent mourir fait couronner son neveu Baudouin V (un enfant de cinq ans).

Arnaud de Torogne fut le dernier maître du Temple élu par le chapitre, les suivants seront élus secrètement par treize grands électeurs.

À la mort de Arnaud de Torogne est élu comme maître du Temple soit Jean de Terric (1184-1188), soit Gérard de Ridefort (1184-1189). Nous disposons en effet de deux listes de maîtres du Temple dont l'une ignore Jean de Terric. Selon certains, Jean de Terric n'aurait été que précepteur de la maison de Jérusalem et aurait assuré « en intérim » le rôle de maître du Temple. Selon d'autres (Pierre Ripert), c'est lui et non Gérard de Ridefort qui aurait été épargné par Saladin après la bataille de Hatin. Il lui aurait alors prêté serment de « ne pas porter les armes contre lui ». En 1188 lors de sa libération, il aurait démissionné de ses fonctions de maître du Temple et serait devenu précepteur de la maison de Jérusalem pour que l'Ordre ne soit pas tenu de respecter sa promesse.

De fait, suivant qu'on se réfère à l'une ou l'autre liste, Gérard de Ridefort fut maître du Temple pendant cinq ans (1184-1189) ou seulement pendant un an (1188-1189). Autrement dit, tous les actes de Jean de Terric sont attribués à Gérard de Ridefort, à moins que ce ne soit l'inverse. Ainsi, selon Pierre Ripert, c'est Jean de Terric qui fit couronner Sybille et Jean de Lusignan, alors que, selon Laurent Daillez ce fut une action de Gérard de Ridefort.

Nous n'avons aucun moyen de prendre parti entre les uns et les autres, d'autant que nous pouvons bien ici nous trouver face à une histoire symbolique. En effet, 22 est un nombre symbolique important (le nombre de lettres hébraïques) et les « résurgences templières » ou d'autres groupes qui se réclament de l'héritage du Temple sont peut-être responsables de ce méli-mélo historique. Rappelons qu'il y a par exemple dans la Bible treize tribus d'Israël et non douze, bien que l'énumération ne comprenne toujours que douze noms.

Le 30 septembre 1184, Arnaud de Torogne, parti demander des renforts en Europe à la demande du roi, meurt à Vérone. Jean de Terric (ou Gérard de Ridefort) lui succède comme maître du Temple.

Baudouin IV meurt le 16 mars 1185 et son neveu, le petit roi Baudouin V décède un an et demi après en septembre 1186. Jean de Terric (ou Gérard de Ridefort) alors maître du Temple, le patriarche de Jérusalem Héraclius et Renaud de Châtillon (surnommé Brins Arnat par les musulmans) profitent de ce que les barons du royaume sont réunis à Naplouse autour du régent Raymond de Tripoli pour couronner Sibylle (sœur de Baudouin IV) et son mari Guy de Lusignan, ce qui était contraire aux volontés de Baudouin IV. Les barons protestent, puis se rallient. Raymond III s'enferme dans Tibériade et demande, au cas où il serait attaqué par Lusignan, des secours à Saladin ! En fait, il conclut une trêve – qui est presque une alliance – avec le calife, pendant laquelle les armées de celui-ci ont le droit de traverser librement son territoire.

À propos de ce qui s'est passé à ce moment, il semble régner une certaine confusion chez les historiens. Ce que raconte Laurent Daillez dans *Les Templiers* semble assez différent, au moins dans le détail, du récit rapporté par Alain Demurger dans l'ouvrage portant le même titre. Résumons donc l'ensemble sans entrer dans des détails fastidieux. Gérard de Ridefort (ou Jean de Terric car les faits se passent en 1186-87) se révèle auprès du roi un véritable conseiller « va-t-en-guerre ». La trêve conclue par Raymond apparaît en effet, compte tenu de la situation stratégique du royaume, comme une véritable trahison. Néanmoins, l'esprit de conciliation l'emporte et une ambassade composée entre autres du maître du Temple (Gérard de Ridefort ou Jean de Terric) et de René Moulin (grand maître de l'Hôpital) part pour prendre contact avec Raymond de Tripoli toujours enfermé dans sa forteresse de Tibériade. En cours de route, ils découvrent une armée musulmane qui traverse (conformément aux dispositions de la trêve) la seigneurie de Tibériade.

Avant de juger de la suite, que fait une armée musulmane en cet endroit sinon se diriger vers le royaume de Jérusalem pour y opérer une razzia ? C'est ce que pensent les parlementaires. Ils rallient les forces templières de la région (80 chevaliers provenant du château de la Fève et une dizaine d'un château appelé Cacho ou Caco). Avec les quarante Templiers qui accompagnent les parlementaires, cela fait 120 chevaliers. C'est bien insuffisant pour combattre une armée et le 1er mai 1187 leur troupe est écrasée par les musulmans au lieu-dit « La Fontaine du Cresson ».

De fait, cette armée musulmane traversait la seigneurie de Tibériade pour aller ravager le royaume de Jérusalem en représailles aux agissements de Renaud de Châtillon, seigneur du château de Kérac [18]. Il s'était, selon certains historiens, emparé au début de l'année 1187 d'une énorme caravane et avait refusé malgré les injonctions du roi Guy de rendre réparation à Saladin. À la suite de quoi Saladin avait rassemblé au printemps une puissante armée en vue de passer à l'offensive.

Voici, d'après Christian Marquant, directeur du Centre international d'histoire religieuse (CIHR), quels furent les agissements de Renaud de Châtillon : tout à la fin de l'an 1186, à la suite d'une entrevue avec le roi Guy de Lusignan, Saladin offrit de prolonger pour trois ans la trêve qui allait expirer à Pâques. Guy s'empressa d'accepter cette proposition tant la faiblesse du royaume était grande. Mais presque au même moment une nouvelle agression de Renaud, razziant une caravane, vint mettre à néant tous

les avantages d'une trêve inespérée et amena avec Saladin une brouille aussi affreuse que définitive. Le sultan, apprenant que sa propre sœur avait été capturée par Renaud lors de ce coup de force, jura de tuer celui-ci de sa propre main. Aux demandes du sultan comme du roi qui attendaient de lui qu'il rendît sa prise, Renaud répondit qu'il était seigneur de sa terre, comme le roi l'était de la sienne, et que pour lui il ne pouvait y avoir de trêve véritable avec les Sarrasins. Cité par :
http://www.clio.fr/bibliotheque/Renaud_de_ChAtillon_le_seigneur_de_Kerak.asp.

Soufflons un peu ! Voilà que nous nous retrouvons avec trois responsables pour la catastrophe qui va suivre :

– Le maître du Temple (Gérard de Ridefort ou Jean de Terric) parce qu'il a fait couronner Jean de Lusignan et que c'est un conseiller « va-t-en-guerre ». Mais quelles étaient, concernant sa succession, les volontés du roi lépreux ? Si son neveu Baudouin V venait à mourir, il avait stipulé que son successeur serait choisi par une commission de quatre personnes : le pape, l'empereur, le roi de France et le roi d'Angleterre. Nous pensons, pour notre part, que le temps qu'ils se mettent alors d'accord, le royaume de Jérusalem aurait été balayé. Selon nous, on fait donc au maître du Temple, quel qu'il ait été, un mauvais procès. La situation stratégique du royaume exigeait un roi rapidement. En faisant couronner Sybille et son époux, il a peut-être fait le mauvais choix, mais les barons de Palestine ont accepté ce choix, le rendant légitime a posteriori.

– Renaud de Châtillon est le vassal indiscipliné et cupide qui s'est cette fois emparé d'une caravane et qui en 1183 avait tenté par voie de mer une expédition contre la Mecque. On ne peut nier sa responsabilité. Cependant, c'est certainement, parmi les barons, celui qui connaît le mieux les musulmans et l'Islam. Il sait que si Saladin prolonge une trêve de trois ans, c'est parce qu'il estime avoir besoin de trois ans pour finir de soumettre l'empire de Nur al-Din et ensuite jeter les Francs à la mer(19), ce qui lui donne quelques circonstances atténuantes.

– Raymond VI, comte de Tripoli : les historiens semblent en faire presque une victime de la situation, mais c'est probablement parce qu'il était l'exécuteur testamentaire de Baudouin IV et qu'il s'est fait prendre de vitesse par le maître du Temple. Ses relations avec Saladin le rendent tout de même quelque peu suspect, même si par ailleurs il est soutenu par les Hospitaliers. Il a proposé la couronne de Jérusalem à un certain Onfroi.

Celui-ci s'enfuit épouvanté et est l'un des premiers à prêter allégeance à Guy de Lusignan. Cet épisode prouve que la question était certes de trouver un roi, mais elle était également de trouver quelqu'un qui accepte le poids de la couronne ou l'affrontement avec Guy de Lusignan, ce qui en l'occurrence revenait au même.

Cela fait beaucoup de responsables pour une offensive que Saladin comptait de toute façon déclencher.

Mais revenons à l'histoire, le roi Guy et le comte Raymond se réconcilient. Guy convoque le ban et l'arrière-ban du royaume en vue d'organiser une grande armée susceptible de tenir tête à Saladin. Le maître du Temple, pour aider le roi, se propose de payer les piétons avec l'argent qui lui a été confié par le roi d'Angleterre Henri II en vue de l'organisation d'une future croisade. C'est le maître du Temple qui propose, mais la garde de l'argent a été confiée au Saint-Sépulcre, aux Hospitaliers et aux Templiers. D'ailleurs, l'idée était dans l'air depuis 1184. Le patriarche de Jérusalem en visite à Londres, en 1184, aurait dit à Henri II qui tardait à accomplir son vœu : *« Nous voulons un prince ayant besoin d'argent, pas de l'argent ayant besoin d'un prince. »* Les Hospitaliers refuseront de livrer l'argent qu'ils détiennent, mais l'utiliseront plus tard pour payer les rançons des prisonniers chrétiens. Le Saint-Sépulcre conservera également les fonds qu'il détient. L'argent confié aux Templiers servira donc seul à financer l'opération. Pendant que cette grande armée se prépare, Saladin va mettre le siège devant Tibériade.

À ce moment, l'armée est concentrée près de Nazareth autour de la fontaine de Séphonie. Apprenant le siège de Tibériade, le roi Guy pense qu'il *« a le devoir de secourir ses vassaux »* et veut que l'armée se porte au secours des assiégés. Raymond III exprime son désaccord envers cette décision. Il soulève entre autres la grave question de l'eau et de la chaleur. Il conseille au roi que l'armée se rende près d'un point d'eau et attende la retraite de l'armée de Saladin. Le maître du Temple (Gérard de Ridefort ou Jean de Terric) s'y oppose en traitant le comte Raymond de lâche. La position de Raymond était la seule raisonnable sur le plan stratégique. C'est le début du mois de juillet, compte tenu des températures qui règnent en cette saison, des troupes fraîches ont un avantage énorme sur des troupes en marche qui sont forcément épuisées au bout de quelques heures. Un conseil est réuni et l'idée de Raymond est repoussée.

Nous ne saurons jamais pourquoi cette décision fut prise, mais tout laisse à penser que ce fut une question de confiance mutuelle et de rapports de force. Le maître du Temple et le roi ont peut être simplement trop peu confiance en l'avis du comte Raymond pour le suivre... Le plan du comte Raymond est donc rejeté et l'armée se met en route le 3 juillet 1187 par une chaleur torride. Selon Laurent Dailliez, les choses seraient moins simples, le conseil et le roi se seraient laissés convaincre par Raymond III. C'est le maître du Temple (Gérard de Ridefort) qui serait revenu à la charge au milieu de la nuit, forçant l'entrée de la tente du roi pour lui reprocher de ne pas attaquer alors que la cité assiégée n'est qu'à six lieues (environ 24 km)...

Raymond III en sa qualité de seigneur du fief commande l'avant-garde. Le roi Guy dirige le gros des troupes. Templiers et Hospitaliers forment l'arrière-garde. L'armée longe la vallée aride qui la conduira à Tibériade. Alors qu'elle progresse, elle est harcelée par les archers de Saladin. Elle va donc plus lentement que prévu et est obligée de faire étape à mi-chemin. Dès ce moment, toute possibilité de retraite est coupée par les musulmans. Le lendemain, l'armée se remet en marche péniblement et finit par être encerclée sur la butte de Hattin (20). Le reste est banal. Les Francs chargent avec héroïsme mais ne parviennent pas à desserrer l'étau de l'armée de Saladin. Cette défaite est capitale, d'abord parce qu'elle marque le commencement du déclin des États francs de Palestine, ensuite parce qu'elle fut le plus grand massacre de Templiers et d'Hospitaliers qui se fit durant toute l'histoire de ce royaume.

Le massacre des moines soldats raconté par le secrétaire de Saladin :

« *Au matin du lundi 17 rabî II, deux jours après la victoire, le sultan fit rechercher les Templiers et les Hospitaliers qui étaient prisonniers, et dit : 'Je purifierai la terre de ces deux races impures.' * Il promit donc cinquante dinars à toute personne qui lui en amènerait un ; aussitôt l'armée en amena des centaines. Il ordonna de les décapiter, aimant mieux les tuer que les réduire en esclavage. Il y avait auprès de lui toute une troupe de docteurs et de sûfis et un certain nombre de dévots et d'ascètes : chacun réclama l'honneur d'en tuer un, dégaina son épée et se retroussa ses manches. Le Sultan était assis, le visage radieux, tandis que ceux des infidèles étaient sombres ; les troupes se tenaient en rang, les émirs tout droits en double file. Il y en eut qui fendirent et coupèrent net : ils en furent loués ; d'autres se récusèrent ou manquèrent leur coup ; on les excusa ; d'autres firent rire d'eux-mêmes et on dut les remplacer. J'en ai pu voir certains qui souriaient et tuaient, qui parlaient et agissaient : que de promesses tenues, que de mérites acquis, que de récompenses éternelles obtenues par le sang versé ! Que d'œuvres pies assurées par* *une tête coupée ! Que de lames teintes de sang après la victoire tant rêvée, que de lances brandies contre le lion capturé, que de blessures guéries par la blessure d'un Templier ! Le sultan insufflait énergie aux chefs qu'il avait renforcés ; il avait déployé ses drapeaux pour dissiper les malheurs, il avait terrassé l'Infidélité pour revivifier l'Islam ; il avait détruit l'associationnisme pour construire le monothéisme ; il s'était engagé entier pour dégager la communauté des croyants et il avait abattu les ennemis pour défendre les amis.»*

lmâd ad-Dîn.

Extrait de F. Gabrieli, *Chroniques arabes des croisades,* Sindbad, 1977 source - classes.bnf.fr/idrisi/pedago/croisades/imad_2.htm)

(*) Une variante des paroles de Saladin est donnée par Abu Shama : « *Je veux purifier la terre de ces deux ordres immondes, dont les pratiques sont sans utilité, qui ne renonceront jamais à leur hostilité et ne rendront aucun service comme esclaves* » (*Livre des deux jardins*, cité par Alain Demurger in *Les Templiers*).

Saladin fit également exécuter Renaud de Châtillon, les chroniqueurs racontent même qu'il l'exécuta de sa propre main. Par ailleurs, il fit 15 000 prisonniers. Les piétons furent vendus comme esclaves, les turcomans (troupes indigènes) furent exécutés. Le roi Guy et la plupart des barons et le maître du Temple (Gérard de Ridefort ou Jean de Terric) furent simplement libérés.

Dans les mois qui suivirent, Saladin s'empara de toutes les villes et forteresses de Terre sainte, qui, dégarnies de leurs défenseurs, n'étaient plus en mesure de résister. Saladin permet aux habitants de la ville d'en sortir libres moyennant le paiement d'une rançon. L'Hôpital utilisera pour payer ces rançons l'argent du roi Henri II d'Angleterre. Les Templiers feront également un grand effort financier. Reste qu'une grande partie de la population ne put se racheter et fut réduite en esclavage… Ce jour-là, 15 000 Francs furent réduits en esclavage.

Un seul corps de l'armée franque avait échappé à Saladin, celui de Raymond III qui avait réussi lors d'une charge à percer les lignes musulmanes. Le comte et ses hommes allèrent se réfugier à Tripoli. Une fois qu'il eut conquis la ville, Saladin fit fermer le Saint-Sépulcre, abattre la croix d'or de l'église Saint-Jacques-le-Mineur, qui redevint la mosquée d'Omar, rendit toutes les mosquées, ainsi que toutes les églises qui avaient été transformées en mosquées avant l'arrivée des Francs, au culte musulman.

Reste à analyser les faits avant de crier « haro sur le baudet » et d'attribuer la responsabilité de toute l'affaire au maître du Temple comme l'ont fait les hommes du XIIe siècle et avec eux les historiens. Évidemment cette analyse ne peut être que sommaire compte tenu des éléments dont nous disposons.

D'abord, tous les historiens sont d'accord sur le fait que, dès le premier jour, peu après son départ de la fontaine de Séphonie, l'armée fut harcelée par les archers musulmans. Cela prouve **de toute évidence que la montagne était infestée d'archers de Saladin et que la position de l'armée franque était connue (ou fut rapidement connue) des stratèges de l'armée musulmane**.

Si on ajoute à ce fait la supériorité numérique évidente des armées de Saladin (60000 hommes contre 30000 selon Régine Pernoud in *Les Templiers*, op. cit.), on peut en conclure que, sauf miracle, la bataille était perdue d'avance.

On peut invoquer la mauvaise ou la bonne stratégie ! On peut invoquer le fanatisme des uns et la sagesse des autres ! On peut en appeler aux divisions internes du royaume de Jérusalem, accuser le Temple, l'Hôpital, le roi Guy ou qui l'on voudra ! Il reste un fait acquis : une armée dont la position et les déplacements sont connus a bien peu de chances de remporter une victoire contre une armée supérieure en nombre.

La tactique de Raymond III qui voulait attendre la « retraite des armées de Saladin » se basait sur un présupposé : « Saladin a un objectif ponctuel, Tibériade, et, une fois cette place prise, ses troupes vont se retirer »... Rien ne prouve que ce présupposé aurait été vérifié par l'histoire. Or s'il était faux, si, après avoir conquis Tibériade, l'armée s'enfonçait dans le royaume de Jérusalem au lieu de se retirer, cette tactique était vouée à l'échec. Dès que l'on prend en compte ces considérations, le choix entre l'une et l'autre tactique n'est plus évident pour un homme du XIIe siècle. Il l'est d'autant moins que tous ces hommes croient au « Jugement de Dieu » et ne contesteraient pas la phrase de Judas Macchabé : « *Le nombre importe peu pour vaincre si la force vient de Dieu.* »

Enfin, il ne faut jamais oublier en matière d'histoire militaire qu'un coup désespéré qui débouche sur une victoire est le fait d'un génie de la stratégie, mais que le même coup, débouchant sur une défaite est celui d'un imbécile, d'un fanatique ou d'un imprudent.

Ce qui nous manque de toutes façons pour évaluer cette bataille, c'est que nous ne savons rien de « ce que savait le roi ou le maître du Temple » des forces déployées par Saladin. En effet, presque toutes les batailles gagnées par le royaume de Jérusalem, et il en est généralement de même des batailles gagnées par les armées croisées, sont la victoire d'une petite armée sur une grande. Il en résulte qu'elles sont gagnées non par la force brute ni par le courage des combattants, mais par ce que l'on appelle aujourd'hui le « renseignement militaire », ce qui leur donne d'ailleurs souvent l'aspect de victoires miraculeuses. En revanche, quand les armées musulmanes ont un temps d'avance en matière de renseignement, ce sont elles qui triomphent. Rappelons-nous à ce propos le massacre de l'armée de Conrad III.

Même si les circonstances en ont offert le prétexte, on peut supposer que le siège de Tibériade était une opération que Saladin avait préparée longtemps à l'avance, une diversion destinée à attirer l'armée franque dans un piège.

On peut même penser que sa proposition de trêve prolongée faisait partie de cette préparation. Comment en effet mieux endormir la méfiance de l'ennemi qu'en lui proposant une trêve ? Quel moment est plus favorable qu'une trêve pour introduire des agents de renseignement chez l'ennemi ?

Avant de chercher les responsabilités de cette défaite, il ne faut pas oublier le génie stratégique de Saladin, non plus que les immenses « ressources humaines » dont il dispose. Évidemment, si au XIIe siècle on avait invoqué de telles causes à la défaite de Hattin, on aurait immanquablement découragé l'Occident.

Le Temple, puisque le maître de cet ordre avait joué le rôle de conseiller du roi de Jérusalem, était le bouc émissaire idéal ; mais l'Ordre ne s'en remettra jamais. Le 2 octobre, Saladin prend Jérusalem. Le 29 octobre, le pape Grégoire VIII proclame la troisième croisade. Celle-ci va reconquérir presque entièrement le royaume de Jérusalem. Néanmoins, les Latins ne se remettront jamais de la défaite de Tibériade (ou défaite des cornes de Hattin).

Les sacrifiés du Christ

En arabe « sacrifié » se dit *fedayi,* qui donne au pluriel *fedayin*, et il ne manque pas aujourd'hui de gens pour comparer les Templiers à des *fedayin*… Il y a pourtant entre les notions de « sacrifice » dans le christianisme (et donc chez les Templiers) et dans l'islam des différences fondamentales quelque peu comparables d'ailleurs à celles que nous avons soulignées pour la notion de « guerre sainte ».

D'abord, le Templier est chrétien, et par conséquent sa mission guerrière est par essence purement défensive, même si les lois de la stratégie et de la tactique peuvent parfois le conduire à mener ponctuellement des actions offensives (d'où sa mission essentielle de *« défendre les pèlerins contre les brigands et les ravisseurs, à protéger les chemins et à servir de chevalerie au souverain roi »*).

Ensuite, et c'est un point important, le Templier ne combat jamais pour convertir, car la conversion est le travail du missionnaire, et lui, dans un cadre chrétien, ne saurait être un combattant (le fait de n'avoir rien fait pour convertir les musulmans leur sera reproché lors du procès).

Enfin, le Templier n'est un « sacrifié » que dans la mesure où sa démarche de membre d'un ordre religieux, sa démarche « d'imitation de Jésus-Christ », peut le conduire à estimer qu'il doit accepter le martyre.

En cela, la règle du Temple n'est pas différente de celles d'ordres chevaleresques laïques qui nous sont parvenues. Ainsi, toutes fustigent de la perte de l'honneur tout chevalier qui pour assurer sa propre survie met en danger celle de ses compagnons. Simplement, il semble que les Templiers (c'est également vrai des Hospitaliers) aient été des combattants plus aguerris, plus expérimentés que les autres, qu'ils aient par conséquent eu la règle plus « présente à l'esprit » et l'aient mieux respectée.

Ainsi, de ce point de vue les seules différences entre un chevalier profane et un chevalier du Christ, c'est que le second obéit à une règle monastique. Cependant, le fait de suivre une règle monastique donne certainement au Templier un meilleur contrôle de lui-même et une capacité à s'en remettre à Dieu en ce qui concerne son destin. En une phrase, sur le champ de bataille, logiquement, il réagit plus vite, avec plus de calme et plus de discipline et accepte certainement avec moins de réticences l'idée de faire le sacrifice de sa vie.

Reste que le membre d'un ordre religieux chevaleresque ne possède rien hormis son couteau et sa ceinture. Celui qui les capture ne peut donc espérer une rançon. Aussi les Templiers sont-ils généralement massacrés.

En 1179, lors du combat dit « du gué de Jacob » (juin 1179), Saladin fit scier les Templiers et les Hospitaliers qu'il avait fait prisonniers par le milieu du corps. Il épargna le maître Eudes de Saint-Amand car il comptait l'échanger contre l'un de ses neveux prisonnier des Francs. Le maître du Temple adressa au calife cette réplique cinglante : *« Je ne veux point autoriser par mon exemple la lâcheté de mes religieux, qui se laisseraient prendre dans l'espérance d'être rachetés. Un Templier doit vaincre ou mourir et ne peut donner pour rançon que son poignard et sa ceinture.* ». Eudes de Saint-Amand mourût quelques mois plus tard dans sa geôle.

Il est arrivé que des Templiers soient libérés des geôles musulmanes. L'un des plus célèbres d'entre eux fut Bertrand de Blanquefort (1156-1169) fait prisonnier le 19 juin 1157 par Nour al-Din. Il fut libéré deux ans plus tard en même temps que 6000 autres captifs parce que l'empereur de Constantinople avait payé leurs rançons.

Parfois, il leur est offert une chance de survie en se convertissant à l'islam, par exemple par Saladin à la bataille de Hattin ; selon les chroniques aucun Templier (ni aucun Hospitalier d'ailleurs) n'eut la lâcheté d'accepter une telle proposition… Il est vrai que l'esclavage qui aurait été la récompense de leur conversion n'était guère un sort enviable.

Un maître (Jean de Terric ou Gérard de Ridefort suivant celui qui participa à la bataille de Hattin) fut soupçonné d'avoir « crié la loi » parce que Saladin le libéra alors qu'il venait de faire exécuter tous ses frères… Selon certains historiens, ce fut une ruse délibérée de Saladin pour diviser les forces du royaume de Jérusalem.

S'il s'agit de Jean de Terric, la ruse échoua, car il démissionna dès sa libération de ses fonctions de maître du Temple pour devenir précepteur de la maison de Jérusalem. S'il s'agit de Jean de Ridefort, la ruse réussit pour un temps. Pour un temps seulement, car il mourut en héros le 4 octobre 1189 au siège de Saint-Jean-d'Acre, ce qui mit un point final aux rumeurs.

Les pires ennemis de l'Islam, mais les ennemis les plus estimés !

Les Templiers étaient et sont toujours considérés comme les pires ennemis de l'Islam. Ainsi, de nos jours, le mot *Templier* apparaît relativement souvent dans les diatribes des fondamentalistes musulmans alors que les autres ordres militaires ne sont jamais cités. La chose est significative du fait que les Templiers plus que tout autre ordre chevaleresque ont impressionné les combattants musulmans. D'abord, à partir de 1160, ce sont eux qui eurent la garde du plus grand nombre (et de loin) de places fortes en Terre sainte. Ensuite, c'est eux bien souvent qui furent chargés de missions diplomatiques auprès des musulmans ou qui participèrent aux négociations au côté des émissaires royaux.

Les Templiers vus par un prince de Shaïzar

L'un des plus célèbres chroniqueurs arabes est un certain Ousâma. Il est né en 1095 et appartient à la puissante famille des Banou 'Moukidh qui règne depuis le début du XIe siècle sur la principauté de Shaïzar, une principauté proche d'Antioche. Parce que la principauté d'Antioche et celle de Shaïzar se menaient une guerre de conquête fort courtoise, où l'on s'étripait avec la plus grande violence avant d'échanger des chevaux et de faire assaut de bonnes manières, Ousâma, neveu de l'émir de Shaïzar, apprit la langue des Francs et connut personnellement leurs chefs. À vingt ans, il fut invité par l'émir de Damas qui lui demanda, en raison de sa connaissance des Francs et de leur langue, de devenir son ambassadeur auprès d'eux. C'est avec le titre d'émir qu'il va exercer cette fonction et parcourir en tous sens le royaume de Jérusalem. C'est certainement l'aspect chevaleresque des conflits entre Shaïzar et Antioche, qui ont « bercé l'adolescence d'Ousâma » qui lui donnent une capacité particulière à l'objectivité. De toute évidence, ses mémoires ont été écrites d'abord pour lui-même, comme une sorte de journal intime, le journal intime d'un homme qui ne veut mentir ni sur lui-même ni sur les autres, ni sur les siens, ni sur leurs défauts. Ses mémoires sont riches en récits pittoresques et témoignent de façon très colorée de la vie quotidienne des Francs. Il y décrit les ordalies, exprime sa surprise devant cette méthode de jugement, nous renseigne également sur les qualités et les travers du roi Foulque qu'il rencontra souvent. Il décrit avec précision l'objectivité et la loyauté de sa justice tout en s'étonnant de l'importance du chevalier dans la société franque :

« Les Francs n'ont aucune des supériorités des hommes, excepté la bravoure. Il n'y a chez eux de prééminence et de préséance que pour les chevaliers qui sont vraiment leurs seuls hommes. Aussi les considèrent-ils comme des arbitres des conseils, des jugements et des décisions. Un jour, je leur demandai justice pour des troupeaux de brebis que le seigneur de Bâniyâs avait enlevés dans la forêt. Or, la paix régnait entre nous et eux et j'habitais alors Damas. Je dis au roi Foulk ibn Foulk : 'Ce seigneur a fait acte d'hostilité contre nous et s'est emparé de nos troupeaux. C'était l'époque où les brebis mettent bas ; leurs petits sont morts en naissant. Il nous les a rendues après avoir causé la perte de leur progéniture.'

Le roi dit aussitôt à six ou sept chevaliers : 'Allez siéger pour leur faire justice.' Ils sortirent de la salle, se retirèrent et délibérèrent jusqu'à ce qu'ils fussent tombés d'accord. Ils rentrèrent alors dans la salle où le roi tenait son audience et dirent : 'Nous avons décidé que le seigneur de Bâniyâs a l'obligation de leur rembourser ce qu'il leur a fait perdre par la mort de leurs agneaux.' Le roi ordonna au seigneur d'acquitter cette dette. Il me sollicita, insista auprès de moi et m'implora; à 'accepter de lui comme paiement quatre cents dinars'. Or, la décision, une fois que les chevaliers l'ont prononcée, ni le roi ni aucun chef des Francs ne peut l'altérer, ou l'atténuer, tant le chevalier est à leurs yeux de grande importance. »

Ce passage illustre bien le ton d'Ousâma, à la fois critique, précis, anecdotique et à l'occasion admiratif. Mais il nous faut, avant d'aborder son opinion sur les Templiers, donner d'autres éclairages quant à sa vision des Francs. Il est très choqué par les fêtes collectives et populaires où toutes classes mêlées, ils se livrent à des jeux de toutes sortes et à des plaisanteries. Il l'est plus encore par la simplicité de leurs mœurs sans complexes, leur absence de tabou par rapport à la nudité. Le fait qu'un chevalier fasse raser en sa présence les poils pubiens de sa femme par un barbier musulman le choque au plus haut point. Par ailleurs, il connaît assez bien les Francs pour établir entre eux des différences. Il distingue deux catégories de Francs. Il y a d'abord celui du royaume de Jérusalem, croisé de la première heure ou poulain, souvent installé à la tête de domaines importants, épris de paix, qui connaît le pays et les musulmans. Viennent ensuite les nombreux pèlerins armés qui arrivent pressés d'en découdre avec les musulmans et ne comprennent guère la réticence des autres, et qui de plus ignorent tout du pays et de l'islam.

À ce propos, il raconte une anecdote qui par ailleurs est un exemple du comportement qui fut parfois (enfin au moins cette fois) celui des Templiers.

« Lorsque je visitai Jérusalem, j'entrai dans la mosquée d'al-Aksa. À côté, se trouvait une petite mosquée que les Francs avaient convertie en église. Lorsque j'entrai dans la mosquée d'al-Aksa, qui était occupée par les Templiers, mes amis, ils m'y assignaient cette petite mosquée pour y faire mes prières. Un jour j'y entrai, je glorifiai Allah. J'étais plongé dans ma prière lorsqu'un des Francs fondit sur moi, me saisit, et retourna ma face vers l'orient en disant : 'Voici comment l'on prie !' Une troupe de Templiers se précipita sur lui, se saisit de sa personne et l'expulsa. Je me remis à prier. Échappant à leur surveillance, ce même bonhomme fondit de nouveau sur moi et retourna ma face vers l'orient en répétant 'Voici comment l'on prie !' Les Templiers s'élancèrent de nouveau sur lui et l'expulsèrent, puis ils s'excusèrent auprès de moi en me disant : 'C'est un étranger qui est arrivé ces derniers jours des pays des Francs. Il n'a jamais vu prier personne qui ne soit tourné vers l'orient.' Je répondis. 'J'ai assez prié pour aujourd'hui.'

Je sortis, m'étonnant combien ce Satan avait le visage décomposé, comme il tremblait, et quelle impression il avait ressentie de voir quelqu'un prier dans une direction qui n'était pas celle des chrétiens. »

Remarquable exemple de tolérance, je dirais même de respect pour l'islam de la part de ces « moines chevaliers ». Tout aussi remarquable est d'ailleurs le fait que Ousâma soit capable d'apprécier leur attitude puisqu'il les appelle « mes amis les Templiers ».

Ousâma fait par ailleurs un parallèle entre les Templiers et les Hospitaliers. Voici ce qu'il dit des Hospitaliers qu'il appelle « les hébergeurs » :

« *Confits dans leurs dévotions, prudes, hautains, inaccessibles aux douceurs de la vie, les 'hébergeurs' ne ressemblent point à mes amis Templiers. Ils sont pourtant de la même race et du même pays que ces derniers. Pourquoi sont-ils si différents ? Pourquoi manifestent-ils tant de mépris à l'égard de ceux qui n'ont pas embrassé la religion de la Croix ?* »

Ousâma nous décrit donc les Hospitaliers comme bien différents des Templiers qui, tout en étant comme eux des religieux, ne présentent pas les mêmes caractéristiques.

Plus loin, toujours à propos des Hospitaliers, il ajoute : « *J'ai connu et fréquenté des gens de toute sorte en guerroyant et en voyageant, mais j'ai rarement rencontré des hommes aussi fermés et aussi obtus. D'ailleurs, mes amis les Templiers ne les portaient pas dans leur cœur. L'un d'eux qui habitait Acre et chez qui je séjournais lorsque je me rendais dans cette ville m'a dit des 'hébergeurs' qu'ils étaient orgueilleux et très imbus d'eux-mêmes. 'Je ne les aime pas plus que toi, Ousâma', m'a-t-il dit. Il est vrai que je n'apprécie guère leur commerce. Ces impies mettent leur point d'honneur à être les fidèles serviteurs de leur Dieu : ils n'aiment ni boire avec délicatesse ni manger avec raffinement. Toujours vêtus de noir, ils arborent toujours une mine sinistre. Qu'Allah maudisse cette engeance !* » (source : *Autobiographie d'Ousâma ibn Mounkidn*, citée par Philippe Aziz in *Les Sectes secrètes de l'Islam*).

Le témoignage d'Ousâma est intéressant à plus d'un titre, ne serait-ce que parce que l'on y voit se dessiner deux mentalités différentes. D'une part celle des Hospitaliers qui paraissent (si l'on en croit Ousâma) considérer le monde du haut de leur tour d'ivoire, et porter leur dévotion et leur ascétisme comme une bannière, en un mot être déshumanisés et ne même plus prendre part aux plaisirs de la vie...

D'après lui, les Templiers seraient fondamentalement différents, faisant preuve justement des qualités qu'il dénie aux Hospitaliers. Par ailleurs, il signale que au moins un Templier qu'il connaît « ne les aime pas plus que lui », autrement dit que cette différence de mentalité est perçue par d'autres que lui.

Il faut relever que Ousâma, malgré son honnêteté, n'est pas toujours d'une totale objectivité ou n'est pas toujours parfaitement informé. Il serait par exemple bien surpris de constater le prestige dont jouit le précepteur d'Arnoul, l'habile astrologue, le « *savant docteur* », dans la chronique de Raoul de Caen intitulée *Histoire* ou *Geste de Tancrède*. De même, en ce qui concerne les mœurs sexuelles des Francs, il semble qu'il soit prêt à accepter n'importe quel témoignage indirect.

Il existe d'autres témoignages musulmans à propos des Templiers qui sont en général considérés par les musulmans comme des hommes d'honneur incapables de manquer à leur parole. C'est d'ailleurs cette considération même que leur accordent les musulmans qui en fait « les pires ennemis de l'Islam ». Les « pires ennemis », mais c'est à eux que Saladin demandera de garantir la libération des prisonniers qu'il se proposait de racheter après la prise d'Acre le 12 juillet 1191…

Cependant, pour l'anecdote, il faut savoir que Saladin, se pressant peu d'accomplir les clauses de sa capitulation (en particulier de verser les rançons promises), celles-ci furent estimées caduques par Richard Cœur de Lion le 20 août 1191. Il fit donc égorger les 2700 prisonniers qui n'étaient pas en mesure de payer leur rançon.

La rivalité avec d'autres ordres de moines soldats

Le temple fut le premier ordre militaire, mais il semble que l'ordre des Hospitaliers de saint Jean eut plus rapidement que lui un effectif militaire important. En fait, jusqu'à la fin du XIIe siècle, l'Hôpital, qui fut créé au moins cinquante ans avant l'ordre du Temple, a un temps d'avance dans le développement en Terre sainte, ainsi qu'en ce qui concerne les privilèges accordés par les papes.

Ordre des Hospitaliers de saint Jean de Jérusalem	**Ordre des Pauvres Chevaliers du Christ et du temple de Salomon**
Vers 1050 : Création par des Latins originaires d'Amalfi (Campanie) du monastère St-Jean-Eleymon (St-Jean l'Aumônier) à Jérusalem ; ce monastère est doté d'un hospice. Règle de St Augustin.	
15 juillet 1099 : Conquête de Jérusalem par les croisés (première croisade) ; le supérieur du monastère latin, Gérard, créé l'Hospice St-Jean (en l'honneur de St Jean Baptiste, plus connu que St Jean l'Aumônier)	
1113 : L'Ordre est approuvé par le pape Pascal II (13 août 1099 – 21 janvier 1118) ; son nom officiel est alors : « Ordo Equitum Hospitaliorum Sancti Iohannis Hierosolimitani », soit ordre équestre hospitalier de St Jean de Jérusalem	Vers 1119 : Création de l'Ordre et installation dans le palais du roi Baudouin II. 1129 : Concile de Troyes, adoption de la règle de saint Benoît.
Entre 1136 à 1143, Beth Gibelin est confiée aux Hospitaliers. C'est la première forteresse de Terre sainte confiée à des religieux.	1149 : Le roi Baudouin III qui a fait restaurer la citadelle de Gaza la remet aux Templiers. C'est la première citadelle qui leur est confiée.
1154 : Anastase IV : Les chevaliers de saint Jean dépendent directement du Saint-Siège. Ils sont autorisés à établir sur leurs domaines des églises et des cimetières, à célébrer le culte en temps d'interdit. Ils sont exemptés de l'obligation de fournir les dîmes de leurs propriétés. Les évêques ne peuvent les frapper de sentences d'excommunication.	Alexandre III, par une bulle publiée en 1162, accorde aux Templiers les mêmes privilèges que ceux accordés aux Hospitaliers en 1154.

C'est donc avec l'ordre des Hospitaliers que se manifestera une rivalité, car les autres ordres militaires seront créés bien plus tard. Les chroniqueurs, soucieux de trouver des boucs émissaires, et soucieux également d'affaiblir les ordres militaires (la plupart des chroniqueurs appartiennent au clergé séculier et sont irrités par les privilèges des ordres), grossiront beaucoup ces rivalités et leur importance.

Soyons clair, en Terre sainte, la règle générale est la coopération entre les ordres. Templiers et Hospitaliers sont « frères d'armes » et souvent chargent ensemble sous un même commandement. Il en est de même plus tard avec les Teutoniques. Templiers et Teutoniques construiront ensemble le célèbre château Pèlerin.

D'ailleurs, les règles de ces différents ordres prévoient cette coopération.

Le Templier isolé au combat, s'il ne peut rejoindre le gonfanon Baucent, doit se rallier au premier gonfanon de l'Hôpital.

Ajoutons que, au-delà de leurs divergences, Hospitaliers et Templiers (plus tard Teutoniques) ont un point commun, ce sont des guerriers professionnels et ils savent faire taire leurs querelles face à l'ennemi. **La coopération entre les ordres est donc la règle générale et le conflit l'exception**. D'ailleurs la plupart des conflits furent connus par les accords qui y mirent fin. Il s'agissait le plus souvent de questions de bornage entre territoires.

Reste que, comme en témoigne Ousâma, ces ordres ont des sensibilités, des mentalités différentes qui les conduisent à analyser différemment les situations politiques ou stratégiques.

Certains historiens ont voulu faire des Hospitaliers des partisans du pouvoir royal et des Templiers des partisans du pouvoir des barons. D'autres ont voulu que les premiers privilégient les alliances avec l'Égypte et les seconds celles avec la Syrie ! De là à imaginer l'Hôpital jouant le roi contre les barons et le Temple les barons contre le roi, les deux Ordres n'ayant évidemment pour but que d'augmenter leur propre puissance, il n'y a qu'un pas que certains commentateurs franchissent avec allégresse. L'une comme l'autre assertion témoignent d'un souci « d'étiquetage politique » qui fait d'un ordre le client du roi, ou le client des barons, voire le client de l'Égypte ou de la Syrie. Or, de la part de l'un comme de l'autre, ces options sont temporaires, ce qui montre à l'évidence qu'elles sont le résultat d'une analyse et non celui d'un quelconque clientélisme.

Il y a dans ce jeu un élément qui vient tout compliquer, c'est l'antagonisme permanent entre les barons de Terre sainte (les poulains) et les croisés (ou pèlerins) ; les conseils de prudence des premiers étant pris par les seconds pour des manifestations de couardise, voire de lâcheté. Or, dans cette controverse, les ordres militaires sont les alliés naturels des poulains et bien souvent leurs porte-parole car leur expérience militaire ne peut être mise en cause. De ce fait, ces mêmes ordres militaires sont tenus pour responsables de la plupart des échecs ; en particulier, les faiseurs d'opinions (qui sont bien plus des courtisans que des journalistes indépendants) imputent les échecs à l'un ou l'autre ordre militaire.

Les chroniqueurs racontent que parfois Templiers et Hospitaliers s'affrontèrent les armes à la main. La situation économique, humaine et commerciale dans les États francs d'Orient contribua largement à générer de telles situations. Relevons également que dans le rapport concernant la fusion des ordres, Jacques de Molay affirme : « *En outre, on n'a jamais entendu dire que, pour quelque cause que ce soit, l'un d'eux ait porté la main violemment sur l'autre.* » Les chroniqueurs ont donc peut-être considérablement grossi quelques faits isolés qui, dans leur esprit, sont devenus de véritables batailles rangées. Jacques de Molay ne peut guère en effet mentir sur un point aussi délicat (voir chapitre 8 – La fusion des ordres).

En effet, les républiques marchandes qui avec leurs navires avaient transporté les troupes lors des conquêtes obtenaient en échange de leurs services des « parts de fiefs » qui devenaient de véritables comptoirs indépendants dotés de l'exterritorialité. En effet, Génois, Pisans et Vénitiens, outre les services rendus aux armées, assuraient le transport des pèlerins et commerçaient activement avec les Syriens de toutes confessions. Les conflits d'intérêt entre ces puissances commerciales dégénérèrent parfois en véritables guerres civiles telle la guerre de Saint-Sabas à Acre, en 1257-1258. Parfois les ordres monastiques prirent parti dans ces conflits sanglants, ce qui les amena parfois à s'affronter. Il faut dire à leur décharge que les deux ordres sont souverains. Puissances internationales et cosmopolites, ils ne font et ne doivent allégeance à personne, sauf au pape qui est leur protecteur commun.

Tous deux ont également d'énormes intérêts financiers et d'énormes contraintes financières, car il leur faut entretenir les forteresses de Terre sainte qui leur ont été confiées. La richesse des deux ordres est énorme, mais, surtout en Palestine les charges ne le sont pas moins… Entre gens armés, quand de gros intérêts sont en jeu, il suffit que l'un fasse preuve de mauvaise foi au moment où l'autre est prêt à perdre son sang-froid pour que se produise un regrettable incident. C'est probablement ce qui se produisit lorsqu'un protégé de l'Hôpital, le chevalier Seguin, se vit contester par les

Templiers la propriété d'un fief situé dans le district de Margnat et de Valérie. Les Hospitaliers prirent fait et cause pour lui, et le sang coula, chacun des deux ordres soutenant ses prétentions par les armes... C'est du moins en ces termes que le récit est parvenu jusqu'à nous...

Par ailleurs les ordres portent de fait, parce qu'ils détiennent de nombreux fiefs en Terre sainte, de lourdes responsabilités politiques. En cas de crise dynastique, ils sont amenés à se prononcer en tant que barons en faveur d'un prétendant au trône ou d'un autre. Là aussi, leurs analyses peuvent varier. Quand, après la défaite d'Ascalon, Conrad rend Guy de Lusignan responsable de la défaite des Francs et revendique le trône, le Temple se prononce pour Guy et l'Hôpital pour Conrad. Il ne faut certainement pas voir dans ces différences d'analyse seulement l'affrontement d'intérêts particuliers à chaque ordre. Nous pensons qu'interviennent plutôt des questions de « stratégie à long terme » ainsi que des « visions différentes de la situation ». Nous avons vu qu'Ousâma, important ambassadeur de Nur al-Din perçoit différemment les Templiers et les Hospitaliers ; qu'il a de bons contacts avec les premiers et de mauvais avec les seconds. Ousâma a eu probablement chez les musulmans son contraire qui avait de bons contacts avec les Hospitaliers et de mauvais avec les Templiers. À partir de là, on peut, et on doit penser que les contacts avec les populations locales chrétiennes, qui furent certainement la première source de renseignement politique et militaire des ordres, furent différents chez les Templiers et les Hospitaliers, et que donc les renseignements recueillis furent différents. Ainsi, quand les Templiers refusent de participer à une campagne en Égypte, c'est parce qu'ils craignent une union de l'Égypte et de la Syrie, alors que, à la même époque, les Hospitaliers sont plus sensibles à la déliquescence du califat égyptien. Il serait certainement simpliste de penser que les uns ont plus de sens politique ou de sens stratégique que les autres. De même ce serait certainement faire un mauvais procès d'intention aux Hospitaliers que de les accuser d'avoir soutenu l'expédition d'Égypte parce qu'ils espéraient en obtenir des fiefs.

Des bâtisseurs : les forteresses en Terre sainte

Les ordres militaires vont récupérer des forteresses musulmanes qu'ils « restructureront » et bâtir de nouvelles places fortes. Les Templiers et les Hospitaliers seront parmi les plus grands constructeurs de Terre sainte. Parmi les servants et les auxiliaires civils du Temple [21] il y a des gens de métier. D'ailleurs, la suite du maître comprend un forgeron qui, bien que cela ne soit pas précisé, doit suivre avec une forge mobile, car à quoi servirait un forgeron sans forge ? Par ailleurs, on ne bâtit pas, on ne restructure pas en faisant appel à des esclaves ou à des captifs musulmans. Sauf peut-être pour des travaux de déblai ou de remblai, autrement dit pour les corvées qui sont effectuées par des vilains en Europe. Tout le reste du travail : appareillage des pierres, montage, charpente, entretien même, est accompli soit par des frères convers ou servants, soit par des gens de métier associés au Temple ou à l'Hôpital [22]. D'ailleurs, ils sont indispensables aux armées, ce sont eux qui orchestrent la fabrication des tours d'assaut, des catapultes des mangonneaux et des béliers. Ils sont les ingénieurs militaires de l'époque et il suffit de compulser les cahiers de Villard de Honnecourt pour constater que les « machines de guerre » sont bien une spécialité de l'architecte du XIIIe siècle comme elles étaient déjà celle de Vitruve, l'architecte romain. Au XIIe siècle, les forteresses seront bâties sur le modèle du castrum byzantin avec donjon, enceinte et tours quadrangulaires. De fait, au XIIe siècle, jusqu'à la défaite de Hattin, le castrum s'inscrit dans une stratégie offensive. C'est un abri, une base de départ pour des sorties mais qui se révèle impropre à soutenir de longs sièges. À l'inverse, les forteresses du XIIIe siècle reflètent une stratégie défensive. Ce sont des refuges très vastes, dotés de murs d'une épaisseur démesurée, d'entrepôts, de réserves d'eau potable destinées à soutenir de longs sièges et d'importantes garnisons. Les châteaux du XIIIe dont le type est le Krak des chevaliers seront à double enceinte flanquée de tours rondes. Évidemment, encore aujourd'hui les spécialistes polémiquent en analysant les ruines. Certains croient reconnaître des techniques de construction arabes, quand d'autres attribuent les mêmes techniques aux Byzantins. Nous savons que des conditions climatiques et géophysiques identiques exigent des techniques de construction comparables, et que par conséquent, un bon constructeur arrivant dans un pays nouveau pour lui (dont il ne connaît ni le climat ni les ressources en matériaux) s'inspirera forcément de la construction locale. Ajoutons qu'il y aura immanquablement des « transferts de technologie », parce que les constructeurs francs savent tout aussi bien que les constructeurs arabes élever une coupole ou une voûte en arc brisé… D'ailleurs, si l'on devait s'interroger vraiment sur cette question, on remarquerait que de nombreuses forteresses de construction franque sont toujours debout malgré les nombreuses destructions qu'elles ont subies (y compris les secousses sismiques), alors que de la plupart des forteresses arabes (du moins celles qui n'ont pas été rebâties par les Francs au XIIe ou XIIIe siècle) il ne reste pratiquement rien. Par ailleurs, il semble que les unes comme les autres aient fait de larges emprunts à l'architecture militaire byzantine.

La stratégie des moines soldats

Encore une question non résolue ! Y a-t-il eu au cours de cette période de l'âge d'or qui s'étend de la deuxième croisade à la fin de la présence franque en Terre sainte une stratégie ou même une tactique propre au Temple ou à l'Hôpital ?

Si nous nous référons aux textes historiques, les armées en Terre sainte se déplacent entre deux contingents de moines soldats dont l'un forme l'avant-garde et le second l'arrière-garde. Tantôt c'est le Temple qui marche à l'avant, tantôt c'est l'Hôpital. On ne peut que remarquer pour commencer que ces deux positions dans une armée qui se déplace sont les plus risquées, celles qui en principe essuient les premières attaques de l'ennemi, celles qui subissent le plus de pertes. De même, ce sont eux qui, avec leurs forteresses, tiennent les points stratégiques, qu'il s'agisse de frontière ou de voies de communication importantes. De fait, ils sont les seuls à être en mesure d'entretenir autant de forteresses importantes en Terre sainte. Aucune seigneurie en Palestine n'aurait pu assumer humainement et financièrement le fonctionnement et l'entretien d'une forteresse templière ou hospitalière moyenne. De fait, leurs moyens tant en hommes qu'en numéraire sont énormes comparés à ceux d'une famille seigneuriale de Palestine ou même du roi de Jérusalem. Templiers et Hospitaliers ont en effet incomparablement plus de biens tant en Occident qu'en Orient, et les revenus tirés d'Occident servent uniquement à financer l'effort de guerre en Orient. De même, la Terre sainte est le cœur de l'Ordre, mais le recrutement se fait principalement en Occident. Ajoutons que ces deux ordres disposent d'une flotte relativement importante qui fait la liaison entre les établissements d'Occident et les établissements d'Orient. Ils sont donc tous deux un lien naturel entre le royaume de Jérusalem et l'Occident. Leurs effectifs en chevaliers, ce qu'ils peuvent fournir pour une bataille est relativement peu important, de l'ordre de 500 chevaliers avec leurs auxiliaires (sergents et piétons). Cependant il ne faut pas considérer qu'il s'agit là de la totalité de l'effectif ni même de l'effectif disponible en Palestine. Il est peu probable que Templiers ou Hospitaliers dégarnissent entièrement leurs forteresses. Par ailleurs, les Ordres se caractérisent en bataille par trois choses : discipline, pugnacité et audace.

Sur le plan stratégique, les deux ordres semblent l'un comme l'autre privilégier le long terme. L'affaire de « la conquête d'Égypte » est en effet une question de « vision à long terme ». La conquête de l'Égypte que voulait entreprendre Amaury, soutenue par l'Hôpital, supposait l'implantation d'une importante population franque sur les terres nouvellement conquises. En effet, le territoire des États francs est immense comparé à la population franque qui l'occupe. C'est la grande faiblesse structurelle des États latins. Donc la tentative de conquête de l'Égypte ne se comprend que si elle s'accompagne d'un projet économique et politique de colonisation. Faute d'un tel projet, conquérir l'Égypte, c'était disperser encore plus la population franque et par conséquent augmenter la faiblesse structurelle des États francs les rendant plus vulnérables à la Syrie. De fait, en dehors de la raison tactique immédiate (attaquer l'Égypte, c'est favoriser le rapprochement entre les deux califats) qui pouvait conduire les Templiers à refuser cette campagne, il pouvait exister une raison stratégique si ceux-ci ne croyaient pas à la possibilité d'augmenter considérablement la population franque. Or une augmentation considérable de la population franque ne peut être que la conséquence d'une immigration massive. Elle doit être non seulement massive mais continue, car la polygamie pratiquée par les musulmans donne à leur population un taux de croissance démographique bien plus important que celui des populations franques. On doit donc estimer qu'Amaury et l'Hôpital avaient un projet d'immigration et de peuplement que le Temple n'estimait pas réaliste [23].

La défaite d'Ascalon met d'ailleurs en évidence quelques années plus tard cette faiblesse structurelle. C'est elle qui explique l'achat à Richard Cœur de Lion par les Templiers de l'île de Chypre dont ils feront une base logistique pour les futures guerres contre les musulmans, mais aussi base de repli d'où pourrait partir une expédition de reconquête.

D'ailleurs, la stratégie de conquête de l'Égypte n'était pas éteinte. Elle sera le thème de la quatrième croisade puisque Innocent III (1198-1216) voulait que les croisés attaquent les musulmans par l'Égypte, bien que celle-ci ait été détournée de son but. La cinquième croisade reprendra le même thème, avec le siège et la prise de Damiette.

Il est possible donc que la stratégie visant la conquête de l'Égypte ait été dès 1168 un projet inspiré par le Saint-Siège et non une initiative d'Amaury ou des Hospitaliers.

Par ailleurs, l'union de la Syrie et de l'Égypte réalisée par Saladin a appris au royaume de Jérusalem que, face à un état islamique fort et uni, le royaume est faible. Saladin meurt en 1094 et ses dix-sept fils se partagent ses États (non sans disputes), mettant fin pour un temps aux inquiétudes des Francs et permettant la reconquête du royaume de Jérusalem. Ils reprendront toutes les villes ou presque, sauf Jérusalem qui sera reconquise grâce aux négociations de l'empereur Frédéric II de Hauenstaufen qui dirigea la sixième croisade. Une croisade destinée à récupérer son héritage puisqu'il avait épousé en Égypte Isabelle, la fille de Jean de Brienne, ce qui faisait de lui le roi de Jérusalem. Nous reviendrons sur ce personnage qui occupe une grande place tant dans l'histoire officielle que dans l'histoire « occulte ».

La stratégie des moines chevaliers (Templiers et Hospitaliers) est encore et toujours de maintenir l'acquis en Terre sainte plutôt que d'élargir le territoire conquis. D'ailleurs, à partir de la seconde moitié du XIIIe siècle, les charges financières des forteresses de Terre sainte deviennent trop lourdes même pour les ordres chevaleresques. Le Krak, la grande forteresse des Hospitaliers, est en piteux état.

À cette époque se place un épisode très particulier : l'arrivée de l'invasion mongole qui met fin au califat abbasside de Bagdad en 1258. Les Mongols inspirent la terreur aux Francs comme aux musulmans. Face à cette menace, les Francs se divisent : Antioche et Tripoli ainsi que les Arméniens de Cilicie se soumettent aux Mongols. À l'inverse, le royaume de Jérusalem autorise les troupes mameloukes du sultan Kutuz commandées par Baybar à traverser le royaume pour aller combattre les Mongols.

C'est une situation catastrophique pour les ordres chevaleresques. Les Templiers et Hospitaliers du nord de la Syrie ne peuvent pas s'opposer aux seigneurs locaux et il en est de même de ceux du royaume de Jérusalem. Les ordres à ce moment paraissent donc divisés de l'intérieur. Selon nous, il n'en est rien. L'avancée des Mongols en Syrie fait fuir la population musulmane qui se réfugie dans les États francs. Pour les Templiers et les Hospitaliers, l'important est de continuer à tenir les forteresses même s'il faut pour cela paraître divisés. Cependant, la confiance accordée aux Mamelouks se révéla par la suite un mauvais calcul (mais rien ne prouve qu'il en existait de meilleurs). En effet, Baybar fit assassiner le sultan et prit sa place. C'est un nouvel « épisode Saladin ». Le général devient sultan à la place du sultan et lance ses troupes sur les forteresses franques. En six ans, malgré l'héroïsme dont font parfois preuve les garnisons, Baybar prend toutes les forteresses de l'intérieur des terres. Les châteaux sont certes imprenables, mais leurs garnisons ne sont pas toujours suffisantes et elles ne peuvent attendre de secours de l'extérieur car, comparé à ce dont disposent les Francs, les effectifs des armées de Baybar sont gigantesques. Seules les forteresses côtières résistent à cette marée. Elles sont conçues non pour résister à un ennemi venu de la mer, car la maîtrise de la mer reste aux Latins, mais à une armée qui les assiège de l'intérieur des terres. Par ailleurs, elles sont implantées près de grandes villes telles que Tyr, Sidon ou Beyrouth… qui sont elles-mêmes puissamment fortifiées.

La stratégie du Temple face aux armées de Baybar auxquelles il ne peut faire face, c'est le repli côtier. Le repli sur ces forteresses qui, étant ouvertes sur la mer, peuvent être les têtes de pont d'une nouvelle croisade, d'une nouvelle reconquête. À partir de là, la tactique militaire et diplomatique se résume à un mot : « tenir ». Ils ont tenu vingt ans !

Pour les Mamelouks, les Francs sont une menace moins importante que les Mongols. En 1270, lorsque Saint Louis entreprend sa croisade, Baybar interrompt son offensive. Que craint-il d'une croisade qui débarque à Tunis ? L'objectif paraît absurde et sans rapport avec la reconquête de la Terre sainte, sauf si Saint Louis compte sur une offensive coordonnée des Mongols, si son débarquement à Tunis est une opération de diversion.

Il semble que les États francs d'Europe ont joué la carte mongole, tandis que les Templiers et les poulains jouaient la carte mamelouke. La division n'est peut-être qu'apparente, la politique pouvait être coordonnée afin de maintenir Mamelouks et Mongols dans une incertitude qui les pousse à l'inaction. Cette stratégie politique incite les premiers à signer des trêves séparées avec des puissances franques : des seigneuries, les ordres militaires et exceptionnellement le royaume de Jérusalem. C'est la stratégie menée par Guillaume de Beaujeu (maître du Temple), qui a ses espions à la cour du sultan et utilise cette politique de trêve pour gagner du temps. Dès qu'ils seront obligés de se replier sur Chypre à la suite de la chute d'Acre, les Templiers mettront fin à cette politique de trêves et joueront la carte mongole. Certains historiens y voient la conséquence de l'élection de Jacques de Molay. Nous ne croyons pas trop dans le fonctionnement de l'ordre du Temple (ni dans celui de l'Hôpital d'ailleurs) aux questions ou raisons de personnes ! Selon nous, la stratégie franque fut dans cette phase difficile la meilleure possible. Baybar ou son successeur Kalawun auraient pu écraser rapidement les Francs au prix de longs sièges devant les villes côtières. En le faisant, ils se seraient affaiblis, ouvrant la porte à une conquête mongole. La logique voulait donc que les Francs de Palestine laissent Mamelouks et Mongols s'affaiblir mutuellement en se combattant, et donc, en Palestine, compte tenu de la situation géographique, il fallait jouer la carte mamelouke. En revanche, une fois qu'il n'y avait plus de place forte à y tenir, la politique d'offensive coordonnée avec les attaques mongoles s'imposait d'elle-même.

La libération de l'Espagne et des Canaries

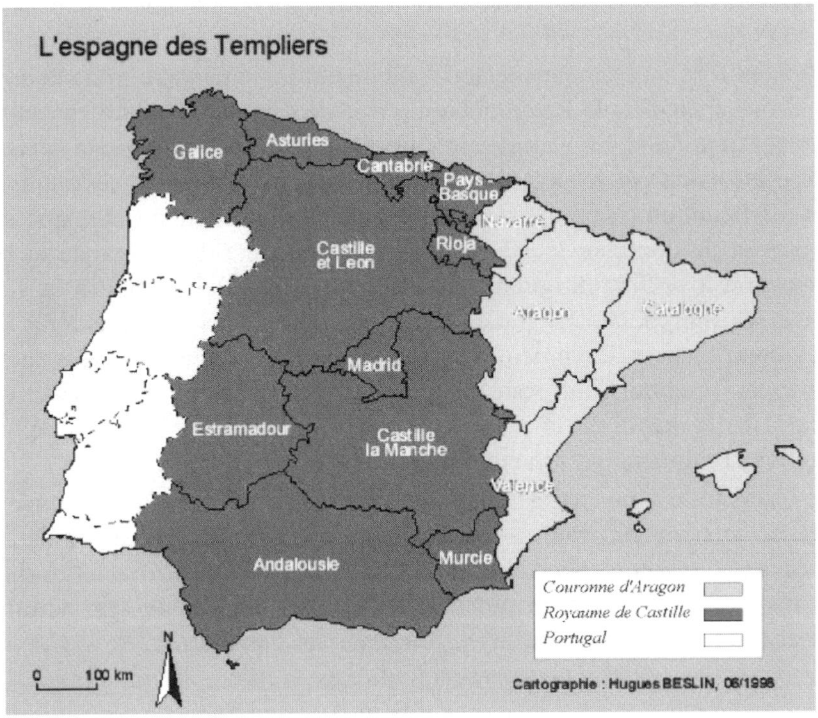

La mission principale du Temple était la Terre sainte. Cependant, dès sa fondation, Alphonse le Batailleur (roi d'Aragon), Béranger III comte de Barcelone et Thérèse reine du Portugal avaient tenté d'impliquer le Temple dans la reconquête de la péninsule ibérique. L'Ordre différa sa participation à la Reconquête jusqu'à ce qu'il se sente assez organisé pour pouvoir assumer de se battre sur deux fronts.

La première bataille du Temple en Espagne est le siège de Tortosa qui capitule le 30 décembre 1148. Ils participeront également à la prise de Lérida en 1149 et de Miravet en 1152.

En 1153, ils recevront des mains de Raymond Béranger IV le château de Miravet et son district, mais seront chargés en contrepartie de défendre la frontière sud du comté de Barcelone. Il ne faut pas exagérer le rôle des Templiers dans la reconquête de la péninsule ibérique. Ils furent présents ainsi que l'Hôpital, mais leurs effectifs militaires furent incomparablement plus faibles qu'en Terre sainte.

Ils jouèrent néanmoins un rôle important. En effet, les Templiers étant peu nombreux sont intégrés aux armées royales et jouissent de peu d'autonomie. En revanche, leur discipline, leur valeur au combat et leur rapidité de réaction en font un élément précieux. Ils jouent donc pendant toute la durée de leur présence dans la Reconquête un rôle de « moteur des armées aragonaises ». Par ailleurs, les rois et seigneurs espagnols leur confient la défense, la mise en valeur et le peuplement des terres nouvellement reconquises. C'est d'ailleurs un rôle dans lequel ils vont exceller, d'autant plus que cela leur permet de concilier leur rôle dans la reconquête de l'Espagne et leur contribution à l'effort de guerre en Palestine. Les relations entre la Terre sainte et les Templiers d'Espagne seront constantes et les établissements ibériques contribueront largement à la logistique des armées de Terre sainte. De fait, les Templiers, qui sont d'excellents gestionnaires, jouèrent un rôle capital dans la stabilisation de la Reconquête. Prenons-en pour exemple la formation administrative d'une commanderie de l'Ordre.

Le château de Grayena est cédé aux Templiers par une charte signée en 1131, ils ne commenceront à l'occuper qu'en 1136 et il ne deviendra le chef-lieu d'une commanderie qu'en 1190. Vingt-neuf ans, il a fallu vingt-neuf ans aux Templiers pour amener ce fief à un fonctionnement administratif et économique normal, et ce n'est pas un cas particulier. Il s'écoule environ vingt ans entre le moment où un fief est confié au Temple et celui où il émet une « carta poblation » (une charte de peuplement) qui définit dans quelles conditions les nouveaux venus peuvent s'installer sur ce territoire. C'est en effectuant ce travail de longue haleine que le Temple, et l'Hôpital dans une moindre mesure, vont jouer un rôle capital. Quelle famille seigneuriale en effet aurait pu faire preuve de la même patience ? Les Templiers à eux seuls ont géré plus de 78 châteaux et donc plus de 78 fiefs qui leur étaient associés.

Les Templiers sauront aussi se retirer de certains fiefs. Ainsi, en 1157, ils renoncent à conserver la forteresse de Kalaat-Rava au sud du Tage. Le roi de Castille l'a confiée alors à un groupe de chevaliers qui se sont réunis autour d'un abbé cistercien (comme par hasard). Ce groupe de chevaliers sera le noyau fondateur de l'ordre de Calatrava. Cette décision ralentira leur implantation en Castille au profit des ordres locaux (Catralava, Santiago, Alcantara).

De fait, les Templiers avaient probablement des réticences à s'engager en Castille parce que jusqu'à la reconquête de l'Andalousie les accès maritimes du royaume se trouvent sur la côte atlantique, ce qui complique considérablement le maintien des liens avec la Terre sainte.

D'ailleurs leur participation aux opérations du royaume de Castille se fait à nouveau importante vers 1230 quand il s'agit de conquérir les terres du sud : l'Estrémadure et l'Andalousie.

Ailleurs !

Les Templiers eurent des maisons en Europe de l'Est et du centre : Allemagne, Hongrie, Pologne ou Croatie. Il s'agit de forteresses offertes au Temple par des princes soucieux de favoriser un ordre de Terre sainte. Ces forteresses ont pour mission de rassembler des ressources et des hommes pour elles, mais, comme toute seigneurie laïque ou ecclésiastique, elles ont le devoir de défendre leurs frontières et de fournir des troupes à leur suzerain. En confiant des seigneuries frontalières dotées de puissantes forteresses à l'ordre du Temple, un roi s'assure en confiant un fief frontalier au Temple un contingent de chevaliers performants pour défendre sa frontière. C'est en tenant leur rôle de seigneurs féodaux que les Templiers s'engageront sur le front est contre les Mongols. Les historiens écrivent avec raison que cet engagement du Temple à l'est n'avait pas grand-chose à voir avec sa mission et l'esprit de croisade ; il faut néanmoins remarquer que c'était la défense des frontières de pays chrétiens contre les troupes du mongol Gaykhatu qui était bouddhiste puis contre celles de Mahmud Ghazan (1295-1304) qui, ayant adopté l'islam, devint le premier Il-Khans (délégué des grands Khans) à porter le titre de sultan.

Notes du chapitre :

(1) Un bief est une portion de rivière comprise entre deux écluses ou deux chutes d'eau. Ce mot peut aussi désigner un canal de dérivation conduisant l'eau sur une roue hydraulique.

(2) Il faut probablement voir en ces mots *« ceux qui veillent et le gardent »* une allusion aux chevaliers du Saint-Sépulcre dont l'existence à l'époque est, rappelons-le, historiquement douteuse, et dans *« et servent Dieu en ce lieu »* une désignation des chanoines réguliers du Saint-Sépulcre – cf note 5.

(3) Le palefroi (des trois mots *par le frein*, car il était toujours, dans les cérémonies, conduit par des écuyers) était le cheval de service ordinaire et le cheval de parade. Léger, gracieux et d'une allure aisée, il figurait richement caparaçonné. Lors des solennités publiques, c'est sur cette monture que les rois et les seigneurs faisaient leur entrée triomphale dans les villes ; c'est aussi le palefroi que montaient les châtelaines.

De fait, la formule que l'on rencontre plusieurs fois dans les « retraits » de la règle du Temple est la suivante : *« Au lieu d'une bête mulasse, il peut avoir un bon palefroi. »* Il en résulte que le palefroi remplace une bête de somme. Il nous paraît rationnel qu'un dignitaire de l'Ordre qui peut être amené à mener des négociations dispose d'une bête de prestige.

(4) Le gouverneur de Mossoul. Zengi fut nommé à cette charge en 1127. Il s'illustrera par sa cruauté et sa fourberie. Ainsi il prendra la ville de Baalbek, comme en témoigne une page web intitulée *Les problèmes de l'Islam* : *« L'artisan en a été, à partir de 1128, le Turc Zengi. Comment ? En atteignant des sommets de cruauté et de fourberie. Les musulmans de Baalbeck, entre autres, refusaient son autorité et préféraient s'allier aux croisés. En 1139, il mit le siège devant la ville. Quelque temps plus tard, les assiégés proposèrent de se rendre en échange de la vie sauve et des honneurs de la guerre. Il accepta, s'engageant par les serments les plus sacrés sur le Coran à respecter l'accord.*

Cela ne l'empêcha pas de faire écorcher vif le chef de la garnison, et crucifier tous ses hommes. Il se montra ensuite moins inhumain en combattant les croisés et en leur infligeant leurs premiers revers sérieux. Il fut assassiné en 1146 » (voir René Grousset, *Histoire des Croisades*, Perrin, 1999).

Source : http://perso.wanadoo.fr/daruc/divers/islam.htm.

(5) Il est possible que l'ordre du Saint-Sépulcre ait existé sous la forme d'un tiers ordre ou d'une communauté fraternelle proche de celle des chanoines dont le nombre était limité à 20. Dans ce cas, ils auraient pu porter en commun le blason de Jérusalem sur leurs vêtements et leurs écus pour peu qu'une décision de Godefroy de Bouillon les y ait autorisés. De même, comme beaucoup de chevaliers se faisaient adouber au tombeau du Christ (mais choisissaient-ils le lieu de leur adoubement ?) il est possible que cette coutume ait entraîné des confusions de la part de nombreux

historiens... En effet, l'histoire de cet ordre est complexe et peu claire. Les chanoines, après avoir quitté la Terre sainte, essaiment dans toute l'Europe. En 1489, l'Ordre est supprimé et ses biens sont incorporés à ceux de l'Hôpital. Cependant (http://www.memodoc.com/article_saint_sepulcre.htm) nous relevons une phrase curieuse : *« En outre, le décret papal ne vise que l'ordre canonial, désigné comme militia et non les chevaliers adoubés auprès du Sépulcre qui ne sont pas encore regroupés officiellement sous l'appellation d'ordre du Saint-Sépulcre.* » Par ailleurs la chronique d'Ernoul semble bien laisser entendre qu'il existait des chevaliers au service du Sépulcre et qu'ils en portaient l'insigne.

Quant à la permission donnée par Léon X en 1561 au père custode (abbé franciscain du Saint-Sépulcre) de créer ou d'ordonner des chevaliers du Saint-Sépulcre, elle entérine le passage des ordres chevaleresques combattants à des Ordres purement religieux ou honorifiques.

(6) Il avait brûlé une église et avec elle nombre de personnes qui avaient cru y trouver refuge. C'était donc à la fois un sacrilège et une atteinte au droit d'asile. Il s'agissait de l'église de Vitry-en-Perthois, et lors de l'incendie de la ville 1000 personnes trouvèrent la mort.

(7) Eudes de Deuil, Foucher de Chartres et Odon de Deuil Brière, Paris, 1825, p. 368.

(8) D'après Alain Demurger, c'est sans doute un Templier d'origine flamande nommé Gislebert de Druiscourt.

(9)Actuellement Antalia.

(10) Entre la chaîne de l'Anti-Liban et le désert de Syrie, Damas s'élève dans l'oasis de la Ghouta. Autrement dit, autour de la ville, l'eau est rare, surtout en été. En juillet, la température dépasse 32° C pendant 29 jours et en août pendant 30,3 jours en moyenne. Pendant ces deux mois, les précipitations sont nulles (source : http://www.meteofrance.com/FR/climat/tabl_damas.jsp).

(11) Un mois un peu moins chaud avec des pluies modérées. Octobre et novembre étaient certainement les mois idéaux pour assiéger Damas.

(12) Le Coran prévoit que tout musulman est tenu de participer au jihad (la guerre sainte), donc, dans la société islamique, tout le monde est armé. Quand quarante Templiers pénètrent dans Ascalon, ils ne peuvent ignorer cette situation : dans une ville musulmane, il n'y a que des combattants.

(13) Le Hauran est communément appelé « Djebel el Druze » (la montagne des Druzes) et s'étend au sud-ouest de la Syrie, comprenant entre autres les villes de Suweida et Bosra.

Les Druzes sont une variante de l'Islam chi'ite apparue au XIe siècle, intégrant une forte composante ésotérique. Leur religion secrète à laquelle nul ne peut se convertir comporte une initiation. Ils ont souvent été persécutés tant par les sunnites que par les chi'ites. Ils se sont répandus de part et d'autre du Mont Hermon, dans le sud-ouest de la Syrie (le Hauran) et le sud-est du Liban (la Bekaa Orientale), notamment à Wadi' Taym.

(14) Nom donné à un immense bâtiment destiné à accueillir une ou plusieurs caravanes ou convois de voyageurs comprenant des entrepôts pour les marchandises ainsi que tout ce qui est nécessaire pour héberger hommes et animaux.

(15) Janvier 1169 - 3 avril 1170. Connu aussi sous le nom de Philippe de Milly. Originaire d'une famille picarde établie en Syrie, il acquit la seigneurie de Naplouse en Terre sainte qu'il échangera contre celle de Montréal avec le roi Baudouin III. Entré assez tardivement dans l'Ordre, il fut élu maître après la mort de Bertrand de Blanquefort (http://www.inSaladinte.asso.fr/templiers/).

(16) Les historiens ne semblent pas d'accord à propos de ce personnage. Selon Alain Demurger, Philippe de Naplouse accomplit une mission diplomatique auprès des Byzantins après sa démission de la maîtrise du Temple, alors que selon Pierre Ripert, il accompagnait Amaury dans sa visite à Constantinople lorsqu'il démissionna… Cependant, la visite du roi à Constantinople eut lieu en 1171. On note le même genre d'ambiguïté sur le site http://www.inSaladinte.asso.fr/templiers/ qui, publiant une liste des maîtres du Temple après avoir donné des dates qui lui accordent un an et trois mois de maîtrise, écrivent qu'il a gouverné l'Ordre durant trois ans.

(17) Arnaud de Torogne ou « de la tour rouge ». Il exerça probablement les fonctions de maître du Temple à partir de 1177 (date de la capture de Eudes de Saint-Amand), mais ne fut officiellement élu que deux ans après la mort en captivité de son prédécesseur le 19 octobre 1179.

(18) C'est la forteresse principale de la principauté d'Outre-Jourdain. Ce château, une fois donné aux Hospitaliers qui le restructureront, sera appelé « le Krak des chevaliers » (source : *La Palestine des croisés,* Philippe Aziz).

(19) Nous ne sommes pas les seuls à penser que Saladin avait conclu une trêve pour préparer une grande offensive. Nous relevons sur le site : http://www.islamophile.org/spip/article572.htm à propos de cette trêve, le texte suivant :

« Durant la période au cours de laquelle Salâh Ad-Dîn œuvrait pour redonner vie à l'État islamique unifié et pour se préparer à lancer le jihâd contre l'ennemi croisé, il avait signé une trêve de quatre ans avec ce dernier [….] ».

(20) « Du côté est, la falaise abrupte du plateau du Golan surplombe une mince bande de terre ayant à peine un kilomètre de large. L'ancienne Gérasa se trouverait de ce côté, où le troupeau de porcs se précipita du haut de la falaise pour se noyer dans le lac (Mc 5,1ss et parallèles). À l'ouest du lac, les montagnes forment un amphithéâtre, laissant une étroite plaine le long du lac, où se situent plusieurs importantes localités. Vers le sud, des sources d'eau sulfureuse bouillonnent de temps à autre et déversent des courants d'eau chaude dans le lac. Directement à l'ouest du lac se dressent à 600 mètres les 'Cornes de Hattin'»

(http://www.interbible.org/InterBible/caravane/galilee/galilee.htm). En fait de butte, les cornes de Hattin sont deux pitons basaltiques.

(21) Les effectifs du Temple, comme celui de l'Hôpital, semblent très insuffisants pour assurer les divers travaux nécessaires aux forteresses occupées en Terre sainte. Il faut donc envisager que des pèlerins « ouvriers » prennent pension en Terre sainte au sein de ces ordres et œuvrent avec eux.

(22) Parmi les frères du Temple, il existe des frères servants, autrement dit des frères de métier (bâtisseurs mais aussi armuriers, épingliers – pour faire les cottes de maille –, forgerons, armuriers...). Ce dernier point justifie en partie les discours de certaines branches du compagnonnage qui prétendent être issues directement ou indirectement de l'ordre du Temple, ainsi que le discours de Ramsay qui attache tant d'importance aux croisades dans l'histoire de la franc-maçonnerie.

(23) L'hypothèse qui s'exprimerait par « le roi et les Hospitaliers n'ont pas conscience de la faiblesse structurelle des États latins » ne peut être retenue parce que, tout comme le maître du Temple, le maître de l'Hôpital n'est pas un homme seul.

Chapitre 7
La logistique du Temple

La plus grande difficulté des croisades pour les Francs, en dehors bien évidemment des combats, fut la résolution des problèmes de logistique. Ce fut aussi, compte non tenu de la faiblesse de ses effectifs militaires, le plus grand problème du royaume de Jérusalem. Ce sont les Templiers, plus encore que les Hospitaliers, qui, dès le début de leur existence, vont s'attacher à résoudre ce type de problèmes.

Les inventeurs de la lettre de change : la banque du Temple ?

Nous avons vu dans un précédent chapitre qu'une armée au Moyen Âge se déplace avec son trésor de guerre, mais il en est de même de n'importe quel pèlerin. Les Templiers vont donc jouer un important rôle financier, mais ils ne sont pas les seuls, les Hospitaliers en font autant, ainsi que de nombreux autres ordres monastiques. Simplement, l'activité en ce domaine des

Templiers et des Hospitaliers sera beaucoup plus importante et donc beaucoup plus voyante. On se demande d'ailleurs pourquoi les historiens semblent oublier cet aspect des activités de l'ordre de l'Hôpital.

D'où vient l'argent du Temple ?

Donjon du Temple au XVIIIe siècle

L'ordre du Temple fut créé pour combattre en Orient. Il prélève donc une partie des revenus de ses établissements européens pour financer cette activité. Ces prélèvements atteignent en principe le tiers des revenus d'une maison européenne.

L'ensemble de ces prélèvements constitue en quelque sorte le fonds de caisse qui permet de financer les opérations courantes en Orient.

Par ailleurs, l'Ordre reçoit des dons, non seulement en fiefs, mais aussi en objets précieux, en numéraire. Les dons mobiliers sont rassemblés dans un « trésor » . La gestion de ce trésor est confiée au « commandeur ». Il existe un commandeur qui exerce les fonctions de trésorier de l'ensemble de l'Ordre [1].

Il semble que par la suite il y ait eu un « grand commandeur » ou trésorier de l'Ordre, mais, dans l'ensemble, les historiens sont assez peu clairs sur cette question. Le « grand trésorier » a évidemment un homologue à chaque niveau inférieur de l'Ordre. À côté du maître provincial, il existe donc un « commandeur de province » ou « trésorier de province ». Les retraits (ajouts ou commentaires de la Règle) du Temple précisent que les dons dont la valeur dépasse 100 besants vont au « trésor de l'Ordre », et que les autres vont à la province ou à la maison locale qui les a reçus. Maisons locales et provinces ont donc elles aussi leur « trésor ». Relevons que cette « gestion des dons » n'a rien d'original. Presque tous, sinon tous les ordres religieux gèrent les dons mobiliers selon le même schéma. Comme tous les autres ordres monastiques, le Temple est un « seigneur », un gestionnaire de fiefs. C'est vrai de l'Ordre dans son ensemble, mais ça l'est également de la province ou de la maison locale.

À ce titre, ils ont, vis-à-vis de leurs vassaux et des populations des fiefs qu'ils administrent, les mêmes devoirs qu'un seigneur séculier. Ils sont donc, dans le cadre même du système de la gestion féodale d'un fief, amenés à consentir des prêts, lesquels peuvent parfois devenir des dons, à récompenser des services rendus, à protéger parfois les biens de leurs administrés.

Tout cela entraîne un certain nombre d'opérations financières.

La sécurisation des biens mobiliers

Pour l'homme du Moyen Âge, les seuls êtres en qui on peut avoir toute confiance sont ceux qui ont renoncé aux biens de ce monde et consacré leur vie à Dieu. Si, de plus, ces hommes sont armés, aptes à défendre les biens qui leur sont confiés et vivent dans de puissantes forteresses, il est certain que la confiance en est renforcée d'autant. Les grands établissements du Temple ou de l'Hôpital furent certainement les meilleurs coffres-forts de l'époque. Les Templiers exerceront donc cette fonction de « banque passive », de caisse des dépôts.

Ils ne seront pas les seuls.

Parfois, cet argent est une « réserve » destinée à un projet futur. Nous avons vu par exemple que Henri II confie de l'argent au Temple, à l'Hôpital et au Saint-Sépulcre en vue de financer sa future croisade.

Les deux tiers de cet argent, qui est destiné à financer une croisade (et donc à aider les États latins d'Orient), seront utilisés par le Temple pour financer l'armée de Guy de Lusignan, par l'Hôpital pour payer les rançons de captifs chrétiens après la prise de Jérusalem, avant que Richard Cœur de Lion ne mette à exécution les projets de Henri II [(2)].

Il semble que le déposant ne se soit pas plaint bien que l'un et l'autre ordre ont probablement dû le mettre devant le fait accompli.

Les particuliers eux aussi effectuent des dépôts auprès des ordres religieux et plus particulièrement du Temple, et parfois lui confient le rôle d'exécuteur testamentaire.

En principe, la gestion du Temple offre au déposant la meilleure garantie possible à l'époque. Le dépôt est placé dans une huche (un coffre) dont le trésorier de la maison du Temple, où s'est opéré le dépôt, possède la clé. Le coffre n'est ouvert qu'avec l'accord du déposant.

À plusieurs reprises, malgré les efforts du Temple, cette garantie fut violée.

Il y eut d'abord ce qu'il faut bien appeler l'affaire Saint Louis. Lors de sa première croisade (1248-1254), un vaisseau du Temple transporte dans les fameuses huches l'argent de nombreux croisés. Le roi est fait prisonnier et il manque d'argent pour payer sa rançon. Jean de Joinville (3) lui conseille de faire appeler le commandeur et le maréchal du Temple (car le maître est mort) afin que l'Ordre lui consente un prêt.

La règle est stricte ! Ni le commandeur, ni le maréchal ne peuvent prendre la décision de consentir un prêt sans l'accord du maître. Ils peuvent encore moins toucher aux dépôts que des particuliers ont confié au Temple. D'ailleurs, le commandeur du Temple, Étienne d'Ostricourt, répond : *« Sire de Joinville, ce conseil que vous donnez n'est ni bon ni raisonnable, car vous savez que nous recevons les dépôts de telle manière que, sur nos serments, nous ne pouvons les remettre qu'à ceux qui nous les baillent. »*

La discussion s'échauffe, et le maréchal du Temple intervient pour expliquer la situation : *« Comme le dit le Commandeur nous ne pourrions rien bailler sans être parjures [...] Vous en ferez à votre volonté et si vous prenez du nôtre, nous avons bien tant du vôtre en Acre que vous nous dédommagerez bien »* (Jehan de Joinville, *Livre des saintes paroles et des bons faiz de nostre roy saint Louys*, p. 209). Il fait donc comprendre que les Templiers ne sauraient s'opposer par la force au roi de France ou à son envoyé. Joinville monte donc à bord d'un bateau du Temple et menace le commandeur d'une hache. Comme la règle interdit aux Templiers de lever l'épée contre un chrétien, ceux-ci ne peuvent s'opposer à Joinville qui défonce le couvercle d'une huche et prélève la somme nécessaire à la libération de Saint Louis.

Tout ceci est bien entendu une scène de diplomatie médiévale. D'un côté, le Temple en tant que tel ne peut refuser au roi de France un prêt d'argent (surtout quand ce prêt est destiné à payer sa rançon). De l'autre, aucun des Templiers présents ne peut prendre la décision de lui remettre l'argent sans encourir de graves sanctions. La solution est donc que le roi s'empare de cet argent par la force, et que le Temple se rembourse ou rembourse ceux qui ont été lésés sur les biens du roi qu'il détient à Acre. C'est exactement ce qu'a expliqué le maréchal du Temple.

Il est curieux que cette scène soit souvent mal interprétée. Les ennemis du Temple, comme Pierre Dupuy (4) par exemple, y voient une preuve de la

« pingrerie de l'Ordre », tandis que certains historiens modernes s'apitoient sur le sort de Nicolas de Choisy, le sergent du roi qui était propriétaire de la huche forcée par Joinville. C'est aller un peu vite en besogne et juger peut-être avec légèreté ! Rien ne prouve que Saint Louis n'a pas remboursé son sergent. Rien ne prouve que des dispositions particulières ne furent pas prises par l'ordre du Temple. Tout ce que conte Joinville, c'est seulement quelle solution fut trouvée pour que le roi dispose immédiatement d'une somme d'argent (que de toute façon le Temple lui aurait prêté plus tard) sans que soit violée la règle de l'Ordre.

Il est probable que ce genre de subterfuge fut employé plusieurs fois par des dignitaires du Temple et des souverains pour pallier une situation urgente.

Le Temple ouvre également des comptes actifs, semblables à nos comptes chèques et qui semblent avoir fonctionné de la même façon… En 1295, il apparaît que le Temple de Paris gérait ainsi une soixantaine de comptes de particuliers dont ceux du roi Saint Louis et de la reine mère Blanche de Castille, d'officiers royaux et de marchands de Paris. Relevons qu'il s'agit ici de comptes de particuliers.

Une observation s'impose, soixante comptes, c'est bien peu ! Ce service était probablement réservé à des gens fort riches et dont les activités nécessitaient de nombreux mouvements de fonds.

Il est probable que ces transferts de fonds étaient purement scripturaires et que les papiers correspondants étaient transportés par les moines messagers, lesquels à cette époque portaient le « rouleau des morts » d'un établissement religieux à l'autre, ce qui permettait aux religieux (pas seulement aux Templiers et aux Hospitaliers) de réciter les prières prévues par la règle. On ne sait pas comment le Temple était rémunéré pour ces services. Le système semble avoir cependant été bien rodé et avoir rendu de grands services.

Le Temple prêteur

Comme tous les autres ordres religieux, le Temple prête de l'argent. Il en prête d'abord aux paysans et aux artisans qui travaillent sur ses terres, soit pour leur permettre de passer un cap difficile, soit pour leur faciliter un investissement : l'achat d'un champ ou de bétail par exemple. Il prête aux autres ordres ou établissements religieux quand ils sont en difficulté, à des marchands qui doivent acquitter un droit de passage, aux pèlerins qui se rendent à Saint-Jacques, à Rome ou à Jérusalem. Le Temple se garantit en général par des gages. Souvent, surtout pour les pèlerins, il s'agissait de prêts hypothécaires. D'ailleurs, le système doit avoir été très avantageux pour les emprunteurs. Preuve en est le contrat passé en octobre 1135 par Pierre Desde et son épouse qui *« donnent au Temple et à Dieu tous les biens qu'ils possèdent à Saragosse, maisons, terres, vignes, jardins. Les seigneurs du Temple leurs accordent par charité cinquante morabatins afin qu'ils puissent aller en pèlerinage au Saint-Sépulcre. »* Nous empruntons cet exemple à Laurent Daillez qui en explique le mécanisme financier. Pour bien comprendre ce dont il s'agit, il faut savoir que l'Église, à l'époque, interdit officiellement le prêt à intérêt (alors appelé « prêt à usure »). Le système est donc le suivant :

Pendant l'absence des époux Desde, le Temple va administrer leurs biens et tenir les comptes des bénéfices qu'il en retire. À leur retour, ou au retour d'un seul d'entre eux, les époux Desde seront usufruitiers du bien qu'ils ont donné au Temple. À leur mort, ce bien reviendra à l'Ordre. Ce double don par charité est donc une vente à terme déguisée. Le principal de 50 morabatins est couvert par la valeur du bien donné. Les intérêts sont constitués par les bénéfices tirés de la gestion du bien en l'absence des époux Desde. D'après les experts qui ont examiné ces contrats, il semble que les biens ainsi acquis par le Temple – et par d'autres ordres religieux – aient été payés à leur juste valeur. De fait, quelles que soient les formes adoptées, le prêt par les Templiers (et les autres ordres religieux) se résume la plupart du temps à une garantie mobilière pour le principal et pour les intérêts aux revenus tirés par les Templiers de cette garantie quand le propriétaire s'absente ou par le paiement d'une rente (une sorte de remboursement à tempérament).

Le Temple prête aux particuliers, il prête également au roi ou à ses serviteurs, et là, le remboursement n'est pas toujours garanti. Demurger cite le cas de Godefroy de Sergine. En 1254, Saint Louis, quittant la Terre sainte, laisse derrière lui une troupe de cent chevaliers commandée par Geoffroy de Sergine et entièrement soldée par le trésor royal français. Comme l'argent de France n'arrive pas, pour payer ses hommes, Geoffroy emprunte à titre personnel à des marchands présents à Acre trois mille livres tournois. Il emprunte donc pour faire une « avance au trésor royal ». Les marchands, eux, sont remboursés par le Temple de Paris sollicité pour cette opération. Normalement ce devrait être une dette du trésor royal, mais l'emprunteur est Sergine, cela va donc devenir une dette de Sergine. En 1269 Sergine meurt, son fils Geoffroy le jeune hérite de ses biens et de sa dette. Il meurt à son tour. Sa femme se remarie et conserve la garde de leur enfant. Elle apporte en dot l'usufruit des biens de son mari et sa dette. C'est donc ce nouveau couple qui est assigné devant le parlement sur plainte du Temple. En 1279, le couple est condamné à rembourser le principal du prêt, mais le parlement déboute le Temple de sa demande de 3000 livres « d'intéresse ».

Nul ne connaît les détails de cette affaire. Il semble que le Temple ait remboursé les marchands de ses propres deniers et que le trésor royal n'ait pas reconnu la dette contractée en son nom par Sergine. La dette devenait donc une dette personnelle de Sergine signataire de l'emprunt. Par ailleurs, il faut remarquer que les intérêts qui ont été refusés au Temple n'étaient pas excessifs : de 1254 à 1279 il s'écoule 25 ans, 100% d'intérêt correspondent donc à un taux de 4% par an. On ne peut pas prétendre que le Temple ait réclamé un taux usuraire. Pour l'époque, le taux est même très bas. Les intérêts demandés par les banquiers juifs ou lombards étaient bien supérieurs : au XIIIe siècle plusieurs ordonnances royales limitent les intérêts qu'ils peuvent demander à 43% l'an (Michel Lamy, *Les Templiers*, Pocket). Parallèlement, le Temple prête sans intérêt au trésor royal (en France comme en Angleterre).

Les Templiers capitalistes aux dents longues ?

Il ne faut rien exagérer. Les Templiers ne risquent que leurs fonds propres. Ceux des déposants, enfermés dans leur huche individuelle, sont gelés. Le cas de la rançon de Saint Louis montre bien que le Temple s'astreignait à cette règle.

Il est remarquable que le Temple ne dispose pas toujours des liquidités nécessaires pour couvrir les prêts qu'il ne peut refuser pour des raisons politiques. Quand Louis VII emprunte au Temple, le Temple, pour pouvoir verser l'argent, emprunte à des marchands. De même, un siècle plus tard, à Chypre, pour couvrir un prêt de dix mille besants syriens consenti à Isabelle de Bourbon, le maître du Temple emprunte à des marchands italiens.

Curieux système ! Les têtes couronnées empruntent au Temple qui emprunte aux marchands ! Ne cherchons pas plus loin, nous l'avons vu avec Saint Louis, un prêt consenti à une tête couronnée est un prêt à risque [(5)], en revanche les Templiers ont bonne réputation. Les marchands leur font confiance.

Par ailleurs, les emprunts du Temple sont des emprunts à court terme, des emprunts qui leur permettent de disposer d'une trésorerie qui leur fait défaut.

Il est probable que, dans ces conditions, le Temple obtient des marchands des prêts dont l'intérêt est payé en « services » qui lui coûtent peu mais qui sont précieux pour eux. Notre supposition est de « pure logique » ; les trésors royaux empruntent des sommes très importantes et le Temple leur prête sans intérêt car il ne peut donc, pour financer ce prêt, emprunter à taux fort, même pour une courte période.

De fait, l'argent emprunté à Chypre par le Temple sera peut-être remboursé à Amalfi ou à Venise, tout comme l'argent emprunté à Chypre par Isabelle de Bourbon sera remboursé à Paris. Nous retrouvons là le système de la monnaie scripturaire dont nous avons déjà parlé.

Cela dit, même s'il semble que l'on ait souvent voulu éviter les transports d'argent liquide, il apparaît que le Temple a joué régulièrement le rôle de transporteur de fonds entre l'Europe et la Terre sainte, pour son compte, pour le compte des rois, du pape et de particuliers. Les Hospitaliers assurent d'ailleurs le même service. Les deux ordres militaires présentent en effet les moins mauvaises garanties possibles. Leurs navires sont puissamment armés, leurs équipages sont des combattants experts qui ont fait vœu de pauvreté et sont par conséquent d'une honnêteté scrupuleuse. Cela élimine le risque de détournement de fonds et celui de la piraterie. Ne reste finalement que celui des aléas de la navigation, de la tempête qui pourraient faire échouer un navire. Pour minimiser ce dernier risque, les souverains divisent en général la somme en deux, une moitié étant confiée au Temple et l'autre à l'Hôpital. Bien entendu, ces bateaux ne transportent pas que de l'argent. Ils acheminent également des passagers, des Templiers ou des Hospitaliers rejoignant une affectation en Terre sainte, des armes, des vivres, des chevaux. Le royaume de Jérusalem et plus tard l'île de Chypre dépendirent durant toute leur histoire des subsides en or, en armes, en vivres et en matières premières venus d'Europe. Évidemment, les ordres ne limitent pas leurs transports de fonds au domaine maritime. Ils transportent aussi des fonds par voie de terre et là aussi leur technique est très au point.

Les trésors du Temple

Le Temple est riche en fiefs, en biens immobiliers, en bétail, en réserves de grains. Chaque maison a certes un trésor, mais ce trésor, elle puise dedans en permanence pour répondre à divers besoins. Selon Demurger, le seul trésor templier dont on ait la trace (trésor en espèces sonnantes et trébuchantes) est celui que Hugues de Pairaud, visiteur de France, confia peu avant l'arrestation des Templiers au commandeur de Dormelle et Beauvoir en Gâtinais. Le 22 septembre 1307, ayant eu vent de ce qui se tramait contre le Temple, il confie le trésor à un pêcheur de Moret qui le cache sous son lit. Une fois les Templiers arrêtés, le pêcheur prend peur et remet le trésor au bailli royal Guillaume de Hangest. Le coffre contient mille quatre-vingt-neuf pièces d'or et cinq mille dix pièces d'argent. Cela représente un trésor assez important, c'est probablement la partie en monnaie du trésor de la province de France. Les trésors détenus par les commanderies devaient évidemment être bien moindres. Certains documents, rapportant que de l'argent ou des pierres précieuses ont été trouvés dans les coffres personnels de certains Templiers au moment de leur arrestation tendent à prouver que les trésors de certaines commanderies ont été dispersés (répartis entre les frères) pour leur permettre éventuellement de fuir. Nous ne croyons pas que ces « anomalies » puissent être la preuve (comme veulent le croire certains historiens) d'une déviation et d'un enrichissement personnel des Templiers en question, pour la simple raison qu'on se demande bien ce que pourrait faire d'une fortune personnelle un homme qui vit selon la règle du Temple. Nous croyons plutôt que, comme le montre l'épisode de Moret, les Templiers sont prévenus et ce, probablement depuis un bout de temps, que leur arrestation a été décidée, mais qu'ils ne connaissent pas la date de l'opération. Par ailleurs, le Temple est riche, mais pas aussi riche que l'Hôpital. Matthieu Paris leur attribue par exemple 9000 manoirs quand il en attribue 19000 aux Hospitaliers (ces nombres sont symboliques).

Reste que chaque commanderie a forcément un trésor gros ou petit, le plus souvent petit, provenant des dons locaux. En principe, ce trésor doit contenir certes des pièces de monnaie, mais aussi des objets (d'une valeur de moins de cent besants). Certains pensent que la moisson de Philippe le Bel fut, lors de l'arrestation, fort pauvre.

La flotte du Temple : la plus grande marine de l'époque ?

Le Temple comme l'Hôpital possède des bateaux, l'un comme l'autre sont probablement les plus gros propriétaires de leur temps. Chacun d'eux a plus de navires que n'importe quel marchand génois ou vénitien, et plus que n'en possède en propre quelque royaume que ce soit. En revanche, comparée à la flotte marchande de Venise ou de Gênes, celle des ordres est bien faible. Ils ont quelques vaisseaux qui assurent les « besoins courants », le transport des vins produit par les commanderies du Poitou par exemple vers celles d'Angleterre, celui des transports réguliers vers la Terre sainte, mais les deux ordres doivent, pour les grandes opérations, louer les services des marchands de la péninsule italienne. Ils ont donc des bateaux, des nefs ou bateaux ronds à voile nécessitant une quarantaine d'hommes d'équipage, servant au transport des hommes, des marchandises et des chevaux. Ils ont aussi des galères qui, elles, sont des vaisseaux de combat, car leur important équipage les rend impropres au transport de marchandises volumineuses, mais pas au transport de fonds. C'est à bord d'une galère du Temple que Joinville fractura une huche pour prélever l'argent de la rançon de Saint Louis.

Cela dit, il ne faut pas parler de flotte de guerre, ce qui serait un anachronisme. Templiers et Hospitaliers ont plus important encore que des bateaux, ils ont des implantations dans des ports importants où ils possèdent des quais et probablement des entrepôts. C'est le cas à La Rochelle, à Toulon ou à Marseille où l'on sait qu'ils avaient licence de « construire, maintenir des bateaux dans le port pour le transport vers l'Espagne et la Terre sainte ». De même, ils sont implantés en Italie et, si dans les grands ports marchands leurs installations sont de peu d'importance comparées à celles des marchands italiens, ils possèdent des quais dans les ports d'Italie du Sud. En Terre sainte enfin, jusqu'à la chute de la ville, Templiers et Hospitaliers auront leurs principales installations portuaires à Acre, le meilleur port de la côte syro-palestinienne.

De fait, en dehors de quelques noms, d'un bateau célèbre appelé « le Faucon » et de deux galères, on ne sait presque rien de la flotte du Temple. Pour les historiens, cela prouve qu'elle était peu importante. Leur logique d'ailleurs est imparable : si les Templiers avaient eu beaucoup de bateaux, on aurait retrouvé plus de preuves directes de leur existence. Par ailleurs, presque tous les actes leur accordant un emplacement portuaire concernent les bateaux du Temple et les bateaux qu'il a « nolisés » (loués). Or on peut, on doit penser que si le Temple loue des bateaux, c'est que sa flotte ne suffit pas à ses besoins.

Certes, tout cela est logique, certes, au XIIe et XIIIe siècle, le combat naval n'a pas l'importance qu'il avait eu dans l'Antiquité et qu'il aura au cours des siècles suivants, cependant, les faits mêmes cités par les historiens incitent à se poser des questions. Les Templiers ont possédé des galères, au moins deux à l'époque de la cinquième croisade. L'une fut détruite par les musulmans dans un bras du Nil près de Damiette et l'autre est celle sur laquelle monta Joinville et dont il nous dit que c'était celle du « Maître des galées » autrement dit du Maître des galères, ce qui suppose qu'il en existait plusieurs. On est donc en droit de penser que la galère détruite lors de la cinquième croisade n'était pas la seule que le Temple possédait et donc que celui-ci disposait au moins d'une petite flotte de galères. Le fait que, à Marseille, le Temple soit autorisé à « construire des bateaux dans le port » laisse penser qu'ils en ont construit. Or si l'Ordre construit des bateaux alors que ce n'est pas sa vocation, c'est parce qu'il ne trouve ni à louer ni à vendre ceux dont il a besoin. De fait, il faut envisager qu'en un siècle une évolution s'est produite, que, dès le premier quart du XIIe siècle, la bataille navale prend de l'importance et que les Ordres commencent à se doter d'une flotte spécifiquement militaire. Or le privilège marseillais est accordé en 1212, et tous les faits cités [(6)] concernant une marine templière sont postérieurs à la chute de Jérusalem en 1187 sauf deux.

Il y a d'abord l'article des retraits concernant le commandeur de la Terre [et du royaume de Jérusalem] : *« Tous les vaisseaux de mer qui sont de la maison d'Acre sont au commandement du commandeur de la Terre. Et le commandeur de la voûte d'Acre, et tous les frères qui sont sous ses ordres sont en son commandement et toutes les choses que les vaisseaux apportent doivent être rendues au commandeur de la Terre… »*

Il y a ensuite les importantes donations faites aux Templiers à La Rochelle en 1139 par Aliénor, reine de France, et Louis VII, son époux. En particulier, les Templiers reçoivent, outre des terrains et des bâtiments, un moulin à eau à l'entrée du « Chenal de Parthenay » et l'exemption de tous droits sur les marchandises transportées à leur usage. Dès 1139 donc, les Templiers disposent d'une implantation importante dans un port sur l'Atlantique. C'est le meilleur port français de l'Atlantique jusqu'au dix-huitième siècle. De là, les Templiers entretiennent un trafic maritime important avec l'Angleterre et le Portugal. La Rochelle serait aussi, et cela est à l'origine d'**histoires mystérieuses** qui sont peut-être une légende, le port idéal pour partir à la recherche de l'Amérique.

Ces deux faits incontestables nous incitent à la prudence ! Depuis la première moitié du XIIe siècle, les Templiers disposent officiellement de « deux implantations portuaires connues et importantes », Acre et La Rochelle. Par ailleurs, on sait que depuis longtemps, qu'elle soit fondée ou non, une méfiance s'est développée chez les pèlerins vis-à-vis des marchands de la péninsule italienne. Le bruit a couru que certains d'entre eux étaient assez cupides pour vendre leurs passagers comme esclaves aux Sarrasins… Dans ces conditions, on peut se demander si le Temple (dont la mission est la protection, des pèlerins) n'a pas – fût-ce avec des navires loués – développé très rapidement un service de liaisons avec la Terre sainte. Ce serait tout à fait possible, d'autant qu'il a de toute façon de nombreux produits, animaux et hommes à y faire passer. En revanche, si ce service est assuré avec des navires de louage dotés d'un équipage de marins laïques et d'un capitaine qui est un sergent et non un chevalier, ils peuvent bien passer relativement inaperçus dans les archives.

En effet, ce qui nous étonne, c'est d'abord le surgissement de documents à propos d'une marine et d'une activité maritime au XIIIe siècle, alors que cette activité est prévue par la Règle depuis près d'un siècle, c'est ensuite le peu de bateaux connus quand les Templiers sont présents dans tant de ports : Boulogne, Barfleur, l'Île-aux-Moines, Collioure, Saint-Raphaël, Majorque, Serra d'el Rei au Portugal ou Brindisi en Italie (les Templiers y construisirent un phare).

Une fortune en biens immobiliers

Les opérations financières et leur marine ont certes contribué à la richesse de Temple, mais le plus important, ce sont les fiefs, les bâtiments et les industries qu'ils ont reçus ou acquis et surtout gérés. C'est de cela que provient la majeure partie des revenus de l'Ordre.

L'agriculture et la gestion des fiefs

Les Templiers semblent avoir été de très bons gestionnaires. Les inventaires des maisons templières faits lors de leur arrestation n'ont révélé aucun luxe ostentatoire. Priorité restait à la guerre en Terre sainte et à la Reconquête en Espagne. Ils prélevaient sans hésiter sur les revenus de leur maison pour fournir sur ces deux fronts hommes, chevaux, armes et vivres. L'inventaire prouve qu'ils n'ont pas pratiqué de politique d'accumulation, de profit pour le profit. Tout au contraire, ils ont dans l'ensemble géré au mieux pour développer au maximum les activités de leurs fiefs. C'est pourquoi, dans la plupart des fiefs, ils ont préféré à toutes les autres formules, en matière agricole celle de la gestion seigneuriale, celle qui leur permet, sans pour autant participer aux travaux agricoles, de contrôler au mieux leur production. La situation juridique des personnes employées sur ces domaines agricoles varie suivant les conditions du droit local. Ainsi le personnel est libre et donc salarié en Normandie et en Picardie où le servage n'existe pas. En revanche, les mêmes employés sont serfs en Languedoc et en Roussillon. Ils bénéficient cependant de conditions de servage bien particulières : ils sont dès l'origine de l'Ordre inclus parmi les « hommes du Temple » et bénéficient des privilèges et exemptions de l'Ordre. En Espagne, le personnel est composé d'esclaves maures, soit capturés au combat, soit achetés.

Cependant l'Ordre fait preuve en la matière d'une remarquable souplesse. Il n'y a rien dans sa démarche de systématique. Quand un système de gestion indirecte tel que le fermage, le métayage se révèle être une meilleure solution, ils l'adoptent sans états d'âme. Il en est de même pour le choix des cultures et des autres ressources. Ils s'adaptent au terrain, cultivent de la vigne en Bourgogne et en Anjou, du blé en Normandie ou en Artois. Dans certaines régions d'Angleterre, ils se feront une spécialité de l'élevage du mouton pour sa laine. Ils investissent également dans les industries d'extraction. Ils possèdent des mines, des marais salants, des tanneries... Dans les grandes villes, ils investissent dans les secteurs les plus lucratifs de l'industrie et du commerce urbain. En ce sens, ils ont été des acteurs économiques de premier plan et ont fait preuve d'une pensée particulièrement moderne en donnant priorité à la monnaie sur les ressources en nature. Partout, ils choisissent non la production dont ils ont besoin pour la guerre, mais la production la plus rentable qui leur permettra d'acheter en Europe ou sur place ce dont ils ont besoin.

Cependant, leurs revenus ne proviennent pas seulement d'exploitations directes ou indirectes. S'inscrivant dans le cadre de la seigneurie féodale, ils perçoivent trois sortes de revenus : domestiques (tirés d'une exploitation directe), fonciers (locations, métairies) et banaux (fiscaux). C'est sur ce dernier point que la politique du Temple est la mieux connue : partout ou presque, ils allègent les impôts. En particulier, ils suppriment les impôts exceptionnels (les casuels). Ne voyons pas là de la philanthropie ! Il s'agit avant tout de bonne gestion. Ainsi, sur les fours qu'ils possèdent en Espagne les Templiers prélèvent un pain sur vingt (soit 5% de la valeur du lot), le cens payé par les exploitants est souvent peu élevé et s'accompagne d'un complément en nature (par exemple, le quart des récoltes). Cependant, dans l'ensemble, ils suivent la tendance du temps et privilégient le prélèvement monétaire plutôt que le prélèvement en nature. Malgré tout, il semble que les Templiers aient très vite compris que ruiner le vigneron, c'est souvent ruiner le vin puis ruiner la vigne. C'est certainement le rôle de « colonisation » des terres d'Espagne qui leur a rapidement enseigné cet art de la gestion. Ils ont publié des chartes pour attirer des populations chrétiennes dans des zones nouvellement reconquises, ils ont parfois échoué à stabiliser ces populations et ont dû inviter des musulmans à venir s'installer ou se réinstaller sur ces terres. C'est que le Temple a une triple mission : rechristianiser les terres conquises, les remettre en valeur rapidement il faut enfin qu'elles deviennent prospères afin de participer à l'effort de guerre en Terre sainte, objectif prioritaire qui n'est jamais perdu de vue. La tâche est difficile, les Templiers, mais aussi les Hospitaliers découvriront à cette occasion les vertus économiques de la tolérance. Cela leur vaudra même une remontrance du pape. Les populations musulmanes auront le droit d'avoir une mosquée et seront regroupées en *aljama*.

On ne peut pas prétendre que les Templiers ont mené en Espagne ou ailleurs une politique libérale, en revanche on peut affirmer que chaque fois qu'une mesure libérale leur a paru nécessaire, ils l'ont adoptée sans états d'âme. Chaque fois qu'il fallait concéder un privilège, ils ont fait de même.

En ce qui concerne les techniques nouvelles, les Templiers ont la même attitude, recherchant constamment les techniques les plus rentables. Certes, ils ne sont pas inventeurs, mais ils font preuve d'une grande ouverture. De même, ils savent partout tirer parti au maximum du réseau hydrologique et procéder si nécessaire à son aménagement, à des travaux d'irrigation, au creusement de biefs et de canaux, à l'achat, la construction ou l'aménagement de moulins de toutes sortes. En ce sens, ils ont été, par leurs investissements, des acteurs importants du développement de nombreuses régions. Certes, le souci principal est de financer la guerre sainte, mais le développement du fief entraîne une hausse du niveau de vie, et, dans l'ensemble, on a mieux vécu dans les fiefs du Temple (ou des autres ordres militaires) que dans les fiefs voisins.

La question des biens immobiliers

Le Temple – mais pas seulement lui, tous les grands ordres religieux en font autant – possède partout des biens immobiliers. Évidemment, puisqu'en principe on n'entre pas au Temple (ni ailleurs) les mains vides.

Cependant, au Moyen Âge, la donation d'un bien immobilier n'est pas une affaire individuelle. Le lignage, la famille ont leur mot à dire, ils peuvent même faire casser une donation par les tribunaux. Par ailleurs, à partir du XIIIe siècle, les princes sont inquiets de l'expansion galopante des terres détenues par les ordres monastiques. Tous ou presque prennent des mesures pour freiner le mouvement. La prospérité des fiefs du Temple suscite des inquiétudes. Les féodaux les perçoivent comme des rivaux. Rois, ducs, princes et barons vont tenter au XIIIe siècle de limiter, voire de réduire, les domaines non seulement du Temple mais aussi des autres ordres religieux (ou pour le moins d'en limiter l'expansion). Sur ce terrain, comme sur beaucoup d'autres, le Temple s'est battu pied à pied, recourant à la justice chaque fois que nécessaire, que leur adversaire soit un seigneur, un membre du clergé séculier ou même un couvent. Parfois, lorsqu'il s'agit d'un seigneur, ces conflits dégénèrent en véritables guerres privées qui ont forcé plus d'une fois un souverain ou un suzerain majeur à intervenir.

En ce domaine, le Temple n'est pas différent des autres grands ordres, en particulier de l'Hôpital, qui mène le même type de politique et s'attire des inimitiés pour les mêmes raisons. De plus, les ordres religieux abuseront parfois de leur position pour s'approprier des biens. Ce fut exceptionnel, au Temple comme ailleurs, mais ces quelques abus marquèrent profondément les esprits.

Les Templiers en ville

Dans les grandes villes, ou plutôt près des grandes villes, les Templiers se sont fait octroyer des « terrains hors les murs » et ont obtenu de pouvoir y construire des villes neuves. Ils vont se révéler d'habiles urbanistes. Ces quartiers sont sillonnés de rues étroites et rectilignes se coupant à angle droit. L'étroitesse des rues est un avantage, car elle permet de créer dans le quartier une sorte de « microclimat », plutôt humide et ombreux en été, moins froid que des quartiers plus ouverts en hiver. Ces nouveaux quartiers attirent de nombreux artisans de tous métiers qui trouvent là la place qui leur manque dans les quartiers à l'intérieur de la ville, ainsi que sans nul doute les avantages de la gestion templière. Parfois cet espace est enclos de murs et prend alors le nom de clôture ou clos du Temple. À Paris, lors de l'avènement de Philippe le Bel, le « clos du Temple » occupe environ le tiers de l'agglomération parisienne. Ces villes neuves où, selon leurs propres légendes, se seraient installées les artisans libres et plus particulièrement les francs-maçons, seront l'occasion de nombreux différents tant avec les autorités municipales qu'avec les autorités seigneuriales ou royales. Par exemple, à Paris, le Temple avait obtenu le droit de haute et basse justice en son enclos. Ceux qui se réfugiaient en cet enclos échappaient donc à la justice royale.

Les ressources ecclésiastiques

Les fidèles d'une ville ou d'un village peuvent aller s'il y en a une écouter la messe à la chapelle du Temple plutôt qu'à l'église paroissiale. Mieux, la chapelle du Temple ne dépend pas de l'évêque et lève la dîme sur les fiefs de la commanderie. Autrement dit, elle prélève une partie des revenus que le clergé séculier considère a priori comme siens. On ne peut évaluer les ressources ecclésiastiques du Temple, elles ne furent certainement pas importantes au regard des autres sources de revenus. En revanche, elles attirèrent aux Templiers, dès le début de leur existence, l'hostilité d'un grand nombre de membres du clergé séculier. Il faut ici remarquer que ce que nous écrivons des Templiers s'applique également aux Hospitaliers et s'appliquait à eux avant de s'appliquer au Temple, ainsi qu'à tous les autres ordres monastiques. Néanmoins, il semble que c'est envers le Temple que les chroniqueurs appartenant au clergé séculier ont été le plus agressifs.

L'élevage et le dressage des chevaux

Le cheval est à l'armée franque du XIIe siècle ce que le moteur à explosion sera plus tard aux armées de la Seconde Guerre mondiale. Sans lui pas de cavalerie ni lourde ni légère, pas de logistique et donc pas de guerre ! À un chevalier templier il faut trois chevaux et un écuyer, donc, le transport de 1000 chevaliers représente au minimum celui de 3000 chevaux et de 2000 hommes... Ajoutons que les chevaux ne sont pas tous de la même espèce. Il faut des roncins, voire des mules pour le voyage ou le transport ; des destriers ou chevaux de lance pour la charge. Il faut aussi des chevaux de réserve, car si le destrier voyage sans cavalier, il peut périr au combat et, par ailleurs, le roncin ou la mule sont lourdement chargés. Dans ces conditions, on comprend que les ordres chevaleresques aient eu à se préoccuper des chevaux. On ne sait pas si la marine templière fut équipée de « navires huissiers » [7] qui étaient les péniches de débarquement de l'époque. Ils permettaient de débarquer des cavaliers montés. Ils étaient également le véhicule idéal pour transporter des chevaux par mer. C'est possible, mais il n'est pas certain qu'ils aient adopté cette invention byzantine. Selon nous, ce navire à voile avec sa porte de bois calfatée devait présenter les mêmes défauts de tenue de mer que nos actuels ferries. Ils étaient donc probablement mal adaptés à de longs voyages.

Bien que les Templiers se soient quelque peu spécialisés dans l'élevage du mouton, ils ont élevé des chevaux, en particulier sur le plateau du Larzac, mais surtout, ils en ont dressé et ils en ont fait commerce et transport en particulier entre l'Europe et la Terre sainte.

L'Europe et le Moyen-Orient quadrillés, commanderies et préceptories

Rapidement l'organisation administrative du Temple couvrira l'ensemble de l'Europe occidentale et le Proche-Orient (Syrie, Palestine). Il existe au niveau le plus élevé d'organisation des provinces dont l'une forme une super province : la Terre de Jérusalem [(8)] qui dans les titres templiers est appelée « la Terre ». Ainsi, le commandeur de la Terre est le commandeur responsable de la Terre de Jérusalem ou Terre sainte.

Le Temple s'organise donc selon un schéma simple : provinces, baillies ou préceptories ou encore commanderies, établissements divers dépendant d'une commanderie.

Chaque province est donc découpée en baillies qui sont des unités territoriales et (ou) militaires. Elles jouent les deux rôles au Proche-Orient où le bâtiment principal de la baillie est toujours un château-fort.

Il existe à ce propos un problème de vocabulaire : selon Demurger, le seul terme utilisé est celui de commanderie. Selon d'autres sources, le terme commanderie n'a été utilisé qu'à partir du moment où les biens du Temple ont été donnés aux Hospitaliers.

Le terme « commandeur » ou « précepteur » désignait un chevalier responsable de la comptabilité en nature comme en numéraire qui exerçait parfois en outre le rôle de maître de son unité territoriale (province, baillie, préceptorie ou commanderie).

Mais qu'est-ce donc qu'une commanderie dont le nom seul évoque une sorte de QG ?

Est-ce donc une maison ? Un couvent ? Une forteresse ? Un ensemble de bâtiments permettant à ses habitants de vivre en autarcie ?

Un peu tout cela, pourrait-on dire. D'une façon générale, une commanderie est un ensemble de bâtiments et de domaines.

Cet ensemble a pu se constituer grâce aux donations nombreuses qui furent faites aux Templiers, constituant une sorte de maison mère dans laquelle les Templiers pouvaient être initiés, instruits, logés, nourris et soignés.

Mais on pouvait aussi y loger et entretenir leurs chevaux. En fait, on pourrait voir la base de la commanderie comme une grosse ferme avec une chapelle et un bâtiment principal solide et sévère.

Relevons que, dans certains textes, le terme *commanderie* a désigné aussi bien ses bâtiments que l'ensemble de l'unité territoriale qui en dépendait.

D'après Demurger, repris par d'autres auteurs, il n'y a pas eu neuf mille commanderies en Occident, nombre symbolique donné par Matthieu Paris qui comptait aussi des petits manoirs, mais entre deux et trois mille.

Laurent Daillez en a recensé dans son livre *La France des Templiers* mille cent soixante-dix pour la France, ce qui est déjà énorme.

Par ailleurs, un grand nombre de ces commanderies se trouvaient le long des voies de pèlerinage et de grande circulation.

Parfois, la préceptorie est considérée comme une unité régionale regroupant plusieurs commanderies (certains auteurs envisagent une préceptorie de Flandre ou d'Auvergne par exemple). Ce que nous écrivons ici de la préceptorie vaut également pour la baillie.

De fait, il semble que le vocabulaire ait été fluctuant et que l'on ait parfois utilisé pour un même poste le terme de précepteur, de commandeur voire de maître !

Il faut remarquer que cette organisation hiérarchique administrative est assez souple et semble souffrir des exceptions et des particularités qui la rendent difficile à saisir avec précision [(9)].

De fait, jusqu'à la fin de l'Ordre intervient dans l'organisation générale le concept volontariste de la priorité à la Terre sainte. Ainsi, le commandeur de la Terre de Jérusalem, semble avoir eu autorité sur les commandeurs des quatre provinces de Terre sainte : province de Jérusalem, province de Tripoli, province d'Antioche et province d'Arménie.

Il semble que, par ailleurs, le commandeur de la voûte d'Acre (du port) ait été sous les ordres directs du commandeur de la Terre. De même il semble qu'un titre (commandeur précepteur) désigne une fonction et non un « niveau hiérarchique ». Par ailleurs il apparaît qu'un même titre peut recouvrir des responsabilités légèrement différentes. Ainsi les fonctions d'un « commandeur de province » semblent plus générales que celles du « commandeur de la Terre ».

En Europe, il y eut d'abord sept provinces appelées « langues » : France, Auvergne, Provence, Espagne, Italie et Allemagne. Ces provinces étant, comme leur nom collectif l'indique, regroupées par langage. En 1253 on « tailla » dans les sept provinces européennes initiales pour créer les provinces de Valence, Magdebourg, Mayence et Rome.

Chaque province était dirigée par un « visiteur » et un « maître de province ».

La province était divisée en baillies ou préceptories, unités territoriales qui portaient généralement le nom de la commanderie (parfois appelée préceptorie) la plus importante du territoire. De cette maison principale dépendaient des préceptories rurales ou maisons du Temple (domus Templi).

Chacune de ces unités et sous-unités était dirigée par un maître qui était responsable de sa maison et de l'unité territoriale qui en dépendait. Ce « maître » pouvait aussi bien porter le titre de précepteur ou commandeur sans que sa fonction en soit pour autant modifiée.

Le principe du Temple étant une direction collégiale, chacun devant rendre des comptes au niveau supérieur de l'Ordre et probablement prendre conseil du « chapitre de sa maison » ou de l'assemblée qui en était l'équivalent, tout comme devait le faire le maître de l'Ordre.

En Europe, même en Espagne, la préceptorie (ou commanderie) rurale n'était souvent qu'une ferme. La préceptorie (ou commanderie) principale étant généralement un bâtiment plus important et fortifié.

C'est ce qui rend difficile l'évaluation du nombre de « commanderies » en France et en Europe.

Certains auteurs recensent en effet 6000 établissements templiers qu'ils appellent « commanderies » quand d'autres n'en comptent que 600. Rien ne prouve que les uns aient raison et les autres tort. Si l'on prend en compte toutes les « maisons du Temple », y compris la simple fermette occupée par quelques sergents, le poste de péage, voire la grange ou le moulin banal, il est bien possible que l'on arrive à 6000. En revanche, si l'on n'applique ce terme qu'aux établissements d'une certaine importance, seulement à ceux qui comprennent une chapelle par exemple, il est probable que ce nombre diminue fortement. Ce que nous disons ici pour la France vaut évidemment pour tous les autres pays où le Temple fut implanté.

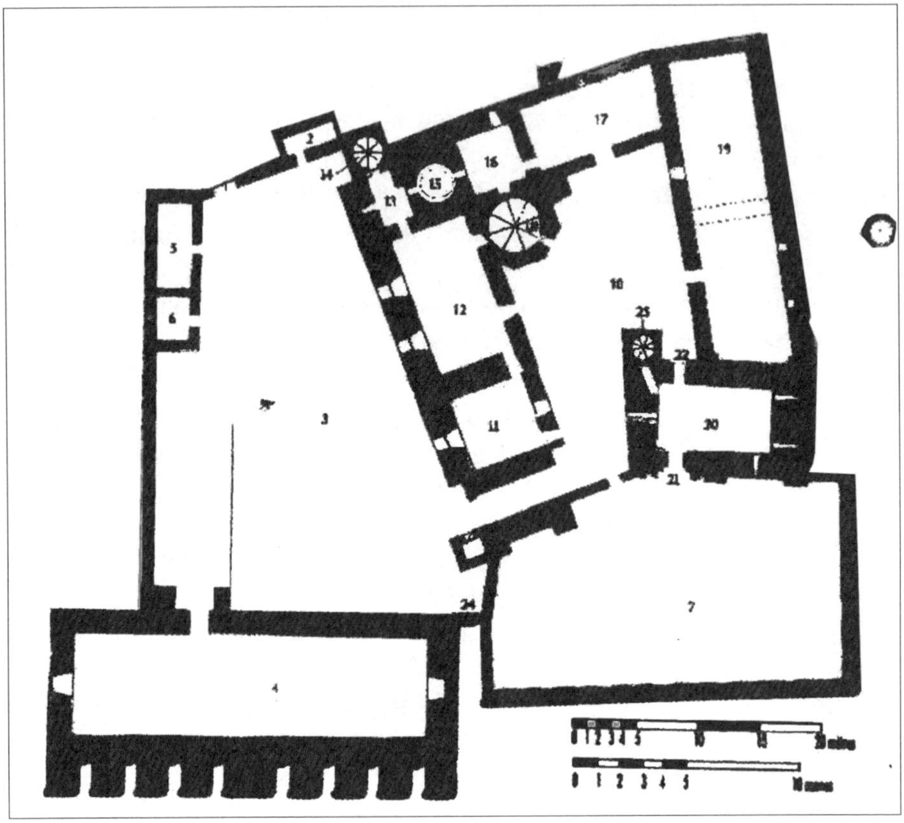

1- Entrée. 2 et 8- Guérites. 3- Cour extérieure (basse cour). 4- Écuries. 5 et 6- Dépendances. 7- Cimetière. 9- Tour et porche sud. 10- Cour inférieure. 11- Réfectoire. 12- Cuisines. 13- Cabinet voûté. 14- Escalier de service. 15- Four. 16- Boulangerie. 17- Grenier. 18-Tour octogonale. 19- Corps de logis. 20- Donjon, chapelle. 21- Portail roman du cimetière. 22- Porte du chapitre. 24- Passage vers le potager et le puits.

Plan de la commanderie de Vaour d'après la revue *Templarium* n° 11. Ce plan est à peu près représentatif de ce que pouvait être une commanderie type.

Notes du chapitre :

(1) Il semble que, dans les premiers temps, le rôle de « grand commandeur » ait été tenu par le « commandeur de la Terre et royaume de Jérusalem » qui était le ministre des Finances de l'Ordre en Orient comme en Occident. À ce titre il commandait également la flotte et répartissait les effectifs entre les diverses commanderies.

(2) Pour plus de précisions, le lecteur se reportera au chapitre 6, « Les grandes batailles militaires ».

(3) Sénéchal de Champagne au service du comte Thibaud, il s'embarqua en croisade au côté de Saint Louis en 1248 et fut son compagnon de captivité dans les geôles islamiques. Il fut également un conseiller très écouté et un chroniqueur. On lui doit une *Vie de Saint Louis.*

(4) Conseiller du roi Louis XIII, publia un traité concernant l'histoire de France, sur la condamnation des Templiers... L'ouvrage est disponible sur le site web de la Bibliothèque nationale.

(5) Aujourd'hui encore, faire crédit à un État n'est pas toujours une bonne opération.

(6) Ceux que nous avons trouvés !

(7) Il semble bien cependant que pour la septième croisade, c'est sur un navire huissier du Temple qu'embarque le sire Jehan de Joinville. En effet, les ordres du maître nautonier sont suivis de la formule « de par Dieu » : *« Faites voile de par Dieu »* ce qui est la formulation réglementaire des ordres au Temple.

(8) Les historiens parlent également de « langues » qui regrouperaient plusieurs provinces, ainsi il y aurait eu une « langue d'Auvergne ».

(9) Il faut noter que, entre 1118 et 1304, la terminologie templière a pu évoluer, de même que la structure administrative.

Chapitre 8
Les causes probables de la fin

L'histoire du Temple n'est pas sans poser d'étranges questions. Pourquoi le Temple a-t-il cristallisé les passions ?

Nous l'avons vu, l'ordre de l'Hôpital est largement plus riche en fiefs que le Temple, il est donc plus puissant, il mène le même genre de politique de gestion des biens et utilise les mêmes techniques bancaires.

Lorsqu'une grosse somme doit être transportée en Terre sainte, les souverains, soucieux d'équilibre et de sécurité, en confient la moitié au Temple et la moitié à l'Hôpital. De même, la conservation des « grosses sommes en Terre sainte » entraîne le partage de celles-ci en trois parts : une à l'Hôpital, une au Temple, une au Saint-Sépulcre… En apparence, les deux ordres sont également considérés par les souverains : le service que l'on demande à l'un, on le demande aussi à l'autre. Quand le Temple marche à l'avant-garde de l'armée en Terre sainte, l'Hôpital assure l'arrière-garde et inversement.

Égalité donc, sauf que c'est au Temple et à lui seul que Philippe Auguste, roi de France, confie la gestion du trésor royal, c'est au Temple et à lui seul qu'est confié le trésor du royaume d'Angleterre. C'est encore à lui et à lui seul que sont confiés en France les étalons des poids et mesures. Toujours au Temple (au maître de la province de Hongrie, Pons de la Croix) et non à l'Hôpital que André II en 1217 confie son royaume avant de partir en croisade.

Là se trouve probablement la différence entre le Temple et l'Hôpital : le Temple est plus impliqué avec les souverains. Il leur rend plus de services, et eux font plus appel à lui.

C'est certainement la raison pour laquelle les conflits entre souverains et Templiers furent plus marqués, plus violents qu'avec les Hospitaliers. En formulant les choses de façon populaire, on pourrait dire que Templiers et Hospitaliers boivent du vin au même tonneau, mais que seuls les Templiers trinquent.

Ordre international : une position délicate !

À cela il faut ajouter que la position « d'ordre international guerrier » qui est celle du Temple et de l'Hôpital n'est guère confortable. Tous deux sont des seigneurs ecclésiastiques et, bien qu'étant souverains, les deux ordres sont localement vassaux des rois régnants. Autrement dit, le maître de la province d'Angleterre est, pour toutes les possessions situées sur le territoire du roi d'Angleterre, vassal du roi de ce pays. Ainsi, Édouard Ier d'Angleterre fait appel aux Templiers d'Angleterre contre les Écossais [(1)]. De même, le roi Koloman de Hongrie en 1241 les requiert pour défendre ses frontières contre les Mongols. En 1285, le roi de France Philippe III (le Hardi) conduit une croisade prêchée par la papauté contre les Aragonais [(2)]. Devant cette invasion française, Pierre III d'Aragon (l'excommunié) convoque les Templiers et les Hospitaliers le 22 avril 1285. Il leur ordonne de veiller à la sécurité de la frontière avec la Navarre (alliée de la France). En juin, les côtes d'Aragon sont menacées par la flotte française, et c'est encore aux Templiers et Hospitaliers que Pierre III fait appel pour défendre les côtes.

Pour obtenir cette participation du Temple, les souverains rappellent aux autorités locales de l'Ordre le serment d'allégeance qu'elles ont prêté pour chaque fief et les devoirs du vassal. Templiers et Hospitaliers, car cela vaut pour les deux ordres, sont « coincés » entre deux serments, deux obligations contradictoires. La règle leur enjoint de ne jamais lever l'épée contre un chrétien, mais leur devoir de vassal les oblige à participer aux guerres de leur suzerain auquel ils doivent quarante jours de service militaire par an.

Autrement dit, dans une guerre entre, par exemple, un roi de France et un roi d'Angleterre, des Templiers de France auraient pu être appelés à charger des Templiers d'Angleterre… Même si c'est avec répugnance, Templiers et Hospitaliers ont participé aux opérations défensives. Quand il s'agissait d'opérations offensives, ils ont plus encore traîné les pieds. Cependant, les souverains veulent qu'un ordre religieux soit un vassal comme les autres et ils exercent sur lui de fortes pressions. Le 17 août 1300, Jacques II d'Aragon qui doit affronter les Castillans écrit au lieutenant du maître de la province d'Aragon en ces termes. Il demande *« fermement »* que *« avec les chevaliers et les hommes que l'Ordre a dans le royaume d'Aragon, vous vous teniez prêts, avec vos chevaux, vos armes et autres équipements »*. Le roi menace même l'Ordre : *« Sachez que si vous faisiez autrement, nous procéderions contre vous et les possessions de votre Ordre, comme il est juste de le faire contre ceux qui, inhumainement, refusent de combattre pour leur pays »*. En clair, le roi menace en 1300 de confisquer, au besoin par la force, les fiefs de l'Ordre si les Templiers n'adoptent pas l'attitude de n'importe quel seigneur laïque.

Cette pression est un signe des temps. Les grands suzerains se veulent de plus en plus maîtres chez eux. Depuis la première croisade et les contacts avec les Byzantins, l'Église s'intéresse beaucoup au droit romain à partir duquel elle développe et complexifie le « droit canon ». Nul doute que dans l'entourage des princes, de nombreux juristes se sont penchés également sur ce droit, s'intéressant plus particulièrement au rôle de l'empereur romain. Autrement dit, ils veulent transposer dans le monde médiéval ce rôle de l'empereur sur le rôle du suzerain. Ces lectures les ont poussé à chanter, aux oreilles de leur roi ou de leur empereur, les louanges du pouvoir absolu dont disposaient les empereurs romains. Mieux encore, le même exemple de pouvoir absolu leur a été offert durant les croisades par le moindre chef musulman. Les souverains du début du XIVe siècle aspirent donc à autre chose que ceux des siècles précédents : ils rêvent déjà de pouvoir absolu, de despotisme, et ne sont donc plus disposés à accepter des particularismes que leurs prédécesseurs avaient trouvés normaux. On n'imagine pas les mots de Jacques II d'Aragon à l'époque d'un Philippe le Hardi, d'un Richard Cœur de Lion ou même d'un Jean sans Terre.

L'émergence du despotisme

De fait, les « problèmes » ont commencé avec le plus « moderne » des souverains du XIIIe siècle, l'empereur Frédéric II. Les premiers incidents se produisirent, selon la chronique d'Ernoul rapportée par Bernard le trésorier, avant même que ce souverain ne décide de partir en croisade. Il y eut vers 1220 une opposition entre lui et une fraction de la noblesse de Sicile. Selon Ernoul, à cette occasion, l'empereur confisqua les biens des Hospitaliers et des Templiers. Il aurait même forcé les Templiers à quitter ses États. Si ce fut le cas, et si la chronique n'a pas généralisé abusivement quelques faits ponctuels, l'empereur revint très vite sur sa décision puisqu'il confirma les dons de fiefs faits par ses prédécesseurs aux deux ordres en 1221 et 1223.

Selon Demurger, l'empereur aurait simplement récupéré des biens dont il avait été spolié par la noblesse sicilienne durant son enfance. Comme certains d'entre eux avaient été par la suite donnés aux ordres religieux chevaleresques, il dut les en expulser sans que pour autant cette démarche implique une quelconque hostilité de l'empereur à leur égard. Grégoire IX justifiera l'excommunication prononcée contre Frédéric II en 1227 par son retard à partir en croisade et par l'atteinte portée aux biens des ordres religieux chevaleresques. Or, en 1228, c'est conjointement à un frère templier et à un frère hospitalier que Frédéric II confie l'ensemble des forteresses de Calabre. Il y a quand même probablement eu des confiscations de biens hospitaliers et templiers puisque, dans une lettre de 1231, le pape réclame la restitution de ces biens.

En général, les historiens relient ces confiscations des biens templiers et hospitaliers au conflit qui opposa les deux ordres à l'empereur en Terre sainte. Il nous semble que cette idée est surfaite, et que les motivations originelles de Frédéric II sont différentes.

En effet, Frédéric II tenta dès son arrivée à Chypre de se conduire non en souverain médiéval mais en César, comme un « souverain de droit romain ».

Il manifestera la même attitude en tant que roi de Jérusalem, ce qui est tout à fait contraire au droit originel de ce royaume.

En 1231, il promulgue et fait publier à Melfi (sa résidence d'été) le *liber augustalis*. Ce document est appelé en français les « constitutions augustales » et plus connu sous le nom de « constitutions de Melfi ». Ces constitutions, très inspirées, comme leur nom l'indique, du droit romain, font de lui le premier souverain absolu d'Europe. Elles anéantissent la puissance féodale et suppriment les libertés citadines (les franchises). En un mot, elles étouffent toutes initiatives autres que celles du souverain.

C'est le programme d'un Louis XIV au XIIIe siècle. Cette vocation de souverain absolu ne peut évidemment accepter de bon gré les Templiers et les Hospitaliers, dépendants de son ennemi personnel : le pape. Il ne peut considérer d'un œil favorable ces deux ordres dont les vastes domaines, étant tous biens d'Église, sont terres d'asile.

De fait, parce qu'il veut détruire le droit féodal, Frédéric frappe directement « l'armée du pape » (les Templiers et les Hospitaliers) et, à travers elle, le pape lui-même. C'est par ailleurs après sa seconde excommunication en 1239 qu'il se livre au plus grand nombre de confiscations.

Selon nous, ses désirs de royauté absolue et son goût pour le droit romain suffisent largement à expliquer son attitude. Il faut néanmoins pour bien comprendre ce qui s'est passé connaître l'histoire de sa croisade.

Il débarque à Chypre au printemps 1228 (très exactement le 12 mars). Là il réclame la régence en raison du fait que le roi Henri Ier est mineur. Il la réclame au nom des traditions de l'Empire, et les nobles de Chypre, en particulier la famille des Ibelins, la lui refusent au nom des traditions d'Orient. Ce petit épisode, qui n'est qu'un prélude à ses exploits en tant que roi de Jérusalem, l'a retardé, et ce n'est que le 7 septembre 1228 qu'il débarque en Terre sainte. Sa connaissance de la diplomatie arabe lui permet de profiter du fait que Al-Kamil et Al-Ashraf sont bien plus désireux d'enlever Damas à leur neveu Al-Hasir que de reconquérir la Terre sainte. Le 18 février 1129 à Jaffa, il obtint d'eux de nombreuses concessions dont la restitution de Jérusalem.

Les Templiers font à ce genre de manœuvres diplomatiques un accueil très mitigé.

Alors que Frédéric II se rend à Jaffa, les Templiers suivent l'empereur roi, mais de loin. Ils assurent sa sécurité mais ne placent pas le couvent sous ses ordres. Comment aurait-on pu placer les Templiers ou les Hospitaliers sous les ordres d'un souverain excommunié ?

Le 12 mars, il se couronnait lui-même roi de Jérusalem au Saint-Sépulcre, alors qu'il ne pouvait légalement n'en être que régent puisque seul son fils avait des droits sur le royaume. Cette cérémonie illégale de couronnement souleva l'indignation dans toute la Terre sainte.

Le 21 mars, l'envoyé du patriarche de Jérusalem, Giraud de Lausanne, fait lire la confirmation de l'excommunication qui vient d'arriver de Rome. Pierre, archevêque de Césarée, est chargé de jeter l'interdit sur la ville de Jérusalem.

La réaction de Frédéric II ne se fait pas attendre. Il rejoint Acre (résidence provisoire du patriarche) et le fait emprisonner. Ensuite il met le siège devant le château Pèlerin qu'il veut confier aux Teutoniques et aux seigneurs allemands. Les Templiers l'informent qu'ils résisteront par la bouche du commandeur du château qui fait savoir à l'empereur que s'il ne lève pas le siège, les Templiers le mettront « dans un lieu d'où il ne sortira plus ».

Pendant ce temps, Giraud de Lausanne et Pierre de Montaigu recrutent (grâce aux fonds fournis par le roi de France) de nombreux chevaliers parmi les croisés allemands qui étaient venus avec l'empereur.

Frédéric, qui veut garder ses forces intactes pour la guerre qu'il mène en Lombardie, ordonne à ses chevaliers qui se sont engagés auprès du royaume de Jérusalem d'embarquer. Il s'entend répondre par Pierre de Montaigu que la trêve qu'il a signée avec l'Égypte « ne comprend pas le sultan de Damas ». Sur l'instant, l'empereur se retire sans répondre.

Le lendemain, l'empereur convoque sur la plage d'Acre une « assemblée publique », il prononce un discours dans lequel il adresse à Pierre de Montaigu, le maître du Temple, une pluie d'injures et d'accusations de toutes sortes. Ensuite, il rentre dans la ville dont il fait garder par ses propres arbalétriers toutes les portes ainsi que les bâtiments principaux. Ces gardes ont ordre de laisser les Templiers sortir de la ville, mais de les abattre s'ils tentent d'y entrer.

Frédéric II est pressé de quitter la Terre sainte. Pour compenser « sa perte en chevaliers », il embarque à leur place des mangonneaux et d'autres machines de guerre qui sont destinées à la défense d'Acre. Par « amitié », il envoie même quelques-unes de ces machines au sultan d'Égypte. Ces faits sont connus par une lettre du patriarche Giraud au pape. Le 1er mai 1129, il rembarque sous les huées des populations d'Acre. Quant au patriarche, il conclut sa lettre au pape par cette formule : *« Dieu veuille qu'il ne revienne jamais ! »*

Ces faits appellent quelques observations. Tout d'abord, c'est certainement une **erreur d'appréciation** que d'appeler cette intervention en Terre sainte la « 6e croisade ». Bien qu'il y ait eu vœux de croisade de la part de Frédéric II et probablement des chevaliers qui l'accompagnent, tout le prouve, les motivations de l'empereur n'ont rien à voir avec la défense des Lieux saints. Il vient en Orient pour récupérer l'héritage de son fils, et c'est la seule chose qui l'intéresse.

C'est d'ailleurs un des éléments qui contribuèrent à ses succès diplomatiques avec les musulmans. Par ailleurs, il se veut déjà souverain absolu, et se conduit vis-à-vis des poulains comme si c'était le cas. La mauvaise volonté des Templiers à suivre ce souverain excommunié ne s'explique pas autrement !

Les souverains excommuniés, ils en ont subis et en subiront plus d'un ! Tant que ceux-ci respectent les règles féodales, les Templiers remplissent leurs obligations de vassaux. Ce sera le cas en Aragon durant le règne de Pierre III, bien que les troupes françaises et navarraises soient au service du pape (la croisade prêchée par Martin III).

Cependant, ici le cas est différent. L'empereur aurait pu être régent de Terre sainte, mais il ne l'est pas et n'est donc pas suzerain des Templiers de Terre sainte.

Quant à son auto-couronnement, il est trois fois illégal.

Il l'est religieusement : un excommunié ne peut être couronné roi d'un État chrétien.

Il l'est par rapport au droit du royaume de Jérusalem : la royauté de Jérusalem est élective – parce que ce n'est pas un roi mais tout un peuple qui a conquis cette terre –, or Frédéric II n'a pas été élu par les barons de Palestine.

Il l'est enfin sur le plan dynastique : parce que si son fils Conrad a des droits sur le royaume de Jérusalem, il les tient de sa mère Isabelle de Brienne (fille de Jean de Brienne).

En un mot, sa seule légitimité en tant que roi de Jérusalem, c'est la puissance de son armée.

En 1232, Armand de Périgord succéda à Pierre de Montaigu comme maître du Temple. Le nouveau maître connaît bien l'empereur. Il a été maître des provinces de Calabre et de Sicile (province templière de Pouille-Apulie).

La Terre sainte, avec le départ de l'empereur, reste sans maître séculier. Le pouvoir tombe donc naturellement entre les mains du patriarche assisté des maîtres du Temple et de l'Hôpital.

Pendant ce temps, amateur de fêtes somptuaires, Frédéric II, surnommé en Terre sainte « le sultan de Sicile », invite les émirs d'Égypte et les ambassadeurs du Vieux de la Montagne à une réception dans son palais de Palerme.

C'est cette fête qui est certainement à l'origine de la légende du *pactio secreta* ; pacte secret bien improbable si l'on s'en réfère à l'attitude de Frédéric II vis-à-vis des Templiers.

Entre le Temple et l'Hôpital, des choix philosophiques différents

C'est peut-être à cette période que s'est joué le destin des deux ordres. Les Templiers mènent une politique qui « colle » aux réalités de l'Orient. Ils veulent conclure une alliance avec Damas contre le danger égyptien. Au contraire, les Hospitaliers s'attachent à la réalité européenne : Frédéric II est la plus grande puissance militaire d'Europe. Ils s'appliquent donc à ne pas lui déplaire et prônent une alliance avec l'Égypte.

L'empereur ne supporte pas cette « opposition des Templiers ». Il écrit une lettre qu'il envoit à toutes les cours d'Europe. Cette lettre est à l'origine de tous les soupçons qui pèseront par la suite sur le Temple et de tous les bruits négatifs qui courront à son propos. D'après Laurent Dailliez, il les accuse d'intelligence avec Damas ainsi que d'assister à des rites islamiques dans leur maison d'Acre. Toutes ces accusations seront bien entendu reprises par Philippe le Bel au siècle suivant.

Le patriarche de Jérusalem, qui pendant un temps doit se réfugier à la maison du Temple d'Acre pour être préservé des troupes allemandes et qui, de par ses fonctions, connaît bien l'Ordre, écrit plusieurs lettres pour démentir les accusations de Frédéric II. Mais qu'importe qu'il eût tort ou raison, la mauvaise graine était jetée et, comme le chante Basile dans *le Barbier de Séville*, de filet d'eau, la calomnie devait devenir ruisseau, puis fleuve…

Pourtant, mourant, Frédéric II révoque ses confiscations et demande que leurs fiefs soient rendus aux ordres chevaleresques ; *« Nous établissons que tous les biens de la chevalerie de la maison du Temple, que notre cour détient, lui soient restitués*[3]*.* » Il étend cette mesure à tous les biens religieux qu'il avait fait saisir. C'est son fils Manfred qui lui, ayant succédé sur le trône de Sicile, mettra en œuvre cette restitution.

Les Templiers trésoriers des rois ?

C'est probablement en jouant le rôle de trésoriers des rois que les Templiers se sont le plus différenciés des Hospitaliers qui n'ont jamais joué ce rôle de gestionnaires. Il faut cependant ici mesurer nos propos. Dans aucun royaume, le Temple ne s'est transformé en administration des finances. Jamais un royaume quel qu'il soit n'a confié l'ensemble de ses fonds à l'Ordre. À Majorque, à la fin du XIIIe siècle, la gestion du domaine royal est confiée à un « procureur ».

Cette charge est occupée successivement par deux précepteurs de la maison du Mas Deu. Il ne faut cependant pas penser que la gestion des domaines royaux est confiée à l'Ordre. Elle est confiée à un frère de l'Ordre qui est « procureur » comme il pourrait être « conseiller ». Remarquons au passage que l'un d'eux, Jacques Ollers, est représenté sur les enluminures qui ornent des documents établis par lui pour les domaines royaux d'Argelès, de Saint-Laurent et de Collioure. Sur ces images, il porte la cotte brune frappée de la croix pattée. C'est donc un frère sergent (voire un frère de métier – pourquoi pas un comptable ?).

Philippe Auguste nous offre un exemple comparable, il fait entrer à son conseil le trésorier du Temple de Paris en 1202 et lui confie la tâche de financer la conquête de la Normandie : *« Il s'agit de payer les soldats et de veiller à l'approvisionnement de l'armée. »* Autrement dit, le roi a emprunté au Temple un expert en logistique. Celui-ci remplira brillamment sa mission et quittera le conseil du roi en 1303. Remarquons que « territorialement » le Temple de Paris est vassal du roi de France et qu'en tant que vassal il doit « le conseil » à son suzerain.

Par ailleurs, de nombreuses maisons royales mettent les regalias à l'abri des convoitises dans une maison du Temple. Ce fut le cas en Aragon et au Portugal entre autres. Le roi de Majorque confie au Temple la garde des archives du royaume…

Certes, ces services rendus aux rois sont rémunérés, sinon en espèces sonnantes et trébuchantes, du moins en privilèges et en prestige pour l'Ordre, mais il n'y a pas là de réelle activité bancaire.

Le Temple a aussi prêté aux rois, surtout aux rois qui partaient en croisade. Notons qu'il s'agit là d'opérations ponctuelles et que le Temple a dû souvent emprunter pour pouvoir prêter. Ce fut plusieurs fois le cas des Templiers de Jérusalem. De fait, les marchands n'ont guère confiance dans les souverains, mais ils font confiance au Temple. Par ailleurs, pour un souverain qui part en croisade, ce serait une mauvaise image de spolier le Temple. D'ailleurs dans une lettre écrite à Suger pour réclamer de l'argent, Louis VII explique le mécanisme : *« Que mon intercession en leur faveur [des Templiers] ne soit pas vaine, ils ont promis de rendre bientôt ce qu'ils ont emprunté pour me servir… »*

Qu'il s'agisse du prêt consenti à Louis VII ou de celui accordé à Édouard Ier d'Angleterre par le Temple de Paris lors de son départ en croisade, ces prêts sont consentis au roi et non au royaume. Ce sont des prêts personnels, voire de simples avances de trésorerie comme tous les autres ordres pourraient en faire à un particulier. Simplement, l'importance des sommes en jeu et, peut-être, la nécessité de transporter des espèces en grande quantité font du Temple l'intermédiaire le plus efficace.

Quant à la gestion du « trésor du royaume », elle est limitée : de fait, en France par exemple, le trésor a un compte au Temple. Lorsque Philippe Auguste part en croisade, il ordonne aux agents locaux de l'État de déposer au Temple les deniers perçus. Il ne s'agit pas évidemment de la totalité de l'argent encaissé. Cet ordre concerne les excédents de la gestion locale du domaine qui reviennent à l'État. Par ailleurs, tout l'argent qui arrive à Paris ne reste pas au Temple, même si à certaines époques il y a transité. Le roi de France dispose d'autres caisses qu'il faut alimenter. Sous Louis VIII et sous Saint Louis, une caisse qui s'appelle « la chambre » est en permanence accessible au roi sans intermédiaire.

En réalité, il semble que les rois aient utilisé les services du Temple d'une façon ou d'une autre suivant leurs besoins, mais qu'aucun d'entre eux ne se soit dessaisi du contrôle financier, même pas de celui de la partie du trésor qui était gérée par le Temple. Par ailleurs, l'art de la gestion et de la comptabilité progresse. Au XIIIe siècle se développent progressivement les « curia » qui sont ce que nous appellerions aujourd'hui des « contrôleurs aux comptes ». Saint Louis en installa quelques-uns au Temple, mais il en installa également dans beaucoup d'autres endroits où étaient manipulés des fonds royaux. Ce n'était pas une preuve de défiance à l'égard du Temple, c'était l'évolution normale d'une administration financière qui se perfectionnait.

Cependant, en raison de ces services divers rendus aux couronnes, on a soupçonné le Temple d'influencer les gouvernements, voire de s'enrichir sur leur dos et donc indirectement sur celui des pauvres... Ces soupçons semblent injustifiés, car il n'apparaît pas que le Temple se soit enrichi considérablement en servant les États.

Par ailleurs, il semble que le Temple ait été vis-à-vis des banques italiennes un gestionnaire peu coûteux. Nous n'en voulons pour preuve que les hésitations de Philippe le Bel.

En 1295, Philippe le Bel retire au Temple le trésor royal pour le confier à ses conseillers florentins Albizzo Musciatto (surnommé Mouche) et Guidi dei Franzessi (surnommé Biche). Ce déplacement du trésor royal ne se fait pas sans compensations : en échange, les deux financiers florentins (Biche et Mouche) lui consentent un prêt de 800000 livres [(4)]. C'est énorme, mais le roi a besoin de beaucoup d'argent pour financer ses opérations militaires en

Flandre et en Guyenne. Ces campagnes difficiles demandent bien plus de fonds que n'en fournissent ses domaines. Il a tout essayé pour se procurer de l'argent. Il a augmenté tous les impôts, inventé de nouveaux prélèvements fiscaux, il est même le premier à avoir utilisé l'arme financière de la dévaluation [(5)], ce qui lui a valu le surnom de « roi faux-monnayeur ». Comme tout cela ne suffisait pas, il a spolié les juifs et les Lombards [(6)]. De fait, la gestion du trésor et le trésor lui-même sont la garantie de l'énorme prêt que lui ont consenti les deux Italiens. L'expérience ne dure pas. Dès la fin de l'année 1295, le roi procède à de nouvelles dévaluations. En 1303 le trésor est à nouveau confié au Temple avec un contrôle plus étroit de la part des agents royaux. Là encore, ce contrôle renforcé n'est en rien une preuve de défiance. Il s'inscrit dans la logique de la politique royale.

Les guerres de Guyenne et de Flandre

L'entente entre le duc de Guyenne (Édouard, par ailleurs roi d'Angleterre sous le nom d'Édouard Ier) et le duc de Flandre est un sérieux obstacle à la puissance du roi. Prenant prétexte d'un incident entre des matelots anglais et français, Philippe le Bel assigne Édouard Ier à comparaître devant le parlement en tant que vassal du roi de France. Le refus d'Édouard Ier lui founit une bonne raison d'occuper la Guyenne, qu'il doit rendre à Édouard après avoir conclu avec lui le traité de Montreuil-sur-Mer en 1299. Ce traité stipule par ailleurs le mariage d'Isabelle de France (fille de Philippe) avec le prince de Galles.

Philippe le Bel, vaincu en Guyenne, l'est également en Flandre. Les Flamands se soulèvent contre la domination française et écrasent l'ost du roi à Courtrai en 1302. Le roi remporte ensuite la victoire de Mons-en-Puelle (1304) et obtient en 1312 par le traité d'Athis-sur-Orge les villes de Lille, Douai et Béthune.

Nationalisme, centralisme, absolutisme

On peut appliquer ces trois slogans à la politique de Frédéric II comme à celle de Philippe le Bel. Le roi s'entoure de juristes ou plutôt, pour respecter la terminologie de l'époque, de légistes. Un légiste, c'est un gradué en droit romain qu'au Moyen Âge on appelle « la loi » par opposition au droit canonique appelé « le décret ».

Certes, la plupart des légistes sont à cent lieues du conseil royal, néanmoins cette irruption du droit romain dans la vie administrative introduit des traits bien précis.

Les légistes dans leur ensemble sont attachés à l'idée d'une « royauté absolue », un pouvoir comparable à celui des empereurs romains. Ils sont également hostiles *« aux pouvoirs exorbitants de la juridiction ecclésiastique »* (Jean Favier, Philippe le Bel à propos de Nogaret). Nogaret, l'idéologue de l'absolutisme, c'est le légiste théoricien qui, réalisant une « synthèse médiévale » entre le droit romain et le droit canon, revendique pour le roi tous les pouvoirs et toutes les responsabilités.

Le second aspect, c'est le nationalisme : Philippe le Bel va s'entourer, à quelques exceptions près, de Français, de gens tous dévoués au roi. Ses conseillers sont tout d'abord ses vassaux, rarement officialisés par un titre. Jean Favier voit là *« de manière curieuse les traits les plus purs de la vassalité à l'ancienne mode, celle des Carolingiens. Le conseiller ce n'est pas – ou pas en tant que tel – le vassal pourvu de fief et prêtant hommage pour ces fiefs [...] ; c'est bien le fidèle qui, avant de savoir ce qu'il en recevra, a mis ses mains dans les mains de son seigneur et s'est déclaré son homme. »* De fait, le roi se veut le seul suzerain et choisit de préférence comme proches collaborateurs des hommes qui ne doivent de fidélité qu'à lui. C'est probablement d'ailleurs pour cette raison qu'il se conduit en général comme un « modèle de suzerain » vis-à-vis des hommes de son conseil. Il ne joue pas avec les hommes, ne les disgracie pas, sa fidélité à l'égard de ceux qu'il a choisis pour le servir est égale à celle qu'il exige d'eux. Jean Favier fait remarquer que son règne est marqué par l'absence de disgrâce.

Si l'on veut résumer le « système de gouvernement » de Philippe le Bel, il faut considérer que son administration est un système clientéliste : les proches conseillers du roi sont ses clients qui placent eux-mêmes leurs clients aux postes clés.

Philippe le Bel se constitue donc une administration qui fonctionne comme un nouveau système féodal, créant des « grands barons » qui ne doivent rien à personne d'autre qu'au roi. Il faut le remarquer, quand il accède au trône en 1285, le roi a seize ans et va régner pendant trente ans. Dès ses premières années de règne, il va nommer « ses hommes », généralement de « petit lignage » à son Conseil et les imposer aux grands barons qui en sont membres de droit. Pierre Flote, qui sera le premier laïque à porter le titre de « garde des sceaux », sera un de ses premiers clients et conseillers. C'est lui qui va gérer la querelle entre Philippe le Bel et Boniface VIII. Une querelle qui, déjà à l'époque, ne datait pas de la veille et où le « royalisme national » s'opposait à la conception d'une « chrétienté théocratique ». Flote mourut en 1303 à la bataille de Courtrai et Guillaume de Nogaret lui succéda.

Cette querelle n'est pas sans rapports avec ce qui devint plus tard l'affaire des Templiers. Qu'on se souvienne de la querelle des Investitures, puis de celle des Guelfes et des Gibelins. Depuis longtemps déjà, il existait un contentieux entre les souverains laïques et la papauté. En ce qui concerne le royaume de France, le premier signe historique de ce conflit est une lettre de Saint Louis. Il reproche à la papauté d'imposer les églises de France « sur le temporel » chaque fois qu'elle se trouve dans le besoin, alors que – écrit-il – le temporel ne relève « même si l'on s'en rapporte au droit canonique, que du roi ». Saint Louis va plus loin. Alors que la querelle entre Innocent IV et Frédéric II bat son plein, il écrit à l'empereur sur un ton très amical, feignant d'ignorer son excommunication qui, en principe, le met au ban de la chrétienté. Certes Saint Louis est trop pieux pour vouloir reléguer l'Église dans le rôle purement spirituel que lui assigneront les légistes au service de son petit-fils, mais il a lutté durant tout son règne pour défendre jalousement la totale autonomie du royaume. Entre autres, il n'accordait aux juges ecclésiastiques l'appui du bras séculier que dans la mesure où, quelle que soit la sentence qu'ils avaient prononcée, la culpabilité lui semblait, à lui, établie.

Cette attitude de Saint Louis montre bien qu'il y avait de la part de l'Église une tendance à l'abus de position dominante. Tendance qu'il était du devoir des souverains de limiter dans ses effets. Il existe cependant une différence entre l'attitude de Philippe le Bel et celle de Saint Louis. Quand le premier agit avec le seul souci de renforcer son pouvoir, Saint Louis ne se préoccupe que de préserver ses sujets de l'injustice. En effet, le pape et l'ensemble de la hiérarchie ecclésiastique (nous visons ici le clergé séculier) étaient souvent seigneurs d'un fief sur lequel ils exerçaient le droit de haute et basse justice. C'était un droit et un devoir de justice laïque. Par ailleurs, en tant qu'ecclésiastiques, ils étaient impliqués dans la justice d'Église. Il s'agissait de deux juridictions que les clercs avaient tôt fait de confondre. C'est l'origine de la querelle entre Philippe le Bel et le pape. Son raisonnement juridique est le suivant : dans les biens d'Église, il faut distinguer les biens profanes – sur lesquels le seigneur ecclésiastique tient sa juridiction du roi – et les biens sacrés (églises et cimetières) sur lesquels il tient sa juridiction du pape, celui-ci tenant la sienne du legs de Constantin. De fait, les juristes au service de Philippe le Bel visaient une seule chose : étendre la juridiction du roi au dépend de la juridiction ecclésiastique, car à l'époque tous les clercs, même sans responsabilité religieuse (par exemple les libraires et les enlumineurs) relevaient de la justice d'Église. Nicolas IV, homme prudent, sut dévier le coup. En 1289, Jean de Brienne, « bouteillier de France », conduisit à Rome une délégation qui s'exprimait au nom « de la noblesse et des communautés d'habitants du royaume » bien qu'en l'occurrence il semble qu'ils aient été mandatés par le seul conseil royal, c'est-à-dire par le roi, puisque lui seul décidait. L'âme de cette ambassade était un juriste périgourdin du nom de Gérard de Maumont. Ils étaient porteurs d'un document qui s'ouvrait sur une déclaration de principes : **les prélats de France étaient liés au roi par hommage ou par serment.** Ils étaient donc tenus à ce titre de défendre et garder droits et franchises du roi et du royaume. Une fois ce principe posé, tous les griefs du roi en découlaient. Nicolas IV délégua une ambassade de juristes à Paris qui négocia avec les légistes du roi les termes d'une « ordonnance réformatrice ». Philippe le Bel accepta cette ordonnance et la publia. Il reconnaissait aux clercs un certain nombre de privilèges, qui les plaçaient en dehors de la juridiction applicable à l'ensemble des sujets du roi. Cette concession était néanmoins assortie de nombreuses restrictions. En particulier, la juridiction royale d'appel s'étendait aux décisions de justice temporelle des prélats (elle était donc retirée à l'archevêque) et l'impôt royal était exigible de tous les clercs et tonsurés vivant d'une profession commerciale ou artisanale.

Le pape de la neuvième croisade (qui n'eut pas lieu)

En 1294, Célestin V succède à Nicolas IV. C'est une période de troubles à Rome, mais un temps d'accalmie dans les relations entre le roi de France et la papauté. Le 24 décembre 1294, c'est Boniface VIII qui accède au trône de Saint-Pierre. Doué d'une forte personnalité, juriste de formation, sexagénaire et souffrant de la pierre, ce qui le rend d'un caractère difficile, le pape est une personnalité hors du commun. En revanche, les historiens ne lui accordent pas le sens de l'opportunité.

De fait, Boniface VIII a un but : la reprise des croisades et la reconquête de la Terre sainte. Cependant, cette reconquête n'est possible que si la paix règne en Europe, et ce n'est pas le cas. Aux guerres profanes s'ajoutent les guerres intestines de l'Église. L'Église est la protectrice des universités qui emploient des maîtres séculiers (des maîtres qui reçoivent un salaire pour leurs leçons). Elle gère également un clergé séculier, qui vit dans le siècle et assure la liturgie dans les cathédrales et les églises. Simultanément, elle gère un clergé régulier, ainsi appelé parce qu'il obéit à une règle… Or depuis un siècle est apparu un nouveau genre d'ordre monastique : les ordres mendiants. Il s'agit des Dominicains et des Franciscains (appelés aussi mineurs ou « minorites »).

Les Dominicains donnèrent au XIIIe siècle ses deux plus grands théologiens, Thomas d'Aquin (vers 1225–1274) et Albert le Grand (1200–1280), qui professèrent dans toute l'Europe une théologie aristotélicienne. Les Franciscains, eux, donnent au siècle Jean Dun Scot (1265–1308), Roger Bacon (1214–1294) et Raymond Lulle (1235–1315). Théologiens qui, dans l'ensemble, sont aux antipodes de la théologie thomiste. On l'a compris, les deux ordres tiennent le haut du pavé. Non seulement ils prêchent, mais ils enseignent aussi dans les grandes universités d'Europe, faisant concurrence aux maîtres séculiers. Les dons affluent vers les deux ordres, ce qui accroît la vieille tension interne à l'Église entre le clergé séculier et le clergé régulier. De fait, l'Église vivait à nouveau (mais en plus grave) la crise qu'avait provoquée la création des ordres chevaleresques.

Les premiers actes de Boniface VIII sont spectaculaires. Il écrit au roi des Romains [7] Adolphe de Nassau, pour lui enjoindre d'arrêter ses préparatifs de guerre contre la France. Il donne ordre aux archevêques-électeurs de Mayence, Trèves et Cologne de se désolidariser des projets de leur souverain. Par ailleurs, il charge un certain nombre de légats de stopper le conflit franco-anglais…

Cependant, l'affaire franco-anglaise est grave, il s'agit du droit du roi à gouverner chez son vassal car, fût-il roi d'Angleterre, le duc de Guyenne est vassal du roi de France, un vassal parmi d'autres. En fait, ce n'est pas une question de domaine royal mais une question d'État. Pour financer cette guerre, Philippe le Bel a négocié des décimes (impôt s'appliquant au dixième des bénéfices profanes des biens d'Église) avec le clergé. En 1296, le roi réunit une assemblée de quelques nobles et prélats et impose au clergé un impôt du cinquantième qui vient s'ajouter à la décime.

Bien entendu, le clergé proteste et nombre de prélats en appellent au pape.

Parallèlement, le roi d'Angleterre Édouard Ier fait voter par le parlement de nouveaux impôts sur les biens d'Église.

Boniface VIII se devait de réagir, de rappeler qu'avant d'être de France, d'Angleterre ou d'Empire, le clergé – qu'il soit régulier ou séculier – était d'abord d'Église. C'était la conception du pape, mais ce n'était certainement pas celle de Philippe le Bel qui voulait voir dans le clergé un corps comme les autres au sein de la communauté du royaume.

Boniface VIII traduit sa position par une décrétale *Cléricis laïcos* qui n'est adressée à aucun souverain en particulier mais montrée au roi de France vers Pâques 1296. Le pape dans son texte fait appel au droit canon qui garantit la liberté de l'Église et subordonne au consentement du pape toute participation des clercs aux charges des principautés temporelles. Ces canons sont opposables aux princes. Le pape les rend opposables aux prélats, aux prêtres, aux ordres monastiques : les clercs qui paieront au souverain sans l'autorisation du pape seront excommuniés.

Là encore, c'est l'affrontement entre deux visions de la société.

La vision du pape est celle de la plupart des canonistes : l'impôt est une forme de servitude, il ne saurait donc être payé ni par le noble, ni par le clerc, c'est une question de reconnaissance de la dignité de ces statuts, de reconnaissance du caractère sacré de la cléricature.

La vision du roi est celle des légistes férus de droit romain, et ils invoquent en son nom la phrase du Christ : « Rendez à César ce qui est à César. »

La riposte de Philippe le Bel et de ses conseillers prit deux formes, ils firent comprendre aux prélats que les fiefs qui leur avaient été donnés pouvaient leur être retirés pour « non-assistance au suzerain ». Or, la plupart des biens d'Église avaient été donnés en fiefs. Par ailleurs, une série de décrets interdirent toute exportation importante (d'or, de monnaie, de chevaux, d'armes ou d'ordres de change) sans autorisation du roi. Ordre fut donné aux banquiers florentins qui opéraient en France de bloquer tous les fonds destinés au Saint-Siège.

Remarquons que ces mesures touchaient directement, outre les finances papales, le fonctionnement des ordres religieux « internationaux » qui justement avaient souvent besoin de transporter des fonds d'une maison à l'autre. Le roi, en mettant en place ces mesures, donnait priorité à la notion de nation et d'État sur la notion de chrétienté. Le pape ne pouvait s'offrir le luxe d'un conflit avec la France, il capitula par quatre bulles successives. La première (*Romana mater Eclesia*) accordait au roi de France une dérogation à sa décrétale *cléricis laïcos*, la seconde (*Coram illo fatemur* – 28 février 1297) lui permettait de lever la contribution générale qu'il avait envisagée sur les fiefs du clergé. L'honneur était cependant sauf de part et d'autre, puisque le roi n'avait pas levé l'impôt avant d'en avoir reçu l'autorisation du pape.

Le 3 avril 1297, quarante-trois évêques et archevêques convoqués par le roi votaient un impôt de 20%, prélevé en deux décimes sur le revenu annuel du clergé.

Deux dernières bulles allaient concrétiser sa capitulation, elles étaient intitulées *Ab Olim* et *Etsi de Statu*. La première permettait au clergé de venir en aide au roi par des prêts, la seconde autorisait, en cas d'urgence, les souverains à lever des impôts sur les fiefs du clergé sans demander l'autorisation du pape. Évidemment, l'appréciation de l'urgence était à la charge du souverain.

Par ailleurs, Pierre Flote avait obtenu du pape une bulle qui permettait à trois évêques nommés par le roi de faire arrêter et emprisonner (au nom du pape) tout clerc ou prélat soupçonné d'espionner pour le compte d'un ennemi ou de fomenter des troubles. En fait, les trois évêques violaient au nom du pape le privilège du for [(8)], ce que le roi ne pouvait faire sans péché.

Cette politique centralisatrice qui, sans y parvenir réellement, voulait établir comme règle abstraite et concrète de l'État un despotisme personnel du roi ne pouvait que le conduire à détester tous les particularismes, tout ce qui pouvait faire obstacle à son pouvoir. C'est pourquoi, comme on le verra dans l'exposé rapide des affaires de Pamiers et de Carcassonne, le roi favorisa la collusion entre l'Inquisition et son administration. Une collusion qui sera fort utile pour mener à son terme l'affaire des Templiers.

Le Languedoc terre rebelle

Parmi les particularismes qui excitaient l'ire du roi, on trouvait en bonne place les pays d'Oc. Cette terre d'hérésie où les bûchers sur lesquels avaient péri les cathares brûlaient encore dans les têtes et dans les cœurs (ils ne se sont pas encore éteints aujourd'hui dans certains endroits) ne pouvait que haïr l'administration de Philippe le Bel en raison de sa collusion avec l'Inquisition.

Sur ces terres de poésie où la magie du verbe entretient longuement les haines et les rancunes, sur ces terres qui n'avaient jamais oublié leurs particularismes juridiques, perdus en grande partie lors de la croisade, quiconque parlait indépendance, respect des droits et recul de l'Inquisition trouvait de nombreuses oreilles enthousiastes. C'est sur cette terre ou plutôt à propos de cette terre, ô combien sensible, qu'allaient s'affronter à nouveau le Capétien et Boniface VIII au cours de deux affaires fort rapprochées dans le temps et dans l'espace.

Il y eut d'abord « l'affaire de l'abbé de Pamiers ».

Tout commence le jour où deux clercs du roi font un rapport alarmant à propos de Bernard Saisset, abbé de Saint-Antonin de Pamiers, qui aurait comploté contre le roi.

De fait, l'affaire était un peu plus ancienne. Le roi détenait depuis trente ans, du fait d'un accord avec l'abbé, la moitié du fief de Pamiers. L'abbé avait désiré cet accord et lui avait cédé la moitié de son fief, en échange de sa protection contre son puissant voisin le comte de Foix.

Quand Philippe le Bel, feignant d'oublier d'une part que le fief ne lui appartenait qu'à moitié et d'autre part la contrepartie qu'il avait accordée en échange de cette propriété, alloue la totalité du fief au comte de Foix pour s'en faire un allié, Saisset le prend fort mal.

Il en appelle au pape, qui crée pour lui l'évêché de Pamiers.

Le comte de Foix est-il soucieux d'apaiser les conflits locaux ou tend-il un piège à Bernard Saisset ? Nous n'en saurons jamais rien, n'ayant pas eu à l'époque d'espions dans la place. Il propose à l'évêque de Pamiers de partager à nouveau le fief, transmet son plan de partage au pape qui l'approuve puis vient à Pamiers pour ratifier l'accord avec Bernard Saisset. Là, selon le comte, Bernard Saisset lui propose la royauté du Languedoc.

Le comte prend peur et dénonce l'évêque à Philippe le Bel qui envoie ses deux enquêteurs, Richard le Neveu et Jean de Picquigny. Arrivés à Pamiers, ils pillent la maison épiscopale pendant la nuit du 12 au 13 juillet 1301, emportant, outre les pièces à conviction, l'argent, les meubles... Bernard Saisset, lui, est conduit sous bonne escorte à Paris.

Emprisonné à Senlis, il est jugé par la cour du roi. En fait, le chancelier Pierre Flote débite contre lui un flot d'accusations invraisemblables : hérésie, trahison, lèse-majesté ; il aurait traité le pape de « diable incarné », Saint Louis irait en enfer et Boniface VIII n'aurait pas dû le canoniser...

Ce tribunal, même présidé par le roi, était somme toute assez irrégulier. Saisset est évêque et il aurait dû être remis à la justice de son archevêque puisqu'on a invoqué contre lui l'hérésie. On suggère à Aycelin qui est archevêque de Narbonne de lui prêter à Senlis une forteresse afin que Saisset soit placé conformément à la loi dans une prison épiscopale. Il refuse. Quatre jours plus tard, le 28 octobre, le destin de Saisset se joue au conseil du roi. Il est confié à Aycelin qui va l'emprisonner à Narbonne en attendant d'être jugé par le pape... Tout va donc pour le mieux et il ne reste plus qu'à transporter le prisonnier dans les geôles archiépiscopales de Narbonne.

C'est compter sans l'archevêque de Reims, Robert de Courtenay, grand seigneur apparenté aux Capétiens et fort jaloux de ses prérogatives. Le 22 novembre, il convoque un concile provincial à Compiègne et promulgue deux canons frappant d'interdit tout lieu où serait arrêté ou détenu par la justice laïque quelque clerc que ce fut.

Le coup est dur. Politiquement il place Philippe le Bel en situation délicate, car celui dont les terres sont placées en interdit verra la colère du peuple se retourner contre lui. L'affaire change d'enjeu et ce qui est mis en question une fois de plus, **c'est le droit du roi à passer outre aux fondements du droit d'Église.** Le roi ne dispose que de quelques heures pour réagir. Flote trouve une parade : il suffit de faire d'un lopin de terre situé dans le diocèse de Senlis une partie fictive de la province de Narbonne. Pour cela, on réunit le lendemain à Senlis une commission composée de tous les ecclésiastiques présents à la cour, et le territoire sur lequel était bâti l'hôtel qui servait de prison à Saisset est cédé à la province de Narbonne et devient en un instant une prison archiépiscopale.

En Languedoc, la vie – c'est-à-dire la chasse aux hérétiques – continue. Cette éradication du catharisme est orchestrée par les Dominicains à qui l'Inquisition a été confiée depuis 1231. Les Dominicains tout emplis de zèle trouvaient des hérétiques partout, et la révolte grondait parmi les populations. Les Franciscains, qui avaient une conception plutôt platonicienne de la théologie, n'appréciaient guère les abus des inquisiteurs. L'un d'entre eux, Bernard Délicieux, prit la tête de la rébellion. Il trouva une oreille complaisante en la personne de Jean de Picquigny, l'enquêteur du roi. Dans cette affaire, Philippe le Bel soumit comme d'habitude toute sa démarche à son objectif, le renforcement de son pouvoir. Il montra de l'indignation en écoutant les récits des abus de l'Inquisition, puis décida de lui « rogner les ailes », ce qui écartait les risques de révolte dans la région. Il ordonna à l'évêque de Toulouse, qui s'était illustré par son soutien au roi dans l'affaire Bernard Saisset, d'instituer une commission dogmatique composée de Dominicains et de Franciscains, à l'avis de laquelle serait soumise toute arrestation…

Dans cette affaire, trois puissances sont en jeu : le roi vise à asseoir l'autorité royale en Languedoc, le pape soutient les Dominicains et l'Inquisition, les Franciscains soutiennent le peuple du Languedoc…

Les choses s'enveniment lors d'une visite qu'effectuent Neveux et Picquigny à Carcassonne, pour éviter une révolte populaire – le peuple veut délivrer les emmurés [9]. Jean de Picquigny fait ouvrir de force la prison et transfère les captifs dans une « prison provisoire ». Il évite une insurrection locale, mais est immédiatement excommunié par l'Inquisiteur. Il faut noter que le dynamisme anti-pontifical des populations du Languedoc est, à ce moment, un avantage pour le roi.

Pour finir de régler cette affaire, le roi décide d'aller tenir cour à Toulouse pour Noël. En principe, il s'agit de mettre au pas les Dominicains. Cependant, n'oublions pas que l'administration royale s'était jusqu'à cette affaire appuyée largement sur l'Inquisition. Le roi veut certes modérer l'action des Dominicains, mais en aucun cas s'aliéner un instrument dont il pourrait avoir besoin dans l'avenir.

Entre-temps, le Pape a fulminé trente bulles contre Philippe le Bel et ses conseillers et a convoqué un concile de l'Église de France hors du royaume dans le but de condamner le roi et son conseil. Enfin, le 18 novembre 1302, il a fulminé la bulle *Unam Sanctam* qui contient entre autres ce passage : *« Nous déclarons, affirmons et définissons que toute créature humaine est en tout, par la nécessité du salut, soumise au Pontife Romain. »* La réponse viendra par l'intermédiaire de Nogaret qui déclare le Pape *« usurpateur, hérétique et simoniaque »* et proposera de réunir un concile dans le but de le déposer [(10)].

Les légistes du roi ne faisaient pas dans la finesse : les 13-14 juin 1303, quarante prélats, menés par Guillaume de Plaisians, étaient réunis pour renforcer le dossier contre le pape. Aux accusations de Nogaret, ils ajoutaient celles de *« sodomie, d'hérésie, d'idolâtrie, de népotisme »* et ils lui reprochaient en outre d'avoir *« traité de manière inhumaine, incarcéré et fait mourir rapidement et secrètement Célestin V »*...

La riposte du pape fut évidemment l'excommunication. La bulle était prête depuis le 15 août et le pape avait prévu de la publier le 8 septembre (1303).

Cependant Nogaret, qui avait succédé à Flote, était en Italie. Sa mission était simple : *« citer le Pape à comparaître devant le concile convoqué par le roi de France »* et *« le placer sous la protection du roi »*. Il apprit le 2 septembre que la bulle d'excommunication de Philippe le Bel était prête et qu'elle portait la date du 8 septembre. Il décida donc d'instrumenter dans la nuit du 6 au 7. Ce qui se passa cette nuit-là à Anagni est assez confus. Il en existe trois versions différentes et incompatibles, dont une qui veut que cette nuit-là, Nogaret ait giflé le pape. Peu importe les détails, le palais pontifical fut pillé et le pape se vit signifier l'assignation de Nogaret et fut arrêté et placé sous bonne garde dans sa propre résidence d'été... Le 9 septembre, la population d'Anagni se révolta et le libéra. Philippe le Bel avait gagné, le pape, brisé psychologiquement, ne songea même pas à publier sa bulle d'excommunication, rentra à Rome et y mourut le 11 octobre.

Les affaires de rivalité entre Philippe le Bel et le pape n'en étaient pas pour autant terminées. Benoit IX succèda à Boniface VIII. Il leva toutes les interdictions contre Philippe le Bel, mais traduisit en jugement les auteurs du coup de main sur Anagni, dont Guillaume de Nogaret. Les préparatifs de son jugement furent interrompus par sa mort à la suite d'une indigestion de figues fraîches en juillet 1305. Le Saint-Siège resta vacant durant un an. Enfin, en juillet 1305, le conclave tenu à Pérouse porta son choix sur l'archevêque de Bordeaux, le Gascon Bertrand de Got qui devient pape sous le nom de Clément V (1305-1314).

Sous son pontificat, les grandes manœuvres continueront et le roi tentera d'obtenir de ce nouveau pape la condamnation de Boniface VIII.

Conclusion à propos de la politique d'ensemble de Philippe le Bel

Le roi était partisan d'une royauté absolue, et fort jaloux de son pouvoir. Ses succès contre le pape Boniface VIII ne pouvaient que l'inciter à s'attaquer aux ordres chevaleresques qui, de par leur dépendance directe du Saint-Siège et leur implantation internationale, ne pouvaient être considérés par lui autrement que comme une *« menace virtuelle contre son autorité »*.

Ordres militaires, catharisme et papauté

Les ordres militaires étaient placés sous l'autorité directe du pape. Ils étaient donc le bras armé du Saint-Siège qui, certes, les avait créés pour l'intervention en Terre sainte, mais estimait aussi pouvoir les utiliser partout pour lutter contre l'hérésie.

Cependant, les ordres sont des entités puissantes dirigées par des gens de caractère et se sont révélés au cours de leur histoire probablement plus délicats à manier qu'on ne l'avait prévu au départ.

Innocent III, le 13 septembre 1207, devait les rappeler à l'ordre, parce que les chapelains du Temple célébraient la messe et recevaient les aumônes dans les églises de contrées frappées d'interdit ! C'était leur droit, mais ils étaient censés l'exercer avec discrétion sans faire sonner les cloches et sans ouvrir toutes grandes les portes de l'église. La bulle *Citra mare*, adressée au maître du Temple, se plaint de ce manque de discrétion, fustige les prêtres cupides qui rameutent les fidèles des alentours à grand bruit et causent du

« *scandale* » par leurs entrées « *joyeuses* » dans les églises. Par ailleurs, elle reproche aux chapelains templiers leur indulgence qu'elle pense intéressée et fustige ceux qui « *par des doctrines démoniaques, imposent le signe de la Croix sur n'importe quel rufian chargé de péchés qui écoute leur sermon* ». Le terme « doctrines démoniaques » est ici une figure de style, une façon d'exprimer un profond désaccord, mais ce n'est en aucun cas une accusation d'hérésie, pas même de simonie à proprement parler, car sinon le pape emploierait l'un ou l'autre de ces termes.

À notre avis, par cette bulle, le pape enjoint simplement aux Templiers de ne pas abuser de leurs privilèges afin de ne pas indisposer le clergé séculier. Soixante ans plus tard, Clément IV répètera la même démarche mais sans user des mêmes figures de style. Il leur rappellera d'ailleurs à cette occasion qu'ils tiennent leurs privilèges de l'Église et que celle-ci peut retirer ce qu'elle a accordé : « *Car si l'Église levait ne serait-ce qu'un instant, la main qui assure votre protection face aux prélats et aux princes séculiers, vous ne pourriez en aucun cas résister aux assauts de ces prélats et à la force de ces princes.* » Ce n'était qu'un rappel adressé à l'Ordre sous forme de menace certes, mais une menace que le pape formulait afin d'être bien certain de ne pas avoir à la mettre en pratique.

De fait, les problèmes qui se cachaient derrière ces deux admonestations papales n'étaient pas nouveaux. Certaines fonctions curiales et administratives étaient confiées aux Templiers et aux Hospitaliers. Ils avaient charge par exemple, dans certains royaumes, de la collecte de la « décime », l'impôt payé au pape… La fonction de collecteur d'impôt ne rend jamais populaire, surtout quand ceux auprès de qui s'exerce la collecte considèrent les collecteurs comme des rivaux et des concurrents. La papauté sut mieux encore que les royaumes séculiers utiliser le réseau templier pour la gestion, la collecte et le transfert des revenus pontificaux, tant vers Rome que vers la Terre sainte. Elle sut également les utiliser politiquement et diplomatiquement pour la défense des États pontificaux. Parmi eux, le pape recrute des dignitaires (des hauts fonctionnaires du Saint-Siège). Plus classiquement il les utilise comme experts militaires et leur confie les forteresses du patrimoine papal.

Cela dit, le principe, la pensée du Saint-Siège, c'est que partout où il a besoin de son bras armé, il doit pouvoir compter sur les Templiers et les autres ordres militaires. C'est le point de vue de la papauté, mais ce n'est celui ni de l'Hôpital, ni du Temple, ni des autres ordres militaires. Tous refusent de s'engager sur d'autres fronts que la Terre sainte, la reconquête espagnole ou la lutte contre les païens en Baltique.

Ils ont pour cela d'excellentes raisons. Les ordres ont recruté partout, non pas des êtres animés d'une vocation ecclésiastique, mais des guerriers ou des gens de métier, autrement dit, de gens simples, même si certains sont instruits ; des gens qui ne sont ni juristes ni théologiens. Certes, ces recrues, qu'il s'agisse de sergents, de chevaliers ou de gens de métier ont fait vœu d'obéissance, mais ils sont chrétiens, et pour le chrétien « la clause de conscience est imprescriptible ». Même Thomas d'Aquin l'écrit dans sa somme théologique : *« Si ce que le magister ordonne au chrétien est contraire à sa conscience, le chrétien doit obéir à sa conscience. »* Pour eux, le musulman en Palestine ou en Espagne est un ennemi évident puisque c'est un intrus sur une terre chrétienne qui, de plus, opprime les pèlerins. Pour eux, le païen des régions de la Baltique est aussi un ennemi évident, surtout s'il pille ou brûle les églises proches de son territoire.

En revanche, le cathare, ou le baron qui protège les cathares, est un chrétien et, si ce n'est leur cousin, c'est probablement celui d'un frère d'arme, qui a donné sa vie pour le Christ en Terre sainte ou en Espagne. En un mot, les « familles cathares » ont donné et donneront dans l'avenir des frères tant à l'ordre du Temple qu'à celui des Hospitaliers et dans une moindre mesure aux autres ordres militaires. La grande, moyenne et petite noblesse du Languedoc – qu'elle soit hérétique ou non – a versé et versera son sang sur tous les fronts du christianisme. Les Templiers sont issus des cisterciens, les Hospitaliers appliquent la règle de saint Augustin, les uns comme les autres ont peu de points communs avec les Dominicains ; le travail de « police » de cet ordre a peu de chances d'attirer la sympathie de ces guerriers. En un mot, pour les ordres guerriers, les soupçons d'un Inquisiteur ne font pas d'un homme un paria. Certes, les ordres n'ont pas le choix et ils participent à la croisade contre les Albigeois, mais cette participation semble plus symbolique qu'effective.

Il est remarquable par exemple que Guillaume de Tudèle, décrivant l'armée de Louis fils de Philippe Auguste, place les Templiers parmi les clercs qui suivent l'armée et non parmi les combattants. Par ailleurs, les personnes inquiétées par l'Inquisition se donnent au Temple ou à l'Hôpital en grand nombre auprès des maisons du Languedoc et ainsi lui échappent.

De fait, l'attitude des ordres chevaleresques durant la croisade du Languedoc, comme celle qu'ils eurent en Croatie pendant la lutte contre l'hérésie patarine, fut le retrait derrière la règle de l'Ordre qui leur interdisait de lever l'épée contre un chrétien, fût-il hérétique.

Il semble d'ailleurs que dans la plupart des cas la papauté, soucieuse de maintenir la cohésion de ces ordres chevaleresques, se soit abstenue de contester leur position [11].

Reste le cas de ce qu'il faut bien appeler « les croisades politiques » menées contre Frédéric II de Prusse, Manfred, Pierre II d'Aragon ou Ezzelino Da Romano. Sauf dans la croisade contre Conradin en 1267 (où le pape obtint la participation des Hospitaliers), les papes ont eu la sagesse de ne pas demander aux ordres chevaleresques d'intervenir. Tout au plus leur ont-ils demandé un appui purement financier.

C'est heureux, car les ordres sont coincés entre plusieurs liens de vassalité.

Ainsi la croisade lancée par Martin IV contre l'Aragon plaça-t-elle Templiers et Hospitaliers dans une position délicate, voire intenable.

Tous devaient allégeance au pape, certains, détenant des fiefs de France, la devaient également au roi de France, d'autres au roi d'Aragon, d'autres encore au roi de Majorque. Pire, le Temple gérait dans différentes commanderies le trésor de chacun des trois royaumes. **C'est donc un fait incontestable, si la papauté voulait que les ordres chevaleresques survivent, elle ne pouvait les engager que sur trois fronts : la Terre sainte, l'Espagne ou le front baltique contre les païens.** Ailleurs, elle les aurait contraints à la félonie ou au parjure. Il s'avère donc que les ordres chevaleresques n'étaient pas aussi maniables que l'auraient souhaité certains papes.

La fin de l'esprit de croisade

Un autre élément va contribuer à la chute du Temple, c'est l'existence dans l'opinion de plusieurs courants « anti-croisade » qui seront donc « anti-Temple » parce que le Temple, plus que tout autre Ordre, incarne l'esprit de croisade. Ces courants anti-croisade ne s'attaquent certes pas directement au Temple, mais en contestant le bien-fondé de la croisade, ils contestent indirectement le bien-fondé de l'existence des ordres militaires.

La critique la plus radicale vient du courant missionnaire, à savoir les Dominicains et les Franciscains, qui veulent non pas combattre l'infidèle, mais le convertir. La critique est radicale, mais les réalités et les faits le sont également : la mission et le prêche sont possibles dans le monde mongol qui accepte toutes les religions sans discrimination mais pas dans celui de l'Islam où, quand quelqu'un se convertit, c'est un chrétien qui adopte la religion musulmane, jamais l'inverse [12]. Même les plus convaincus des missionnaires pacifistes finissent par l'admettre, avant de pouvoir espérer convertir les musulmans, il faut les dominer militairement et politiquement. Raymond Lulle lui-même, le plus pacifiste de tous, dut finalement en convenir : la croisade est, en terre d'Islam, un préalable indispensable à la prédication et à la conversion. D'ailleurs, au concile de Vienne, le docteur angélique sera l'un des défenseurs du Temple.

Cependant, d'autres s'interrogent : Jérusalem est tombé ! Comment et même pourquoi la reconquérir ? Le détournement de la troisième croisade qui aboutit à l'éphémère empire latin de Constantinople suscita de nombreuses critiques. Les croisades politiques des papes furent peut-être approuvées par la majorité des clercs, servirent sans doute l'ambition de nombreux chevaliers, mais ne furent pas les « croisades de l'opinion publique » . Massacrer à Béziers et brûler à Montségur des chrétiens dont le père, le frère, le cousin ou l'oncle sont tombés en Terre sainte, ne rehausse pas l'image de la papauté. Elle y perd son image, elle y perd même sa crédibilité. Avec leurs croisades européennes contre Frédéric II, le roi d'Aragon, et les cathares, les papes ont discrédité la croisade.

Reste le mouvement poétique, celui des troubadours qui mêlent en leurs chants la critique sociale à l'apologie de la douceur de vivre ; mais rien ne prouve que cette critique soit autre chose que le reflet de l'évolution des mentalités. Rien ne prouve que les paroles de Peirol (1188 – 1222) dans son *Joyeux adieu à la Terre sainte « Si vraiment j'étais au-delà des mers j'enverrais promener Acre et Tyr et Tripoli et les gens d'Arme et l'Hôpital et le Temple et le roi Jean »* sont une réelle critique, peut-être le poète ne traduit-il ici qu'un sentiment de lassitude éprouvé par la classe des chevaliers... Peirol écrivit son adieu à la Terre sainte lors du pèlerinage qu'il accomplit en 1221 : depuis plus de cent ans les croisades duraient et, depuis 1187, les croisés accumulaient les défaites. Par ailleurs les poulains et les ordres chevaleresques gagnaient du temps en recherchant des trêves toujours rompues et toujours reconduites. Ces négociations perpétuelles donnaient aux croisés le sentiment que poulains et ordres militaires les trahissaient.

Par ailleurs, dans sa *Dispute du croisé et du décroisé* [(13)], Rutebeuf fit dire au décroisé : *« On peut très bien en ce pays gagner Dieu sans dommage... »* et, avec cette théologie du salut personnel, on est très loin du *« non pour nous, non pour nous Seigneur mais pour la gloire de Ton Nom »* qui fut la devise du Temple.

Le temps des jugements moraux

Les ordres réguliers ont toujours suscité la critique du clergé séculier et des princes. Leurs privilèges frustrent ces deux catégories de revenus qu'ils auraient volontiers consacrés à leurs projets personnels. Même leurs meilleurs amis attaquent sur le plan moral les ordres réguliers, militaires ou non. Nous ne saurons jamais s'il s'agit de « vraies critiques » ou d'un défoulement anti-clérical comme on en trouve dans les farces et les fabliaux. Il faut au Moyen Âge se méfier en effet du discours moral : on moque à grands cris le moine gras et paillard, mais, même à l'époque, il est parmi les moines bien plus d'ascètes que d'épicuriens. Richard Cœur de Lion prétendait marier trois « filles » aux ordres religieux. Il accordait la main de « Orgueil » aux ordres militaires, celle de « Cupidité » aux cisterciens et celle de « Luxure » au clergé séculier. Critique ou humour ? C'est probablement des deux qu'il s'agit et l'accusation d'orgueil vise également tous les ordres militaires, y compris l'Hôpital.

De fait, l'orgueil est le péché que l'on impute traditionnellement à la classe chevaleresque, et il est vrai que respecter les devoirs du chevalier ne doit pas inciter à la modestie. On l'impute donc aux ordres chevaleresques, et surtout on en fait la cause de leurs plus grands échecs. Elle est responsable du désastre de la Fontaine du Cresson en 1287, et même de celui des Cornes de Hattin ! Mais qu'aurait-on dit si les Templiers et Hospitaliers avaient ignoré l'armée de Saladin à la Fontaine du Cresson ? Qu'aurait-on proclamé si l'armée massacrée aux Cornes de Hattin l'avait été sans avoir recherché le combat ? On aurait brocardé comme d'habitude la couardise des ordres militaires qui finalement n'ont été trouvé vertueux que dans leurs succès. Il faut comprendre que pour l'homme du Moyen Âge, la défaite est une punition de Dieu. Quand les chrétiens sont vaincus, c'est forcément à cause des péchés de ceux qui devraient être les plus vertueux.

Outre qu'ils sont chevaliers, les ordres militaires héritent du péché qu'on attribue aux ordres réguliers : la cupidité et sa consœur l'avarice. Deux maladies honteuses que tout chevalier contracte en étant reçu dans un ordre régulier. Sur ce terrain il s'agit d'amertume, d'envie, de calomnie pure ! Nous l'avons dit, le clergé séculier considère que les ordres réguliers reçoivent des revenus qui devraient être siens et de nombreux seigneurs envient la prospérité des fiefs de leurs voisins templiers.

Or c'est humain, on aime à entendre calomnier ceux que l'on jalouse. Les turpitudes et les malheurs, vrais ou faux, des riches et des puissants ont toujours fait les succès littéraires. Gautier Map, né en 1137, nommé archidiacre d'Oxford, mort avant 1209, accuse les ordres templiers et hospitaliers de cupidité. Il fait de celle-ci la *« perverse marâtre des vertus ».*

Il ajoute à propos des ordres que *« de nos jours ils peuvent faire ce qu'ils veulent et satisfont leurs désirs »*. Ses critiques reprennent le thème de la cupidité tout comme le faisait Guillaume de Tyr, lui aussi membre du clergé séculier.

Le troubadour Daspol écrit : *« Le Temple et l'Hôpital ont été fondés pour la sainteté des ordres et pour la nourriture des pauvres, au lieu de faire le bien, ils font beaucoup de maux, s'endorment dans leur méchanceté car tous sont pleins d'orgueil et d'avarice. »* C'est la reprise des critiques du clergé séculier et de certains aristocrates... Dans la foulée, on accuse les ordres militaires de ne pas consacrer leurs ressources à la Terre sainte et d'être chiches sur les aumônes. Ces accusations gratuites sont démenties par les documents historiques, au moins en ce qui concerne les transferts de fonds vers la Terre sainte. Par ailleurs, on feint de confondre les vocations des ordres. Ainsi, c'est faire un mauvais procès au Temple que d'écrire *« qu'en matière de charité et d'aumône il ne faisait pas le dixième de ce que faisait l'Hôpital »*, car même si la différence avait été aussi importante que l'affirme Jean de Würzburg, il ne faudrait pas oublier que la vocation des deux ordres est différente. Même s'ils comportent une branche chevaleresque, les Hospitaliers sont d'abord et avant tout un ordre charitable et ils entretiennent plus d'hôpitaux que les Templiers. À l'inverse, les Templiers ont la charge d'un bien plus grand nombre de forteresses et ne gèrent qu'occasionnellement une structure d'hébergement. Alain Démurger, dans *Les Templiers*, se référant au brouillon d'un mémoire destiné aux représentants du Temple au concile de Lyon (1274), répond à ces critiques. Le document met l'accent sur l'importante action charitable du Temple qui assure le transport des pèlerins vers la Terre sainte, aide les pauvres, les orphelins, les femmes enceintes, recueille les nouveau-nés qui sont pris en charge par leurs médecins et soignés avec des médications appropriées. Il insiste surtout sur les difficultés financières de l'Ordre, lesquelles sont liées à la guerre en Terre sainte : le coût des armes, des chevaux, du matériel ; les tributs et les rançons des chrétiens prisonniers qu'il faut payer, les trêves qu'il faut acheter. Le document propose même que les comptes de l'Ordre soit examinés afin qu'on prenne conscience à quel point les revenus recueillis en Occident sont indispensables et ne sont pas gaspillés.

Cependant il ne faut pas prendre les critiques exprimées contre les ordres au premier degré. C'est l'ambiguïté du Moyen Âge et de son style littéraire.

Tel qui fustige les péchés des ordres à certaine page les louera de façon tout aussi excessive pour leur courage ou leur générosité dans un prochain chapitre. Même les critiques les plus virulents savent qu'en Orient les ordres militaires sont indispensables et que, même s'ils sont responsables de quelques défaites, sans eux, la Terre sainte dans son ensemble eût été perdue bien plus tôt.

Les critiques les plus virulents, après les avoir accusés de couardise, d'avarice, d'orgueil, de témérité, rendent hommage sans états d'âme à leur courage, leur sagesse et leur prudence.

Selon nous, il faut rejeter les affirmations simplistes du genre : « Le Temple était impopulaire. » Il y eut des amis, des défenseurs, des admirateurs des ordres militaires en général et du Temple en particulier non seulement jusqu'à « l'affaire » des Templiers, mais bien après. Selon nous, les critiques, qui visaient surtout le Temple (en tant que seul ordre réellement militaire), sont dues bien plus à des facteurs sociaux et psychologiques qu'il n'aurait su contrôler qu'à sa politique ou à l'attitude de ses membres.

Les principales critiques adressées aux ordres chevaleresques :

- Les nobles, le clergé, le peuple d'Occident ont des difficultés à accepter le coût de la guerre en Orient.
- Le clergé séculier accepte mal les pertes de revenus qui résultent de l'existence du clergé régulier. Les ordres militaires, auxquels on peut reprocher les échecs de Palestine, sont pour lui de bons « boucs émissaires ».
- Les croisés sont toujours prêts à reprocher leur prudence (qu'ils appellent couardise) aux ordres militaires. Ils sont également toujours les premiers à invoquer leur orgueil et leur témérité comme cause des défaites.
- Le mouvement missionnaire qui est né au XIIIe siècle leur reproche de n'avoir rien fait pour convertir les infidèles. Il y a à cela plusieurs raisons. Un esclave musulman qui demande à être baptisé est automatiquement affranchi. Donc baptiser les esclaves qui le demandent priverait les Templiers (et les Hospitaliers) d'une main-d'œuvre dont ils ont besoin. Par ailleurs la morale musulmane, en ce qui concerne la parole donnée à « un infidèle » est assez souple, surtout si elle concerne la parole « donnée à un infidèle » par un « musulman opprimé ». Un captif ou un esclave qui demande à se convertir peut très bien quelques jours plus tard avoir rejoint les armées islamistes.

La conception de l'honneur et du martyre n'est pas la même dans les deux religions. Les ordres rejetteront l'instruction du pape qui leur ordonna en 1237 de baptiser les esclaves qui le demandaient. L'Hôpital, à cette occasion, interdit tout baptême sans autorisation du grand maître. D'ailleurs, la conversion n'est pas du rôle des ordres militaires, et surtout pas du Temple : d'une part, la règle interdit formellement à un Templier d'être parrain, d'autre part, l'Église en principe interdit formellement les conversions forcées.

– Les chroniqueurs de Terre sainte font preuve de naïveté (ou plutôt de mauvaise foi [14]) en se faisant parfois l'écho de rumeurs peu réalistes.

On leur reproche des contacts – voire une alliance – avec les musulmans. L'accusation a été portée en particulier contre Bernard de Ridefort qui survécut à sa capture par Saladin. Par ailleurs, si l'on en croit les mémoires d'Ousâma, les Templiers et certains poulains étaient capables en période de trêve d'entretenir des relations cordiales voire amicales avec certains musulmans. Le fait qu'Ousâma, farouche ennemi des Francs, écrive à propos d'eux « mes amis les Templiers » témoigne de cette capacité. Il semble, toujours d'après Ousâma, que les Hospitaliers n'aient pas manifesté la même ouverture [15]. Il se peut que cette ouverture ait surpris et choqué certains croisés.

D'ailleurs, en abordant ces textes, il faut se souvenir que nous sommes à l'époque où « la dispute » est un art universitaire et que cette dispute n'a rien à voir avec une discussion entre gens de bonne foi. Tous les coups y sont permis ! L'insulte y côtoie l'allusion perfide et la rumeur sans fondements. Le Moyen Âge a aimé le « grand guignol », mais cela ne signifie pas pour autant qu'il ait été entièrement dupe du spectacle.

Il y eut aussi, contre le Temple et l'Hôpital, des attaques plus perverses. Ainsi, dans un faux célèbre, une lettre attribuée au prêtre Jean parvint à Saint- Louis en 1249. Le seul but de cette lettre était de discréditer les ordres militaires.

La fusion des ordres militaires

Comme nous l'avons fait remarquer précédemment, les ordres sont de nature différente et le Temple est le seul qui soit à vocation purement militaire. Néanmoins, l'idée de leur fusion naquit certainement très tôt, d'abord dans l'esprit de ceux qui considéraient que le Temple et l'Hôpital percevaient des revenus qui, d'après eux, auraient dû leur revenir. En effet, certains pensaient qu'un seul Ordre plus puissant aurait coûté moins cher que deux. Cette question fut posée pour la première fois en 1274 au second concile de Lyon, mais il semble que l'idée fut vite abandonnée par le pape et les pères conciliaires. Dans sa bulle *Dura nimis*, datée du 15 août 1291, Nicolas IV demandait aux archevêques, évêques et à leurs « suffragants » réunis en synode provincial de se prononcer sur l'union des ordres templiers et hospitaliers, les priant de rendre réponse avant février 1292... La plupart des synodes et des conciles régionaux se déclarèrent partisans de leur union, les princes laïcs y allèrent de leur conseil : ils proposaient en général, comme Charles d'Anjou, la fusion en un Ordre unique à la tête duquel serait placé « un fils de roi » destiné à devenir roi de Jérusalem.

L'Église a-t-elle senti le danger d'un tel projet ou fut-il abandonné en raison de la mort du pape ? Il semble que personne ne le sache. Cela dit, l'idée de mettre le fils d'un roi régnant à la tête des deux ordres réunifiés promettait, si elle avait été mise en application, de belles empoignades en Europe. D'ailleurs, comment les ordres auraient-ils accepté qu'on leur impose un maître de l'extérieur ?

La question revint sur le tapis à l'initiative de Clément V qui en 1305 sollicita l'avis des maîtres des deux ordres. On connaît la réponse que donna Jacques de Molay. Contre l'union, il avance deux arguments :

1. La concurrence entre les deux ordres ne les empêche pas d'agir ensemble.

2. Les deux ordres sont complémentaires, et quand l'un marche à l'avant-garde, l'autre assure l'arrière-garde.

Il avance également deux arguments en faveur de la fusion :

1. On ferait des économies,

2. L'Ordre unique serait plus fort pour faire respecter ses droits.

Avec ce dernier trait, il donne au pape la meilleure raison qui soit pour enterrer le projet de fusion. Il écrit : *« L'Ordre sera si fort et si puissant qu'il défendra et pourra défendre ses droits contre n'importe qui. »* Or cela, aucun souverain d'Europe ne le veut, sauf si l'Ordre bien entendu est placé sous son contrôle. Philippe le Bel à cette occasion fait preuve d'une belle naïveté : il propose que les deux ordres soient réunis en un seul et qu'on en confie la maîtrise à l'un de ses fils. Par ailleurs, d'autres souverains s'opposent à cette fusion, même s'ils ignorent les projets de Philippe le Bel. L'Aragon, dont le territoire est truffé de puissantes forteresses tenues par les ordres, est contre. Chypre n'est pas enthousiaste. Quant au projet de Philippe le Bel, il mettrait l'Europe à feu et à sang !

Tarot Dodal,
« roue de fortune »

Le Roman de Renart [16] (dans la partie appelée « Renart le nouvel ») ridiculise ces projets de fusion. Renart le goupil a installé ses fils à la tête des principaux ordres religieux. Les deux ordres militaires sont si corrompus qu'ils se querellent ouvertement pour obtenir que Renart prenne la tête de l'un ou de l'autre. Le débat se déroule en présence d'un « pape potiche ». Le Templier, peu adroit dans son discours, met en avant son combat pour la Terre sainte dont il prétend que son ordre est le seul défenseur. À l'inverse, l'Hospitalier, fort bon orateur, met en avant l'action charitable tout en revendiquant l'action militaire. En outre, il attaque le Temple prétendant que par sa jalousie vis-à-vis de l'Hôpital et par ses alliances avec les Sarrasins, il est la cause des échecs et de la perte de Jérusalem. Renart, dans sa grande sagesse, tranche le débat : il fusionne les deux ordres. L'habit sera mi-partie, templier à gauche, hospitalier à droite. Les chevaliers porteront barbe et moustache sur la moitié gauche (templière) du visage... Ayant revêtu ce manteau bipartite, Renart, le grand maître de l'Ordre unifié, s'installe au sommet de la roue de la fortune entouré d'Orgueil et d'Envie…

Évidemment, Renart est ici une caricature de Philippe le Bel (ou de Charles d'Anjou – qui avait formulé un projet identique) et sa position au sommet de la roue de la fortune entre Orgueil et Envie exprime parfaitement la perception qu'auraient eu d'une telle situation les autres maisons princières d'Europe. Par ailleurs, les accusations prêtées à l'Hospitalier reprennent les allusions d'un Matthieu Paris qui écrit : *« Ils ont quelques trahisons de loup sous leurs habits de moutons […] car sinon il y a longtemps que les Sarrasins auraient été battus* [17]. »

Cela dit, Jacques de Molay a encore une autre raison d'être contre cette fusion. Ce qui lui est proposé n'est pas une fusion, mais une absorption du Temple par l'Hôpital dont la vocation est plus large. Jacques de Molay fait observer que : *« C'est agir d'une manière très hostile et très dure que de forcer un homme, qui spontanément s'est voué à l'habit et à la profession de foi d'un ordre, à changer sa vie et ses mœurs, ou à choisir un autre ordre s'il ne le veut pas.* »

De toute façon, selon nous, mais nous ne sommes pas les seuls à le penser, cette histoire de fusion n'a rien à voir avec la défense de la Terre sainte. Il s'agit de luttes de pouvoir entre le roi de France, le pape, l'empereur et les autres princes régnants d'Europe. Le pape a demandé l'avis des ordres, le Temple a répondu par la négative, l'Hôpital s'est débrouillé, pense-t-on, pour ne pas répondre. De toute façon, cette consultation était purement formelle et ne servait qu'à apporter des arguments pour ou contre la fusion suivant l'intérêt politique du Saint-Siège. Le pape est certainement pour la fusion si l'Ordre qui en résulte est sous son autorité. Il est certainement contre s'il est sous l'autorité du roi de France.

L'argumentation de Jacques de Molay contre la fusion

1. Ce projet a déjà été envisagé et repoussé plusieurs fois :

- au concile de Lyon ;

- au temps du pape Nicolas IV qui l'envisagea, mais abandonna le projet de lui-même. Il en fut de même de Boniface VIII.

2. La fusion serait difficile à vivre pour les uns comme pour les autres.

Il est difficile à un homme qui a choisi de faire profession dans un ordre d'entrer dans un autre. Des querelles pourraient éclater entre les frères de l'un et l'autre ordre.

3. La fusion nuirait à l'efficacité des ordres en matière de charité.

Les aumônes et les bienfaits diminueraient considérablement.

4. La fusion entraînerait la suppression de nombreux offices dans les ordres (parce qu'ils feraient double emploi) et cette suppression serait source de conflit.

5. La fusion nuirait à l'efficacité militaire des ordres, car leur rivalité est source d'émulation entre l'un et l'autre.

À ce propos, Jacques de Molay précise : « *En outre, on n'a jamais entendu dire que, pour quelque cause que ce soit, l'un d'eux ait porté la main violemment sur l'autre.* »

Il précise ensuite la « *tradition* » des avant-garde et arrière-garde, faisant remarquer que, ainsi, les ordres enveloppent *« les étrangers (*les armées des croisés*) qui sont entre eux comme une mère fait de son enfant. Et il est bon qu'il en soit ainsi ; parce qu'ils connaissent les habitudes des sarrasins et que les sarrasins les connaissent…* » En outre Jacques de Molay fait remarquer qu'un seul Ordre implique un seul maréchal. Si l'Ordre unifié assure l'avant-garde, il faudra en créer un nouveau pour assurer l'arrière garde. Ce raisonnement qui peut paraître surprenant aujourd'hui tient probablement aux mentalités de l'époque.

6. Il n'est pas certain qu'en Terre sainte un seul ordre apportera autant d'aide au pèlerin (ce dernier point rejoignant le point 3).

L'argumentation de Jacques de Molay pour la fusion

1. L'Ordre serait bien plus puissant et pourrait défendre ses droits contre n'importe qui.

2. Les dépenses seraient moindres.

Source : *Le Dossier de l'affaire des Templiers*, Louis Halpen, Belles Lettres.

Notes du chapitre :

(1) Bataille de Falkirk menée contre William Wallace, Robert Bruce, James Stewart qui vit la dispersion, voire l'extermination, de l'armée écossaise.

(2) À la suite d'une révolte des citoyens de Palerme contre l'administration de Charles Ier d'Anjou le 30 et 31 mars 1282, la Sicile passe sous le contrôle du roi d'Aragon. À la suite de cette manœuvre, le pape Martin IV excommunie Pierre III d'Aragon et prêche une croisade contre l'Aragon, aucun royaume chrétien ne pouvant être dirigé par un roi excommunié.

(3) *Historia diplomatica frederici secundi, in* cité par A. Demurger, *Les Templiers.*

(4) Ces deux banquiers florentins, originaires de San Giminiano, étaient arrivés en France sous le règne de Philippe III. Ces deux personnages, sans avoir jamais de fonctions officielles et en continuant d'être marchands et banquiers – entre autres banquiers du roi – sur la place de Paris, assumèrent les plus lourdes responsabilités politiques. « Dans l'hiver 1292-1293 les deux tiers des dépenses payées par le trésor royal le furent par leur intermédiaire. » C'est avant que le roi ne retire la gestion du trésor aux Templiers. Ces personnages ont, à partir de 1290, collecté directement certains impôts et revenus royaux, payé des garnisons, négocié des emprunts royaux (Jean Favier, *Philippe le Bel*, Fayard).

(5) Il confisqua notamment les biens des marchands lombards et juifs, avant de les faire arrêter puis expulser (les premiers en 1277, 1291 et 1311, les seconds en 1306).

(6) Historiens et économistes préfèrent parler de « mutation monétaire ».

(7) Rappelons qu'il faut être couronné roi des Romains pour pouvoir être par la suite empereur.

(8) On utilise l'expression « privilège du for » pour signifier qu'une certaine catégorie de personnes peuvent décliner la compétence géographique résultant des règles procédurales de droit commun. Les ecclésiastiques bénéficiaient d'une forme de ce privilège puisque dans tous les cas ils ne pouvaient être jugés que par la justice d'Église.

(9) C'est ainsi que l'on appelait les prisonniers de l'Inquisition.

(10) C'est à cette occasion que se produisit l'incident d'Agnani où Nogaret aurait giflé le pape.

(11) D'abord, la papauté se doit de respecter la clause de conscience du chrétien. Ensuite, même s'il lui est utile, compte tenu du contexte politique et culturel de l'époque, d'accepter voire d'encourager les excès de l'Inquisition, il n'est pas dit que ce soit son intérêt que nul ne puisse échapper à sa vindicte. Nous sommes même persuadés qu'il est de l'intérêt de la papauté qu'un certain nombre de personnes accusées d'hérésie lui échappent.

(12) Le cas inverse existe, mais dans ce cas il choisit l'exil, sort du monde islamique, parce que s'étant converti, il est, selon la loi islamique, « relaps » et passible de la peine de mort.

(13) Un dialogue dans lequel les deux interlocuteurs échangent tous les arguments possibles pour et contre la croisade.

(14) Nous ne croyons pas Guillaume de Tyr (évêque de Tyr) quand il affirme que Nasr, fils d'Abbas (vizir du calife fatimide du Caire), ait manifesté le désir de devenir chrétien. De même, il est impossible d'accepter son affirmation que le Vieux de la Montagne voulait se convertir avec tous ses disciples… Nous pensons même que ses affirmations sont la preuve d'une totale mauvaise foi. Il est impossible qu'un poulain comme lui ait cru une telle chose. En revanche, il peut avoir eu d'excellents motifs pour jouer les naïfs quand cela lui permettait, sinon en Terre sainte, du moins en Occident, de marquer un point contre les Templiers.

(15) Voyez le chapitre 6 : Les Templiers vus par un prince de Shaïzar .

(16) Orthographe d'époque utilisée de nos jours par les spécialistes de la littérature médiévale.

(17) Matthieu Paris, *Chronica anglorum,* tome 1, cité par Alain Demurger in *Les Templiers*.

Chapitre 9
La fin

La fin du Temple commence avec les dernières batailles de Terre sainte.

En 1289, Guillaume de Beaujeu, qui l'a su par un de ses espions, prévient le comte de Tripoli que le sultan Kalâwun se prépare à attaquer sa ville. Mais on ne tient aucun compte de son avertissement, et la ville est prise le 26 avril 1289 par les musulmans et la population massacrée. Il est vrai que les chrétiens étaient en trêve avec ce successeur de Baybar et que certains soupçonnaient le Temple des pires turpitudes…

Après le désastre de Tripoli, il ne restait plus aux Latins que quelques villes dont Acre.

Le 5 avril 1290, Al-Ashraf Khalil (fils de Kalâwun dont la mort a retardé le siège) encercle la ville d'Acre. Le 17 mai, les troupes musulmanes ouvrent une brèche dans la muraille, Guillaume de Beaujeu prend la tête d'une contre-attaque des ordres militaires. Soudain Beaujeu se retire de la mêlée, mortellement touché par une flèche. Ses gens le « déchevauchent », l'allongent sur un écu, trouvent une maison où ils peuvent le désarmer, puis le plaçant sur une couverture se dirigent vers le port dans l'espoir de l'évacuer par la mer. C'est impossible. La tempête empêche tout appareillage. On porte donc Beaujeu à la maison du Temple. Comme personne ne veut ouvrir, ses gens le déposent dans une cour. C'est là qu'il mourra quelques heures plus tard.

La résistance se poursuivra durant dix jours. Le 28 mai, la maison chevetaine du Temple située près du port est le dernier bastion de résistance. Elle s'écroule, ensevelissant défenseurs et assaillants. Ceux, bien peu nombreux, qui réussissent à s'échapper, tentent de fuir par mer. C'en est fini des États latins de Terre sainte. Dans les semaines qui suivent, Tyr, Sidon, Beyrouth, Tortose sont évacués par les Latins qui ne sont plus en mesure de les défendre. Le 14 août, les Templiers évacuent leur dernière place forte : « Château Pèlerin ».

Après la mort de Beaujeu, les deux plus hauts dignitaires du Temple présents à Acre sont Thibaud Gaudin « commandeur de la Terre » et Pierre de Sevrey « maréchal du Temple ». Le maréchal, chef militaire, reste à Acre pour négocier une reddition tandis que le commandeur de la Terre se replie sur Sidon.

Là il se fait proclamer maître du Temple – par les Templiers présents – et s'embarque pour Chypre afin d'aller quérir des renforts. Il lui est reproché de ne pas être revenu.

Qu'a-t-il fait à Chypre ? Il écrivit quatre lettres au mois d'août. Les historiens pensent qu'il présida un chapitre général (les chapitres se tenaient ordinairement en Orient à la Toussaint).

Des lettres prouvent que le 20 avril 1292, Jacques de Molay est déjà grand maître du Temple, mais nul ne sait à quelle date il a été élu. Thibaud Gaudin serait donc mort auparavant, et, compte tenu du temps nécessité par une élection régulière, Demurger estime qu'il est décédé en janvier, au plus tard en février 1292.

Visiblement les ordres militaires sont désorganisés et certainement démoralisés. Si Thibaud Gaudin n'a pas ramené de Chypre les renforts qu'il était parti chercher, c'est probablement parce que les forces présentes y étaient insuffisantes pour retourner la situation ou même simplement retarder l'échéance de l'évacuation de la Terre sainte.

Quant à l'élection de Jacques de Molay, un homme dont les historiens ne savent rien, sauf qu'il était entré au Temple en 1265, on peut penser qu'elle est la conséquence directe de ses vingt-sept années d'ancienneté dans l'Ordre. Nul ne sait quelles fonctions il y exerçait avant son élection, on ne sait même pas s'il fut parmi les survivants du siège d'Acre… Peu importe d'ailleurs : le désordre qui suivit l'abandon de la Terre sainte, les lourdes pertes humaines subies par l'ordre du Temple ont peut être permis que ce chevalier inconnu s'avère le plus qualifié pour en assumer la maîtrise.

D'ailleurs, même s'il est étonnant que nous ne connaissions pas ses fonctions dans l'Ordre avant son élection, cela ne prouve en rien qu'il n'en ait exercé aucune. D'abord, dans cette débâcle, bien des documents durent être perdus, ensuite, il n'est pas dit que toutes les fonctions importantes de l'ordre aient été documentées. Le Temple était un ordre militaire et un Ordre militaire en guerre. Or une guerre implique des secrets militaires et il est des choses dans ce domaine qu'il est parfois prudent de ne pas écrire.

La maîtrise de Jacques de Molay

Quand Jacques de Molay devient maître du Temple, il ne reste aux Latins que deux possessions en Orient : Chypre et le royaume de Petite-Arménie. Les urgences sont nombreuses. Il faut consolider et défendre les positions chypriotes et arméniennes : pour cela il renforce la marine en équipant deux galères. Il faut subvenir aux besoins des réfugiés de Syrie qui ont tout perdu et s'entassent sur l'île. Il faut subvenir également aux besoins de l'Ordre qui a perdu tous ses revenus de Terre sainte et une grande partie de son armement. Il faut encore recruter pour compenser les pertes importantes subies. Il faut aussi probablement réformer l'Ordre, ne serait-ce que pour l'adapter à sa nouvelle situation. Il a été créé pour défendre des États latins d'Orient qui, de fait, n'existent plus.

Il s'embarque donc pour une tournée en Europe. Il ne part pas prêcher une croisade, cela n'est pas dans ses pouvoirs. Ses buts sont de négocier les meilleures conditions possibles pour les exportations en direction de Chypre et certainement d'activer la remobilisation de l'Ordre en Europe, car le choc de la perte des États latins est immense.

Le voyage dure trois ans. Trois années durant lesquelles il négocie avec les rois et les princes, trois années pendant lesquelles il organise de nombreux chapitres régionaux. Au printemps 1296, il rencontre le roi de France et, fin juin, tient chapitre général à Paris. Il embarque pour Chypre à la fin de l'année après avoir tenu un dernier chapitre en Arles.

Ce qu'il est important de retenir de ce voyage, c'est que, à aucun moment, Molay ne se détourne de la Terre sainte, que l'objectif de l'Ordre reste Jérusalem.

L'alliance avec les Mongols

D'ailleurs, peu après son retour, Molay a l'occasion de montrer que, bien qu'il soit replié à Chypre, le Temple reste un acteur important du combat en Terre sainte. En 1298, les Mamelouks attaquaient la Cilicie arménienne [1] et s'emparaient de plusieurs châteaux dont La Roche, Guillaume, la dernière place forte templière sur le continent.

Le roi d'Arménie Hétoum II se tourna vers Chypre, et les Templiers intervinrent sous la conduite de Jacques de Molay et avec le concours des Hospitaliers ainsi que des chevaliers européens et chypriotes qui étaient dans l'île. On sait que cette intervention n'eut pas de résultats palpables. Elle montrait cependant la vitalité du Temple et préparait des opérations plus importantes.

Le seul allié des Francs en Orient était la Petite-Arménie qui elle-même avait fait alliance avec les Mongols. Comme les Francs n'avaient plus rien à attendre des sultans mamelouks du Caire, il était naturel qu'ils s'allient désormais avec les Mongols. C'est avec Ghâzân, le Khan mongol, que seront entreprises les offensives suivantes.

Ghâzân attaque une première fois en 1299-1300. Cette attaque a failli réussir, mais le Khan a attaqué trop tôt. Les chrétiens d'Arménie et de Chypre ne sont pas prêts, leur aide lui fait défaut. Leur soutien aurait peut-être été décisif, encore que l'échec des Mongols soit dû à un problème de logistique. Ghâzân réussit à occuper presque toute la Syrie, mais il doit se replier parce qu'il ne réussit pas à trouver sur place assez de fourrage pour nourrir les nombreux chevaux de sa cavalerie. C'est la cause classique et récurrente de l'échec des invasions mongoles. En 1300, les chrétiens sont prêts, de nombreux chevaliers sont arrivés à Chypre pour renforcer les troupes du Temple et de l'Hôpital.

En juillet, les forces stationnées à Chypre entreprennent une opération navale contre la Syrie et ravagent les côtes. En novembre, ils s'installent massivement sur l'îlot de Rouad, à trois kilomètres de Tortosa. Là ils attendent l'arrivée de Ghâzân par terre. Seule l'avant-garde mongole parvient en Syrie, le gros des troupes a dû rebrousser chemin faute de fourrage. Les troupes chrétiennes évacuent Rouad (trop petit), n'y laissant qu'un contingent de Templiers chargé d'y maintenir une tête de pont. Durant l'été 1301, une offensive mongole est à nouveau attendue. Les Mongols, une fois de plus, ne parviendront pas en Syrie. Au cours de l'année 1302, le 20 septembre, une petite flotte débarque à Rouad. La résistance est héroïque mais vaine.

Le maréchal est tué. Les Templiers négocient une reddition honorable.

Une fois de plus, les Mamelouks ne tiendront pas parole [(2)]. Les chevaliers templiers sont emmenés en captivité en Égypte, 500 archers et 400 autres personnes sont exécutés. La flotte de secours massée dans le port de Chypre n'a même pas eu le temps de quitter le port.

D'autres offensives suivront jusqu'en 1303, date de la dernière intervention des Mongols où ils furent défaits définitivement par les Mamelouks.

L'alliance mongole n'avait pas permis de reconquérir la Syrie. Cet échec tenait essentiellement aux limites de la stratégie mongole toute basée sur leur immense cavalerie. En fait, les Mongols furent battus à chaque offensive par le climat de cette région du monde.

L'alliance mongole l'avait démontré, seule une croisade pouvait reconquérir les États latins de Terre sainte.

Comme à l'époque ce mot n'existait pas encore, le projet fut appelé « passage général », cette expression désignant une grande expédition ordonnée par l'Église mais conduite par les princes et à laquelle participe l'ensemble de la chrétienté. La croisade pouvait également être appelée « grand passage ». Elle s'opposait au « passage particulier » ou « petit passage » qui est la « croisade » d'un seul prince, qu'il s'agisse d'une expédition ou d'un régiment laissé sur place comme le fit Saint Louis.

La convocation de Clément V

Boniface VIII l'avait projetée, Benoît XI n'eut pas le temps de s'en occuper, Clément V tenta de la mettre sur pied ; il s'agit bien entendu de la neuvième croisade qui n'aura jamais lieu. Pour ce faire, il envoit au maître du Temple et au grand maître des Hospitaliers une convocation datée du 6 juin 1306 leur demandant de le rencontrer à Poitiers à la Toussaint pour discuter de la croisade et de l'union des ordres.

Les deux grands maîtres, chacun de leur côté, préparent un mémoire sur les moyens de reconquérir Jérusalem. Les deux mémoires sont assez différents, mais tous deux envisagent un « passage général ». Foulque Villaret, le grand maître de l'Hôpital, prend pour modèle la première croisade et sa préparation. Il préconise un prêche du pape suivi d'expéditions partielles de préparation en attendant le passage général.

Jacques de Molay rejette l'idée d'expéditions préparatoires et préconise que soit lancé le plus vite possible un « grand passage » pour lequel on utiliserait Chypre comme base logistique.

On peut discuter de la valeur des stratégies proposées par les deux mémoires, cela ne présente en soi aucun intérêt, puisque aucun de ces mémoires ne servira à élaborer quelque expédition que ce soit.

En principe, les deux maîtres d'ordre ont rendez-vous avec le pape à la Toussaint. Tous deux arriveront en retard à la convocation pour apprendre que, le pape étant tombé malade, elle est reportée de quelques mois.

Jacques de Molay est venu suivi de sa « maison », autrement dit de l'accompagnement que les retraits prévoient pour un maître du Temple. Il est accompagné également de quelques chevaliers dont Raimbaud de Caron, le grand commandeur, Geoffroy de Charnay commandeur de Normandie et Frédéric de Salme, maître d'Allemagne. Tous les autres dignitaires de l'Ordre sont restés à Chypre. C'est là une suite tout à fait normale pour un maître du Temple qui se rend à une convocation de la seule autorité à laquelle il est entièrement soumis : le pape.

On ignore ce que Molay et Villaret firent jusqu'en mai 1307, date à laquelle avait été repoussée l'entrevue de Poitiers. Il n'y a pas de documents connus à ce sujet, mais, comme ont l'habitude de le faire les maîtres d'ordre de Terre sainte, ils ont dû profiter de ce séjour en Europe pour se livrer à de grandes manœuvres diplomatiques, soit auprès des souverains, soit auprès des maisons de leur ordre.

À Poitiers, il y a un troisième invité : Philippe le Bel, roi de France, qui souhaitait depuis longtemps rencontrer le saint-père. Le pape, sachant que Philippe voulait l'entretenir du procès de la mémoire de Boniface VIII (hérétique, sodomite, népotique… *cf.* le chapitre 8 – La naissance du despotisme) et de la fusion des ordres chevaleresques, avait repoussé l'entrevue tant qu'il l'avait pu car il ne voulait s'engager ni sur l'une ni sur l'autre de ces affaires [(3)]. Ne pouvant plus repousser l'entrevue avec le roi, le pape le rencontre et visiblement s'engage sinon à faire la fusion des ordres, du moins à s'occuper de cette question avec les maîtres lors de leur visite. Une lettre du procureur d'Aragon citée par Demurger en témoigne.

Philippe le Bel retourne à Paris, mais laisse à Poitiers deux de ses conseillers pour qu'ils « veillent au grain ». Il s'agit de Guillaume de Nogaret et de Guillaume de Plaisians. Comme le fait observer Demurger, les conseillers du roi ont probablement rencontré Jacques de Molay. Nous ferons observer qu'ils ont probablement croisé aussi Foulque Villaret. Cependant, si rencontres il y eut, celles-ci furent officieuses et nul ne sait ce qu'il s'y dit.

Philippe le Bel et le Temple

Philippe le Bel ne peut probablement pas accepter l'existence d'ordres dotés d'une implantation internationale. D'ailleurs, comme nous l'avons fait remarquer, au chapitre 8, au moment de la « croisade contre les Aragonais », si le roi de France avait demandé aux Templiers de combattre, ceux-ci en raison de leur devoir de vassal et au mépris de leur règle auraient dû s'affronter entre eux. Ajoutons qu'ici, ce qui vaut pour les Templiers vaut également pour les Hospitaliers. L'un ou (et) l'autre ordre d'ailleurs pourrait se trouver dans la même situation en Guyenne où les armées du roi de France affrontent celles du roi d'Angleterre…

Cependant, il semble que, pour le roi, les Templiers soient une proie moins difficile. Le fait que leur vocation est uniquement militaire leur vaut plus de critiques qu'aux Hospitaliers.

On a voulu évidemment trouver au roi de France d'autres raisons d'en vouloir aux Templiers.

Comme nous l'avons fait remarquer auparavant, si le roi est fidèle, en revanche il n'oublie jamais une offense vraie ou supposée. Aussi a-t-on pensé qu'il avait été humilié – volontairement ou non – par le Temple.

La *Chronique du Templier de Tyr* rapporte un incident qui aurait pu contribuer à vexer le roi. Selon cette chronique, le roi aurait emprunté au Temple 400000 florins d'or. Le trésorier du Temple de Paris, « Jean de Tour le Jeune », aurait accordé cet énorme prêt sans en demander l'autorisation au maître de l'Ordre. Apprenant cela, Jacques de Molay serait entré en rage et l'aurait chassé…

Remarquons qu'être chassé de l'Ordre était exactement la sanction prévue par la règle (les retraits) pour une telle faute.

Apprenant que Jean de Tour avait été sanctionné, le roi serait intervenu auprès de Jacques de Molay pour que le coupable soit réintégré et, selon le chroniqueur : *« Le dit Maître ne voulut rien entendre et répondit autrement qu'il aurait dû le faire à un homme tel que le roi de France. »* Devant ce refus, le roi se serait tourné vers le pape qui aurait annulé la sanction. Jacques de Molay aurait alors *« jeté au feu »* la lettre du pape.

Cependant, cette source est suspecte ; bien que la chronique du Templier de Tyr soit, dans son ensemble, une source précieuse, on ne peut que s'étonner qu'un Templier fasse une erreur de terminologie. Si le trésorier avait été chassé de l'Ordre, alors en jargon du Temple, il aurait « perdu la maison », ce qui d'ailleurs était la sanction prévue pour cette faute. Or le chroniqueur écrit : « [le roi de France] *se montra très courroucé que par sa faute, le trésorier perdît l'habit » ;* cette erreur de vocabulaire rend le passage très suspect. Il s'agit peut-être d'un passage ajouté après coup par un copiste.

Par ailleurs, la somme en jeu excède largement les capacités propres du Temple (les autres prêts qu'il a consentis et pour lesquels il a dû emprunter le montrent). Enfin, le peu que l'on sait de Jacques de Molay ne le montre pas sous ce jour.

En revanche, en 1306, Philippe le Bel, qui n'a cessé de déprécier la monnaie, rétablit brutalement la « bonne monnaie ». Il en résulte une augmentation brutale du poids des rentes fixes et des loyers (la monnaie valant plus cher, il faut travailler plus pour les payer), ce qui affecte lourdement le niveau de vie des couches populaires. Alors que le roi est dans l'enceinte du Temple de Paris, une émeute éclate. La répression de l'émeute est brutale, mais les Templiers ne comptent que sur les murs pour protéger le roi. On a dit que le roi en avait été très vexé, cela dit, rien ne le prouve. Là encore, l'attitude des Templiers est normale. Si l'émeute avait éclaté dans « l'enclos du Temple » il aurait été de leur devoir de la réprimer puisqu'ils exerçaient dans cet enclos le droit de haute et de basse justice, mais l'émeute a éclaté en dehors de cet endroit. Si les Templiers interviennent, ils agissent hors de leur juridiction, ce qui ne leur est évidemment pas permis. C'est pourquoi nous doutons de la réalité de ce « on dit », à moins que l'on ne veuille faire de Philippe le Bel un roi caractériel… Il est bien trop retors pour l'être.

Si nous remontons quelque peu dans le temps, Demurger envisage que le roi ait pu prendre ombrage de la participation d'un chevalier du Temple, Guillaume de Boinem (ou de Boubein ou encore de Bonne), à la révolte appelée « Les Mâtines de Bruges », laquelle aboutit à l'humiliante défaite de Courtrai. Bien qu'il semble que la participation de ce personnage à la révolte soit avérée, on se demande, compte tenu de la discipline de l'Ordre, comment un chevalier du Temple a pu participer à la révolte. Un seul cas peut être envisagé, il pourrait s'agir d'un précepteur d'une maison locale de l'Ordre contraint de se mêler de cette querelle par des liens de vassalité [(4)].

Reste une dernière question qui aurait pu fâcher le roi : la prise de position de Jacques de Molay par rapport à la fusion des ordres. Selon nous, dans la mesure où le projet de réunion était en réalité un projet d'absorption du Temple par l'Hôpital, il eût fallu que le roi de France soit bien naïf pour penser que les Templiers puissent en être partisans ! Or Philippe le Bel est loin de nous donner l'image d'un roi naïf…

L'accusation

L'important au XIVe siècle, pour faire condamner un homme ou un ordre c'est « un bon acte d'accusation ». Il suffit pour s'en convaincre de se reporter aux accusations portées contre le pape Boniface VIII. Or, pour avoir un acte d'accusation, il suffit de trouver un accusateur. Cet accusateur a surgi de lui-même, il s'agit d'un certain « Esquieu de Floyran » ou de « Floyrac ». Demurger montre que les chroniqueurs de l'époque se sont trompés (volontairement ou non) quant à l'identité de ce personnage qui est prieur de Montfaucon. Montfaucon est une dépendance de l'abbaye Saint-Martial de Limoges, située en Dordogne. Il est originaire de Biterris, un lieu-dit du pays brulhois aux limites du pays agenais. Il n'est pas Templier, mais il aurait participé à un interrogatoire (à quel titre ?) en compagnie de *« Guillaume Robert moine qui les a mis à la question »* (d'après Demurger probablement Guillaume de Paris, Inquisiteur de France), de *« Bernard Pelet prieur du Mas d'Agen »* et de « *Gérard de Boizol chevalier, venu à Gisors* ». Ces affirmations sont extraites du témoignage du Templier Ponsard de Gizy qui dénonce les *« traîtres qui ont proposé des faussetés et déloyautés contre ceux de l'ordre du Temple »* et ne permet de connaître que le rôle joué par Guillaume Robert.

Il semble donc que lors de l'interrogatoire (sous la torture bien entendu), un Templier de l'Agenais, « *Gérard de Boizol* », aurait porté des accusations graves contre l'ordre du Temple [5]. Demurger pense que ce Gérard de Boizol pourrait être le même personnage que « *Gérard Lavernha* », commandeur d'Andrivaux, interrogé à Cahors, qui déclara avoir été menacé de mort parce qu'il aurait, le premier, « *révélé les secrets des Templiers* ». Ici l'hypothèse de Demurger nous paraît hasardeuse, il serait étonnant en effet que, après avoir arrêté et interrogé un commandeur d'une maison du Temple, l'Inquisition l'ait relaxé et qu'il ait été arrêté de nouveau comme Templier. En revanche, le fait que Bernard Pelet, clerc, ait rapporté les accusations portées contre les Templiers à Édouard II d'Angleterre, tend à prouver qu'un personnage connu sous le nom de « Gérard de Boizol » a effectivement, peut-être sous la torture, porté de graves accusations contre les Templiers.

Demurger cite un autre témoignage, celui d'un clerc séculier arrêté à Lyon le 13 octobre 1307 (donc le jour même de l'arrestation des Templiers). Ce clerc était porteur de lettres adressées par le maître du Passage de Marseille [6] au maître de l'Ordre *« informant celui-ci des rumeurs »*. Ces lettres auraient également fait état du fait que *« des chevaliers gascons qui avaient été capturés avaient accusé l'ordre du Temple »*.

Demurger trouve ce témoignage suspect… Quant à Esquieu de Floyran, son attitude est bien curieuse ! Il adresse une lettre au roi d'Aragon Jacques II le 28 janvier 1308 qui lui rappelle l'avoir informé de ce qu'il venait d'apprendre de l'ordre du Temple en 1305. Jacques II qui n'avait pas cru ce témoignage lui promet alors une forte somme d'argent s'il arrive à prouver les faits qu'il avance. Esquieu écrit donc à Jacques II pour réclamer ce qu'il considère comme son dû et ajoute, *« je suis l'homme qui a dévoilé les agissements des Templiers au seigneur roi de France ».*

« Qu'il soit manifeste à votre majesté royale que je suis l'homme qui a dévoilé les agissements des Templiers au Seigneur roi de France et sachez, mon seigneur, que vous fûtes le premier prince du monde entier auquel, à Lérida, en présence de frère Martin Detecha, votre confesseur, je révélai d'abord leurs activités. [...] Mon seigneur; souvenez-vous que vous m'avez promis quand j'ai quitté votre chambre à Lérida que si les agissements des Templiers se révélaient véridiques, vous me donneriez mille livres de rente et trois mille livres en argent sur leurs biens. Maintenant que tout cela est vérifié, songez à vous en souvenir. »

Extraits de la lettre de Floyran à Jacques II, citée par Stéphane Ingrand in *Les Templiers*, éditions Carnot.

L'existence de cette lettre permet d'affirmer que **l'affaire des Templiers commence donc en 1305.** Cependant, tous les récits qui concernent cette affaire sont suspects.

Pourquoi est-ce Esquieu de Floyran qui informe le roi de France, et non le moine Guillaume (si Guillaume n'est autre que Guillaume de Paris) ?

Pourquoi cet Esquieu de Floyran informe-t-il en priorité le roi d'Aragon quand il dépend soit du roi de France, soit du roi d'Angleterre ?

Pourquoi Bernard Pelet, prieur du Mas d'Agen qui doit être un homme du roi de France, informe-t-il le roi d'Angleterre avant le 13 octobre 1307 de cette « hérésie templière » ?

Une autre question se pose : Floyran et Pelet sont-ils des témoins ou des agents du roi de France, ou les deux en même temps puisqu'ils témoignent d'aveux recueillis sous la torture ? L'attitude étonnante de Floyran nous incite à pencher soit pour la seconde soit pour la troisième hypothèse. Certes on ne peut prouver que l'on assiste là à la fabrication d'une rumeur par les agents du roi de France, mais cela y ressemble diablement.

Réfléchissons. Nous, roi de France, confions ou faisons confier à un moine Guillaume (peut-être Guillaume de Paris) un acte d'accusation concernant un certain Gérard de Boizol. Or cet acte contenait les accusations à porter contre le Temple. Le moine Guillaume s'adjoint pour appliquer la question à Gérard de Boizol deux témoins objectifs et indépendants puisqu'il s'agit des prieurs de deux monastères pratiquant la règle de saint Benoît. Là encore, le détail est étrange, généralement l'Inquisiteur qui est toujours un Dominicain s'entoure de clercs dominicains. Est-ce parce qu'aucun Dominicain n'est disponible ou parce que ces deux personnages – tous deux prieurs d'un monastère, sont des agents du roi de France ? D'ailleurs avait-on besoin de personnages si qualifiés ? De simples moines n'auraient-ils pas suffi pour exercer les fonctions soit de témoin soit de greffier ? Légalement il est probable qu'ils auraient suffi. En revanche, pour approcher le roi d'Aragon ou le roi d'Angleterre, il fallait certainement un peu plus qu'un simple moine.

On ne peut rien prouver, mais, il faut bien le reconnaître, tout se passe comme si en 1305 on fabriquait les preuves des accusations que l'on va porter en 1307.

Il faut observer que, en 1305, Jacques de Molay est à Chypre et que le pape n'a pas encore convoqué les maîtres des deux ordres pour les interroger sur la croisade et l'union des deux ordres. D'ailleurs Clément V n'est pas encore pape, puisque le roi en personne se chargera de l'informer de ces rumeurs lors de son couronnement à Lyon.

Il faut remarquer également que Jacques II d'Aragon, qui entretient des relations permanentes avec le Temple et n'a pas cru Floyran, a probablement ébruité l'affaire ne serait-ce que pour en rire. Si c'est le cas, l'histoire a couru en Aragon d'un Templier à l'autre. D'Aragon elle est forcément passée à Chypre et Jacques de Molay, quand il se rend à la convocation du pape, doit déjà être au courant de cette histoire, de même que les Templiers de France et d'ailleurs.

Évidemment, ce scénario est hypothétique, mais dans ce cas, le roi de France a été d'une habileté diabolique. Non seulement il fabrique les preuves de ses futures accusations, mais de plus, en faisant informer Jacques II d'Aragon, il fait preuve de génie.

Le royaume d'Aragon est en effet couvert de forteresses tenues par les Templiers et les Hospitaliers. La reconquête de l'Espagne étant pratiquement terminée, il est notoire que le roi d'Aragon aimerait récupérer certaines d'entre elles. En écoutant Floyran, il peut donc avoir deux réactions.

Première réaction possible : Jacques II instrumente contre les Templiers dans l'espoir de récupérer les citadelles qu'il convoite et, dans ce cas, Philippe le Bel ne fait que son devoir de fils de l'Église en s'attaquant aux Templiers dont les turpitudes ont été découvertes en Aragon.

Seconde réaction possible : il rit des accusations de Floyran qui deviennent la « bonne histoire » en vogue à la cour. Dans ce cas, les Templiers en seront forcément informés et ces accusations deviendront la « bonne histoire » que les Templiers se racontent l'un à l'autre avant de devenir deux ans plus tard la trame des aveux qu'il faut formuler si l'on veut que les tourments cessent.

Quant au contenu de l'accusation contre les Templiers, il ne faisait que reprendre les rumeurs et les pamphlets qui traînaient un peu partout à propos des ordres monastiques ainsi que les accusations particulières portées contre les ordres chevaleresques : hérésie, sodomie, on y ajoute peut-être déjà la désertion… De fait, on ne connaît les révélations de Floyran que par le contenu de l'ordre d'arrestation dressé en 1307.

C'est donc en 1305 que Philippe le Bel lance son opération contre les Templiers. À l'époque, la plupart des historiens pensent qu'il n'ébruite pas son intention de supprimer l'Ordre, du moins qu'il n'en parle pas au pape.

Parallèlement, Nogaret s'affaire à monter un dossier. On sait par les interrogatoires du procès qu'il a recruté des témoins à charge parmi d'anciens Templiers qui soit ont quitté l'Ordre de leur propre chef, soit en ont été chassés pour une faute grave. Il en a ensuite introduit un certain nombre dans l'Ordre comme « taupes ». Ainsi un certain Jean de Vambellan interrogé le 15 février 1311 déclare-t-il avoir quitté l'Ordre en 1305, avoir confessé spontanément les erreurs de l'Ordre à l'Inquisiteur de Poissy et avoir ensuite demandé de lui-même et obtenu son retour dans l'Ordre. Il ajoute, et c'est cela l'indice intéressant, *« qu'il n'a jamais parlé à ses frères de ce qu'il avait dit à l'Inquisiteur de Poissy, parce qu'il ne savait pas qu'ils allaient être arrêtés ; il ne l'a appris que trois jours plus tôt* (3 jours avant l'arrestation)… »

Ce dernier aveu prouve que ce Jean de Vambellan est un agent du roi, il prouve même que « son officier traitant », comme on dit de nos jours, est au courant du contenu de l'ordre d'arrestation des Templiers.

En avril 1307, quand le roi rencontre le pape à Poitiers, le dossier de Nogaret est probablement très avancé, et à l'occasion de cette entrevue, le roi a abordé le sujet des « hérésies du Temple » sans probablement dévoiler ses projets. Soit par le pape lui-même, soit par des Templiers vivant dans l'entourage du pape, Jacques de Molay est au courant non de la préparation de l'arrestation, mais des soupçons que le roi fait peser sur l'Ordre. Il a même obtenu certains détails, puisque, à l'occasion du chapitre qu'il tint à Paris le 24 juin, il vit le roi et l'entretint des accusations injustifiées à ses yeux qui étaient portées contre l'Ordre.

À cette occasion, il aurait expliqué qu'effectivement il était arrivé que des commandeurs laïcs (non prêtres) – par ignorance ou simplement par confusion entre la sanction interne de l'Ordre, prononcée par le commandeur et le péché – accordent l'absolution, apanage des seuls clercs, à des Templiers qui venaient confesser leurs fautes.

Si le fait est authentique, l'entrevue fut rapportée par Guillaume de Plaisians en 1308 et Jacques de Molay aurait avoué un dysfonctionnement occasionnel de l'Ordre.

Nous émettons cependant quelques doutes, un tel dysfonctionnement au XIVe siècle est suffisamment grave, du point de vue de l'Église, pour valoir à ceux qui le pratiquent une condamnation pour hérésie. Un tel aveu fait au roi de France par le maître de l'Ordre aurait justifié par avance l'accusation d'hérésie. Nous pensons donc que Jacques de Molay n'a pas pu dire exactement ce qui fut rapporté par Guillaume de Plaisians. En revanche, l'entretien avec le roi a probablement eu lieu, puisque pendant l'été 1307, Jacques de Molay, de retour à Poitiers, demanda au pape d'ouvrir une enquête pour laver l'Ordre des accusations honteuses portées contre lui.

Une telle démarche montre que Jacques de Molay est très inquiet. Demander une enquête sur le fonctionnement de l'Ordre, c'est permettre aux agents pontificaux de mettre le nez partout, de rechercher et noter toutes les irrégularités, tous les dysfonctionnements. Même si l'Ordre à la fin de l'enquête est reconnu innocent et lavé des accusations portées contre lui, certains dysfonctionnements, mêmes ponctuels, seront étalés au grand jour et la réputation de l'Ordre en sera affectée.

Donc, si Jacques de Molay prend l'initiative de demander l'ouverture d'une enquête au pape, c'est parce qu'il sait (ou croit) que de toute façon le roi de France – ou quelqu'un d'autre – obtiendra l'ouverture d'une enquête par le pape.

Là encore, on peut soupçonner, sans pour autant la prouver, une manipulation. Toujours est-il que, le 24 août, le pape – avec l'accord des cardinaux – donne satisfaction au maître du Temple.

Le texte de la lettre du pape est d'ailleurs intéressant à plus d'un titre, ne serait-ce que parce qu'il semble s'excuser auprès du roi d'être obligé d'enquêter : « *Tu te souviens de ce que tu nous as dit à Lyon et à Poitiers au sujet des Templiers; cela nous a paru incroyable, impossible; nous avons appris depuis des choses inouïes, mais nous sommes forcés d'hésiter et d'agir conformément aux conseils de nos frères. Le grand maître et les commandeurs de l'Ordre ont protesté, et nous ont suppliés de procéder à une enquête. Ils ont demandé à être absous s'ils étaient innocents, et à être condamnés s'ils étaient coupables, ce qu'ils ne croyaient pas. Nous ne saurions, d'après l'avis de nos frères les cardinaux, refuser aux Templiers ce qu'ils demandent.* »

Analysons ce texte. Le pape a appris des « *choses inouïes* ». Il ne dit pas de qui, mais on peut en conclure que Nogaret a su organiser les fuites qu'il fallait pour que le pape soit tenu au courant de l'évolution de son dossier. « *[...] mais nous sommes forcés d'hésiter et d'agir conformément aux conseils de nos frères » :* cette proposition qui vient en contradiction des « *choses inouïes* » montre que le pape sait que le roi de France souhaite quelque chose d'autrement plus énergique que l'ouverture d'une enquête. Cependant il demeure ferme et termine la lettre en affirmant qu'il ne peut pas faire autrement que d'ouvrir une enquête.

Certains commentateurs ont prétendu que le pape tentait de « gagner du temps ». À notre avis, il essaye de faire beaucoup mieux. Il explique – de façon très diplomatique – au roi de France que cette affaire ne regarde plus ce dernier. En langage moderne mais non diplomatique, cela donnerait : « *Les Templiers m'ont exposé les accusations qui ont été portées contre eux et s'en remettent à **ma justice**. Je vais donc ouvrir une **enquête ecclésiastique,** par conséquent, légalement, cette affaire ne vous concerne plus.* » Le « *je ne peux pas faire autrement* » de la fin montre que le pape pense que le roi sera contrarié par le contenu de cette lettre. Peut-être même n'est-il pas certain que le roi respectera la légalité.

De fait, cette lettre du pape est à la fois pour le roi Philippe une victoire (il reconnaît qu'il y a lieu d'enquêter) et une défaite : il ouvre une enquête. Le roi de France et son légiste Nogaret avec son dossier si bien préparé sont (en principe) hors jeu.

Dans la même lettre, le pape informe le roi qu'il doit suivre un traitement médical et ne pourra donc commencer l'enquête avant la mi-octobre.

Il ne reste plus à Philippe le Bel qu'à concrétiser la victoire et à gommer la défaite, autrement dit à prendre le pape de vitesse et à le mettre devant le fait accompli. C'est ce qu'il fait en faisant arrêter les Templiers juste avant le début de l'enquête papale, juste avant la mi-octobre...

L'arrestation

La lettre du pape est datée du 24 août. Il l'envoie de Poitiers qui est à quatre jours (7) de cheval de Paris environ. Elle parvient donc au roi au plus tôt le 28 août. Or, le 14 septembre au plus tard, le roi organise une réunion discrète à l'abbaye de Maubuisson près de Pontoise. Là le roi et ses conseillers vont mettre au point l'opération d'arrestation de l'ensemble des Templiers du royaume.

Au cours de cette réunion, Gilles Aycelin, évêque de Narbonne, et plusieurs autres conseillers font remarquer que l'opération est illégale et plaident pour le respect du droit. Ils ne sont pas entendus et l'ordre d'arrestation est immédiatement rédigé et envoyé à tous les baillis et sénéchaux royaux de France, accompagné d'une notice pratique qui explique aux baillis comment ils doivent procéder. Ce document est daté du 14 septembre. Les baillis et sénéchaux doivent garder ces instructions rigoureusement secrètes jusqu'au jour de l'opération. Par ailleurs, le roi s'assura le concours et le soutien de son confesseur, le moine dominicain Guillaume de Paris, Inquisiteur de France. Ce soutien n'apporte aucune légalité à l'opération puisque celui-ci agit sans l'aval du pape, mais cela permet de faire de l'opération un procès d'Église.

Quel est le contenu de cet ordre d'arrestation ?

Il commence par un petit morceau d'anthologie :

« Philippe par la grâce de Dieu roi de France à nos amés et féaux [....], salut et dilection. Une chose amère, une chose déplorable, une chose assurément horrible à penser, terrible à entendre, un crime détestable, un forfait abominable, [...] a, grâce au rapport de plusieurs personnes dignes de foi, retenti à nos oreilles, non sans nous frapper d'une grande stupeur et nous faire frémir d'une violente horreur... » Superbe, dans l'exemplaire du « dossier des Templiers » dont nous disposons, cette ode tient une page et demie. Après, le roi en vient aux faits qu'il expose, se permettant d'ailleurs de plagier quelque peu Matthieu Paris, sans doute pour donner plus de poésie à son texte (8) :

« Naguère sur le rapport de personnes dignes de foi [...], il nous est revenu que les frères de l'Ordre de la milice du Temple, cachant le loup sous l'apparence de l'agneau et, sous l'habit de l'Ordre, insultant misérablement à la religion de notre foi, crucifient de nos jours à nouveau Notre-Seigneur Jésus-Christ, déjà crucifié [...] quant à leur entrée dans l'Ordre et [ici commence la description de ce que doivent avouer les Templiers lors de leur interrogatoire] *lorsqu'ils font leur profession, on leur présente son image et*

que, par un malheureux, que dis-je ? un misérable aveuglement, ils le renient trois fois et par une cruauté horrible, lui crachent trois fois à la face ; ensuite de quoi, dépouillés des vêtements qu'ils portaient dans la vie séculière, nus, mis en présence de celui qui les reçoit ou de son remplaçant, ils sont baisés par lui, conformément au rite odieux de leur Ordre, premièrement au bas de l'épine dorsale, secondement au nombril et enfin sur la bouche, à la honte de la dignité humaine. Et après qu'ils ont offensé la loi divine par des entreprises aussi abominables et des actes aussi détestables, ils s'obligent, par le vœu de leur profession et sans craindre d'offenser la loi humaine, à se livrer l'un à l'autre, sans refuser, dès qu'ils en seront requis, par l'effet du vice d'un horrible et effroyable concubinat. Et c'est pourquoi la colère de Dieu s'abat sur ces fils d'infidélité. Cette gente immonde a délaissé la source d'eau vive, remplacé sa gloire par la statue du Veau d'or et elle immole aux idoles. Voilà, avec d'autres choses encore, ce que ne craint pas de faire cette gente perfide, cette gente insensée et adonnée au culte des idoles. »

Ce passage est suivi d'un nouveau morceau très littéraire expliquant comment le roi, innocent, et au début incrédule, a fini par être convaincu de la réalité de ces horribles pratiques, comment il a averti le pape de ses soupçons, comment il en a délibéré dans son conseil, comment il a chargé Guillaume de Paris (Inquisiteur de France) d'une enquête préalable. Après ces justifications de son action, le roi fait part de sa décision : *« Nous avons décrété que tous les membres du dit Ordre de notre royaume seraient arrêtés sans exception aucune…. »* Les Templiers seront donc arrêtés, emprisonnés et tenus à la disposition des juges ecclésiastiques et l'ensemble des biens de l'Ordre sera saisi.

Cette lettre est suivie de la notice pratique, laquelle n'est pas sans intérêt. Le roi ordonne d'abord au bailli de se livrer avant le jour « J » à une enquête discrète, à une reconnaissance des lieux, auprès de chaque maison du Temple de son secteur.

Ensuite, le jour venu, ils réuniront les forces nécessaires (gens de justice, hommes d'armes) qu'ils informeront du but de l'opération sous serment et secrètement. Ici on voit que le roi soigne son image, les baillis et sénéchaux devront choisir pour les assister dans ces opérations *« des prud'hommes puissants du pays, à l'abri du soupçon, chevaliers, échevins, conseillers… »* et en les informant ils leur diront *« comment le roi en est informé par le pape et par l'Église »*. En un mot, on leur fera croire que le roi agit sur ordre du pape.

La suite de la note explique comment organiser le séquestre des biens, puis ce que l'on doit faire des prisonniers.

Il faudra appeler les commissaires de l'Inquisiteur et examiner la vérité avec soin par la torture s'il en est besoin, « ... *et si elles* (les personnes arrêtées) *confessent la vérité* (vérité signifie ce qui est écrit dans l'ordre d'arrestation), *ils consigneront leurs dépositions par écrit après avoir fait appeler des témoins* ». Si l'on désire obtenir des aveux concordants, le procédé est imparable, puisque seules sont consignées les dépositions qui vont dans le sens qu'attend le questionneur. Cependant, craignant que son personnel ait mal compris l'objectif de l'opération, Philippe le Bel précise ensuite comment seront menés les interrogatoires :

« On leur adressera des exhortations relativement aux articles de la foi et on leur dira comment le pape et le roi sont informés par plusieurs témoins bien dignes de foi, membres de l'Ordre, de l'erreur et de la bougrerie dont ils se rendent spécialement coupables au moment de leur entrée, et de leur profession, et ils leur promettront le pardon s'ils confessent la vérité en revenant à la foi de Sainte Église, ou qu'autrement ils seront condamnés à mort. » Pour que les informations données au prévenu quant à ce qu'il doit avouer ne soient pas trop vagues, ce passage est suivi d'une description de la cérémonie de réception dans l'Ordre comparable à celle qui figure dans l'ordre d'arrestation. Cette description est néanmoins plus précise en ce qui concerne les trois « baisers immondes » : *« Puis il le fait dépouiller de sa robe et celui qui le reçoit le baise à l'extrémité de l'échine, sous la ceinture, puis au nombril, puis sur la bouche et lui dit que, si un frère de l'Ordre veut coucher... »* On note que l'homosexualité y devient une instruction de l'Ordre. Elle introduit également fort adroitement une idole en forme de tête, *« une idole qui a la forme d'une tête d'homme avec une grande barbe, et que cette tête ils la baisent et l'adorent dans leurs chapitres provinciaux ».* Comme il faut que personne n'échappe, le roi ajoute à sa circulaire une accusation contre les chapelains du Temple qui *« ne consacreraient pas l'hostie ».*

Le 12 octobre, Jacques de Molay est à Paris où il est venu spécialement de Poitiers pour assister aux obsèques de Catherine de Courtenay, femme de Charles de Valois. Le lendemain à l'aube, il sera arrêté par Nogaret en personne au Temple de Paris. Il est venu à la cour, y a tenu son rôle de courtisan bien qu'il sache que ses jours sont comptés. Plusieurs faits montrent en effet que les Templiers étaient prévenus sinon de la date, du moins de l'imminence de leur arrestation. Il y a d'abord le trésor considérable remis à un pêcheur de Moret le 22 septembre 1307. Il y a ensuite le fait que l'on trouva de l'argent et des pierres précieuses dans les coffres personnels des Templiers. Cela était contraire à la règle de l'Ordre, mais on ne voit pas ce qu'un Templier logé, nourri, vêtu et n'ayant droit ni aux éperons d'or ni aux autres fanfreluches chevaleresques aurait fait de monnaies et de pierres précieuses, sauf s'il était censé prendre la fuite (9). Ces précautions financières montrent également que des lieux de refuge étaient prévus. Les Templiers qui auraient pu fuir ne seraient pas partis n'importe où. Selon Demurger, un document des archives de la couronne d'Aragon indique que Molay a refusé de fuir. De fait, étant demandeurs d'une enquête, ni les Templiers, ni le maître de l'Ordre ne pouvaient fuir, car fuir aurait été avouer leur culpabilité.

Les Templiers étaient probablement prévenus depuis 1305 tant des accusations qui avaient été formulées contre eux que de l'intérêt que le roi de France leur portait. Ils ne pouvaient ni fuir, ni donner l'alerte, sans dégarnir significativement les établissements de France. Ils ne pouvaient pour la plupart qu'attendre l'arrestation, en se réservant, pour certains seulement, le droit de fuir si l'opération était mal exécutée. Malheureusement pour les Templiers, bien peu d'entre eux purent s'échapper, mais certains y parvinrent et ne furent pas repris.

Ayant outrepassé ses droits, le roi de France n'allait pas s'arrêter en si bon chemin. Le 16 octobre, il écrit à tous les rois d'Europe pour leur communiquer les accusations qu'il porte contre les Templiers et les inviter à arrêter comme lui les Templiers dans leur royaume. C'était là se substituer au pape. Les accusations délirantes du roi de France furent assez mal accueillies par les autres souverains. Édouard II d'Angleterre fit une réponse pleine d'humour : *« Nous avons fait exposer devant nous, nos prélats, nos barons [...] par Maître Bernard Pelet clerc, ce qu'il avait à dire sur la détestable hérésie dont vos lettres font mention : comme les choses paraissent incroyables, nous avons ordonné à notre maréchal du pays agenais où ces bruits ont pris naissance de comparaître en notre présence. »* Délicieux ! Édouard II convoque le maréchal de l'Agenais et donc celui d'un territoire que le roi de France lui conteste. Autant répondre à Philippe le Bel que plutôt que de s'intéresser aux Templiers, il va s'attacher à savoir comment la rumeur a pris naissance.

Le roi d'Aragon attend pour répondre au roi de France le 17 novembre, et dans sa lettre défend le Temple. Le pape, prévenu rapidement, est doublement ulcéré. Dans sa lettre du 27 octobre, il écrit au roi de France : *« En cet acte soudain, chacun perçoit non sans raisons un outrageant mépris envers nous et l'Église de Rome. »*

Cependant, le temps travaille pour Philippe le Bel, et il le sait. Comment pourrait-il penser qu'il n'obtiendra pas les aveux qu'il espère, lui qui, quelques années plus tôt, fustigeait en ces termes l'Inquisiteur de Toulouse dans une lettre adressée à l'archevêque de cette ville :

« Je suis informé par des plaintes nombreuses que le frère Foulque de Saint-Georges, Inquisiteur de la foi dans le Toulousain, commet des atrocités ; il force ceux qu'il accuse d'hérésie à des aveux mensongers, par la torture, et quand il ne peut ainsi leur arracher des paroles qui suffisent à condamner leur innocence, il suborne contre eux de faux témoins. »

Comme on peut le constater, le roi était parfaitement au courant des méthodes qui permettent de « fabriquer un hérétique » et il les faisait appliquer aux Templiers avec rigueur et efficacité.

L'arrestation des Templiers est illégale, l'Inquisiteur de France instruit illégalement (il ne devait pas le faire sans ordres du pape), l'accusation est étayée sur des témoignages fabriqués de toutes pièces, mais le procès, en tant que procès en hérésie, suit une procédure parfaitement régulière et donc parfaitement inique.

De fait, à l'époque, dans un procès en hérésie, le suspect une fois accusé est condamné.

Celui qui l'interroge sait exactement ce que le prévenu doit avouer et les termes qu'il doit employer dans ses aveux.

Il lui fait d'abord jurer sur les évangiles de dire la vérité.

Si le suspect refuse d'avouer, c'est que Satan endurcit son cœur, on lui applique donc des tourments plus violents. Il en est de même d'ailleurs s'il avoue autre chose que ce que l'on veut entendre.

Une fois que les aveux sont conformes à ce que l'on attend, on appelle les témoins et on fait répéter ses aveux au prévenu, puis on lui fait jurer *« qu'il n'a point mêlé à sa déposition quelques fausseté ou tu la vérité par suite de violences, de la crainte des tortures ou bien de la prison ou pour quelque autre cause »*. On lui fait jurer qu'il en est bien ainsi et qu'au contraire *« il a dit la pure vérité pour le salut de son âme »*.

Quant aux tortures qui l'aideront à percevoir au fond de son cœur la vérité que veulent entendre les Inquisiteurs, elles sont en principe appliquées avec modération et donc sans tuer ni estropier le prévenu. Ainsi Jacques de Saci signala qu'il vit mourir vingt-cinq frères des suites de la question. Aux récalcitrants, dit-il, on attacha des poids aux parties génitales, d'autres furent mis au pain et à l'eau durant le mois précédant leur comparution…

On sait que la moyenne d'âge des Templiers arrêtés à Paris était de 45 ans, qu'ils étaient en grande majorité des frères sergents et des frères de métier et que sur 138 frères qui comparurent à Paris, deux seulement n'avouèrent pas : un certain frère Jean âgé de 24 ans et le frère Lambert de Toysi âgé de 40 ans qui récita les statuts de l'Ordre pendant tout son interrogatoire. Les autres craquèrent, mais on fit ce qu'il fallait pour cela.

Dès le 26 octobre, le roi triomphe et à défaut d'être une vérité au sens propre, la culpabilité des Templiers est une vérité juridique. Mieux, si les aveux faits sous la torture sont rétractés, le coupable devient parjure et relaps. Autrement dit, il retombe dans son erreur, ce qui justifie qu'on le brûle immédiatement. Cet aspect de la procédure contre les hérétiques rend toute contre-enquête impossible.

D'après nous, mais ce n'est que notre analyse, dès les premiers aveux des Templiers, Philippe le Bel a gagné la partie et nul, même le pape, ne peut plus rien pour les chevaliers et les sergents à la croix d'écarlate.

Les manœuvres du pape et de certains souverains d'Europe ne sont que des combats d'arrière-garde, menés avec une grande prudence d'ailleurs car, à l'époque, une accusation d'hérésie peut poser de graves problèmes, à un souverain et au pape lui-même.

Le 24 octobre, Jacques de Molay, diligemment questionné, avoue le reniement et le crachat sur la croix, mais il dit qu'il cracha par terre et seulement une seule fois, il nie la sodomie. Il dit également qu'il a reçu peu de frères dans l'Ordre mais qu'il les a confiés à d'autres pour qu'on en use comme on en avait usé avec lui. En un mot, il avoue le minimum de ce qu'on lui prescrit d'avouer pour faire cesser les tortures. Il joue en quelque sorte au chat et à la souris avec ses tortionnaires. Il sait que sa mort durant la question ferait très mauvais effet, c'est une bavure que les Inquisiteurs ne peuvent s'autoriser. Par ailleurs, c'est un homme déjà âgé. Il est Templier depuis plus de 42 ans, ce qui permet de situer son âge aux alentours de la soixantaine. Il avoue, mais il fait tout pour que ses aveux soient « atypiques », il avoue, juste pour faire cesser la torture, car il doit vivre tant qu'il peut y avoir espoir que le pape reprenne les choses en main. Geoffroy de Charnay, précepteur de Normandie, qui a à peu près le même âge fera lui aussi des « aveux » relativement peu conformes aux désirs des Inquisiteurs. Il reconnaîtra le reniement, mais pas le crachat. Il reconnaît le baiser et le « précepte de sodomie » mais ajoute qu'il n'y fut jamais contraint. Il dit que le premier qu'il reçut, il le reçut comme il avait été fait pour lui-même, mais que les suivants, il les reçut sans aucun reniement... Le roi triomphe, Molay a avoué, et on a réussi à lui faire confirmer ses aveux devant les maîtres de l'Université de Paris. Il peut jeter à la face de l'Europe et du pape une vérité juridique légalement incontestable (on n'avait pas encore inventé à l'époque le vice de procédure).

À partir de cet instant, le pape ne peut qu'essayer de prendre la tête de l'affaire. Il ordonne par la bulle *Pastoralis praeeminentia* (la prééminence pastorale) que les Templiers soient arrêtés dans tous les royaumes chrétiens et que leurs biens saisis soient mis sous tutelle ecclésiastique. La bulle est publiée le 22 novembre. Le roi d'Aragon ne l'attendra pas, une lettre de Philippe le Bel datée du 26 octobre qu'il reçoit après le 17 novembre le décide à agir : est-il convaincu par les aveux que brandit Philippe le Bel, nous ne le pensons pas, tous les souverains d'Europe connaissent parfaitement les procédés de l'Inquisition. Il n'est sûrement pas convaincu, mais estime probablement qu'il ne peut pas négliger une « vérité juridique » brandie par le puissant voisin français. Le premier décembre, les Templiers du royaume de Valence sont arrêtés. En Aragon et Catalogne, les Templiers vont résister aux forces du roi. Leurs châteaux sont donc assiégés par les forces royales. Le dernier à capituler sera Chalamera en juillet 1309. Le roi de Majorque fait arrêter ses Templiers sitôt qu'il reçoit la bulle du pape. L'Espagne et le Portugal attendent que le pape ait fulminé la seconde bulle *Facians Miséricordiam* pour agir. Le roi d'Angleterre reçoit la bulle le 14 décembre et attend le 10 janvier pour agir. Le justicier d'Irlande la reçoit le 25 janvier, il instrumente le 3 février. Dans toutes les Îles britanniques on ne capture que 135 Templiers. Les autres États réagissent en fonction des liens qu'ils entretiennent avec la royauté française. En Allemagne, à quelques exceptions près, la procédure se met lentement en route, sauf à Magdeburg où l'évêque accuse les Templiers de soutenir son rival, l'évêque de Halberstadt. Il les fait donc arrêter durant l'été 1308. En Italie, comme dans la plupart des principautés allemandes, la machine procédurale se met lentement en marche.

À Chypre, le siège de l'Ordre, les Templiers sont arrêtés sur ordre d'Amaury de Lusignan qu'ils avaient pourtant porté au pouvoir.

L'ordre du pape du 22 novembre est donc exécuté, mais la plupart des souverains traîneront les pieds et il faudra neuf mois pour que « tous » les Templiers soient arrêtés.

L'analyse de l'arrestation

Dans un procès en hérésie, tout se joue pendant l'enquête préalable lors de la vérification plus ou moins précise des rumeurs. L'arrestation et l'ouverture d'un procès est en réalité une condamnation pure et simple. Par ailleurs, les aveux obtenus par la torture étant le cœur de la « vérité juridique », l'aveu est le but ultime de tout procès. Le 26 octobre 1307, la culpabilité du Temple est une vérité juridique établie et, même si le procès des personnes et de l'Ordre n'est pas terminé, il n'apportera rien de plus.

La diversité d'attitudes des princes chrétiens ne doit certainement pas, pour la plupart d'entre eux, être analysée en terme de « croyance ou non-croyance » à la culpabilité de l'Ordre. Tous savent comment l'Inquisition obtient des aveux, et si tous n'ont pas à un moment ou à un autre utilisé pour régler un problème politique la « justice de l'Église », leur père, leur frère ou leur cousin l'a fait. La plupart d'entre eux savent donc à quoi s'en tenir en ce qui concerne les pratiques hérétiques des Templiers.

Dès le 26 octobre 1307, ils sont placés devant un choix : faut-il tenir ou ne pas tenir compte de la « vérité juridique » proclamée par le roi de France ? Pour un souverain du XIVe siècle, la réponse n'est ni « une question de vérité », ni une « question de justice » ; elle tient plutôt à la solidité de sa position intérieure et aux rapports qu'il entretient avec d'autres royaumes. La question se pose de la même façon quand il s'agit d'appliquer ou de retarder l'application d'une décision papale telle que la bulle *Pastoralis praeeminentia*.

Quant à cette bulle, elle est de la même nature que l'attitude que nous avons prêtée aux souverains de l'époque, à savoir que le pape veut reprendre l'initiative, mais, d'un autre point de vue, il ne peut refuser la vérité juridique établie par l'Inquisiteur de France. En réalité, il est impuissant et n'aura guère par la suite pour marge de manœuvre que celle que voudra bien lui accorder Philippe le Bel. Autant dire qu'elle sera fort étroite.

Le pape a-t-il trahi les Templiers ?

Il est certain que sa bulle gênait Philippe le Bel puisqu'elle permettait en principe au pape d'intervenir dans les procédures en cours contre les Templiers.

Clément V dépêche deux cardinaux à Paris, Béranger Fuiredol et Antoine de Suissy, pour demander le transfert des Templiers sous le contrôle de l'Église. Philippe le Bel, après avoir refusé, finit par leur présenter le maître ainsi que quelques dizaines de Templiers.

De la part de Philippe le Bel, c'est une concession qui permet d'éluder la question du transfert.

Devant les cardinaux, en cette fin décembre 1307, le maître du Temple révoque ses aveux et invite les autres Templiers présents à les révoquer. C'est le début d'un combat de titans entre Philippe le Bel et le pape.

En février 1308, le pape décrète la suspension de l'action des Inquisiteurs et annule les procédures engagées par le roi de France.

Philippe riposte immédiatement et s'adresse aux maîtres de l'Université de Paris. Ils sont à l'époque des autorités incontournables en matière de théologie et de droit canon. Les questions qu'il leur pose sont les suivantes :

1. Le pouvoir laïc peut-il agir seul lorsque l'hérésie est évidente ?

2. La main du prince peut-elle être arrêtée sous le prétexte que l'Ordre se dit ordre religieux ? Et l'Ordre n'est-il pas un collège formé de chevaliers et non pas de clercs ?

3. Les aveux des Templiers français suffisent-ils à condamner l'Ordre en son entier dans toute la chrétienté ?

4. Doit-on si un Templier n'avoue pas (*« si on ne réussit pas à lui arracher la vérité » [sic]* le recevoir pour catholique (reconnaître qu'il n'est pas hérétique) ?

5. Si par hasard, ceux qui ne confessent rien et nient le crime – et contre lesquels on ne peut apporter aucune preuve – sont dix, vingt, trente ou plus, est-ce que les droits et statuts dudit Ordre subsistent en eux ? Ou bien l'Ordre est-il réprouvé parce que tant d'autres ont avoué ?

6. Leurs biens doivent-ils être confisqués au profit du prince ou à l'Église, ou à la Terre sainte ?

7. S'ils étaient attribués à la Terre sainte, qui les administrerait de l'Église ou du prince ?

Nous avons emprunté le résumé synthétique des deux premières questions à Alain Demurger. En réalité, la lettre de Philippe le Bel pose ces questions de façon beaucoup plus ambiguë en ce sens qu'elle les fait d'abord précéder d'un long raisonnement qui suggère la réponse que le roi entend obtenir.

La réponse de l'Université qui, d'une part, doit conserver son image et d'autre part, ne veut pas entrer en opposition avec le roi, sera très embarrassée ; elle sera datée du 25 mars 1308 et les universitaires commenceront par s'excuser du temps qu'ils ont mis à la rédiger. Dans l'ensemble, leur réponse est néanmoins favorable au pape.

1. L'autorité du juge séculier ne va pas jusqu'à faire un procès pour hérésie. Tout au plus, en cas d'urgence, peut-il arrêter les hérétiques dans le but de les remettre à l'Église dès que possible.

2. Les Templiers doivent être tenus pour religieux et relèvent donc de la justice d'Église, jusqu'à ce que celle-ci fasse appel au bras séculier.

3. La « véhémente suspicion » doit suffire à faire réprouver l'Ordre ou du moins justifie une enquête contre l'Ordre tout entier ainsi diffamé publiquement pour un si grand crime.

4. Ceux qui n'ont rien avoué ne peuvent être condamnés comme hérétiques. Cependant il faut être prudent en raison de la « véhémente suspicion ».

5. La réponse est donnée aux articles 3 et 4.

Aux questions 6 et 7, les maîtres de l'Université donnent une réponse alambiquée que nous allons tenter de résumer sans la trahir : les biens donnés aux Templiers ont été donnés pour la défense de la Terre sainte et doivent donc rester affectés à cette utilisation. En matière de gestionnaire, il faut choisir la solution la plus efficace.

L'Université donne raison au pape, et même si c'est en langage diplomatique, elle déclare que le roi a outrepassé ses pouvoirs.

Le roi va donc envisager d'autres méthodes pour vaincre le pape.

D'abord, il fait publier des libelles diffamatoires. Il avait déjà utilisé la méthode contre Boniface VIII. Paul Dubois, avocat du roi, va donc publier deux pamphlets : *Remontrances du peuple de France* (en langue vulgaire) qui sera suivi de *Supplique du peuple de France*. Ces publications visant bien entendu, comme il l'avait fait pour Boniface VIII, à une réunion des états généraux en vue de la condamnation du pape et des Templiers.

D'abord le pamphlétaire s'exprime au nom du peuple pour reprocher au pape sa faiblesse vis-à-vis du Temple :

« Le peuple du royaume de France [...] requiert que son seigneur le roi de France, qui peut avoir accès auprès de notre Père le Pape, lui montre qu'il a trop fortement courroucé les Français et soulevé grand scandale parmi eux, parce qu'il ne paraît ne faire punir qu'en paroles, non pas la bougrerie des Templiers, mais les reniements révélés par les aveux qu'ils ont faits devant son inquisiteur et devant tant de prélats et autres bonnes personnes que nul homme croyant en Dieu ne devrait les mettre en doute » (cité par Stéphane Ingrand in *Les Templiers*).

Paul Dubois accuse ensuite le pape de népotisme, ce qui est indéniable, même si les accusations formulées sont considérablement exagérées.

Dans la *Supplique du peuple de France*, texte juridique en langue latine qui accompagne le pamphlet, l'auteur affirme la *« vérité juridique »* de Philippe Auguste : *« Les Templiers ne sont-ils pas des homicides, des soutiens, des complices et des receleurs d'homicides, s'unissant de façon condamnable avec les apostats et les meurtriers ? »* Pour faire bon poids, le juriste ajoute que le roi a le devoir de punir *« le clergé tout entier si celui-ci errait de la sorte »*.

Parallèlement, le roi convoque les états généraux à Tours. Guillaume de Nogaret est chargé de rédiger la convocation. C'est encore pour lui l'occasion d'une belle pièce de littérature :

« Ô douleur ! L'abominable erreur des Templiers, si amère, si déplorable, ne vous est pas cachée : non seulement ils reniaient Jésus-Christ dans leur profession de foi, mais ils contraignaient à renier ceux qui entraient dans leur Ordre sacrilège, et ils reniaient Ses œuvres qui sont les sacrements nécessaires de notre vie, de même que tout ce qui a été créé par Dieu… [...] Le Ciel et la Terre sont agités par le souffle d'un si grand crime et les éléments sont troublés. [...] Contre une peste si criminelle, tout doit se lever : les lois, les armes, les bêtes et les quatre éléments[…] Nous voulons que vous, qui faites partie du fidèle troupeau de l'Église, soyez participants avec nous à l'œuvre que nous poursuivons; en conséquence, nous vous prescrivons d'envoyer à Tours dans trois semaines, à partir de Pâques, deux hommes ardents défenseurs de la foi par chacune de vos principales villes. Ces hommes assisteront à l'assemblée au nom de vos communautés, et aviseront avec nous sur ce qu'il sera opportun de faire. »

C'est tout ce que l'on saura des états généraux qui se déroulèrent du 5 au 15 mai 1308 ! Rien ne filtrera ni des débats, ni de leur conclusion. Simplement le roi convaincra un certain nombre de représentants des trois états de l'accompagner à Poitiers où réside le pape. Là, le 29 mai, Guillaume de Plaisians, au cour d'un consistoire, expose la position du roi (qui, du fait de la réunion des états généraux et de la présence d'un certain nombre de délégués à Poitiers, était devenue automatiquement celle du roi et du peuple).

On remarquera l'habileté d'un Philippe le Bel qui, quand la volonté du roi est illégale, la transforme en volonté du peuple ! Le pape écouta avec courtoisie le plaidoyer de Guillaume de Plaisians, mais ne modifia en rien sa position. Plaisians revient à la charge le 14 juin. Il demande au pape de faire marche arrière et cette demande est accompagnée de menaces à peine voilées par le langage diplomatique. Plaisians demande (au nom du peuple français et du roi, ce n'est pas dit, mais c'est sous-entendu) la reprise des enquêtes, le rétablissement des Inquisiteurs et la suppression pure et simple de l'ordre du Temple.

Clément V riposte en demandant qu'un groupe de Templiers soit présenté devant lui pour qu'il les interroge en personne. Parmi ces Templiers, il exige la présence de cinq dignitaires : Molay, Pairaud, Caron, Charney et Gonneville. Philippe le Bel va accepter de satisfaire les exigences du pape. Il fit donc transférer de Paris soixante-douze Templiers et les cinq dignitaires. Malheureusement, en raison des fatigues du voyage, les cinq dignitaires tombent malades et le roi doit leur *« accorder l'hospitalité* (sic) » en son château de Chinon, très précisément dans la tour du Coudray.

Le 27 juin, les soixante-douze Templiers sont interrogés jusqu'au premier juillet par six cardinaux. Ils réitèrent leurs aveux. Le 2 juillet, ils sont solennellement absous par le pape au cours d'un consistoire public. Ne pouvant entendre les cinq dignitaires, le pape envoie trois cardinaux à Chinon pour les interroger. Eux aussi vont confirmer leurs aveux, Jacques de Molay abandonnant sa rétractation de décembre 1307.

Les cinq dignitaires reçoivent donc l'absolution et le pardon du pape qui leur est accordé en son nom par les cardinaux. Ces interrogatoires se sont déroulés du 17 au 20 août.

Nous sommes là en présence de grandes manœuvres juridiques menées par des gens qui connaissent parfaitement le droit canon.

En obtenant l'absolution et le pardon du pape – ce qu'ils ne peuvent obtenir qu'en avouant, même s'ils n'ont rien fait :

1- Les Templiers ne peuvent plus être interrogés ou jugés par personne d'autre que le pape.

2- Ils ne peuvent plus revenir sur leurs aveux.

3- La conviction du pape est faite : les Templiers sont coupables.

Les Templiers sont coupables, mais en principe ils échappent au roi de France. De fait, c'était le seul moyen qu'avait le pape de les tirer des griffes de Philippe le Bel.

Sur le plan juridique, l'opération est menée rondement : le pape rend leur pouvoir aux Inquisiteurs mais en les plaçant dans chaque diocèse sous l'autorité de l'évêque, enlevant ainsi au roi et à ses agents la conduite du procès. La bulle *Faciens misericordiam* ouvre, à l'initiative du pape, une double procédure. D'une part, des enquêtes diocésaines conclues par un concile provincial qui doit juger les Templiers en tant que personnes.

D'autre part, des commissions pontificales (une par pays) dont les membres seront nommés par le pape doivent juger l'Ordre. Cette procédure se terminera par un concile œcuménique qui prendra la décision définitive en ce qui concerne l'Ordre.

Le pape se réserve de juger en tant que personnes les dignitaires de l'Ordre.

En revanche, les Templiers restent « à la demande de l'Église » dans les prisons du roi. De même les biens du Temple serviront à financer la croisade, mais en attendant, ils sont confiés au roi qui en a la garde.

Le pape, avec cette manœuvre, a obtenu en principe un bon compromis. Il a récupéré l'initiative en ce qui concerne la condamnation de l'Ordre et, en théorie, il a placé tous les Templiers en tant qu'individus sous sa juridiction.

Les enquêtes diocésaines : la procédure contre les membres de l'Ordre

Les enquêteurs des diocèses vont travailler à partir de listes d'accusations – qui sont approximativement les mêmes que celles élaborées par Nogaret – et avec la même procédure que celle utilisée quand les agents du roi contrôlaient les procès. Il faut le noter, ces accusations n'ont rien d'original, elles ont déjà été utilisées contre les cathares et bien d'autres groupes jugés hérétiques. Les listes, car il en existe deux, comprennent soit 87 soit 127 articles. En réalité, cette profusion d'articles tient à deux facteurs, le texte est confus comme souvent le sont les textes de cette époque, il y a de nombreuses répétitions volontaires ou non qui peuvent, par exemple, être destinées à vérifier que sur un même point le prévenu donne toujours la même réponse. Les accusations de ces listes peuvent en réalité se résumer à 9, ce qui est déjà beaucoup.

- rite des réceptions : reniement, crachat sur la Croix et baisers impudiques ;
- adoration des idoles auxquelles on frottait les cordelettes ceintures ;
- omission par les chapelains des paroles de consécration ;
- usurpation par le maître des pouvoirs d'absolution des prêtres ;
- obligation du secret absolu ;
- obligation de ne se confesser qu'aux chapelains de l' Ordre ;
- sodomie ;

- cupidité érigée en système et manque de charité envers les pauvres ;
- non-dénonciation des mauvais usages de l'Ordre aux autorités religieuses.

Par ailleurs, une liste de onze articles fait quelque peu dans le « grand guignol de la sorcellerie » que l'on commençait parfois d'associer à l'hérésie. On y trouve l'adoration d'un chat noir avec baiser sur l'anus de l'animal, la crémation des frères décédés et la consommation de leurs cendres par les nouveaux Templiers ainsi que le sacrifice d'un nouveau-né (né d'une vierge et d'un frère de l'Ordre) dont la graisse sert à oindre l'idole en forme de tête barbue. Nous ne savons pas si ces accusations outrancières ont été utilisées par les enquêteurs diocésains, en revanche elles furent publiées dans les *Chroniques de France*.

De toute façon, la liste élaborée par Nogaret était fort bien conçue pour que les Templiers ne puissent en aucun cas se tirer du guêpier dans lequel il les avait enfermés.

- Le reniement, crachat sur la Croix – qui pouvait impliquer la négation du sacrifice du Christ – les rapprochaient du catharisme et de l'islam.
- La non-consécration de l'hostie les rapprochaient aussi du catharisme qui nie l'efficacité des sacrements. Elle faisait également de l'Ordre une association de malfaiteurs. En effet, si l'hostie n'est pas consacrée, la messe n'a plus de signification puisque le Christ n'est pas présent : les messes dites pour les défunts ne valent plus rien et les offrandes, aumônes et donations faites à l'Ordre à cette occasion sont les bénéfices d'une escroquerie. Par ailleurs, si les Templiers refusent la consécration, c'est parce qu'ils pratiquent la sorcellerie, car l'hostie non consacrée n'a aucun pouvoir contre les démons.
- L'idole : En adorant une idole, on dénigre la Trinité, donc celui qui accomplit cet acte est hérétique. C'est d'autant plus grave que l'idole a la forme d'une tête, parce qu'il existe justement toute une tradition magique des têtes parlantes. Plutarque traitait déjà de ce sujet [10], et un certain peuple attribua à Albert le Grand et Thomas d'Aquin (qui, pour être si savants, avaient fait un pacte avec le Diable) la possession de têtes parlantes auxquelles ils rendaient un culte [11].
- La cordelette (la petite ceinture) prévue par la règle et que le Templier porte même la nuit rappelle aux Inquisiteurs la cordelette portée par les cathares qui avaient reçu le consolamentum. Elle était le symbole de son renoncement au péché et à la vie profane. Elle avait certainement le

même sens chez les Templiers, mais n'était évidemment en rapport qu'avec les vœux de pauvreté, chasteté et obéissance qu'ils prononçaient en entrant dans l'Ordre.

- Restait enfin la bougrerie et les turpitudes sexuelles, une habitude musulmane dans l'esprit des juges et des chroniqueurs de l'époque, de ces hommes qui ont plusieurs épouses et à qui les femmes ne suffisent pas. La référence à Sodome est une constante dans les querelles religieuses de l'époque et dans les procès en hérésie.

Un seul de ces éléments présenté de cette façon dans un procès en hérésie était suffisant pour faire condamner un Templier ou le Temple lui-même. C'est sur ces bases qu'allaient travailler les commissions diocésaines.

Les commissions diocésaines se mirent en place très lentement. Les premières commenceront seulement à enquêter au milieu de l'année 1309. La plupart d'entre elles ne se mettront en place qu'au cours de l'année 1310, les dernières, celles d'Italie, ne s'installèrent qu'en 1311. S'il y eut trahison du pape, c'est à ce moment qu'elle se produisit. Il s'impatiente de l'absence de résultats, relance les diocèses et fait rouvrir les enquêtes en ordonnant qu'on utilise la torture.

Le premier résultat de cette seconde enquête, c'est que, en général, les Templiers de France furent torturés deux fois. Une fois pour l'enquête menée sur ordre du roi et une fois pour celle menée sur l'ordre du pape.

Il n'est pas certain que le pape ait pu « politiquement », compte tenu des habitudes de l'époque, se dispenser d'ordonner l'emploi de la torture : *« La torture devra être pratiquée par un tortionnaire clerc à la manière habituelle et sans excès. »* Il nous est en effet difficile de nous couler dans la mentalité de l'époque. Visiblement la torture est considérée comme un moyen de provoquer de faux aveux, en témoigne la lettre de Philippe le Bel à l'Inquisiteur de Toulouse, mais, en même temps, elle est d'usage constant tant dans la justice civile que dans la justice d'Église et considérée comme indispensable pour obtenir des aveux. Il est impossible aujourd'hui – quand on sait que la torture est intégrée à la procédure pénale et systématique jusqu'à la Révolution française [12] – de pouvoir affirmer que la procédure ordonnée par le pape ait pu être considérée comme crédible et valide s'il n'y avait pas intégré la torture.

Il semble que certaines commissions diocésaines aient oublié volontairement d'entendre les instructions du pape relatives à la torture, ou les aient considérées tout simplement comme une figure de style. La chose selon nous peut se repérer au pourcentage d'aveux obtenus. Ainsi Demurger pense que la torture ne fut pas employée à Clermont où 40 Templiers reconnurent certaines des accusations et où 29 ne reconnurent rien. Le 11 juin 1309 fut organisée une comparution générale. Les quarante qui avaient avoué reçurent l'absolution et furent réconciliés avec l'Église, mais restèrent en prison, tout comme ceux qui n'avaient rien avoué.

Ce qui se passera en Angleterre et que nous empruntons à Demurger est riche d'enseignement. Dans ce pays, l'Inquisition n'existe pas, et la torture n'est pas prévue par la procédure pénale. On fait donc venir des Inquisiteurs de France. Comme les Templiers ne reconnaissent aucun des chefs d'accusation, les Inquisiteurs demandent au roi l'autorisation d'utiliser la torture. Elle leur est accordée ; mais en Angleterre personne ne connaît le métier de tourmenteur et personne ne veut l'exercer. Les Inquisiteurs proposent de faire transférer les Templiers en Ponthieu (région côtière des Flandres appartenant à l'époque à l'Angleterre), car cette région n'est pas soumise au droit anglais. Enfin, en juin 1311, ils mettent la main sur trois Templiers fugitifs qui font des aveux conformes à leurs exigences. Cela permet de boucler l'enquête et de réunir un concile provincial à Canterbury qui pourra clore le dossier. Lors de ce concile, l'absolution sera donnée à tous ceux qui ont avoué quelque chose, ainsi qu'à tous ceux qui, **n'ayant rien avoué, acceptent de se reconnaître diffamés**... En Écosse, les choses se déroulèrent de façon similaire. Remarquons au passage que cette absolution donnée à ceux qui « **n'ayant rien avoué acceptent de se reconnaître diffamés** » est l'équivalent d'une ordonnance de non-lieu, voire d'acquittement, rendue par un tribunal moderne.

Dans la péninsule ibérique, entre les conciles qui conclurent à l'innocence des Templiers (sans pour autant prononcer de jugement), ceux qui n'eurent pas lieu (faute de Templiers si rares en Ibérie), ceux qui ne purent que constater que, malgré la torture, les Templiers niaient toutes les accusations, rien ne permit de prouver la culpabilité de l'Ordre. En Allemagne, les situations varièrent suivant les intérêts locaux. Il suffit pour comprendre la situation de rapporter l'anecdote racontée par Alain Demurger : l'évêque de Magdebourg, très hostile aux Templiers, fait du zèle. Son rival, l'évêque de Halberstadt, qui prend leur défense, l'excommunie. Finalement, les résultats des enquêtes sont aussi peu consistants qu'en Ibérie, et ne permettent en aucun cas de condamner le Temple pour hérésie.

En Italie, c'est seulement dans le royaume de Naples et dans les États pontificaux que l'on obtient des aveux conformes à ceux obtenus dans le royaume de France. Il faut remarquer que, dans ce pays, du moins au moment des arrestations, les Templiers sont fort peu nombreux. Le concile de Ravenne conclut à leur innocence. Il en fut de même à Chypre… Partout, sauf en France, parallèlement à l'interrogatoire des frères de l'Ordre, on fera appel à des témoins non-Templiers. Les témoins à charge se bornaient à reprendre les ragots qui couraient à propos du Temple. Ils furent loin d'être majoritaires : en Irlande, trois témoins sur quarante témoignent à charge, et ce sont des membres de la commission pontificale ! À Chypre, le seul témoin à charge est le **commandeur de l'Hôpital**.

De ce panorama européen, il ressort une évidence, bien que Philippe le Bel ait réussi à imposer sa « vérité juridique », personne ni dans le clergé ni parmi les princes régnants n'a réellement cru à la culpabilité des Templiers. Mieux, il semble que ceux qui ont eu devoir de les juger ont été, dans leur grande majorité, certains de leur innocence.

Cependant, il y a ici un phénomène difficile à appréhender pour les Européens du XXIe siècle. Partout, même quand un jugement favorable à leur innocence est émis par un concile, les Templiers restent emprisonnés, et en principe le resteront jusqu'à leur mort. En un mot, tout ce qui compte en Europe dans le monde juridique semble persuadé « en justice pure » que les Templiers sont innocents. En revanche, le formalisme juridique et la conception de l'ordre et de la sécurité que l'on a à l'époque semblent vouloir que, pour le bien de la société, ces individus restent en prison ; et c'est ce qui se passe presque partout… C'est presque comme si la chrétienté avait proclamé : **Nous savons tous que le roi de France a créé de toutes pièces l'hérésie templière, mais laisser entendre que ce souverain est injuste provoquerait un trop grand désordre…**

Les commissions pontificales : la procédure contre l'Ordre lui-même

Quand les enquêtes diocésaines se préoccupent des individus, les commissions pontificales, rappelons-le, enquêtent sur l'Ordre.

Évidemment, vu les circonstances, la commission importante est celle qui siège à Paris. Elle est composée de prêtres séculiers tout dévoués à Philippe le Bel. Il ne semble pas cependant que, dans l'exercice de cette fonction, ces personnages aient fait autre chose que leur devoir. À savoir, ils ont interrogé les Templiers pour répondre à une seule question : « L'ordre du Temple est-il hérétique ? » En principe, tout devrait bien se passer : les Templiers – qui sont dans les geôles du roi de France – devraient avouer l'hérésie de l'Ordre. En réalité, les choses ne se passèrent pas aussi simplement qu'il était prévu. De nombreux Templiers demandent à défendre l'Ordre, ils sont si nombreux que la commission renonce à les entendre tous. Le 27 mars 1310, ils sont 546 dans le jardin de l'évêché de Paris, qui veulent le défendre. Devant cette affluence, la commission leur demande de choisir parmi eux quatre procureurs (on les appellerait aujourd'hui des députés).

Les quatre procureurs multiplient les interventions, quelques interrogatoires ont lieu et ils sont favorables au Temple. Les Templiers sont en bonne voie pour sauver l'Ordre.

Philippe le Bel est inquiet de la situation. L'archevêché de Sens dont dépend l'évêché de Paris est vacant depuis un an. Le roi fait pression sur le pape pour que Philippe de Marigny (archevêque de Cambrai) soit transféré à Sens. C'est le frère d'Enguerrand de Marigny (un proche conseiller du roi) qui sera installé comme archevêque de Sens avant la fin avril 1310.

Les enquêtes diocésaines (chargées de juger de la culpabilité des personnes) sont terminées. Néanmoins de nombreux Templiers qui ont témoigné devant elle sont censés être entendus par la commission pontificale.

Philippe de Marigny, probablement sur la suggestion de Philippe le Bel, convoque à Paris le concile régional qui doit juger les personnes des Templiers et mettre fin aux enquêtes du diocèse pour le 11 mai.

Les procureurs des Templiers s'alarment et demandent à la commission pontificale d'intervenir auprès de l'archevêque. Elle le fait. Beaucoup d'historiens pensent qu'elle ne manifesta pas un grand zèle pour bloquer la machine infernale qui se mettait en place. C'est probable, mais malgré notre indignation il faut tenir compte des éléments en cause :

Le président de la commission est Gilles Aycelin, archevêque de Narbonne (et membre du conseil du roi). Les membres en sont Durand de Mende, évêque de Mende, et les évêques de Bayeux (Guillaume de Bonnet) et de Limoges [(13)]. Le prélat le plus gradé de la commission est Gilles Aycelin et il est archevêque. Il n'est pas dit que la commission ait l'autorité nécessaire pour donner des ordres à un archevêque. Certes elle représente le pape, mais en tant que commission judiciaire, pas en tant qu'intermédiaire entre lui et les archevêques. D'ailleurs, Philippe de Marigny ne sera pas inquiété pour avoir refusé de tenir compte de l'intervention de la commission pontificale. Il n'est même pas même certain qu'une intervention du pape eût pu empêcher Philippe de Marigny de tenir ce concile à la date qu'il avait choisie.

Le concile régional de Paris selon Guillaume de Nangis (chroniqueur contemporain des faits, p. 278-279 [15])

[1310.] « *Le Pape Clément résolut de proroger jusqu'aux calendes du mois d'octobre de l'année suivante le concile général qu'il avait indiqué pour les calendes du prochain mois d'octobre. Le concile de la province de Sens fut tenu à Paris depuis le onzième jour jusqu'au vingt-sixième pour l'affaire des Templiers, avec la permission de son président Philippe (de Marigny), alors archevêque de Paris. Après qu'on eut soigneusement examiné les actions de chaque Templier et tout ce qui s'y rapportait, et pesé avec beaucoup de vérité la nature et les circonstances de leurs crimes, afin que le degré de punition fût proportionné aux délits, d'après le conseil des doctes en droit divin et en droit canon, et de l'approbation du saint concile, il fut ordonné définitivement que quelques-uns des Templiers seraient simplement déliés des vœux de l'Ordre, d'autres renvoyés libres, sains et saufs après l'accomplissement d'une pénitence qui leur serait ordonnée, d'autres renfermés étroitement, un grand nombre emprisonnés à perpétuité, et quelques-uns enfin, comme relaps, livrés au bras séculier, ainsi que l'ordonnent les lois canoniques au sujet de semblables relaps, soit qu'ils fassent partie d'un ordre religieux militaire, ou qu'ils aient été admis dans les ordres sacrés ; ce qui fut fait après que, selon les décrets, ils eurent été dégradés par l'évêque. C'est pourquoi alors cinquante-neuf Templiers furent brûlés hors de Paris dans un champ peu éloigné d'une abbaye de nonnes appelée Saint-Antoine. Tous cependant, sans en excepter un seul, refusèrent d'avouer enfin les crimes dont on les accusait, et persistèrent avec constance et fermeté dans une dénégation générale, ne cessant de déclarer que c'était sans motif et injustement qu'ils étaient livrés à la mort ; ce qu'un grand nombre de gens ne purent voir sans un grand étonnement et une excessive stupeur. Vers le même temps on convoqua à Senlis, dans la province de Rheims, un concile, et en cette occasion, comme au concile de la province de Sens, tenu à Paris pour l'affaire des Templiers, on fit le procès à neuf d'entre eux, qui furent ensuite brûlés.* »

Marigny, qui préside le concile, feint d'ignorer la différence entre la procédure engagée contre l'Ordre et celle engagée contre les personnes. Autrement dit, il viole le principe « d'étanchéité des procédures ».

Il fait déclarer relaps et donc condamner au bûcher cinquante-quatre Templiers qui avaient avoué devant la commission diocésaine et défendu l'Ordre devant la commission pontificale. Il semble que plus d'un théologien et plus d'un canoniste aient estimé que cette condamnation était injustifiée.

Les Templiers condamnés furent brûlés le 12 mai près de la porte Saint-Antoine (devant l'abbaye Saint-Antoine-des-Champs). Philippe le Bel avait atteint son but : ***il avait montré qu'un Templier pouvait être condamné comme relaps pour ses propos tenus devant la commission pontificale par un concile régional.***

La dynamique de la défense du Temple était cassée. Peut-être le pape aurait-il pu le sauver en sanctionnant sévèrement Philippe de Marigny. Il ne le fit pas et il n'est pas certain que la chose eût été politiquement du domaine du possible.

D'autres Templiers furent brûlés dans les mois qui suivirent à la suite d'autres conciles régionaux, car Marigny fit école. Ainsi neuf Templiers furent brûlés à Senlis où siégeait le concile régional de Reims. Les quelques Templiers qui comparaissent devant la commission dans les jours qui suivent le concile de Paris sont terrorisés, ils se dérobent et ne veulent plus défendre l'Ordre.

Ne pouvant plus interroger personne, la commission pontificale suspend ses travaux et ne les reprendra qu'en novembre 1310. La commission va entendre deux cent Templiers (cela durera jusqu'en juin 1311) qui s'étaient portés défenseurs de l'Ordre. Tous vont renouveler au moins en partie les aveux qu'ils ont faits devant les commissions diocésaines : ils savent que la commission pontificale n'a pas le pouvoir de les protéger des agents du roi de France. Les historiens, selon Demurger, attachent une certaine valeur aux aveux passés devant cette commission. Il écrit : « *Ils n'avouent pas n'importe quoi, ils nient aussi et ne s'en laissent pas compter. Il faut y voir à la fois le maintien d'une certaine volonté de résistance de leur part et le souci de la commission pontificale de boucler un dossier crédible…* » Nous ne doutons pas de l'intérêt de ces confessions, l'une des plus intéressantes nous paraît celle du père Palud de l'ordre des Prêcheurs (dominicain) du diocèse de Lyon interrogé le 19 avril 1311 qui déclare :

« *C'est à savoir qu'il avait assisté à l'examen de beaucoup de Templiers, dont les uns avouaient un grand nombre d'erreurs contenues dans lesdits articles* (de l'acte d'accusation) *et dont quelques autres les niaient entièrement et que pour beaucoup de raisons, il lui paraissait qu'il fallait plutôt ajouter foi à ceux qui niaient qu'à ceux qui avouaient.* » C'est la seule phrase de son témoignage qui soit **une opinion personnelle.** Le reste du texte se compose de récits *« qu'il a entendus »*.

Une autre déposition qui nous explique certainement les doutes du père La Palud est celle d'Aimery de Villiers-le-Duc qui déposa le 13 mai 1310 et qui avait vu partir la veille cinquante-quatre frères vers le bûcher de la porte Saint-Antoine.

Le notaire (greffier) de la commission écrit :

« *Ledit témoin pâmé et tout à fait terrifié, déclara sous serment et au péril de son âme, en appelant sur lui, s'il mentait une mort et en acceptant d'être sur le champ* [...] *plongé âme et corps dans l'enfer, en se cachant la poitrine avec les poings, en levant ses mains vers l'autel pour une affirmation plus solennelle, en fléchissant les genoux, que toutes les erreurs imputées à l'Ordre étaient entièrement fausses, bien que, par suite des tortures nombreuses que lui infligèrent* [... ceux ...] *qui l'interrogèrent, il eut* [...] *confessé les erreurs susdites.* »

Le témoin raconte alors avoir vu ses frères partir, avoir entendu dire qu'ils avaient été brûlés et déclare « *que lui-même craignant de ne pas offrir une bonne résistance s'il était brûlé, avouerait et déposerait sous serment par crainte de la mort [...] que toutes les erreurs imputées à l'Ordre étaient vraies...* »

Le notaire de la commission écrit en conclusion de son compte rendu – je résume en langage moderne – que « *en raison de la menace qui pèse sur les témoins et de la terreur qu'elle leur inspire, ils décident de surseoir momentanément à l'audition desdits témoins.* »

C'est cette suspension qui durera jusqu'en novembre 1310.

La commission a terminé ses travaux le 26 mai.

Il ne serait pas sain, selon nous, de ne pas essayer de comprendre le pourquoi de ces commissions pontificales et plus particulièrement de la commission française, car il ressort bien de l'histoire que, compte tenu du nombre de témoins dont elle dispose, c'est la seule importante.

Notons d'abord que ces commissions ne sont pas un tribunal et ne relèvent ni de la justice de l'évêque, ni de l'Inquisition. Elles sont la seule structure au sein de laquelle les membres de l'Ordre ont pu s'exprimer sans subir la torture, nier les charges qui pesaient contre eux sans encourir de nouveaux tourments.

Relevons que, sans le coup de force monté par Philippe le Bel avec le concours de Philippe de Marigny, les commissions – et plus particulièrement la commission française – auraient réuni un dossier qui affirmait l'innocence du Temple ; si le concile qui devait juger l'Ordre avait tenu compte des travaux des commissions, **il aurait dû acquitter l'Ordre**.

Dans ce cas, il est probable que l'Ordre aurait été maintenu, et que tous les Templiers qui avaient pu fuir ou qui hors de France n'avaient pas avoué au moment de l'arrestation ordonnée par le pape se seraient vu confier et la réorganisation de l'Ordre et la garde des Templiers français condamnés individuellement à la prison à vie pour hérésie. C'était une solution élégante qui contrait avec efficacité la manœuvre et les calomnies de Philippe le Bel, et c'est probablement le scénario qu'envisageait le pape en créant ce système de « double procédure ». Évidemment il tablait dans son raisonnement sur « l'étanchéité des procédures » que viola Philippe de Marigny.

Ce coup de force a d'énormes conséquences, il montre que le roi de France est prêt à tirer parti de toutes les failles du droit canon pour parvenir à ses fins, et, comme Marigny fait « école », il montre également qu'un certain nombre d'évêques de France suivent systématiquement la politique du roi.

À partir de ce moment, la commission pontificale de Paris devient une commission fantoche. Non seulement ses travaux sont biaisés par la menace qui pèse sur les témoins, mais de plus, leur contenu n'a plus d'importance. En effet, le conflit ne se situe plus dans le cadre relativement civilisé d'une bataille juridique et de ses règles écrites ou tacites, mais sur celui d'une empoignade juridico-politique où tous les coups sont permis et où tout n'est plus qu'une question de rapport de forces. C'est ce que nous verrons d'ailleurs en nous penchant sur les débats du concile de Vienne

Le concile de Vienne : le jugement de l'Ordre

Le concile de Vienne s'ouvre le 16 octobre 1311. Sur les trois questions à l'ordre du jour (18), une seule nous intéresse : le Temple.

En vue du concile, une commission qui réunissait autour du pape quelques cardinaux et clercs compétents a résumé les travaux des diverses commissions pontificales. Il semble que ces résumés aient été parfaitement partiaux. C'est du moins ce que pense Demurger qui explique que le seul résumé qui ait été conservé est celui des procédures anglaises et qu'il reprend tous les ragots colportés à propos du Temple alors que l'on n'y trouve aucune trace des multiples dénégations des Templiers anglais.

Il semble que si, à un moment donné, le pape a « jeté l'éponge », c'est entre le coup de force de Philippe de Marigny et le concile de Vienne.

Le pape veut en finir, et pour en finir, il capitule.

Le concile, cependant, a une autre opinion :

« La première session se tint le 16 octobre. Le pape l'ouvrit par un discours dont le texte était : les œuvres du Seigneur sont grandes dans l'assemblée des justes, et où il proposa les objets principaux du concile. Tout l'hiver se passa en diverses conférences sur les motifs que le pape avait proposés, et spécialement sur l'affaire des Templiers. On attendait l'arrivée du roi Philippe, qui avait été l'auteur de la découverte, et qui passait pour le principal zélateur de toute l'affaire. En l'attendant, le pape, au commencement de décembre, assembla les cardinaux et les prélats, à qui on lut les actes faits contre les chevaliers du Temple. Chacun d'eux étant requis en particulier par le pape de dire son avis, ils convinrent qu'il devait écouter les accusés dans leurs défenses. Ce fut l'avis de tous les évêques d'Italie, excepté d'un seul, et de tous ceux d'Espagne, d'Allemagne, de Danemark, d'Angleterre, d'Écosse et d'Irlande. Ceux de France en jugèrent de même, excepté les trois archevêques de Reims, de Sens et de Rouen. » [Extrait du *Dictionnaire universel et complet des conciles* (deux tomes) du chanoine Adolphe-Charles Peltier, publié dans l'*Encyclopédie théologique* de l'abbé Jacques-Paul Migne (1847), dont il constitue les tomes 13 et 14 – tome II colonnes 1263 à 1268.

Source : http://membres.lycos.fr/lesbonstextes/vienne.htm] »

Les trois archevêques cités sont, outre Philippe de Marigny, les deux qui l'ont imité en faisant brûler les Templiers qui avaient témoigné devant la commission pontificale.

« Il y eut d'autres conférences sur cela ; et nous apprenons des auteurs contemporains qu'il s'en tint durant plusieurs mois. Enfin, le mercredi 22 mars de l'année suivante 1312, le pape, ayant appelé en conseil secret les cardinaux avec plusieurs prélats, cassa par provision, plutôt que par voie de condamnation, l'ordre des Templiers, réservant leurs personnes et leurs biens à sa disposition et à celle de l'Église » [même source que ci-dessus].

Cet épisode montre que le pape se sent piégé entre la pression du roi de France et le souci de justice des pères conciliaires qui veulent que l'Ordre *« soit défendu en ce qui concerne les hérésies qui lui sont reprochées »* et estiment qu'il *« ne pouvait être condamné sur la base de ce qui avait été prouvé jusqu'alors sans offenser Dieu ni faire injure au droit… »* [G. Alberigo, *Les Conciles œcuméniques*, cité par Alain Demurger in *Les Templiers*]. C'est donc pour échapper à cette situation qu'il procède devant le concile à une sorte de « coup de force ».

« La seconde session se tint le troisième jour d'avril. Le roi de France, étant arrivé avec le comte de Valois son frère, et les trois fils de France, Louis, roi de Navarre, Philippe et Charles, entra au concile, et prit place à la droite du pape sur un trône un peu plus bas. Clément V, ayant pris pour texte ces paroles : les impies ne se relèveront point dans le jugement, ni les pécheurs dans l'assemblée des justes, s'adressa par manière de sermon aux Templiers, en citant cet Ordre militaire. Ensuite il publia contre eux la sentence provisionnelle qu'il avait déjà portée dans le consistoire, et il déclara, de l'agrément du concile, cet institut proscrit et aboli, jusqu'au nom et à l'habit, tant parce qu'il devenait inutile (nul honnête homme ne pouvant désormais vouloir y entrer), que pour éteindre d'autres maux et prévenir les scandales. Enfin il fit lire la constitution qu'il avait faite contre ceux qui retiendraient ou qui reprendraient de nouveau l'habit, ou qui en choisiraient un autre pour faire profession de cet Ordre ; le tout sous peine d'excommunication qui serait encourue par les recevants et les reçus. La bulle ne fut promulguée dans les formes que le sixième jour de mai. Quant aux personnes et aux biens, le pape en réserva au Saint-Siège la destination dès le sixième d'avril, pour y pourvoir avant la fin du concile » [même source que ci-dessus].

Demurger donne d'autres précisions à propos de cette scène : un clerc se serait levé avant que le pape ne prenne la parole et aurait *« interdit sous peine d'excommunication majeure à quiconque dans le concile de dire un mot, sauf avec la permission ou à la requête du pape »*. Favier dans son *Philippe le Bel* ajoute que le roi était accompagné non au concile, mais dans son voyage par une véritable armée.

Le concile devait également traiter du sort des frères du Temple emprisonnés – enfin, de ceux qui n'avaient succombés ni à la torture ni aux mauvais traitements. Voici ce que rapporte le chanoine Adolphe-Charles Peltier à ce propos :

« Pour les personnes des Templiers, le concile général régla qu'à l'exception de quelques-uns dont le pape se réserva nommément la destinée tous les autres qui restaient en très grand nombre seraient renvoyés au jugement des conciles de leurs provinces, lesquels procéderaient en cette manière : 'Ceux qu'on trouvera être innocents ou avoir mérité l'absolution, seront entretenus honnêtement suivant leur condition sur les revenus de l'Ordre. Ceux qui auront confessé leurs erreurs seront traités avec indulgence. Pour les impénitents et les relaps, on les traitera à la rigueur. Ceux qui après la question même ont persisté à nier qu'ils soient coupables, seront mis à part

ou logés séparément, ou dans les maisons de l'Ordre, ou dans des monastères aux dépens de l'Ordre. Voilà pour ceux qui avaient déjà été examinés par les évêques et les Inquisiteurs, ou qui étaient en état de l'être par leur détention. Quant aux autres qui étaient en fuite ou cachés, on les cita par un acte public du concile pour se sister dans terme d'une année devant leurs évêques, afin d'être jugés par les conciles provinciaux, sous peine, s'ils différaient à comparaître, d'être d'abord excommuniés, puis, au-delà du terme prescrit, d'être regardés et traités comme hérétiques. »

Après le coup d'état du pape, c'est le concile qui capitule, mais en écartant en principe la menace du bûcher. Il faut tout de même remarquer que le concile dans sa décision ne tient pas compte des Templiers qui ont été innocentés par des commissions diocésaines. Donc, aux deux solutions offertes par la bulle s'en ajoutèrent d'autres non prévues. D'ailleurs, la bulle *Considerantes dudum* qui porte ces décisions du concile à la connaissance des intéressés fut interprétée différemment suivant l'humeur des souverains. En France, bien peu de Templiers avaient survécu à quatre années dans les prisons de Philippe le Bel. Néanmoins, on sait que certains survivants furent intégrés à l'ordre de l'Hôpital. D'autres furent condamnés à la prison perpétuelle. Il semble qu'en général les conditions de détention furent sévères. Dans les autres pays, la situation fut à peu de choses près comparable sauf que beaucoup de Templiers furent assignés à résidence dans leur ancien établissement et touchèrent une pension qui fut payée sur les revenus des biens de l'Ordre. Ces pensions furent plus ou moins généreuses suivant les endroits.

Quant aux biens, les pères conciliaires décidèrent qu'ils seraient remis aux Hospitaliers puisque désormais c'était le seul ordre qui luttait pour la reconquête de la Terre sainte, à l'exception des biens situés sur les terres de la péninsule ibérique qui allèrent soit à des ordres locaux préexistants, soit à des ordres créés spécialement, soit à l'Hôpital.

Une victoire pour le roi de France ?

Peut-on prétendre qu'en détruisant le Temple Philippe le Bel a remporté une grande victoire ? Si le but du Roi n'avait été que de supprimer le Temple, sa victoire était totale. Mais nul ne nous fera croire qu'un Philippe le Bel ait voulu supprimer le Temple pour le seul plaisir de le voir disparaître.

Il y a une première motivation : c'est l'argent, et elle n'est pas niable ! Le roi Philippe a recherché de l'argent pour le trésor royal par tous les moyens y compris la spoliation, en commençant par celle des juifs puis des Lombards. La spoliation du Temple fut, elle aussi, fort fructueuse. Le Temple avait énormément de biens, et les revenus de ses biens étaient importants. Tant que le roi gérait les biens qu'il avait fait saisir, les revenus qu'ils produisaient revenaient au Trésor royal. De plus, le canon interdisait de payer leur dû aux hérétiques.

Il se serait même approprié les biens du Temple, si l'Université de Paris n'avait affirmé dans sa réponse que les biens de l'Ordre devaient servir à la Terre sainte.

Seconde motivation, le roi veut que le trésor soit administré par des gens qui dépendent de lui, et non par des « étrangers ». Cette motivation a été évoquée, mais elle est bien faible pour justifier son acharnement contre l'Ordre.

Troisième motivation : la foi. La mort de la reine Jeanne en 1305 aurait provoqué chez Philippe le Bel une « crise mystique ». Par la suite, mis au courant des rumeurs à propos du Temple, le roi se serait indigné. L'idée est séduisante, mais il semble que, si crise mystique il y eût, elle fut plutôt pour le roi un instrument qu'un « guide ». Ainsi, il fit vœu de croisade et promit au concile de Vienne de partir en croisade aux calendes du mois de mai de l'année suivante avec *« ses frères, ses enfants et de nombreux seigneurs de son royaume »*. Il a promis également qu'il resterait six ans en Terre Sainte et – bonne affaire – le concile lui accorda à cette occasion la décime du clergé pour une durée de six ans. Le roi n'est jamais parti et n'a même jamais commencé à préparer son départ. En revanche, il a perçu la décime et l'argent ainsi recueilli a servi à financer des opérations militaires qui n'avaient rien à voir avec la Terre sainte.

Par ailleurs, que le roi ait joué la « comédie de la crise mystique » et qu'il s'en soit servi pour faire accepter plus facilement certaines mesures impopulaires tant au clergé qu'au peuple, nous n'en doutons pas. Il est plus facile dans un pays chrétien de s'opposer au pape en s'indignant de ses mœurs dissolues ou de son manque de foi qu'en l'accusant d'ingérence dans les affaires du royaume. Nous ne pensons pas pour notre part que Philippe le Bel ait été très religieux. En revanche, nous ne pouvons que saluer sa dextérité à utiliser le levier religieux, que ce soit pour faire mouvoir son peuple, pour s'opposer au pape ou pour détruire l'ordre du Temple.

Selon nous, la vraie motivation, la motivation profonde de l'attaque de Philippe le Bel contre le Temple, c'est la destruction de toute puissance internationale si celle-ci n'est pas à son service. C'est ce nationalisme qui touche d'ailleurs presque toutes les monarchies de l'époque, mais qui est plus exigeant, plus impératif chez Philippe le Bel et ses conseillers que chez les autres souverains.

Tous ou presque sont en conflit avec le pape et cherchent à contrôler « leur » Église, veulent imposer les biens du clergé, nommer les dignitaires ecclésiastiques et réduire le champ d'action de la justice ecclésiastique qui entre souvent en concurrence avec la justice royale. En un mot, ils veulent rapprocher le statut du clerc de celui du citoyen laïc.

Les ordres militaires, dans ce contexte conflictuel, apparaissent comme une armée au service du pape, ils ne dépendent que de lui, sont une armée indépendante et internationale au service et aux ordres d'un souverain étranger, le pape. Certes, l'idée que ce dernier se serve des ordres militaires pour contraindre des souverains chrétiens relève du fantasme. Même en unissant leurs forces, les ordres ne sont pas assez puissants localement pour inquiéter un royaume européen, sauf à Chypre et en Aragon. Or justement, quand le pape ordonna une croisade contre l'Aragon, Templiers et Hospitaliers, contribuèrent loyalement à la défense du pays en raison du lien de vassalité qui les unissait localement au roi.

Néanmoins, le fantasme des ordres guerroyant contre le roi sur ses propres terres a bien dû effleurer plus d'un souverain.

Nous pensons en revanche que Philippe le Bel considérait que ces ordres militaires étaient des obstacles sérieux au développement de sa royauté centralisée. Il voulait soit les contrôler (ce qui aurait accru considérablement sa puissance) soit les détruire. D'ailleurs, dès le 24 août 1312, il entreprit contre l'Hôpital ce qu'il avait déjà si bien réussi avec le Temple. Il écrivit qu'il fallait que l'Hôpital *« soit rendu acceptable à Dieu et aux personnes ecclésiastiques et non pas dangereux et aussi utile que possible à l'aide de la Terre sainte »*. C'était un appel à la réforme de l'Hôpital qui était presque une accusation d'hérésie. Philippe le Bel voulait-il liquider l'Hôpital comme il avait liquidé le Temple ? Il est probable qu'il aurait préféré par un biais quelconque en prendre le contrôle. Cette affaire fut « sans suites » et Philippe régna encore deux ans avant de s'éteindre sans concrétiser l'attaque qu'il avait annoncée contre l'Hôpital.

Les échappés et les survivants

En France, peu de Templiers s'échappèrent au moment de l'arrestation. On connaît le cas de Gérard de Viller, visiteur de France, qui, parti la veille de l'arrestation du Temple de Paris accompagné de quarante frères en armes, disparut sur les routes de France. Il ne fut sûrement pas le seul à s'être trouvé en « mission » au moment de l'arrestation. Bien plus nombreux furent ceux qui disparurent entre leur arrestation et le concile de Vienne. Quelques-uns s'échappèrent de leur geôle, mais beaucoup moururent en prison de privations ou des suites des mauvais traitements, des tortures ou même pour certains de vieillesse (nous dirions plutôt d'épuisement). Ne nous en étonnons pas, même sans torture, il ne devait pas être évident de survivre dans une prison médiévale, dans une cellule non chauffée et généralement bien humide, à peine nourri, vêtu de haillons et couvert de vermine... Dans ces conditions, cinq années de détention, c'est très long, même pour un corps en parfaite santé.

La bulle *Considerantes Dudum* par laquelle le pape fixe le sort des Templiers est promulguée le 6 mai 1312. Elle distingue trois cas possibles :

- Les Templiers qui ont avoué et ont été absous et réconciliés par l'évêque sont autorisés à vivre selon leur état (moine ou ermite) et sont en conséquence pourvus d'une pension sur les biens de l'Ordre déchu.
- Ceux qui ont été déclarés relaps seront jugés selon la justice et se verront appliquer les sanctions canoniques (en clair, ils seront condamnés au bûcher).
- Ceux qui ont nié les erreurs de l'Ordre doivent être jugés selon la justice (en clair, c'est la prison à vie).
- Ceux qui ont échappé au jugement, par fuite ou par quelque autre moyen, doivent comparaître dans un délai d'un an : ils seront traités avec miséricorde, mais s'ils ne comparaissent pas, ils seront excommuniés.

En principe donc, la bulle offre aux Templiers trois possibilités : soit ils continuent de vivre dans une maison conventuelle selon une règle religieuse (ce fut le cas de quelques-uns en France qui devinrent Hospitaliers), soit ils sont condamnés à la prison à vie (ceux qui n'ont pas avoué)... Cependant la prison à vie, à l'époque, c'est le mur : « le prisonnier enchaîné au mur ». C'est le sort que refusera Jacques de Molay qui, réconcilié avec l'Église, aurait dû selon la lettre de la bulle être « assigné à résidence dans un monastère ».

La dernière solution, celle qui s'applique aux relaps, c'est évidemment le bûcher...

En réalité, les situations furent diverses d'un pays à l'autre et, si les Templiers du royaume d'Aragon furent particulièrement bien traités, dans d'autres ils subirent un sort peu enviable. Certains échappèrent à la condition ecclésiastique et entreprirent en tant que civils une nouvelle carrière militaire…

Il semble que la façon dont les autorités locales appliquèrent la bulle *Considerantes Dudum* varia considérablement d'un endroit à l'autre.

Cependant le sort des ex-Templiers n'est plus guère du propos de l'histoire. La légende s'est emparée d'eux, ou ils furent à l'origine de la légende. Peu importe, au fond, l'essentiel est que nous les retrouverons au cœur du compagnonnage, de la franc-maçonnerie et de tous ou presque tous les courants initiatiques ou pseudo-initiatiques de l'Occident. En tuant le Temple, Philippe le Bel a inventé une nouvelle Atlantide.

La mort de Jacques de Molay

La légalité réservait au pape le jugement des dignitaires de l'Ordre qui avaient reçu son pardon et son absolution le 20 août 1308 (14). Le pape l'avait d'ailleurs rappelé au concile de Vienne.

Jacques de Molay s'en remettait depuis longtemps au jugement du pape. Confondant les procédures, il n'avait pas défendu l'Ordre devant la commission pontificale et s'était muré dans le silence. Il faut noter que cette attitude lui avait probablement sauvé la vie. Philippe de Marigny n'eût sûrement pas hésité, en effet, à le déclarer relaps. Les autres dignitaires Pairaud, Charney et Gonneville avaient calqué leur attitude sur la sienne. Ces dignitaires de l'Ordre avaient dû, en août 1308, à la suite de leurs aveux, obtenir des promesses de clémence.

À Avignon, en 1314, le pape Clément V est las et malade, il a fini par sacrifier le Temple, mais il a réussi à éviter la condamnation posthume de Boniface VIII. Ce compromis a permis à la papauté d'être provisoirement en trêve avec le royaume de France. Nogaret est mort en 1313, et son successeur Enguerrand de Marigny est plus accommodant. Clément veut autant que possible ne pas bouleverser ce fragile équilibre. Il renonce donc à faire comparaître devant lui les quatre dignitaires du Temple qui restent aux mains du roi de France et dépêche des cardinaux à Paris, non en vue de les juger, mais dans le but de leur signifier la sentence.

Les cardinaux arrivent à Paris début mars 1314.

L'exécution de Jacques de Molay d'après Guillaume de Nangis (contemporain, p. 300-301 [15]).

Le grand maître de l'Ordre et trois autres Templiers, à savoir le visiteur de l'Ordre en France et les maîtres d'Aquitaine et de Normandie, sur lesquels le pape s'était réservé de prononcer définitivement, avouèrent tous quatre ouvertement et publiquement les crimes dont on les accusait, en présence de l'archevêque de Sens et de quelques autres prélats et hommes savants en droit canon et en droit divin, assemblés spécialement pour ce sujet, d'après l'ordre du pape, par l'évêque d' Albano et deux autres cardinaux légats, et auxquels fut donné communication de l'avis du conseil des accusés. Comme ils persévérèrent dans leurs aveux, et paraissaient vouloir y persister jusqu'à la fin, après une mûre délibération, sur l'avis dudit conseil, ladite assemblée les condamna, le lundi après la fête de Saint-Grégoire, sur la place publique du parvis de l'église de Paris, à une réclusion perpétuelle. Mais voilà que, comme les cardinaux croyaient avoir définitivement conclu cette affaire, tout à coup deux des Templiers, à savoir le grand maître d'outre-mer et le grand maître de Normandie, se défendirent opiniâtrement contre un cardinal qui portait alors la parole, et contre l'archevêque de Sens, et sans aucun respect recommencèrent à nier tout ce qu'ils avaient avoué, ce qui causa une grande surprise à beaucoup de gens. Les cardinaux les ayant remis entre les mains du prévôt de Paris alors présent, seulement pour qu'il les gardât jusqu'à ce que le jour suivant ils délibérassent plus amplement à leur égard, aussitôt que le bruit de ces choses parvint aux oreilles du roi qui était alors dans le palais royal, il consulta avec les siens, et, sans en parler aux clercs, par une prudente décision, fit livrer aux flammes les deux Templiers, vers le soir de ce même jour, dans une petite île de la Seine, située entre le jardin royal et l'église des frères Ermites. Ils parurent supporter ce supplice avec tant d'indifférence et de calme, que leur fermeté et leurs dernières dénégations furent pour tous les témoins un sujet d'admiration et de stupeur. Les deux autres Templiers furent renfermés dans un cachot, selon que le portait leur arrêt.

Si l'on en croit Guillaume de Nangis, l'exécution de Jacques de Molay et de Geoffroy de Charnay fut donc une décision personnelle du roi. Le courage avec lequel Jacques de Molay et après lui Geoffroy de Charnay marchèrent au martyre firent l'admiration de tous et Villani – qui était informé par son père alors à Paris – raconte même que le peuple se précipita sur les cendres pour en faire des reliques. C'est ce chroniqueur qui mit dans la bouche de Molay la formule de malédiction devenue célèbre : « ***Soyez maudits, pape Clément, roi Philippe. Avant un an je vous assigne à comparaître devant le tribunal de Dieu*** ! » Geoffroy de Paris, contemporain et témoin oculaire de l'exécution, donne des dernières paroles de Molay une version différente, mais il est vrai que sa chronique étant rédigée en vers, le maître du Temple se devait donc, même en expirant, d'y respecter la métrique.

Le Maître, qui vit le feu prêt,
S'est dépouillé sans aucune peur.
Et ainsi, comme je le vis, se mit
Tout nu en sa chemise
Librement et à bon semblant,
Jamais il ne fut tremblant
Combien qu'on le tire et bouscule.
Ils l'ont pris pour le lier au poteau
Et lui se laisse lier sans crainte.
Ils lui lient les mains d'une corde
Mais il leur dit ainsi:
Seigneurs au moins,
Laissez-moi joindre un peu mes mains
Et vers Dieu faire oraison
Car c'en est le temps et la saison.
Je vois ici mon jugement
Où mourir me convient librement,
Dieu sait qui a tort et a péché.
Il va bientôt arriver malheur
À ceux qui nous ont condamné à tort.
Dieu vengera notre mort.
Seigneurs, dit-il, sachez, sans tere (*),
Que tous ceux qui nous sont contraires
Par nous auront à souffrir
En cette foi je veux mourir.
Voici ma foi et je vous prie
Que devers la Vierge Marie,
Dont notre Seigneur le Christ fut né,
Mon visage vous tournerez.
On lui a accordé sa requête.

Et si doucement la mort le prit
Que chacun s'en émerveilla.
Cité par Alain Demurger in *Les Templiers*.
(*) battement de tambour se faisant en deux coups de baguette : *le son de deux minimes noires, qui se faict par deux coups de bastons appellons le tere*, Thoinot Arbeau (1589).

Il est une question qu'on peut et même qu'on doit se poser à propos de l'exécution de ces deux dignitaires du Temple. Au moment où ils renient leurs aveux en public, ils savent très bien qu'ils ne laissent pas le choix aux évêques et cardinaux présents ; ceux-ci ne peuvent désormais que les déclarer relaps et les condamner au bûcher. Cela se serait forcément fait le lendemain. Le roi le sait, alors pourquoi tient-il à gagner un jour et à faire brûler Molay et Charnay le soir même ?

Le feu et la fumée

L'accusation contre le Temple et les Templiers, comme nous l'avons montré, fut montée de toutes pièces. Cela n'empêche en aucun cas que certains éléments de cette accusation aient pu être exacts ou en partie exacts.

Parmi les éléments exacts, de toute évidence, il y a le secret, secret du rite de réception et secret du texte de la règle dont la diffusion était soigneusement restreinte. Ces deux allégations sont vraies, mais à l'époque, elles peuvent s'appliquer à tous les ordres religieux, qu'ils soient chevaleresques ou monastiques. Elles ne peuvent donc devenir des accusations sérieuses que pour des gens qui ne connaissent pas le mode de fonctionnement des ordres religieux de l'époque.

L'accusation que *« l'absolution soit donnée par des laïques »* est en revanche très contestable ; même si Jacques de Molay avait reconnu cette confusion dès avant le procès (ce dont nous doutons). Il ne faut pas perdre de vue, en effet, que parmi les frères du Temple, outre les chevaliers, on trouve des frères servants de toutes qualifications. Il y a forcément parmi eux des ignorants. La négation d'un des frères du Temple est d'ailleurs significative à cet effet, puisque l'un d'eux répondit que, entre le pardon d'un précepteur ou d'un commandeur et l'absolution d'un prêtre, *« seuls les ignorants et les idiots pouvaient faire la confusion »* (Demurger citant

Michelet)… La confusion s'est donc peut-être produite, ou quelque commandeur excédé par un ignorant – idiot – qui s'obstinait à lui demander son absolution en plus de son pardon a peut-être prononcé les paroles sacramentelles pour se débarrasser de lui plutôt que de le punir de sa bêtise, ce qui aurait été injuste. Tout cela est possible, mais réellement sans importance et très marginal.

La non-consécration de l'hostie est une accusation tout aussi absurde, d'autant que les Templiers, manquant de chapelains dans certaines régions, ont souvent fait appel à des prêtres extérieurs à l'Ordre.

Il en est de même de la ceinture avec laquelle les Templiers dormaient, le fait est exact, et la ceinture est prescrite par la règle primitive. Quant à sa mise en contact avec « l'idole en forme de tête », il est bien possible que ce soit exact, surtout si « l'idole » est un reliquaire conservé dans l'une des maisons du Temple. Pour le chat avec baiser sur l'anus que l'on trouve dans certaines listes d'accusation, c'est évidemment une fantaisie du folklore de l'époque. Les rares aveux ou témoignages à ce propos, même en les supposant sincères, sont pour la plupart, à propos de l'idole, des « on-dit » ou « on-m'a-dit ». Quant à la signification de la cordelette elle symbolise évidemment dans l'esprit des Templiers soit la chasteté, soit leur engagement dans l'Ordre et le fait qu'ils n'ont que cela à offrir comme rançon au Sarrasin.

Les contacts avec l'islam

Jamais les mots *islam*, *musulmans* ou *infidèles* ne se rencontrent dans la liste des accusations portées contre le Temple, néanmoins le soupçon de soumission ou conversion secrète à l'islam y affleure souvent. C'est un aspect qu'a exploité la « communication » de Philippe le Bel et sur lequel on peut s'interroger.

Mais avant tout situons bien les choses, les Templiers sont – plus encore que les Hospitaliers avec qui ils partagent cet honneur – le « noyau dur » de la lutte contre les Sarrasins. D'ailleurs, ceux-ci ne s'y trompent pas : Saladin, Baybar, Kalawun ont fait systématiquement massacrer les Templiers faits prisonniers… Encore aujourd'hui Ben Laden utilise le mot *Templiers* pour donner plus d'impact à ses discours contre l'Occident.

En dehors de cela, l'accusation est ancienne et Saladin a subtilement contribué à la rendre crédible (pour ceux qui eurent envie d'y croire). Il a libéré à la suite de la bataille des cornes de Hattin le maître du Temple et le roi de Jérusalem alors qu'il faisait exécuter tous les Templiers capturés. Il y contribue également par les paroles exactes ou non que lui ont prêtées des chroniqueurs et des pamphlétaires. Quand il s'agit de calomnier le Temple ou l'Hôpital, certains n'hésitent pas à appeler Saladin à la rescousse.

En dehors de cela, il est certain que les Templiers ont négocié des trêves, entretenu des espions et joué des oppositions entre divers clans musulmans. Ainsi, même si le renouvellement du personnel combattant est rapide en raison de la forte mortalité, il faut bien pour qu'ils puissent remplir ces missions qu'il y ait parmi eux de bons connaisseurs de l'adversaire, de sa culture et de ses mœurs. Ce rôle peut y avoir été tenu par des turcopoles ou même au bout de quelques générations par certains poulains. Il faut bien aussi que certains d'entre eux parlent et lisent l'arabe et ce malgré le fait qu'ils emploient des « écrivains sarrasinois ». Oui, par nécessité, les Templiers ont eu contact avec les Sarrasins, oui, ils ont eu suffisamment l'estime des Sarrasins pour que ceux-ci exigent leur garantie ou leur arbitrage. Oui, ils ont su, les mémoires d'Ousâma en témoignent, faire preuve tant en Espagne qu'en Terre sainte d'une tolérance étonnante pour l'époque. Oui, tous ces aspects de leur conduite leur ont été reprochés (comme ils ont été reprochés à l'Hôpital qui parfois eut la même attitude). Remarquons que ces attitudes ont été également reprochées aux poulains qui, eux aussi, eurent d'inévitables contacts avec les musulmans. De là à écrire, comme John Charpentier, qu'ils ont *« beaucoup appris avec les musulmans dans leur commerce constant avec eux »*, il y a un immense pas que nous nous refusons à franchir. Ce que les Templiers ont appris et la connaissance qu'ils ont su se transmettre de génération en génération, c'est la typologie des conflits internes à l'Islam, la connaissance des mœurs des musulmans, de leur mentalité, de leurs réactions. De fait, tout ce qu'il faut savoir d'un ennemi, qu'on le combatte sur le terrain de la diplomatie ou sur un champ de bataille.

En dehors de cela, et malgré de grandes manifestations de barbarie et de cruauté de part et d'autre, aristocrates musulmans et chrétiens ainsi que leur entourage ne sont pas des barbares, ou plutôt sont des gens rompus à la diplomatie et aux mondanités. Les négociations, même quand elles suivent d'horribles massacres, sont empreintes d'une exquise politesse. Elles sont aussi l'occasion de réceptions fastueuses.

C'est encore aujourd'hui toute l'ambiguïté de la haute politique et de la diplomatie en temps de guerre qui veut que l'on puisse prendre aimablement le café avec l'homme qui vous faisait bombarder hier ou que dans un pays neutre les ambassadeurs de deux pays en guerre puissent se croiser, à la même réception.

Or, si les Templiers furent des combattants, ils jouèrent également un grand rôle dans de nombreuses négociations, sauf qu'en Terre sainte, il n'y avait pas, il ne pouvait y avoir de « zone neutre ». Donc en temps de trêve, il fallait bien que musulmans et Francs se supportent et commercent directement pour la survie des uns comme des autres. De cette situation, l'histoire des croisades montre que les Templiers ont chaque fois tenté de tirer le meilleur parti dans l'intérêt de la chrétienté, même s'ils ont parfois échoué.

Par ailleurs, l'islam n'est pas un monolithe, pas plus que le christianisme. À partir de là, si l'on suppose qu'il a existé un ésotérisme templier, et l'hypothèse ne peut pas être balayée d'un revers de main, il a pu y avoir des échanges de vue entre les Templiers – ou certains Templiers – et certains groupes ésotériques de l'islam.

En effet, l'hypothèse d'un ésotérisme au sein du Temple est confortée par le contenu de « l'éloge de la nouvelle milice » écrit par saint Bernard.

Or si l'on considère qu'il y eut un ésotérisme templier, l'idée de contacts avec certains initiés islamiques ou chrétiens locaux (18) peut prendre un tout autre sens. Il n'est évidemment pas question ici de « trahison » de la part des uns ou des autres, car dans ce cas les échanges qui peuvent avoir lieu se situent bien au-delà de la problématique des « croisades » ou d'un quelconque djihad matériel. D'ailleurs, si ce fut le cas, des initiés chrétiens locaux jouèrent probablement les intermédiaires.

Reste ce qui fut le cœur du procès : le « rituel secret de réception ». Si nous en croyons les historiens que nous avons étudiés, le reniement du Christ et les baisers « honteux » ont existé, non seulement ils ont existé, mais ils étaient connus de l'Église, y compris de personnages proches du Saint-Siège.

Comment les choses se passent-elles ? Le recevant, celui qui reçoit un novice au sein du Temple, accomplit d'abord entièrement un rituel parfaitement classique et orthodoxe. Une fois ce premier rituel achevé intervient un « rituel bis » qui, vu de l'extérieur, est parfaitement scandaleux.

- Ce rituel est pratiqué soit par le recevant lui-même, soit par des subalternes.
- Il n'intervient qu'une seule fois le jour de la réception.
- Le rituel est pratiqué « à part » souvent derrière l'autel de la chapelle.

Le récipiendaire doit cracher trois fois sur le crucifix et baiser son récepteur ou celui qui lui fait accomplir ce rituel à la base de la colonne vertébrale (il y eut des variantes). Enfin, quelques-uns reconnurent une incitation à la sodomie du genre : « Si un frère te le demande tu ne dois pas le lui refuser » et parallèlement tous nièrent avoir jamais été sollicités.

Avant d'aborder des hypothèses plus complexes, envisageons la plus simple. Celle du bizutage ou de la plaisanterie.

Plusieurs éléments plaident en faveur de cette hypothèse, et plus encore permettent de penser que l'Église l'a considérée comme telle. D'abord le fait que la chose est racontée par un des rares témoins non-Templiers des procédures françaises. Il s'agit du franciscain Étienne de Néry qui raconte qu'un de ses proche, ayant résolu de se faire Templier en 1291, on se moqua de lui en disant : « Alors demain tu va baiser l'anus du commandeur » (Demurger citant Michelet). À cela s'ajoute le fait plus troublant que certains Templiers se sont confessés peu après leur admission dans l'Ordre à des prêtres séculiers ou à des moines, souvent des franciscains ou des dominicains. À chaque fois les confesseurs s'étaient déclarés stupéfaits, et à chaque fois, ils n'avaient imposé qu'une pénitence relativement légère pour l'époque. Là il faut relever une contradiction :

Le confesseur est stupéfait.

Le reniement est – qu'il soit fait de bouche et de cœur ou seulement de bouche – et a toujours été une faute grave du point de vue de l'Église. Cette faute devrait donc logiquement entraîner une lourde pénitence.

Pourquoi, bien que stupéfaits, les confesseurs se départissent-ils de leur sévérité habituelle ? Il y a à cela une seule explication possible : dans le contexte où la faute a été commise, elle perd considérablement de sa gravité.

Par ailleurs, ils sont stupéfaits, mais stupéfaits par quoi ? Par le fait que ce rituel existe ou par le fait qu'il soit pratiqué au Temple ?

Ne doit-on pas supposer que :

1. Les confesseurs ont connaissance de ce rituel ou de rituels proches qui sont coutumièrement pratiqués dans certaines circonstances.

2. La seule chose qui les stupéfait c'est que ce rite s'accomplisse au Temple.

3. Néanmoins, le fait d'entrer au Temple « justifie » ce rituel coutumier d'où leur mansuétude.

Si on considère ces trois points, on en conclue immédiatement que le rituel décrit pourrait être un « rituel coutumier de bizutage imposé aux nouveaux croisés », une plaisanterie de caserne antérieure même à la fondation du Temple et que l'Ordre aurait perpétuée.

Cela expliquerait l'indulgence des confesseurs et l'indifférence de l'Église qui, répétons-le, est au courant. Certes, il y a apostasie, et pour l'Église c'est un crime, mais l'Église le pardonne quand il est suivi de repentir. Or, chez les Templiers, le repentir est immédiat. Demurger raconte que certains récepteurs ont rassuré le postulant terrorisé en lui expliquant que c'était une plaisanterie, qu'un autre à la fin du rituel dit au récipiendaire : « Crétin, va te confesser maintenant. » Les confesseurs aussi semblent avoir rassuré les nouveaux Templiers par trop troublés par ce rituel. Certains confesseurs absolvent un nouveau Templier en lui disant que c'était peut-être une manière de l'éprouver pour le cas où il serait pris par les Sarrasins. Il semble que l'explication n'est pas la bonne, car il faudrait alors que l'impétrant meure plutôt que d'accepter l'épreuve, mais cela tend à prouver que les confesseurs sont au courant du rituel, même s'ils n'en comprennent pas le sens. Cela tend à montrer également que – même s'ils sont surpris que le Temple pratique cette plaisanterie – ils savent que celui-ci a une signification ou un but qui n'est pas contraire à la foi. Ajoutons que finalement l'Église peut bien pardonner un moment d'apostasie à un homme qui vient de renoncer aux joies du monde et de donner au Christ sa bravoure et sa vie ! Saint Pierre lui-même n'avait-il pas renié le Christ trois fois avant le chant du coq ?

Avec cette dernière phrase, nous abordons la seconde hypothèse, celle du rituel à signification ésotérique. C'est d'ailleurs en réalité une hypothèse double. Un « rituel de bizutage militaire » peut avoir été aménagé pour transmettre une vérité ésotérique ou, à l'inverse, on a pu perdre la signification d'un rituel transmettant une vérité ésotérique et il est alors devenu de lui-même un simple rituel de bizutage.

Relevons que le fait que le recevant délègue parfois l'accomplissement de ce rituel à un frère sergent n'interdit en rien que l'une ou l'autre de ces hypothèses soit vraie.

D'abord, le fait qu'un rituel ait une signification ésotérique n'implique nullement que celui qui le transmet en connaisse le sens. Ensuite, si le recevant ne comprend pas le sens du rituel qu'il doit appliquer à l'impétrant, et même peut-être trouve le rituel choquant, on ne voit pas pourquoi il ne confierait pas cette corvée à un subalterne.

Du point de vue ésotérique, il faut, pour transmettre un degré d'initiation, un initié d'un degré plus élevé, mais au moment où ce rituel bis intervient, la transmission est faite, l'impétrant a déjà reçu le manteau noir ou blanc qu'il portera dans l'Ordre et qui est l'insigne de cette transmission.

Le rituel bis, lui, ne comporte pas de transmission.

Alors permettons-nous un parallèle – au cours d'un rituel dont la signification ésotérique ne peut être niée – un impétrant reçoit le titre de membre d'un ordre initiatique ainsi que les insignes correspondant à cet état. Pour accomplir cette partie du rituel, il faut un initié d'une classe plus élevée. Ensuite le nouveau membre de l'Ordre (qui n'est plus un impétrant) s'entend expliquer que la charité est un devoir pour les membres de l'Ordre et un participant lui présente un tronc dans lequel le nouveau membre ne pourra rien mettre puisqu'avant de l'admettre on lui a pris tout son argent (qui lui sera rendu par la suite). Il apprend ainsi que « le meilleur des hommes ne peut donner que ce qu'il a [(17)] ». Il n'y a pas là de consécration ni de transmission de pouvoir, par conséquent, celui qui présente le tronc peut bien n'être pas plus avancé ou pas plus élevé dans la hiérarchie de l'Ordre que le nouveau membre.

Ajoutons encore une remarque.

Au Temple vivent en gros quatre sortes de frères, les chevaliers, les sergents, les gens de métier et les chapelains. À certaines cérémonies n'assistent que les chevaliers. À d'autres n'assistent que les chapelains, il est probable que les sergents d'arme et les gens de métier ont également leurs « cérémonies privées », tout comme il est probable que certains chapelains et certains chevaliers (pas tous) remplissent un rôle dans ces cérémonies, mais tous sont soumis en apparence au fameux rituel bis.

Autrement dit, dans une société à quatre classes il existe un rituel qui échappe aux classes. Si ce rituel a une signification ésotérique, il peut bien recouvrir une hiérarchie qui n'a rien de commun avec les quatre classes. Si on suppose qu'au sein du Temple il y avait par exemple transmission d'une connaissance spirituelle, alors, un sergent pouvait bien être plus avancé dans cette voie que le chevalier qui procédait à la réception d'un nouveau frère.

Notes du chapitre :

(1) Ou Petite-Arménie : de nombreux Arméniens, « sous la conduite du prince bagratide Rouben, s'installent en Cilicie qui devient en 1080 la Petite Arménie. Cette fondation coïncidant avec les premières croisades, les rois arméniens de Cilicie s'allient avec les croisés. Ils traitent même avec les Mongols contre les Turcs et les Arabes. Alors que la Grande Arménie passe sous la domination mongole (1236-1317), la dernière dynastie arménienne de Cilicie s'éteint en 1342. Cette région revient à la famille française des Lusignan, régnant déjà sur l'île voisine de Chypre. Mais, sous les coups de boutoir des Égyptiens, Léon V de Lusignan perd son fief en 1375. Le destin de l'Arménie allait être divisé entre Turcs, Perses et Russes. » source : http://www.netarmenie.com/histoire/evenements/eve2.php.

(2) Au siège d'Acre, le maréchal du Temple avait négocié une reddition honorable, mais bien qu'un accord ait été conclu, toute la population fut massacrée. Selon certains historiens, les populations de Tyr, Sidon et Beyrouth qui avaient ouvert leurs portes aux vainqueurs sans combattre furent également massacrées et les églises furent rasées. À la fin de l'année 1291, toute trace de la présence latine avait été effacés. Source : http://www.templiers.net/Temple/gaudin.php

(3) Nous avons montré à un chapitre précédent que le projet de fusion des ordres ou plutôt d'absorption du Temple par l'Hôpital était un sujet politique plutôt brûlant.

(4) Dans la chronique normande énumérant les combattants flamands à la bataille de Courtrai, nous relevons « et si estoit Guillaume de Boubein, un hospitalier du Temple », sans autre précision. Par ailleurs on ne sait pas ce que recouvre exactement le terme « hospitalier du Temple ». Il est possible qu'il s'agisse d'une mauvaise traduction de « Hospites Templi », hôte du Temple, voyez le glossaire.

(5) La question (autrement dit la torture) est appliquée par les Inquisiteurs jusqu'à ce que le prévenu ait avoué les faits rédigés à l'avance dans l'acte d'accusation.

Il est donc très étonnant de voir apparaître des faits autres que ceux allégués par les accusateurs au cours d'un interrogatoire.

(6) Maître du port de Marseille.

(7) Une préfecture se trouvant au maximum à un jour de cheval de celles qui l'entourent, il suffit de compter les départements à traverser entre deux villes pour calculer la distance en « jour de cheval ».

(8) Voyez chapitre 8 – La fusion des ordres militaires, fin du chapitre.

(9) Voyez à ce sujet le chapitre 7 : Le trésor du Temple.

(10) Nous avons trouvé cette affirmation dans des textes anciens sans l'avoir jamais vérifiée, mais c'est un des poncifs du folklore de la magie et de la sorcellerie.

(11) Rigoureusement authentique, d'ailleurs la place Maubert tient son nom de saint Albert le Grand parce qu'il enseignait sur cette place, les amphithéâtres de

l'Université étant trop petits pour contenir ses nombreux élèves. Maubert est la contraction de « Mauvais Albert ».

(12) *Encyclopédia Universalis* version 10, article « procédure criminelle ancien régime ».

(13) Nous n'avons pas trouvé de liste des évêques de Limoges – le nom de l'évêque de Bayeux est tiré de « wikipedia », l'encyclopédie gratuite sur le Net.

(14) Il doit aussi être question d'une nouvelle croisade et d'une réforme de l'Église.

(15) Voyez dans ce chapitre, Le pape a-t-il trahi les Templiers ?

(16) Moine de Saint-Denis, né au milieu du XIIIe siècle et mort en 1300, il eut un ou plusieurs « continuateurs », tous moines de Saint-Denis – pour la partie citée, les continuateurs restèrent anonymes.

(17) Les nombreuses Églises d'Orient ont renfermé, et certaines d'entre elles pourraient être encore vivantes, des formes initiatiques opératives.

(18) Cet acte a évidemment d'autres significations bien plus profondes.

Appendice

Vous trouverez donc dans cet appendice des éléments que nous avons jugé utile de fournir au lecteur sans penser que pour autant, nous puissions les intégrer à un chapitre. Vous y trouverez d'abord la liste des maîtres de l'Ordre avec ses variantes et ensuite une chronologie des croisades.

Liste des grands maîtres de l'Ordre

Hugues de Payens (1118 – 24 mai 1136)

Fondateur de l'Ordre, ne participa pas à la première croisade mais fit deux voyages en Terre sainte, accompagnant Hugues de Champagne. Sa généalogie est très incertaine en raison des nombreuses orthographes données à son nom. Ce noble chevalier champenois apparaît pour la première fois dans un simple document signalé par Guillaume de Tyr, concernant une donation faite aux Vénitiens par le roi Baudouin II. Venu en France solliciter des secours, Hugues reçut dès 1127 les dons de divers seigneurs ou personnalités régnantes. À la suite du concile de Troyes, il sillonna le territoire français et notamment tout le Sud-Ouest pour présider à l'édification de plusieurs préceptories. Pour plus de précisions sur la vie de Hugues de Payens et son rôle dans la fondation de l'ordre, voyez les chapitres 4 et 5.

D'après Pierre Ripert, il aurait conseillé à Baudouin II une entente avec l'Ismaélien Aboul Fewa. On lui attribue la création des armoiries de l'Ordre : le baucent d'argent au chef de sable.

Robert de Craon (11 juin 1136 – 13 janvier 1147)

Robert de Craon (surnommé le Bourguignon), fils de Renaud sire de Craon, rompit ses fiançailles pour entrer dans l'ordre du Temple quand il en apprit la fondation. C'est pendant sa maîtrise que les Templiers seront autorisés officiellement à porter la croix rouge par une bulle d'Innocent II, *Omne datum optimum,* qui leur accorde d'avoir leurs propres prêtres, leurs propres églises et leurs propres cimetières ainsi que l'exemption de la juridiction épiscopale et des dîmes. C'est lui qui fera rédiger la règle de l'Ordre en langue vulgaire (français) qui est une « actualisation » de la règle latine adoptée au concile de Troye, et la remplace définitivement.

Évrard des Barres (mars 1147 – avril-mai 1151)

Ce chevalier était précepteur de l'Ordre (commandeur ou trésorier) pour la France depuis 1143. Il accompagna Louis VII en croisade, et c'est à sa sagesse que l'armée que commandait le roi de France dut de ne pas être massacrée par les Turcs dans les montagnes de Palestine. Il se démit de ses fonctions et rentra en France avec Louis VII pour se retirer à Clairvaux où il mourut en 1174.

C'est sous sa grande maîtrise que les Templiers eurent pour la première fois suffisamment d'autorité pour pouvoir sauver une armée franque du désastre.

Bernard de Tramelay ou de Trémelay (juin 1151 – 16 août 1153)

Autres orthographes : Tremblay – Tramelay – Dramelay ou Dramelet.

Né au château de Dramelay dans le Jura près de Saint-Claude. C'est sous sa maîtrise que Baudouin III offre à l'Ordre la citadelle (en ruine) de Gaza. Les Templiers en feront une citadelle imprenable.

En 1153 il participa au siège d'Ascalon où il trouva une mort glorieuse. Guillaume de Tyr toujours hostile aux Templiers l'accusera d'avoir voulu se réserver l'exclusivité du butin. Voyez le chapitre 6 – Les opinions royales publiques.

André de Montbard (Fin 1154 – 17 octobre 1156)

Certains veulent qu'il ait été parmi les neuf fondateurs de l'Ordre. On veut également qu'il soit l'oncle de saint Bernard. Il était sénéchal (maître adjoint) de l'ordre quand il fut élu. Si sa parenté avec saint Bernard ne fait pratiquement pas de doute, son statut d'oncle incite à s'interroger sur sa date de naissance.

Bertrand de Blanquefort (1156 – 2 janvier 1169)

Fils de Godefroy, seigneur de Blanquefort en Guyenne, il fut surpris et fait prisonnier avec plusieurs barons et seigneurs par Nour al-Din à la bataille du lac Méron.

Prisonnier durant trois ans, il ne fut libéré que contre une forte rançon. Celle-ci fut versée par le prince Manuel Commène en même temps que celle de nombreux autres prisonniers.

C'est sous sa maîtrise qu'Amaury fait pendre douze Templiers pour avoir livré une forteresse à Nour al-din plutôt que de la défendre jusqu'à la mort. C'est lui aussi qui refusa que le Temple marche vers l'Égypte afin que soit respectée la parole de l'Ordre donnée par un émissaire templier quelques mois plus tôt, le procureur Geoffroi de Fouchier. À cette occasion, il prédit avec raison un échec au roi de Jérusalem.

Philippe de Milly - ou de Naplouse (janvier 1169 – 3 avril 1170)

Issu de la famille de Milly (en Picardie), il acquit la seigneurie de Naplouse qu'il échangea contre celle de Montreale et épousa Isabelle, la fille de Baudouin III. Devenu veuf, il prononça ses vœux au Temple en 1148. Il démissionna de la maîtrise avant Pâques 1170 au cours d'un voyage entrepris à Constantinople avec le roi Amaury. Au printemps 1170, peu avant ou peu après sa démission, un tremblement de terre ébranla la Syrie. Nour al Din en profita pour conclure une trêve avec les Francs.

Odon (ou Eudes) de Saint-Amand (1170 – 19 octobre 1179)

Il est connu également sous le nom de Saint-Chamand. Originaire d'une famille du Limousin, il fut maréchal et échanson du royaume de Jérusalem avant de se retirer au Temple. C'est sous sa maîtrise que se produisit l'incident des Assassins, ces parlementaires du Vieux de la Montagne ayant été égorgés par les Templiers. Il refusa de livrer à la justice d'Amaury le frère Gauthier du Mesnil responsable de cette opération, déclarant qu'il serait jugé en chapitre. Voyez chapitre 6 – Les grandes batailles militaires. Il s'illustra aussi par son courage en répondant à Saladin qui se proposait de le libérer contre rançon : « Un Templier doit vaincre ou mourir, et ne peut donner pour sa rançon que son poignard ou sa ceinture. » Il mourut peu après en captivité le 19 octobre 1179.

Arnaud de Torogne - ou de la Tour rouge (? – 30 septembre 1184)

La date exacte de l'accession à la maîtrise d'Arnaud de Torogne n'est pas connue. On sait seulement qu'il était encore maître en Provence et en Espagne le 26 novembre 1180, dans un acte où il accordait aux habitants de Miravete le privilège de ne pas payer les péages ni les usages par mer et par terre. D'après Guillaume de Tyr, il fut élu à la tête de l'Ordre en 1181, le chroniqueur ne précise pas le mois. La situation en Terre sainte étant très délicate, il entreprit en compagnie d'Héraclius, patriarche de Jérusalem, et du maître de l'Hôpital un voyage en Europe pour solliciter des secours. Il mourut à Vérone au cours de ce voyage le 30 septembre 1184.

Jean de Terric (1184 – 1188 ?)

Si Jean de Terric fut maître de l'Ordre, c'est à lui, dont on ignore le blason, que reviennent la plupart des reproches adressés à Gérard de Ridefort. C'est lui qui fut capturé aux cornes de Hattin. De toute façon, sa maîtrise éventuelle coïncide avec une période malheureuse pour le royaume de Jérusalem, les musulmans sont unifiés sous la bannière de Saladin, et ce grand général connaît plus de victoires que de défaites. Il aurait promis, lors de sa libération, de ne plus porter les armes contre le sultan, c'est pourquoi on ne trouverait trace de lui dans les archives que comme grand précepteur. Il aurait renoncé à sa charge de maître de l'Ordre en 1188.

Gérard de Ridefort (1184 ou 1188 – 1189)

La plupart des historiens lui attribuent ce que d'autres attribuent à Jean de Terric. Il mourut en héros au siège d'Acre, « heureux, dit un contemporain, de terminer tant de beaux exploits par une mort aussi glorieuse ». La maîtrise de Gérard de Ridefort fut d'après les contemporains et les historiens un désastre pour l'ordre du Temple. Cette période est à l'origine des premiers reproches adressés aux frères. Il faut noter qu'elle est également celle des premières grandes victoires de l'Islam contre les croisés… Selon nous, Gérard de Ridefort, et le Temple avec lui, sont probablement les boucs émissaires qui payent l'amertume de la défaite. Sa stratégie a été adoptée et l'a mené à la défaite, mais rien ne prouve que celle proposée par ses adversaires aurait mené à la victoire.

Robert de Sablé (fin 1189 – 13 janvier 1193)

Encore un cas particulier. Robert de Sablé aurait été élu maître de l'Ordre par acclamation sous les murs de Saint-Jean-d'Acre. Il aurait donc reçu irrégulièrement le titre et les fonctions de maître de l'Ordre en fin 1189 – début 1190. Ce n'est qu'en juin 1191 que cette élection aurait été régularisée. Ami de Richard Cœur de Lion, il commandait la flotte qui avait amené le roi d'Angleterre en Palestine.

Il contribua puissamment au succès de la bataille d'Arsur puis acheta l'île de Chypre au roi Richard pour 25 000 marcs d'argent. Cette acquisition deviendra le siège de l'ordre après la perte de Saint-Jean-d'Acre.

Gilbert de Hérail (février 1193 – 20 décembre 1200)

Gilbert de Hérail ou Horal, Erail, Arail était grand commandeur de France quand il fut élu maître de l'Ordre. Sa maîtrise s'effectua entièrement pendant la trêve que Richard Cœur de Lion avait conclue avec Saladin. Sous sa maîtrise on relève qu'un accord est conclu avec les Hospitaliers à propos d'un différend en matière de bornage. En 1197, Henri de Champagne (seigneur du royaume de Jérusalem, il a refusé le titre de roi) meurt en 1197. Pendant ses obsèques, Malek Adel (frère de Saladin), sultan de Damas, s'empare de Jaffa et massacre 20 000 chrétiens. Les troupes de l'empereur d'Allemagne étant venues renforcer celles du royaume de Jérusalem, plusieurs villes côtières de Syrie sont reconquises. Les Templiers qui ont multiplié les conseils de prudence sont accusés de trahison par certains chroniqueurs. L'évêque de Sidon aurait même menacé de les excommunier.

Philippe du Plassiez ou du Plaissis (début 1201 – 12 novembre 1209)

S'écrit également Plessiez et Plessis. Il est originaire du Plessis-Macé près d'Angers. Durant l'année qui suivit son élection, le roi d'Arménie enleva aux Templiers le fort Gaston situé dans la principauté d'Antioche. Le maître fit déployer le Beaucéant (l'étendart de l'Ordre) pour obliger ce prince à restituer la place. En 1201, la peste ravage l'Égypte et la Syrie. En 1202, un tremblement de terre dévaste la région. C'est le début de la quatrième croisade qui aboutit à la fondation de l'Empire latin.

Guillaume de Chartres (1210 – 26 août 1218)

Ce Champenois est le fils du comte de Bar-sur Seine, il fut élu à la préceptorie de Sours, en pays chartrain. Il assista au couronnement de Jean de Brienne comme roi de Jérusalem. En attendant l'arrivée des croisés (de la cinquième croisade), il fit ériger Château Pèlerin.

Sous son magister, les Templiers s'illustrent en Espagne.

Pierre de Montaigu (1219 – 1232)

Il était maître de la province de « Provence et des parties d'Espagne » quand il fut acclamé comme maître de l'Ordre sous les murs de Damiette. Son habileté et sa bravoure furent exemplaires dans tous les combats, il s'éteignit après 21 ans de magistère.

Armand de Périgord (1232 – 20 octobre 1244)

Issu de la maison des comtes de Périgord, il fut précepteur du Temple en Sicile et en Calabre avant son élection. Le 17 octobre 1244, ce fut le désastre de Forbie, près de Gaza. Les pertes de l'armée franque furent très importantes. D'après le patriarche lui-même, le Temple perdit à lui seul plus de 312 chevaliers sur 348. Lors de la seconde de ces deux sanglantes journées, le maître fut blessé et mourut peu de temps après.

Richard de Bures (1245 – 9 mai 1247)

Certaines listes donnent Richard de Bure comme maître du Temple succédant à Armand de Périgord. Richard de Bures était commandeur de Chastel Blanc et fut par la suite commandeur de l'ordre. En cette qualité il exerça peut-être les fonctions de maître par intérim, quoi que ce fût le rôle du sénéchal de l'ordre. Ses armes ne sont pas connues.

Guillaume de Sonnac (1245 – 3 février 1250)

Il fut précepteur d'Auzon, près de Châtellerault, avant d'être élu à la maîtrise. Il apparaît pour la première fois comme maître au début de l'année 1245 dans un acte concernant l'ordre de Saint-Thomas d'Acre. En 1250, Saint Louis lui confia l'avant-garde de son armée. Il participa en avril 1250 à la bataille de Mansourah où il perdit un œil. L'avant-garde de l'armée était commandée par le comte d'Artois qui voulait ordonner une charge contre les conseils du maître du Temple, lequel finit par lui faire cette réponse : *« Les Templiers n'ont pas la couardise pour habitude ; ordonnez, mais soyez assuré qu'aucun de nous n'en reviendra. »*

Renaud de Vichier (1250 – 19 janvier 1252)

Renaud de Vichier fut commandeur du Temple dans la ville d'Acre en 1240, puis maître du Temple en France. Au moment de la bataille de Mansourah à laquelle il participa, il était maréchal de l'Ordre. Il sera, avec Joinville et le commandeur Étienne d'Otricourt, un des acteurs de la scène de la rançon de Saint Louis prisonnier en Égypte. Il négocia une trêve avec le sultan de Damas sans en avertir le roi, qui le convoqua et humilia publiquement l'Ordre. Selon Pierre Ripert, les dignitaires de l'Ordre exigèrent sa démission en 1252 – à la suite de son différend avec Saint Louis – et il mourut en 1257. Selon une autre source, l'obituaire de Reims fixe sa mort le 19 janvier 1252.

Thomas Béraud ou Bérard (début 1252 – 25 mars 1273)

Les orthographes Braud et Brail ont également été utilisées. Son magister fut marqué par la perte de la Terre sainte. Après des succès incontestables, les Templiers acquièrent la place de Sajette, le château de Beaufort en 1260, et en 1262 la place d'Arsuf. Places qui seront reprises par les musulmans en 1264 et 1268. En 1265, les Templiers durent se replier à Acre ainsi que la plupart des chrétiens de Palestine (les survivants). C'est sous son magistère que les croisés durent commencer d'affronter le sultan Baibar. Il fut fait prisonnier à la bataille de Saphet. Comme il fut libéré par les musulmans, certains le soupçonnent d'avoir renié le Christ pour obtenir sa liberté.

Guillaume de Beaujeu (13 mai 1273 – 18 mai 1291)

Ce parent du roi de France était commandeur des Pouilles quand il fut élu grand maître. Il était issu de la famille du Forez. Il se trouvait en Terre sainte lors de son élection et est le dernier maître du Temple à avoir siégé en Terre sainte jusqu'à la fin de son mandat. Durant le siège de Saint-Jean-d'Acre, son héroïsme lui valu le commandement de tous les défenseurs. En défendant une brèche de la muraille, il fut mortellement blessé et prononça ces mots : *«Seigneur, je ne peux plus car je suis mort, voyez le coup.»* Il mourut dans la cour de la maison du Temple et ceux qui avaient transporté là son corps eurent le temps de lui donner une sépulture avant de s'embarquer avec les survivants pour l'Île de Chypre.

Thibaud Gaudin (août 1291 – 16 avril 1292)

Sous la maîtrise de Guillaume de Beaujeu, il était commandeur de la Terre. On le surnommait le moine Gaudini en raison de sa grande piété. Il fut proclamé maître du Temple sur la brèche même des remparts de Montmusard (*). Il prit le commandement des troupes restantes et se retira à Sidon. Ne voyant aucune issue, il s'embarqua avec ce qui restait des frères de l'Ordre, les archives et les vases sacrés, et se retira au château de Sagette où il fut élu grand maître au mois d'août 1291. Son magistère fut de courte durée puisqu'en 1293 il fut remplacé par Jacques de Molay.

(*) Quartier nord de la ville d'Acre possédant ses propres remparts fortifié par Saint Louis, c'est à cette même brèche que Guillaume de Beaujeu fut frappé mortellement.

Jacques de Molay (fin 1292 – 11 mars 1314)

Originaire de la maison de Longwy et de Raon de Franche-Comté, il fut élu maître du Temple à la fin de 1292.

Il mena, à partir de Chypre, jusqu'à son arrestation une lutte acharnée contre les infidèles.

Accusé, emprisonné, torturé, avec lui s'éteignit l'ordre du Temple. Sur le bûcher et selon le chroniqueur Jean Villani, il se serait écrié : « *Pape Clément, roi Philippe, avant que l'année ne soit écoulée, je vous assigne au tribunal de Dieu !* »

Les implantations du Temple

Nous employons le terme *siège* pour désigner l'établissement templier qui est le siège de la province ou de la sous-province.

Les provinces en combat :

Orient :
- Siège de l'Ordre.
- Royaume de Jérusalem.
- Comté de Tripoli.
- Principauté d'Antioche.
- Arménie.

Occident :
- Péninsule ibérique :
- Portugal, siège à Tomar.
- L'Aragon, sièges à Belchite (40 km au sud de Saragosse) et Barcelone.
- Royaume de Castille, siège à Zamora.
- Royaume de Valence, siège à Valence.

Les provinces en paix :

Angleterre : une seule province, siège à Londres.

Italie : Pouilles-Sicile, Rome (avec un siège à Rome), Toscane-Lombardie avec les sièges de Bologne et Florence.

Allemagne : elle comprenait deux provinces, Mayence et Magdebourg-Halberstadt ainsi que la sous-province de Trèves.

Hongrie : une seule province.

France : Paris, Bourgogne (Voulaines-les-Templiers) , Poitou-Aquitaine (Poitiers), Auvergne (Montferrand (*)), Provence (Saint-Gilles du Gard, Montpellier).

(*) Cité comtale à côté de Clermont, la cité épiscopale.

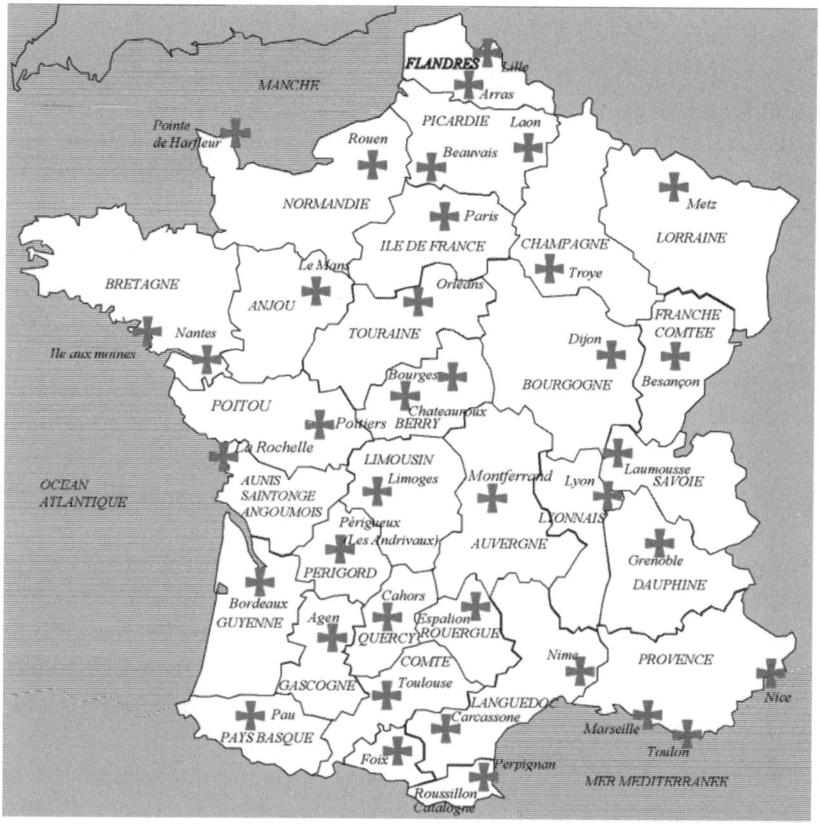

Il semble que le Temple ait été particulièrement bien implanté en France. Cela s'explique d'ailleurs du fait des nombreux ports de Méditerranée qui permettent de rejoindre Acre directement, ce qui est possible également d'Espagne, mais l'Espagne était en partie aux mains des musulmans. Nous présentons ci-dessous une carte des régions ou provinces de France sur laquelle sont représentées les éventuelles « préceptories régionales » bien que dans la plupart des cas il soit impossible d'affirmer que c'est bien l'établissement signalé qui était la maison chevetaine de la région. Il peut exister d'autres établissements aussi importants. En un mot, la carte montre surtout que le Temple était implanté dans toutes les régions de France, avec souvent un important établissement dans la capitale régionale ou dans une commune proche de celle-ci.

En Champagne, on comptait plus de 20 villes ou villages autour desquels se groupaient plusieurs établissements templiers. En Lorraine, les établissements templiers étaient regroupés autour de 7 agglomérations importantes. En Alsace, on a recensé 13 établissements. En Franche-Comté, les établissements templiers se groupaient autour de 9 agglomérations importantes. En Bourgogne, 14 villes ou villages comportaient intra ou extra muros des établissements templiers. En Île-de-France, 11 communes seulement étaient concernées, mais l'enclos du Temple de Paris était la plus grosse commanderie de France et peut-être d'Europe.

En Picardie 11 villes sont des centres d'activités templières importants. En Flandre, ce sont les cinq centres urbains les plus importants qui sont concernés. La côte de Normandie compte 6 ports templiers et 13 villes ou villages sont des « centres d'activités templières ». La côte Bretagne comprend 7 ports templiers dont l'important site de l'Île-aux-moines. Il existe évidemment sur la côte comme à l'intérieur des terres de nombreux établissements. L'Anjou compte 4 établissements de première importance au Mans, à Angers, Breil-aux-francs (Entrammes) et La Lande-des-Verchers, sans compter de nombreuses maisons du Temple. En Touraine on en comptait 14 dont les deux plus importants étaient Orléans et Tours. Dans le Berry, Châteauroux et Bourges semblent avoir été les deux centres les plus importants. En Poitou, outre de nombreuses maisons du Temple, on remarquait les centres de Challans (Temple de la Coudrie), Parthenay, Mauléon, Chauvigny et Les Moulins. Dans le pays d'Aunis, le Saintonge et l'Angoumois, La Rochelle était le grand port templier de l'Atlantique et une importante commanderie, mais il existait 8 autres établissements importants. Ce sont 10 villes d'Auvergne qui constituaient des centres importants d'activités templières. Le Limousin comptait des commanderies importantes à Limoges, Viviers, Blaudeix et Rimondeix, Chamberaud, Belchassagne et Brive-la-Gaillarde. Le Périgord n'avait pas moins de 10 commanderies importantes, le Quercy en comptait autant, tandis que la Gascogne n'en comptait que 7. En Guyenne, on dénombrait 12 commanderies importantes et il en existait 6 au Pays Basque et 4 dans le comté de Foix. Dans le comté de Toulouse, 9 commanderies d'importance existaient et 8 dans le Rouergue.

Le Roussillon et la Catalogne n'en comptaient que 3 importants dont le célèbre Mas Deu près de Trouillan. Les 3 grands ports du Languedoc, Marseillan, Montpellier et Aigues-Mortes, comprenaient des établissements templiers. Il ne s'y ajoutait pas moins de 20 commanderies importantes dans l'arrière-pays. C'est cependant en Provence que les ports templiers étaient les plus nombreux : Fos, Marseille, Toulon, Hyères, St-Tropez, St-Raphaël, Antibes, Nice, Villefranche, Beaulieu, Monaco et Menton et ils s'appuyaient sur plus de 20 commanderies implantées à l'intérieur des terres. Le Dauphiné comptait une quinzaine de sites templiers importants, la Savoie en comprenait 6, tout comme le Lyonnais et le Vivarais.

Le Temple à Paris

L'enclos du Temple à Paris est à l'origine une « ville neuve », une ville bâtie par les Templiers hors les murs de la ville. À l'origine, il est bâti près de la Seine à côté de l'église Saint-Gervais – Saint-Protais (à l'emplacement actuel de la rue de l'Hôtel de ville). Il se situe, comme le nouvel enclos, hors les murs de Paris qui, à l'époque de Philippe Auguste, suivaient au nord la ligne aujourd'hui marquée par la rue Rambuteau et celle des Francs, Bourgeois.

L'enclos du Temple, que certains auteurs ont confondu avec la « cousture » du Temple, est entouré de murailles crénelées à contreforts flanquées de douze tourelles. Il mesure de dix à douze mètres de hauteur et suit approximativement le tracé d'un polygone irrégulier limité par les actuelles rues du Temple, de Bretagne, Charlot et Béranger. La « cousture » du Temple est un territoire bien plus vaste, c'est le fief qui entoure la forteresse. Le terme *cousture* est à rapprocher de « cousturage » qui désigne une surface de terre cultivée. La surface de cette « cousture » est égale à environ 1/ 3 de celle de Paris intra-muros. Cette observation a fait écrire abusivement à certains auteurs que la clôture du Temple occupait le tiers du Paris d'alors. Ce n'est pas le cas, puisqu'il s'agit de la cousture et donc de lieux cultivés quand la ville est un lieu urbanisé.

Cela évidemment n'empêche pas que la citadelle du temple ait une importance considérable. C'est tout de même un polygone de 61000 mètres carrés environ qui comprend de nombreux et remarquables monuments. C'est aussi un lieu d'asile. Un lieu où le fugitif peut échapper à la justice du roi. Entre l'église, le donjon haut de 50 mètres, la tour dite de César et les bâtiments conventuels se pressaient dans les cours d'innombrables baraques bâties de bric et de broc. Cette « cour des miracles » avant l'heure était le fait des réfugiés, de ceux qui pour échapper aux hommes du roi ou du prévôt avaient franchi la porte de l'enclos du Temple. L'enclos était lieu d'asile, mais les Templiers, comme tous les ordres religieux, se réservaient le droit d'en expulser les perturbateurs. D'ailleurs, sur leur fief, et donc dans l'enclos, les Templiers exerçaient le droit de basse et haute justice. Dans la forteresse, il existait une geôle et, au coin de la rue du Temple et de la rue des Haudriettes, se dressait « l'Échelle du Temple », la plus haute potence de Paris (source : http://www.marais.biz).

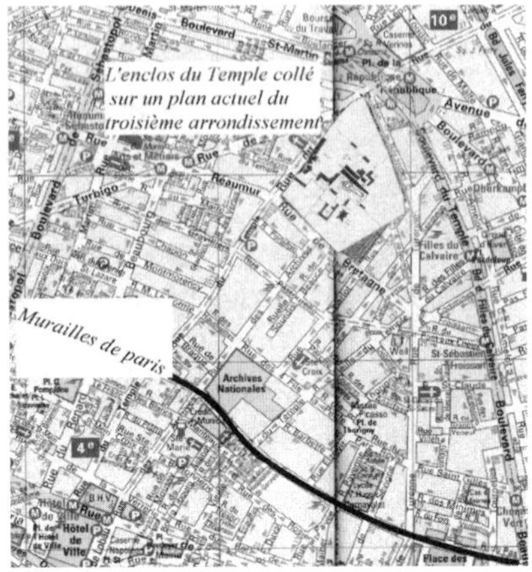

Plan de l'enclos du Temple de Paris (source : http://templis.free.fr/ - www.templiers.org/):

1 entrée par l'actuelle rue du Temple, 2 geôle, 3 carcan (pilori), 4 abreuvoir, 5 chapelle, 6 charnier, 7 fermes, 8 maison du maître de France, 9 tour César, 10 église, 11 hôpital, 12 cimetière, 13 donjon.

Attention, ce plan n'est pas orienté N – S comme le précédent (p. 224). Remarquez la différence entre le Temple et la « cousture du temple » proprement dite (territoire entourant la forteresse).

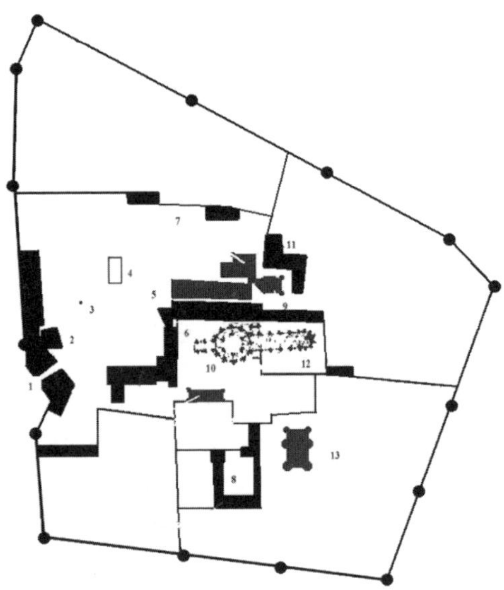

Chronologie des croisades

1070 : Naissance d'Aleth de Montbar.

1087 : Mort de Guillaume le Conquérant, Guillaume le Roux est roi.

1088 : Urbain II.

1090 : Naissance de Saint Bernard.

1095 : Première croisade.
27 novembre, concile de Clermont : Urbain II prêche la croisade.

1096 : Mars-avril : Départ des troupes de Gautier Sans Avoir.
1er août : Pierre l'Ermite sous les murs de Constantinople.
5 août : Passage du Bosphore.
15 août : Départ des 4 armées des barons.
Septembre-octobre : Massacre des pèlerins de la croisade des gueux.

1097 : 19 juin : Nicée se rend aux Byzantins.
1er juillet : Bataille de Dorylée.
21 octobre : Début du siège d'Antioche.

1098 : 10 mars : Baudoin de Boulogne comte d'Édesse.
3 juin : Prise d'Antioche.
28 juin : De Kherbogha, l'émir de Mossoul assiège Antioche.
12 décembre : Prise de Maara.

1099 :15 juillet : Prise de Jérusalem.
22 juillet : Godefroy de Bouillon Avoué du Saint Sépulcre.
29 juillet : Décès d'Urbain II.
12 août : Bataille d'Ascalon.
13 août : Élection de Pascal II.

1100 : Mort de Guillaume le Roux, accession au trône de Henri Ier.
18 juillet : Mort de Godefroy de Bouillon.
8 septembre : Mort de Clément III (Guibert), antipape.
25 décembre : Baudouin de Boulogne devient roi de Jérusalem sous le nom de Baudouin Ier.

1104-1107 : Voyage de Hugues de Champagne et Hugues de Payens en Terre sainte.

1108 : Hugues de Payens épouse Élisabeth de Chappes / Mort de Philippe Ier Louis VI le Gros.

1109 : 12 juillet : Prise de Tripoli.

1114 : Voyage de Hugues de Champagne et Hugues de Payens en Terre sainte.

1118 : Fondation de l'Ordre.
18 janvier (ou 21) : Mort de Pascal II.
21 janvier (ou 24) : Élection de Gélase II.
2 avril : Mort de Baudouin I.
14 avril : Baudoin du Bourg couronné sous le nom de Baudouin II.
25 août : Mort d'Alexis Comnène (empereur d'Orient). Jean Comnène accède au pouvoir.

1119 : 29 janvier : Mort de Gélase II.
février : Élection de Calistus II.

1120 : le comte Foulque d'Anjou sert à terme chez les Templiers.

1123 : 18 avril, capture de Baudouin II par Balak.
Mort de Philippe Auguste, Louis VIII roi de France.

1124 : 7 juillet : Prise de Tyr.
29 août : Baudouin II libéré par Timûrtah.
14 décembre : Mort de Caliste II.
21 décembre : Élection d'Honorius II.

1125 : Lettre de saint Bernard à Hugues de Champagne, Templier. Le comte de Champagne rejoint le groupe des futurs Templiers.

1127 : Hugues de Payens embarque pour l'Europe accompagné de cinq chevaliers.
Septembre : Zengi émir de Mossoul.

1128 : 31 mai : Foulque d'Anjou prend la Croix.
18 juin : Zengi s'empare d'Alep.

1129 : Janvier : Concile de Troyes.
Novembre : Première attaque contre Damas.

1130 : Naissance de Guillaume de Tyr.
13 février : mort d'Honorius II.
14 février : élection d'Innocent II.

1131 : Testament d'Alphonse le Batailleur, roi d'Aragon, en faveur des Templiers, des Hospitaliers et du Saint-Sépulcre.
21 août : mort de Baudouin II.
Septembre : Couronnement de Foulque V d'Anjou.

1133 : Henri II accède au trône d'Angleterre.

1135 : Mort de Henri Ier, Étienne de Blois.

1136 : 24 mai : mort de Hugues de Payens.
Juin : Robert de Craon accède à la maîtrise.

1137 : Mort de Louis VI, Louis VII roi de France.

1139 : Règle en langue française. Bulle *Omne datum optimum* qui mentionne la Croix portée par les Templiers.

1140 : Alliance de Foulque avec Unur de Damas.

1143 : 24 septembre : Mort d'Innocent II.
26 septembre : Élection de Célestin II.
10 novembre : Mort du roi Foulque.
25 décembre : Mélisende et Baudouin III sont couronnés ensemble

1144 : Bulle *Milites templi.*
8 mai : Prise d'Edesse par Zengi.
12 mai : Mort de Célestin II.
24 décembre : Élection de Lucius II.

1145 : 15 février : Mort de Lucius II, élection d'Eugène II.
14 septembre : Assassinat de Zengi Nur ad-Din, gouverneur d'Alep Saif ad-Dîn Ghâzi, gouverneur de Mossoul.
3 novembre : Nur ad-Din reprend Edesse.

1147 : 13 janvier : Mort de Robert de Craon.
Mars : élection à la maîtrise de Évrard des Barres.
Mai : premier départ des croisés de la seconde croisade.
Octobre : armée de Conrad III exterminée près de Dorylée.
4 octobre : Louis VII arrive à Constantinople.

1148 : André de Montbard sénéchal de l'Ordre.
Janvier : Défaite de Louis VII au mont Cadmus.
20 janvier : Louis VII arrive à Antalya.
24-28 juillet : Siège de Damas.

1149 : 29 juin : Nur ad-Din anéantit l'armée du comte d'Antioche.

1151 : Avril-mai : Évard des Barres se démet de ses fonctions de maître du Temple.
Juin : Élection de Bernard de Tremblay.
12 juillet : la dernière forteresse d'Antioche se rend à Nur ad-Din.

1152 : Printemps : Baudouin III parvient à exercer seul le pouvoir.

1153 : Printemps : Renaud de Châtillon épouse Constance d'Antioche et devient prince d'Antioche.
8 juillet : Mort d'Eugène III, élection d'Anastasius IV.
16 août (ou 14) : Siège d'Ascalon. Bernard de Tremlay massacré avec 40 Templiers.
22 août (incertain) : Prise d'Ascalon.

1154 : Anastasius place les Hospitaliers sous sa dépendance directe.
Avril : Nur ad-Din prend le contrôle de Damas / Mort d'Étienne de Blois, Henri II roi d'Angleterre.
3 décembre : Mort d'Anasthasius III.
4 décembre : Élection de Adrian IV.
Fin année : Élection d'André de Montbard.

1156 : 17 octobre : Mort d'André de Montbard.
Élection de Bertrand de Blanquefort.

1157 : 19 juin : Bataille du Lac Méron / Bertrand de Blanquefort est fait prisonnier par Nur ad-Din.

1158 : Baudouin III épouse Théodora (nièce de Manuel Comnène).

1159 : 12 avril : Manuel Comnène entre dans Antioche comme suzerain.
Trêve avec Nur ad-Din, Manuel paye les rançons de nombreux prisonniers francs. Sa rançon étant payée par Manuel Comnène, Bertrand de Blanquefort, libéré, reprend ses fonctions de maître du Temple.
1er septembre : Mort d'Adrian IV.
7 septembre : Élection d'Alexandre III.

1160-1161 : Renaud d'Antioche est capturé.

1163 : 10 février : Mort de Baudouin III.
18 février : Couronnement de Amaury.
Septembre : Première expédition d'Égypte.

1164 : Août-octobre : Seconde expédition d'Égypte.

1167 : Janvier – août : Troisième expédition d'Égypte.
29 août : Amaury épouse Marie Comnène.

1168-69 : Octobre – janvier : Quatrième expédition d'Égypte. Le Temple refuse d'y participer.

1169 : 2 janvier : Mort de Bertrand de Blanquefort – élection de Philippe de Milly (ou de Naplouse).
23 mars : Mort de Shirkûh.
26 mars : Saladin maître de l'Égypte.
Octobre-décembre : Cinquième expédition d'Égypte.

1170 : 3 avril : Bertrand de Blanquefort abandonne ses fonctions de maître de l'Ordre.
Élection de Eudes de Saint-Amand.

1171 : Mars-juillet : Amaury à Constantinople, alliance temporaire avec les Byzantins.
10 septembre : Saladin place l'Égypte sous la dépendance du califat abbasside.

1174 : 14 mai : Mort de Nur ad-Din.
11 juillet : Mort d'Amaury, couronnement de Baudouin IV (le roi lépreux).
Automne : Régence de Raymond III.
28 octobre : Saladin occupe Damas.

1177 : Croisade de Philippe de Flandre.
25 novembre : Victoire de Montgisard.

1179 : 25-30 août : Saladin prend et détruit le Chastelet situé au Gué de Jacob. Eudes de Saint-Amand est fait prisonnier.

1180 : mort de Louis VII, Philippe II (Auguste).
Printemps : Mariage entre Sybille, sœur de Baudouin IV, et Guy de Lusignan.
19 octobre : Eudes de Saint-Amand meurt en captivité.

1181 : Mort de Guillaume de Tyr / Élection de Arnaud de la Tour Rouge
30 août : Mort d'Alexandre III.
1er septembre : Élection de Lucius III.

1182 : Printemps : Disgrâce de Raymond III, Baudouin IV lui interdit l'entrée du royaume de Jérusalem.
Août : Échec du siège de Saladin devant Beyrouth.

1183 : Février : Renaud de Châtillon lance son expédition dans le but de prendre la Mecque. Régence de Guy de Lusignan.

1187 : Début d'année : Rupture de la trêve par Renaud de Châtillon qui attaque une caravane.
1 mai : Les Templiers se font massacrer à la Fontaine du Cresson.
4 juillet : Défaite de Hattin / Le maître du Temple est fait prisonnier. Saladin fait égorger tous les Templiers mais épargne le roi Guy et le maître du Temple.
2 octobre : Saladin prend Jérusalem.
20 octobre : Mort d'Urbain III.
21 octobre : Élection de Grégoire VIII.
29 octobre : Proclamation par Grégoire VIII de la troisième croisade.
Novembre : Richard Cœur de Lion prend la Croix.

Novembre-décembre : Échec du siège de Saladin devant Tyr.
17 décembre : Mort de Grégoire VIII.
19 décembre : Élection de Clément III.

1188 : Si Jean de Terric a été maître du Temple, élection de Gérard de Ridefort.
22 janvier : Henri II d'Angleterre et Philippe II de France (Philippe Auguste) prennent la Croix.
27 mars : Frédéric Ier empereur prend la Croix.
?? : Campagne de Saladin dans le comté de Tripoli et dans la principauté d'Antioche.

1189 : 6 juillet : Mort de Henri II, Richard Cœur de Lion devient roi d'Angleterre.
27 août : Le roi Guy commence le siège d'Acre.
4 octobre : Mort de Gérard de Ridefort sous les murs d'Acre.

1190 : Début d'année : Élection de Robert de Sablé ou de Sabloil.
10 juin : Noyade de Frédéric I, son armée se débande.
4 juillet : Richard Cœur de Lion et Philippe II quittent Vézelay.

1191 : Mars : Mort de Clément III, élection de Célestin III.
Avril : Philippe II arrive à Acre.
6 mai-5 juin : Richard prend Chypre aux Byzantins puis fait route vers Acre.
12 juillet : Acre capitule.
31 juillet : Philippe II repart pour la France.
7 septembre : Bataille d'Arsour.

1192 : Couronnement et mort de Conrad de Montferrat, couronnement de Henri de Champagne.
Janvier-juin : Richard marche vers Jérusalem.
Août : Richard défend Jaffa.
2 septembre : Trêve conclue entre Richard et Saladin.
9 octobre : Richard repart pour l'Angleterre.

1193 : 13 janvier : Mort de Robert de Sablé.
Février : Élection de Gilbert Arail, Erail ou Horal.
4 mars : Mort de Saladin.

1197 : Mort de Henri de Champagne, couronnement de Amaury de Lusignan.

1198 : 8 janvier : Mort de Célestin III, élection d'Innocent III.
8 décembre : Accord avec les Hospitaliers à propos de bornages de biens dans le comté de Tripoli.

1199 : Mort de Richard Cœur de Lion, Jean sans Terre.
1200 : 20 septembre : Mort de Gilbert Arail.
1201 : Élection de Philippe du Plassiez ou du Plaisis.
1202 : Quatrième croisade.
1203 : Prise de Constantinople et fondation de l'Empire latin d'Orient (durée 50 ans).
1205 : Mort d'Amaury de Lusignan.
1209 : Début de la croisade contre les Albigeois.
12 novembre : Mort de Philippe du Plassiez.
1210 : Couronnement de Jean de Brienne / Élection de Guillaume de Chartres.
1212 : Bataille de Las Navas de Tolosa (Espagne).
1214 : Victoire de Bouvine (Philippe Auguste).
1215 : Quatrième concile de Latran, Innocent III promulgue une bulle de croisade.
1216 : Mort de Jean sans Terre, Henri III roi d'Angleterre.
16 juillet : Mort d'Innocent III.
18 juillet : Élection d'Honorius III.
1218 : Début de la cinquième croisade / Construction de Château Pèlerin.
Août : Prise de la Tour de la Chaîne qui défend le Nil à Damiette. Le légat du pape Pélage refuse d'échanger Damiette contre Jérusalem.
26 août : Mort de Guillaume de Chartres au siège de Damiette.
1219 : Élection de Pierre de Montaigu devant les murs de Damiette
5 novembre : Prise de Damiette en Égypte.
1223 : Mort de Philippe Auguste, Louis VIII roi de France.
1225 : Mort de Jean de Brienne, Frédéric II accède au trône.
1226 : Mort de Louis VIII, Louis IX (Saint Louis).
1227 : 18 mars : Mort d'Honorius III.
19 mars : Élection de Grégoire IX.
28 septembre : Excommunication de Frédéric II.
1228-1229 : Sixième croisade menée par Frédéric II.
18 février 1229 : Restitution de Jérusalem aux états latins.
23 mars : Grégoire IX justifie l'excommunication de Frédéric II.
1230 : Traité de Paix de San Germano entre le pape et Frédéric II.
1231 : Rédaction des constitutions de Melfi.
1232 : 28 janvier : Mort de Pierre de Montaigu.
Élection de Armand de Périgord.

1238 : Prise de Valence par le roi d'Aragon.
1240 : Renaud de Vichier, futur maître du Temple, est commandeur d'Acre.
1241 : 22 août : Mort de Grégoire IX.
25 octobre : Élection de Célestin IV.
10 novembre : Mort de Célestin IV.
1243 : 25 juin : Élection de Innocent IV.
1244 : Bûcher de Montségur.
18 octobre : Défaite de Forbie près de Gaza / Le temple perd 312 chevaliers sur 348 engagés.
20 octobre : Mort de Armand de Périgord à la suite d'une blessure reçue le 18.
1245 : Élection de Richard de Bure ou de Guillaume de Sonac / Excommunication de Frédéric II par le concile de Lyon.
1246 : Expulsion des derniers rebelles musulmans, fin de l'Islam en Sicile
19 août : Renaud de Vichier est maître de l'Ordre en France.
1247 : 9 mai : Mort de Richard de Bure. Selon certains historiens il n'aurait jamais été maître de l'Ordre mais grand commandeur.
1248-1254 : Septième croisade menée par Saint Louis. Fait prisonnier à la Bataille de Mansourah, se libère en payant une rançon puis relève de nombreuses forteresses en Palestine / Renaud de Vichier, maréchal de l'Ordre, verse la rançon de Saint Louis, ou plutôt contraint Joinville à feindre de la prendre par la force.
1250 : Mort de Frédéric II de Hohenstaufen. Couronnement de Conrad IV empereur.
3 ou 11 février : Mort de Guillaume de Sonac / Élection de Renaud de Vichier.
1252 : Le pape autorise les inquisiteurs à recourir à la torture.
19 janvier : Mort de Renaud de Vichier.
Élection de Thomas Beraud ou Berard
1254 : Mort de Conrad IV, Conradin accède au trône impérial.
7 décembre : Mort d'Innocent IV.
12 décembre : Élection d'Alexandre IV.
1258 : Prise de Bagdad par les Mongols, fin du califat abasside.
1260 : Les mamelouks rejettent les Mongols de Syrie, Le Temple acquiert les châteaux de Beaufort et Sajette.
1261 : Fin de l'Empire latin d'Orient, les Grecs reprennent le contrôle de Constantinople.

25 mai : Mort d'Alexandre IV.
29 août : Élection d'Urbain IV.
1262 : Le Temple acquiert la place d'Arsuf.
1264 : 2 octobre : Mort d'Urbain IV.
1265 : 5 février : Élection de Clément IV.
1266 -1269 : Charles d'Anjou conquiert le royaume de Sicile.
1268 : Mort de Conradin.
29 novembre : Mort de Clément IV.
1269 : Hugues de Chypre accède au trône.
1270 : Huitième croisade, mort de Saint Louis devant Tunis / Mort de Louis IX, Philippe III (le Hardi).
1271 : Rattachement du Languedoc au royaume de France.
2 septembre : Élection de Grégoire X.
1272 : Mort de Henri III, Édouard Ier roi d'Angleterre.
1273 : 25 mars : Mort de Thomas Béraud ou Bérard.
13 mai : Élection de Guillaume de Beaujeu.
1274 : La fusion des ordres militaires est envisagée au concile / Deuxième concile de Lyon / Accession au trône de Charles d'Anjou.
10 janvier : Mort de Grégoire X.
21 janvier : Élection d'Innocent V.
22 juin : Mort d'Innocent V.
11 juillet : Élection d'Adrian V.
18 août : Élection de Jean XXI.
1276 : Mort de Hugues de Chypre.
1277 : 20 mai : Mort de Jean XXI.
25 mai : Élection de Nicolas III.
1280 : 22 août : Mort de Nicolas III.
1281 : 22 février : Élection de Martin IV.
1282 : 30-31 mars : Vêpres siciliennes / Perte de la Sicile par Charles. d'Anjou au profit des Aragonais. Il conserve Naples et l'Italie du Sud / Excommunication de Pierre III, roi d'Aragon.
1285 : Fin du règne de Charles d'Anjou.
28 mars : Mort de Martin IV.
2 avril : Élection de Honorius IV.
Juin : Les templiers gardent les côtes d'Aragon.
5 octobre : Mort de Philippe III (le Hardi), Philippe IV (le Bel) roi de France.

1287 : 3 avril : Mort d' Honorius IV.

1288 : 22 février : Élection de Nicolas IV.

1289 : 22 avril : Prise de Tripoli par Kalâwun successeur de Baybar.

1290 : Novembre : Mort de Kalawun, Al-Ashraf Khalil lui succède comme sultan du Caire.

1291 : Chute définitive d'Acre, fin des États latins de Jérusalem. Templiers et Hospitaliers se replient sur Chypre / Bulle *Dura Nimis* ouvrant le débat sur la fusion du Temple et de l'Hôpital.

18 mai : mort de Guillaume de Beaujeu. Une bulle rappelle la nécessité de continuer à soutenir la mission des ordres militaires en Orient.

Août : Thibaud de Gaudin élu maître du Temple au château de Sagette

1292 : 16 avril : Mort de Thibaud de Gaudin.

Fin d'année : Élection de Jacques de Molay.

1293 : Printemps : Jacques de Molay débarque à Marseille.

1294 : 4 avril : Mort de Nicolas IV.

5 juillet : Élection de Célestin V.

13 décembre : Mort de Célestin V.

24 décembre : Élection de Boniface VIII.

1296 : Jacques de Molay rencontre le roi de France, chapitre général de Paris.

1297 : 7 février : Bulle *Romana mater Ecclesia.*

28 février : Bulle *Curalm illo fatemur.*

3 avril : Quarante-trois évêques et archevêques votent un impôt de 20% sur le revenu annuel du clergé.

27 juillet : Bulle *Ab Olim.*

31 juillet : Bulle *Etsi de Statu.*

1302 : Concile de Rome / Bulle *Unam Sanctam* prononcée contre Philippe le Bel.

1303 : Échec des Templiers sur l'îlot de Ruad.

11 octobre : Mort de Boniface VIII.

22 octobre : Élection de Benoît XI.

1304 : 13 juillet : Mort de Benoît XI.

1305 : 5 juin : Élection de Clément V.

1306 : Philippe le Bel confisque les biens des juifs et se réfugie au Temple pendant une émeute.

Juin : Clément V convoque les maîtres des ordres.

1307 : Mort de Édouard Ier, Édouard II roi d'Angleterre.

7 avril : Arrivée de Clément V à Poitiers.

21 avril : Le roi rencontre le Pape / Après le 14 mai, le pape reçoit les maîtres des ordres.

22 septembre : Un trésor confié à un pêcheur de Moret / Guillaume de Nogaret est nommé chancelier du royaume.

13 octobre : Arrestation des Templiers dans le royaume de France.

14 octobre : Diffusion d'un manifeste royal indiquant les accusations portées contre les Templiers.

15 octobre : Explication de l'arrestation dans les rues par des frères prêcheurs et des officiers royaux.

16 octobre : Lettre de Philippe le Bel aux princes et prélats.

19 octobre - 24 novembre : Interrogatoire par l'Inquisiteur Guillaume de Paris de 138 Templiers, 36 d'entre eux succomberont des suites de l'interrogatoire.

24 octobre : Aveux de Jacques de Molay.

26 octobre : Le pape adresse à Philippe le Bel une lettre de protestation.

22 novembre : *Pastoralis praeeminentia* ordonnant l'arrestation des Templiers.

1308 : Février : Les Templiers présentés au Pape rétractent leurs aveux.

25 mars : Réunion des états généraux dans le but d'obtenir une condamnation populaire des Templiers.

27 juin-1er juillet : 72 templiers, surtout des sergents, sont présentés au pape à Poitiers. Nogaret et Plaisans assistent à l'interrogatoire.

1309 : Les Hospitaliers conquièrent Rhodes.

8 août : Première commission ecclésiastique de France à Paris au monastère Sainte-Geneviève.

22 novembre : Premier témoin Jean Melot, dont les propos sont assez décousus pour que le tribunal le considère comme un simple d'esprit.

26 novembre : Comparution de Jacques de Molay devant la commission pontificale.

27 novembre : Comparution du commandeur de Payens qui décrit les tortures qui lui furent infligées ainsi qu'à ses frères.

1310 : Février : Reprise du procès de l'Ordre.

28 mars : 546 Templiers sont appelés à témoigner.

Avril : Philippe de Marigny est nommé archevêque de Sens.

2 mai : 573 Templiers sont appelés à témoigner. Ils désignent quatre porte-paroles.

10 mai : Concile de l'archevêché de Sens à Paris.

11 mai : 54 templiers meurent sur le bûcher, ils sont condamnés comme relaps pour être revenus sur leurs aveux.

1311 : 5 juin : Clôture des travaux de la commission épiscopale.

16 octobre : Ouverture du concile de Vienne.

1312 : Les « gens du roi » viennent assister au concile.

17 février : Lettre de Philippe le Bel exigeant la suppression de l'Ordre et le transfert de ses biens à un autre ordre religieux.

2 mars : Le roi annonce son arrivée au concile.

20 mars : En consistoire secret, le pape émet la bulle *Vox in exulso,* qui, bien que ne condamnant pas l'Ordre, le supprime.

3 avril : Clément V proclame la suspension de l'Ordre par la bulle *Vox in excelso* / Le roi participe à une séance plénière du concile.

2 mai : Bulle *Ad providam* qui attribue les biens du Temple aux Hospitaliers.

24 août : Lettre du roi attaquant l'Hôpital.

1314 : 13 mars : Éxécution de Jacques de Molay.

20 avril : Mort de Clément V.

29 novembre : Mort de Philippe le Bel.

Lexique des principaux termes employés

Atabeg : mot turc désignant un gouverneur.

Bailli : fonction administrative semblable à celle du sénéchal en Pays d'oc quand l'appellation de Bailli est utilisée en Pays d'oil.

Baillie : chaque province est découpée en baillie (rien à voir avec un bailli).

Baphomet : idole ou reliquaire dont l'existence joua un grand rôle dans le procès.

Baussant ou Bauçant, Baucent, Baucéant : étendard ou gonfanon du Temple (noir et blanc).

Besan, Bezan : monnaie d'or ainsi nommée parce qu'elle eut d'abord cours à Byzance.

Bulle : synonyme de sceau - Texte du pape frappé de son sceau et faisant part d'une ou plusieurs décisions.

Bogurean, Bougran : sorte d'étoffe.

Calife : chef suprême de tous les musulmans, mais il peut y en avoir plusieurs.

Carpite : couverture de laine épaisse (voir Règle article 31).

Casal : agglomération de petite taille, village de Terre sainte et ses terres.

Casalier : homme ou frère chargé de garder la maison ou le village.

Chapelain : frère prêtre, membre d'un ordre militaire, célébrant les offices religieux, prêtre au service d'une famille ou d'une chapelle privée.

Clérici : chapelain.

Cheik : signifie littéralement « vieux » ou « prince », chef spirituel d'une communauté – voir émir.

Chevetaine (maison) : maison principale de l'Ordre.

Chevrotine : sayon de poil de chèvre (casaque de guerre qui se porte sous le haubert).

Chlamide : Manteau de cavalier (nom du manteau en grec).

Commanderie : unité d'habitation de frères du Temple ou de l'Hôpital, synonyme de préceptorie.

Commandeur : responsable de l'ensemble d'une commanderie (chevalier ou sergent), dans l'Ordre responsable des biens de l'Ordre (chevalier).

Commandeur de la Terre : commandeur de la terre de Jérusalem-Chevalier.

Commandeur de la Voûte : commandeur du Port. Employé sans autre précision, le terme désigne le commandeur de la voûte d'Acre (chevalier).

Concile : assemblée délibérante convoquée par le pape et ayant pouvoir de définir la doctrine et la discipline ecclésiastique.

Confrère : personne ayant prononçé des vœux à terme, chevalier ou sergent.

Congé : autorisation.

Cousture, cousturage : terres cultivées.

Couvent : ensemble des combattants quand on parle du maréchal du couvent.

Couvent : groupe des dirigeants de l'Ordre associé au maître.

Crier la loi : renier le christianisme et se convertir à l'islam.

Défergié : se dit d'un témoin autorisé à déposer sans fers dans un procès d'Inquisition.

Décime : impôt de 1/10e versé sur les revenus des biens ecclésiastiques profanes.

Destrier : cheval de lance, est tenu à dextre par l'écuyer.

Dime : impôt de 1/10e versé par des laïques. Par exemple, au moulin banal on peut verser la dime de la quantité de grain à moudre ou de la farine obtenue avec ce grain.

Donat : frère servant en habit civil sans avoir prononcé les vœux monastiques.

Drapier : responsable des vêtements et équipements, probablement sergent de métier.

Émir : prince-gouverneur, généralement militaire dans un pays musulman, chef militaire d'une communauté.

Equites : chevalier.

Examiner : soumettre à la torture pour interrogatoire.

Fourrager : aller quérir du fourrage, par extension piller.

Fratres offici : frères de métier, sergent.

Fratres residentes : désigne tous les frères permanents qui ne sont ni prêtres ni guerriers, sergent.

Frère de métier : voir Sergent de métier.

Gonfanon : synonyme d'étendard.

Gonfanonier : porte le beaucean, dans des cas bien particuliers – Sergent d'armes.

Grever : combattre.

Gribeloere, gribeloire : petite tente à deux pans dont dispose le chevalier par opposition à la tente du maître qui est ronde.

Habit : désigne plus que le vêtement : l'état de chevalier.

Heaume : casque porté pour le combat.

Hospites Templi : hôtes du Temple, personnes servant au Temple à titre militaire ou professionnel, mais à terme, sergent ou chevalie.

Huche : aux XII - XIIIe siècle : coffre fermant à clé.

Journal (du Temple) : registre tenu par le caissier de l'Ordre ou d'un établissement particulier.

Maison : synonyme d'Ordre.

Maître : le terme de grand maître n'est pas attesté pour le Temple-Chevalier.

Maréchal : chef militaire de l'Ordre ou d'un de ses établissements Chevalier.

Mansionarii templi : voir Hospites Templi.

Mesnie du Temple : laïques tenanciers de terres du Temple et serfs.

Milites : chevaliers.

Mulace (bête) : mule ou mulet.

Navire huissier : ancêtre médiéval du navire ou de la péniche de débarquement.

Nur ad-Din ou Nur al-Din : gouverneur de Syrie, successeur de Zengi.

Poindre : étymologiquement percer, piquer. Le sens de ce verbe varie considérablement suivant le contexte ; il peut signifier charger, commencer, apparaître, sortir du rang ou d'un groupe, pour le Soleil ou le jour : se lever. Ronsard l'emploie même dans le sens de « peindre ». Le sens exact de ce verbe est parfois difficile à définir dans les textes anciens.

Poulain : Franc ou plus généralement Latin né en Palestine.

Préceptorie : généralement accepté comme synonyme de commanderie.

Procureur : en justice médiévale souvent synonyme de député ou délégué.

Relaps : parjure – celui qui renie sa religion.

Rendu : voir Donat.

Responsio : prélèvement sur les revenus des établissements européens du Temple destiné à financer la guerre en Palestine.

Roncin : cheval de route ou de service opposé au cheval de lance ou destrier.

Saladin Salah al-din – Salah ad-Din : Général au service de Nur ad-Din - unifia l'Égypte et la Syrie.

Sénéchal : adjoint direct du grand maître, le remplace en cas d'absence (voir Bailli), chevalier.

Sergent : généralement employé pour désigner un sergent d'armes.

Sergent de métier : frère templier travaillant pour l'Ordre en exerçant un métier.

Servientes armigieri : sergent d'armes.

Servientes famuli : recouvre les catégories de frères convers et frères de métier.

Soudan : pays du Soudan et forme ancienne du mot Sultan.

Sultan : souverain d'un état musulman.

Turcoman : cheval arabe.

Turcopole : combattant indigène qui combat à la turque.

Turcopolier : chef militaire des sergents et des troupes indigènes, sergent d'armes.

Vieux : voir Cheik (prononcer cher).

Zengi : Atabeg d'Alep puis sultan de Syrie.

SOMMAIRE

Achevé d'imprimer en octobre 2021
sur les presses de la Nouvelle Imprimerie Laballery
58500 Clamecy
Dépôt légal : mars 2011
Numéro d'impression : 109694

Imprimé en France

La Nouvelle Imprimerie Laballery est titulaire de la marque Imprim'Vert®